Maklerrecht in der Immobilienwirtschaft

# Maklerrecht in der Immobilienwirtschaft

Herausgegeben vom Schweizerischen
Verband der Immobilienwirtschaft SVIT

Mit einer Übersetzung von Vorwort, Inhaltsübersicht,
Inhaltsverzeichnis, Marginalien und Register in französischer Sprache

La préface, le sommaire, les tables des matières,
les notes marginales et l'index ont été traduits en français

Schulthess § 2005

Zitiervorschlag (Beispiel):
Autor, SVIT-Kommentar zum Maklerrecht, Zürich 2005, S. 27 Rz 5

Bibliografische Information Der Deutschen Bibliothek
Die Deutsche Bibliothek verzeichnet diese Publikation in der Deutschen Nationalbibliografie; detaillierte bibliografische Daten sind im Internet über ‹http://dnb.ddb.de› abrufbar.

Alle Rechte, auch die des Nachdrucks von Auszügen, vorbehalten. Jede Verwertung ist ohne Zustimmung des Verlages unzulässig. Dies gilt insbesondere für Vervielfältigungen, Übersetzungen, Mikroverfilmungen und die Einspeicherung und Verarbeitung in elektronische Systeme.

© Schulthess Juristische Medien AG, Zürich · Basel · Genf 2005
ISBN 3 7255 4923 0

www.schulthess.com

# Vorwort

Diese Arbeit stellt auf umfassende Art und Weise den rechtlichen Rahmen der verschiedenen Tätigkeitsgebiete des Immobilienmaklers dar. Sie enthält eine detaillierte Beschreibung seiner verschiedenen Aktivitäten und analysiert die sich daraus ergebenden rechtlichen Fragen, insbesondere auf dem Gebiet des Vertragsrechts, des Steuerrechts, des Strafrechts sowie des Verwaltungsrechts. Die Arbeit druckt weiter Rechts- und Informationsquellen ab, die im Schweizer Markt Anwendung finden und sich direkt auf den Geschäftsbereich des Immobilienmaklers auswirken. Aufgrund dieser verschiedenen Inhalte entsteht durch diese Arbeit ein effektives Standardwerk im Maklerrecht, welches nach unserem Kenntnisstand bis heute in dieser Form nicht bestand.

Gemeinsam haben die Autoren in ihren Spezialgebieten ihre Erfahrung eingebracht, um in den verschiedenen Bereichen eine Verbindung zur Tätigkeit des Immobilienmaklers zu schaffen und die Zusammenhänge betreffend Gesetzgebung, Rechtsanwendung, Verwaltung, Gerichte und Anwälte, Immobilienwirtschaft und deren Berufs- und Standesorganisation sowie die akademische Forschung aufzuzeigen. Durch den Einbezug einer Gruppe von ausgewählten Praktikern der Immobilienwirtschaft wurde sichergestellt, dass dieses Buch den praktischen Anforderungen des juristischen Alltags gerecht wird.

Das Werk gliedert sich in vier Teile: Der erste Teil stellt eine allgemeine Einführung in die Tätigkeit des Maklers und der damit verbundenen Rechtsnormen dar; in einem zweiten Teil werden die Artikel 412 ff. OR im Einzelnen kommentiert; der dritte Teil besteht aus punktuellen themenspezifischen Beiträgen; der vierte Teil widmet sich den steuerlichen Aspekten der Tätigkeit des Immobilienmaklers. Die Anhänge geben Dokumente des Schweizerischen Verbandes der Immobilienwirtschaft (SVIT Schweiz) wieder.

Das Werk wurde in deutscher Sprache verfasst. Um den französischen Lesern die Handhabung des Werkes zu erleichtern, haben die Autoren sich die Mühe genommen, eine Reihe von Textstellen zu übersetzen (Inhaltsübersicht, Inhaltsverzeichnisse, Marginalien, Register).

Die Herausgeber möchten sich bei allen Personen bedanken, die bei der Erarbeitung dieses Werkes mitgewirkt haben, insbesondere Herr

Christoph Burri, Mitarbeiter am Institut für Schweizerisches und Internationales Baurecht, Dr. Jacques Fournier, Rechtsanwalt in Sion sowie Herr lic. iur. Oliver Brupbacher, LL.M. (Cambridge).

Die Entwicklung der Gesetzgebung, der Rechtssprechung sowie der Lehre wurden bis Herbst 2004 berücksichtigt.

Bern/Freiburg, Dezember 2004

Dr. Peter R. Burkhalter  
Rechtsanwalt, Bern

Prof. Dr. Jean-Baptiste Zufferey  
Direktor des Institutes für Schweizerisches und Internationales Baurecht  
Universität Freiburg

# Préface

L'ouvrage que voici présente de manière globale et organisée les réglementations et le régime juridique qui s'appliquent à l'activité spécifique du courtier immobilier. Il conjugue ainsi un descriptif détaillé de ses tâches avec une analyse des questions dans le domaine du droit des contrats, du droit fiscal, du droit pénal et du droit administratif. L'ouvrage reproduit également le texte des principales normes professionnelles applicables en Suisse dans le domaine du courtage immobilier. L'ensemble de ces sources constitue ainsi un véritable «droit du courtier»; à notre connaissance, une telle présentation intégrée n'existait pas jusqu'ici.

Les auteurs dans leur ensemble mettent à profit leurs expériences dans tous les secteurs importants en lien avec le courtage immobilier, que ce soit l'activité législative, l'application du droit dans l'administration ou par les avocats et les tribunaux, l'industrie privée, les organisations professionnelles ainsi que la recherche scientifique. Le recours à un groupe d'accompagnement constitué de spécialistes de l'immobilier a permis que ce livre réponde le plus possible aux besoins de la pratique.

L'ouvrage est divisé en quatre parties: la première est une introduction générale à l'activité des courtiers et au droit du courtier; la deuxième partie est un commentaire détaillé des art. 412 ss CO; la troisième partie rassemble des contributions ponctuelles sur les thèmes particuliers choisis; la quatrième partie est consacrée à la fiscalité du courtage immobilier. Les annexes contiennent les textes élaborés par l'Association suisse de l'économie immobilière SVIT (SVIT Suisse).

L'ouvrage est écrit en allemand, mais les éditeurs ont pris soin de faciliter au maximum sa consultation par les lecteurs de langue française, en l'enrichissant de diverses traductions (sommaire, tables des matières, notes marginales, index).

Les éditeurs souhaitent remercier ici toutes les personnes qui ont participé à la mise au point de cet ouvrage, en particulier M. Christof Burri, collaborateur à l'Institut du droit de la construction, Me Jacques Fournier, Dr. en droit, avocat à Sion ainsi que M. Oliver Brupbacher, lic. en droit et LL.M. (Cambridge).

La législation, la jurisprudence et la doctrine sont prises en compte jusqu'à l'automne 2004.

Berne/Fribourg, décembre 2004

Dr. Peter R. Burkhalter  Jean-Baptiste Zufferey
Avocat, Berne  Professeur à l'Université de Fribourg
Directeur de l'Institut du droit
suisse et international de la construction

# Inhaltsübersicht

| | |
|---|---|
| Inhaltsübersicht | X |
| Verzeichnis der Autorinnen und Autoren | XIII |
| Abkürzungsverzeichnis | XV |
| Literaturverzeichnis | XXI |

| | | |
|---|---|---|
| **A.** | **Einleitung: Makler und Maklervertrag** | 1 |
| § 1. | Das Dienstleistungsdispositiv des Immobilienmaklers | 3 |
| § 2. | Der Maklervertrag im Überblick | 21 |
| **B.** | **Kommentierung von Art. 412 bis 418 OR** | 33 |
| Art. 412 | | 35 |
| Art. 413 | | 71 |
| Art. 414 | | 102 |
| Art. 415 | | 107 |
| Art. 416 | | 118 |
| Art. 417 | | 119 |
| Art. 418 | | 127 |
| **C.** | **Rechtliche Schwerpunktsthemen** | 131 |
| § 1. | Berufsethik des Immobilienmaklers | 133 |
| § 2. | Die Haftung des Immobilienmaklers | 142 |
| § 3. | Die Sorgfaltspflichten des Maklers unter dem Bundesgesetz zur Bekämpfung der Geldwäscherei im Finanzsektor (GwG) | 163 |
| § 4. | Die strafrechtliche Relevanz der Maklertätigkeit | 181 |
| § 5. | Maklervertrag und Gerichtsstandsgesetz | 192 |
| § 6. | Maklerverträge im internationalen Privatrecht | 208 |
| § 7. | Schiedsgerichtsbarkeit im Maklerrecht | 229 |
| § 8. | Der Immobilienmakler im Vergaberecht | 250 |
| **D.** | **Steuern** | 263 |

| | |
|---|---|
| **Anhänge (SVIT)** | 373 |
| Standesregeln | 375 |
| Maklervertrag / Vollmacht | 386 |
| **Sachregister** | 389 |

# Sommaire

| | |
|---|---|
| Sommaire | XI |
| Index des auteurs | XIII |
| Table des abréviations | XV |
| Bibliographie | XXI |
| **A. Introduction: le courtier et le contrat de courtage** | 1 |
| § 1. L'éventail des services rendus par le courtier immobilier | 3 |
| § 2. Le contrat de courtage – un panorama | 21 |
| **B. Commentaire des art. 412 à 418 CO** | 33 |
| Art. 412 | 35 |
| Art. 413 | 71 |
| Art. 414 | 102 |
| Art. 415 | 107 |
| Art. 416 | 118 |
| Art. 417 | 119 |
| Art. 418 | 127 |
| **C. Thèmes juridiques particuliers** | 131 |
| § 1. L'éthique professionnelle du courtier immobilier | 133 |
| § 2. La responsabilité du courtier immobilier | 142 |
| § 3. Les devoirs de diligence du courtier dans la loi fédérale concernant la lutte contre le blanchiment d'argent dans le secteur financier (LBA) | 163 |
| § 4. L'activité du courtier sous l'angle du droit pénal | 181 |
| § 5. Le contrat de courtage et la loi sur les fors | 192 |
| § 6. Le contrat de courtage en droit international privé | 208 |
| § 7. Le droit du courtage face à l'arbitrage | 229 |
| § 8. Le courtier immobilier face au droit des marchés publics | 250 |
| **D. La fiscalité** | 263 |
| **Annexes (SVIT)** | 373 |
| Code de conduite | 375 |
| Contrat de courtage / procuration | 386 |
| **Index** | 389 |

# Verzeichnis der Autorinnen und Autoren / Index des auteurs

MARKUS BOOG  
Dr. iur., Lausanne  
Teil C § 4

PETER BURKHALTER  
Dr. iur., Fürsprecher, Bern  
Teil A § 2; Teil B

RAOUL DIAS  
Lic. iur., Freiburg  
Teil C § 5

JACQUES FOURNIER  
Dr. iur., Rechtsanwalt, Sion  
Teil C § 2, § 8

CLAUDE GINESTA  
Dipl. Betriebsökonom HWV (Betriebsökonom FH), eidg. dipl. Immobilientreuhänder, Zürich  
Teil A § 1; Teil C § 1

LORENZ HIRT  
Dr. iur., Fürsprecher, Bern  
Teil C § 6

CHRISTIAN JOSI  
Lic. iur., Fürsprecher, Bern  
Teil C § 7

DOMINIK LÜSCHER  
Lic. iur. Fürsprecher und Notar, Bern  
Teil D

PETER REETZ  
Dr. iur., Rechtsanwalt, Lehrbeauftragter für Zivilprozessrecht an der Universität Luzern, Zürich  
Teil C § 5

RENATE SCHWOB  
Dr. iur., Rechtsanwalt und Notar, Basel  
Teil C § 3

JEAN-BAPTISTE ZUFFEREY  
Dr. iur., Rechtsanwalt, LL.M., Professor an der Universität Freiburg, Direktor des Instituts für Schweizerisches und Internationales Baurecht  
Teil C § 2, § 8

# Abkürzungsverzeichnis / Table des abréviations

| | |
|---|---|
| ABl. | Amtsblatt |
| Abs. | Absatz |
| Abt. | Abteilung |
| AFG | BG über die Anlagefonds vom 18. März 1994 (Anlagefondsgesetz) (SR 951.31) |
| AG | Aargau |
| AGB | allgemeine Geschäftsbedingungen |
| AI | Appenzell-Innerrhoden |
| a.M. | anderer Meinung |
| Amtl.Bull. | Amtliches Bulletin |
| AR | Appenzell-Ausserrhoden |
| Art. | Artikel |
| AS | Amtliche Sammlung des Bundesrechts |
| ASA | Archiv für Schweizerisches Abgaberecht (Bern) |
| Aufl. | Auflage |
| AVG | BG über die Arbeitsvermittlung und den Personalverleih vom 6. Oktober 1989 (SR 823.11) |
| BBl | Bundesblatt |
| Bd. | Band |
| BdBSt | Bundesratsbeschluss über die Erhebung einer direkten Bundessteuer vom 9. Dezember 1940 (früher: Wehrsteuerbeschluss) (SR 642.11) (aufgehoben) |
| BE | Bern |
| BEHG | BG über die Börsen und den Effektenhandel vom 24. März 1995 (SR 954.1) |
| BetmG | BG über die Betäubungsmittel und psychotropen Stoffe vom 3. Oktober 1951 (SR 812.121) |
| BG | Bundesgesetz |
| BGB | Bürgerliches Gesetzbuch für das Deutsche Reich vom 18. August 1896 |
| BGBB | BG über das bäuerliche Bodenrecht vom 4. Oktober 1991 (SR 211.412.11) |

| | |
|---|---|
| BGBM | BG über den Binnenmarkt vom 6. Oktober 1995 (Binnenmarktgesetz) (SR 943.02) |
| BGE | Entscheidung des schweizerischen Bundesgerichts, amtliche Sammlung |
| BGer | Bundesgericht |
| BGH | (deutscher) Bundesgerichtshof |
| BGHZ | Entscheidungen des Bundesgerichtshofes in Zivilsachen |
| BHHSt | Bundesgerichtshof in Strafsachen |
| BJM | Basler Juristische Mitteilungen (Basel) |
| BL | Basel-Land |
| BN | Der bernische Notar (Bern) |
| BoeB | BG über das öffentliche Beschaffungswesen vom 16. Dezember 1994 (SR 172.056.1) |
| BR | Baurecht (Freiburg) |
| BS | Basel-Stadt |
| Bst. | Buchstabe |
| Bull. ASA | Bulletin de l'Association suisse d'arbitrage (Basel) |
| BV | Bundesverfassung der Schweizerischen Eidgenossenschaft vom 18. April 1999 (SR 101) |
| BVR | Bernische Verwaltungsrechtsprechung (Bern) |
| bzw. | beziehungsweise |
| CHF | Schweizer Franken |
| CPC | Central Product Classification (Zentrale Gütersystematik) |
| DBG | Bundesgesetz über die direkte Bundessteuer vom 14. Dezember 1990 (SR 642.11) |
| dgl. | dergleichen |
| d.h. | das heisst |
| Diss. | Dissertation |
| E. | Erwägung |
| EBK | Eidgenössische Bankenkommission |
| EStV | Eidgenössische Steuerverwaltung |
| EuG | Europäisches Gericht 1. Instanz |
| EuGH | Europäischer Gerichtshof |

| | |
|---|---|
| EuGVO | Verordnung (EG) Nr. 44/2001 des Rates über die gerichtliche Zuständigkeit und die Anerkennung und Vollstreckung von Entscheidungen in Zivil- und Handelssachen vom 22. Dezember 2000 (Brüssel I Verordnung), ABl. 2001 L 12/1 |
| EuGVÜ | Übereinkommen über die gerichtliche Zuständigkeit und die Vollstreckung gerichtlicher Entscheidungen in Zivil- und Handelssachen vom 27. September 1968 (Brüsseler-Übereinkommen), ABl. 1972 L 299/32, zuletzt geändert durch das Beitrittsübereinkommen vom 29. November 1996 |
| ev. | eventuell |
| f./ff. | folgend/folgende |
| FN | Fussnote |
| FR | Freiburg |
| FR ZPO | Zivilprozessordnung des Kantons Freiburg vom 28. April 1953 |
| GA | Goltdammer's Archiv für Strafrecht (Heidelberg) |
| GATT | Allgemeines Zoll- und Handelsabkommen vom 30. Oktober 1947 (General Agreement on Tariffs and Trade) |
| GE | Genf |
| GestG | BG über den Gerichtsstand in Zivilsachen vom 24. März 2000 (Gerichtsstandsgesetz) (SR 272) |
| GL | Glarus |
| gl.M. | gleicher Meinung |
| GPA | Übereinkommen über das öffentliche Beschaffungswesen vom 15. April 1994 (GATT Government Procurement Agreement, GPA) (SR 0.632.231.422) |
| GR | Graubünden |
| GwG | BG zur Bekämpfung der Geldwäscherei im Finanzsektor vom 10.Oktober 1997 (Geldwäschereigesetz) (SR 955.0) |
| HGB | Handelsgesetzbuch für das Deutsche Reich vom 10. Mai 1897 |
| Hger | Handelsgericht |
| h.L. | herrschende Lehre |
| Hrsg. | Herausgeber |
| i.d.R. | in der Regel |
| i.e.S. | im engeren Sinne |
| IPRG | BG über das Internationale Privatrecht vom 18. Dezember 1987 (SR 291) |

| | |
|---|---|
| i.S.v. | im Sinne von |
| i.V.m. | in Verbindung mit |
| IVöB | Interkantonale Vereinbarung über das öffentliche Beschaffungswesen vom 25. November 1994/15. März 2001 (SR 172.056.5) |
| i.w.S. | im weiteren Sinne |
| JdT | Journal des Tribunaux (Lausanne) |
| JU | Jura |
| KG | BG über Kartelle und andere Wettbewerbsbeschränkungen vom 6. Oktober 1995 (Kartellgesetz) (SR 251) |
| KKG | Bundesgesetz über den Konsumkredit vom 23. März 2001 (SR 221.214.1) |
| KMG | BG über das Kriegsmaterial vom 13. Dezember 1996 (SR 514.51) |
| KSG | Konkordat über die Schiedsgerichtsbarkeit vom 27. März 1969 (SR 279) |
| lit. | Litera |
| LU | Luzern |
| LugÜ | Übereinkommen über die gerichtliche Zuständigkeit und die Vollstreckung gerichtlicher Entscheidungen in Zivil- und Handelssachen vom 16. September 1988 (SR 0.275.11) |
| m.E. | meines Erachtens |
| m.w.H. | mit weiteren Hinweisen |
| N | Note |
| NE | Neuenburg |
| NJW | Neue Juristische Wochenschrift (München) |
| NR | Nationalrat |
| Nr. | Nummer |
| NStP | Die neue Steuerpraxis, Monatsschrift für bernisches und eidgenössisches Steuerrecht (Bern) |
| NStZ | Neue Zeitschrift für Strafrecht (München/Frankfurt a.M.) |
| NW | Nidwalden |
| NYÜ | Übereinkommen über die Anerkennung und Vollstreckung ausländischer Schiedssprüche vom 10. Juni 1958 (SR 0.277.12) |
| OG | BG über die Organisation der Bundesrechtspflege vom 16. Dezember 1943 (Bundesrechtspflegegesetz) (SR 173.110) |

| | |
|---|---|
| OLG | Oberlandesgericht |
| OR | BG betreffend die Ergänzung des Schweizerischen Zivilgesetzbuches vom 30. März 1911/18. Dezember 1936 (Fünfter Teil: Obligationenrecht) (SR 226) |
| OW | Obwalden |
| Pra | Die Praxis des Bundesgerichts (Basel) |
| resp. | respektive |
| RKE | Entscheide der Rekurskommissionen |
| Rz | Randziffer |
| s. | siehe |
| SBB | Schweizerische Bundesbahnen |
| sc. | scilicet |
| SchKG | BG über Schuldbetreibung und Konkurs vom 11. April 1889 (SR 281.1) |
| SemJud | La semaine judiciaire (Genf) |
| SG | St. Gallen |
| SH | Schaffhausen |
| SJZ | Schweizerische Juristen-Zeitung (Zürich) |
| Slg. | Sammlung der Rechtssprechung des Gerichtshofs der Europäischen Gemeinschaften |
| SO | Solothurn |
| sog. | sogenannt |
| SR | Systematische Sammlung des Bundesrechts |
| ST | Der Schweizer Treuhänder (Zürich) |
| StE | Der Steuerentscheid, Sammlung aktueller steuerrechtlicher Entscheide (Basel) |
| StG | Steuergesetz |
| StGB | Schweizerisches Strafgesetzbuch vom 21. Dezember 1937 (SR 311.0) |
| StHG | Bundesgesetz über die Harmonisierung der direkten Steuern der Kantone und Gemeinden vom 14. Dezember 1990 (SR 642.14) |
| SVIT | Schweizerischer Verband der Immobilienwirtschaft |
| SZ | Schwyz |
| TG | Thurgau |
| TI | Tessin |

| | |
|---|---|
| u.a. | unter anderem |
| u.Ä. | und Ähnliches |
| UR | Uri |
| u.U. | unter Umständen |
| v.a. | vor allem |
| VD | Waadt |
| VGE | Entscheide der Verwaltungsgerichte |
| vgl. | vergleiche |
| VGr | Verwaltungsgericht des Kantons ZH |
| VO | Verordnung |
| VoeB | VO über das öffentliche Beschaffungswesen vom 11. Dezember 1995 (SR 172.056.11) |
| Vorbem. | Vorbemerkungen |
| VS | Wallis |
| VSB | Vereinbarung über die Standesregeln zur Sorgfaltspflicht der Banken vom 2. Dezember 2002 (Schweizerische Bankiervereinigung) |
| wistra | Zeitschrift für Wirtschaft, Steuer, Strafrecht (Köln) |
| WTO | Welthandelsorganisation (World Trade Organization) |
| YCA | Yearbook Commercial Arbitration (Deventer) |
| z.B. | zum Beispiel |
| ZBGR | Schweizerische Zeitschrift für Beurkundungs- und Grundbuchrecht (Wädenswil) |
| ZBJV | Zeitschrift des Bernischen Juristenvereins (Bern) |
| ZG | Zug |
| ZGB | Schweizerisches Zivilgesetzbuch vom 10. Dezember 1907 (SR 210) |
| ZH | Zürich |
| Ziff. | Ziffer |
| zit. | zitiert |
| ZR | Blätter für Zürcherische Rechtsprechung (Zürich) |
| ZStP | Zürcher Steuerpraxis (Zürich) |
| z.T. | zum Teil |
| ZWR | Zeitschrift für Walliser Rechtsprechung (Sitten) |

# Literaturverzeichnis / Bibliographie

ALTORFER JÜRG
  Alter Wein in neuen Schläuchen? Der erste Bundesgerichtsentscheid zum gewerbsmässigen Liegenschaftenhändler unter dem neuen Bundessteuerrecht, ST 1999 I, 371 ff.

ALTHERR HANS/BREM ERNST/BÜHLMANN HUBERT
  Schweizerisches Obligationenrecht, Textausgabe mit Leitsätzen aus der Praxis des Bundesgerichtes, 2. Aufl., Bern 1994

AMONN KURT/GASSER DOMINIK
  Grundriss des Schuldbetreibungs- und Konkursrechts, 6. Aufl., Bern 1997

ANTOGNAZZA GIAMPIERO
  Voraussetzungen der Mäklerprovision, Diss. Zürich 1965

BASSE-SIMONSOHN DETLEV
  Geldwäschereibekämpfung und organisiertes Verbrechen, Bern 2002

BAUMANN HANNES
  Die Courtage des Versicherungsmaklers, Diss. Zürich 1996

BECKER HERMANN
  Kommentar zum schweizerischen Zivilgesetzbuch, Bd. VI, Obligationenrecht, 2. Abt., Die einzelnen Vertragsverhältnisse (Art. 184–551 OR), Bern 1934

BERNASCONI PAOLO
  Finanzunterwelt, Gegen Wirtschaftskriminalität und organisiertes Verbrechen, 2. Aufl., Zürich/Wiesbaden 1988

BRANDENBERG BRANDL BEATRICE
  Direkte Zuständigkeit der Schweiz im internationalen Schuldrecht, St. Gallen 1991

BRÜCKNER CHRISTIAN
  Schweizerisches Beurkundungsrecht, Zürich 1993

BRUNNER ALEXANDER
  Kommentar zu den Art. 21–22 GestG, in: Spühler Karl/Tenchio Luca/Infanger Dominik (Hrsg.), Kommentar zum schweizerischen Zivilprozessrecht, Bundesgesetz über den Gerichtsstand in Zivilsachen (GestG) mit Kommentierung von Art. 30 Abs. 2 BV, Basel/Genf/München 2001

BRUNNER ALEXANDER
Der Konsumentenvertrag im schweizerischen Recht, AJP 1992, 591 ff. (zit. Brunner, AJP)

BUCHER ANDREAS
Die neue internationale Schiedsgerichtsbarkeit in der Schweiz, Basel 1988

BUCHER EUGEN
Obligationenrecht Besonderer Teil, 3. Aufl., Zürich 1988 (zit. Bucher, Obligationenrecht)

BURKHALTER PETER R./KOLB EDITH
Kommentar zu OR 412–418, in: Kren Kostkiewicz Jolanta/Bertschinger Urs/Breitschmid Peter/Schwander Ivo (Hrsg.), Handkommentar zum Schweizerischen Obligationenrecht, Zürich 2002

BURKHALTER PETER
Facility Management, BR 2004, 39 ff.

BUSSMANN SAMUEL
Das dualistische System der Grundstückgewinnsteuer, dargestellt anhand der Regelung im Kanton Zug, Bern/Stuttgart/Wien 2002

CAGIANUT FRANCIS/HÖHN ERNST
Unternehmungssteuerrecht, 3. Aufl., Bern/Stuttgart 1993

CZERNICH DIETMAR/TIEFENTHALER STEFAN/KODEK GEORG E.
Kurzkommentar Europäisches Gerichtsstands- und Vollstreckungsrecht, 2. Aufl., Wien 2003

DONZALLAZ YVES
Commentaire de la loi fédérale sur les fors en matière civile, Bern 2001

DONZALLAZ YVES
La convention de Lugano, Bd. 3, Bern 1998 (zit. Donzallaz, Convention de Lugano)

DÜRR KARL
Mäklervertrag und Agenturvertrag, Kurzkommentar der Art. 412–418v OR, Bern 1959

DUTOIT BERNARD
Droit international privé suisse: commentaire de la loi fédérale du 18 décembre 1987, 3. Aufl., Basel 2001

FURRER ANDREAS/SCHRAMM DOROTHEE
Zuständigkeitsprobleme im europäischen Vertragsrecht: Die neuesten Entwicklungen zu Art. 5 Ziff. 1 LugÜ/EuGVÜ, SJZ 2003, 105 ff.

ENGEL PIERRE
Contrats de droit suisse, 2. Aufl., Bern 2000

ESSEIVA DENIS
Achat d'un bâtiment, BR 1999, 137

ESSEIVA DENIS
Les marchés publics d'assurance, in: Vollery Luc/Corboz Pierre/Casanova Hugo/Loertscher Denis (Hrsg.), Le droit en mouvement – Recht im Umbruch, Sondernummer «10 Jahre FZR», Freiburg 2002, 251 ff. (zit. Esseiva, Assurance)

GÄHWILER URS P.
Die Besteuerung der Immobiliengesellschaften und der daran Beteiligten, Diss. St. Gallen 1991

GALLI PETER/MOSER ANDRÉ/LANG ELISABETH
Praxis des öffentlichen Beschaffungsrechts, Zürich 2003

GAUCH PETER/SCHLUEP WALTER R./SCHMID JÖRG/REY HEINZ
Schweizerisches Obligationenrecht, Allgemeiner Teil, 8. Aufl., Zürich 2003

GAUCH PETER/SCHMID JÖRG (Hrsg.)
(Zürcher) Kommentar zum Schweizerischen Zivilgesetzbuch, Bd. V, Obligationenrecht, Kommentar zur 1. und 2. Abteilung (Art. 1–529 OR), Teilbd. V 2c, Der Arbeitsvertrag, Art. 319–362 OR, 3. Aufl., Zürich 1996

GAUTSCHI GEORG
(Berner) Kommentar zum schweizerischen Privatrecht, Bd. VI, Obligationenrecht, 2. Abt., Die einzelnen Vertragsverhältnisse, 5. Teilbd., Kreditbrief und Kreditauftrag, Mäklervertrag, Agenturvertrag, Geschäftsführung ohne Auftrag, Kommentar zu Art. 407–424 OR, Bern 1964

GAUTSCHI GEORG
(Berner) Kommentar zum schweizerischen Privatrecht, Bd. VI, Obligationenrecht, 2. Abt., Die einzelnen Vertragsverhältnisse, 4. Teilbd., Der einfache Auftrag, Kommentar zu Art. 394–406 OR, Bern 1964

GEHRI MYRIAM A.
Wirtschaftsrechtliche Zuständigkeiten im internationalen Zivilprozessrecht der Schweiz, Zürich 2002

GEIMER REINHOLD/SCHÜTZE ROLF A.
Europäisches Zivilverfahrensrecht, München 1997

GIRSBERGER DANIEL/HEINI ANTON/KELLER MAX/KREN KOSTKIEWICZ JOLANTA/SIEHR KURT/VISCHER FRANK/VOLKEN PAUL (Hrsg.)
Zürcher Kommentar zum IPRG, 2. Aufl., Zürich 2004 (zit. ZK IPRG-Bearbeiter)

GRABER CHRISTOPH
GwG, Gesetzesausgabe mit englischer Übersetzung, Ausführungserlassen und Anmerkungen, Zürich 2003

GROSS BALZ
Kommentar zu den Art. 21–24, in: Müller Thomas/Wirth Markus (Hrsg.), Gerichtsstandsgesetz, Kommentar zum Bundesgesetz über den Gerichtsstand in Zivilsachen, Zürich 2001, 469 ff.

GROSS BALZ
Konsumentenverträge (Art. 22 GestG), in: Gauch Peter/Thürer Daniel (Hrsg.), Symposien zum schweizerischen Recht, Zum Gerichtsstand in Zivilsachen, Probleme der nationalen und internationalen Zuständigkeit, Zürich 2002, 97 ff. (zit. Gross, Konsumentenverträge)

GUGGENBÜHL ADOLF
Die Liegenschaftsmäklerei, Diss. Zürich 1951

GUHL THEO
Das Schweizerische Obligationenrecht, bearbeitet von Koller Alfred/Schnyder Anton K./Druey Jean Nicolas, 9. Aufl., Zürich 2000 (zit. Guhl/Bearbeiter)

HARTMANN STEPHAN
Die vorvertraglichen Informationspflichten und ihre Verletzung: klassisches Vertragsrecht und modernes Konsumentenschutzrecht, Diss. Freiburg 2001

HEINI ANTON
Die gerichtliche Überprüfung von Vereinsstrafen, in: Forstmoser Peter/Schluep Walter R. (Hrsg.), Freiheit und Verantwortung im Recht, Festschrift zum 60. Geburtstag von Arthur Meier-Hayoz, Bern 1982, 223 ff.

HINDERLING HANS
Probleme der privaten Schiedsgerichtsbarkeit, SJZ 1979, 321 ff.

HOFSTETTER JOSEF
Der Auftrag und die Geschäftsführung ohne Auftrag, in: Gutzwiller Max/Hinderling Hans/Meier-Hayoz Arthur/Merz Hans/Piotet Paul/Secrétan Roger/von Steiger Werner/Vischer Frank (Hrsg.), Schweizerisches Privatrecht, Bd. VII/2, Obligationenrecht, Besondere Vertragsverhältnisse, Basel/Stuttgart 1979, 1 ff.

HOFSTETTER JOSEF
Der Auftrag und die Geschäftsführung ohne Auftrag, in: Wiegand Wolfgang (Hrsg.), Schweizerisches Privatrecht, Bd. VII/6, Obligationenrecht, Besondere Vertragsverhältnisse, Basel/Genf/München 2000 (zit. Hofstetter, Bd. VII/6)

HÖHN ERNST/MÄUSLI PETER
Interkantonales Steuerrecht, 4. Aufl., Bern/Stuttgart/Wien 2000

HÖHN ERNST/WALDBURGER ROBERT
Steuerrecht, Band 1, Bern/Stuttgart/Wien 2001

HONSELL HEINRICH
Schweizerisches Obligationenrecht, Besonderer Teil, 6. Aufl., Bern 2001

HONSELL HEINRICH/VOGT NEDIM PETER/WIEGAND WOLFGANG (Hrsg.)
Kommentar zum schweizerischen Privatrecht, Obligationenrecht I, Art. 1–529 OR, 2. Aufl., Basel/Frankfurt am Main 1996 (zit. BSK-Bearbeiter)

HONSELL HEINRICH/VOGT NEDIM PETER/SCHNYDER ANTON K. (Hrsg.)
Kommentar zum schweizerischen Privatrecht, Internationales Privatrecht, Basel/Frankfurt am Main 1996 (zit. BSK-Bearbeiter)

HONSELL HEINRICH/VOGT NEDIM PETER/GEISER THOMAS (Hrsg.)
Kommentar zum schweizerischen Privatrecht, Schweizerisches Zivilgesetzbuch II, Art. 457–977 ZGB, Art. 1–61 SchlT ZGB, Basel/Frankfurt am Main 1998 (zit. BSK-Bearbeiter)

HUBER HANS
Die staats- und verwaltungsrechtliche Rechtsprechung des Bundesgerichtes im Jahre 1947, ZBJV 1949, 193 ff.

HUBER NIKLAUS/POLLI NATACHA
La loi sur le blanchiment d'argent dans le secteur non-bancaire, L'expert-comptable suisse 2000, 198 ff.

IBOLD HANS CHRISTIAN
Maklerrecht, Berlin 2003

JENNY GUIDO
Aktuelle Fragen des Vermögens- und Urkundenstrafrechts, ZBJV 1988, 393 ff.

JESCHECK HANS-HEINRICH/WEIGEND THOMAS
Lehrbuch des Strafrechts, 5. Aufl., Berlin 1996

JOLIDON PIERRE
Commentaire du concordat suisse sur l'arbitrage, Bern 1984

JOLIDON PIERRE
Arbitrage et sport, in: Merz Hans/Schluep Walter R. (Hrsg.), Recht und Wirtschaft heute, Festgabe zum 65. Geburtstag von Max Kummer, Bern 1980, 633 ff. (zit. Jolidon, Arbitrage et sport)

KÄNZIG ERNST
Die direkte Bundessteuer (Wehrsteuer), I. Teil: Art. 1–44 BdBSt, 2. Aufl., Basel 1982

KELLERHALS FRANZ/VON WERDT NICOLAS/GÜNGERICH ANDREAS (Hrsg.)
Gerichtsstandsgesetz, Kommentar zum Bundesgesetz über den Gerichtsstand in Zivilsachen, Bern 2001

KLÄY HANSPETER
Das Fusionsgesetz – Ein Überblick, BN 2003/04, 185 ff.

KLINGMANN JÖRG
Maklerverträge im Internationalen Privatrecht, Frankfurt am Main 1999

KREN KOSTKIEWICZ JOLANTA
Konsumentenverfahren und Internationales Zivilprozessrecht (IPRG und LugÜ), in: Brunner Alexander/Rehbinder Manfred/Stauder Bernd (Hrsg.), Jahrbuch des Schweizerischen Konsumentenrechts 1999, Bern 2000, 131 ff.

KROPHOLLER JAN
Europäisches Zivilprozessrecht, 7. Aufl., Heidelberg 2002

LALIVE PIERRE/POUDRET JEAN-FRANÇOIS/REYMOND CLAUDE
Le droit de l'arbitrage interne et international en Suisse, Lausanne 1989

LANGENEGGER MARKUS
Handbuch zur bernischen Grundstückgewinnsteuer 2001, Muri bei Bern 2002

LANTER BEAT
Vergabe von Versicherungsdienstleistungen, in: Kommission für das öffentliche Beschaffungswesen des Kantons Zürich (Hrsg.), Kriterium, No 6/2002, 3 f.

LEBER SUSANNE/SCHUMACHER RUDOLF
Berücksichtigung der MWST bei der Bemessung der Grundstückgewinnsteuer, ST 2002 I, 249 ff.

LEUCH GEORG/MARBACH OMAR/KELLERHALS FRANZ/STERCHI MARTIN
Die Zivilprozessordnung für den Kanton Bern, 5. Aufl., Bern 2000

LIVER PETER
Das Eigentum, in: Meyer-Hayoz Arthur (Hrsg.), Schweizerisches Privatrecht, Bd. V/1, Sachenrecht, Basel/Stuttgart 1977, 1 ff.

LOCHER PETER
Das Objekt der bernischen Grundstückgewinnsteuer, Diss. Bern 1976

LOCHER PETER
Kommentar zum DBG, Bundesgesetz über die direkte Bundessteuer, I. Teil, Therwil/Basel 2001 (zit. Locher, DBG)

LOCHER PETER
Zur Auslegung der Steuerbefreiungsnorm von GarG 10: ist der zweite Halbsatz von GarG 10 Abs. 1 weiterhin restriktiv zu interpretieren?, in: Ruf Peter/Pfäffli Roland (Hrsg.), Festschrift 100 Jahre Verband bernischer Notare, Langenthal 2003, 559 ff. (zit. Locher, GarG)

LÜSCHER DOMINIK/BURKHARD JAKOB PIA
Berücksichtigung der Mehrwertsteuer bei der Bemessung der bernischen Grunstückgewinnsteuer, BN 2001/02, 233 ff.

MARQUIS CHRISTIAN
Le contrat de courtage immobilier et le salaire du courtier, Diss. Lausanne 1993

MEIER-HAYOZ ARTHUR
(Berner) Kommentar zum schweizerischen Privatrecht, Bd. IV, Sachenrecht, 1. Abt., Das Eigentum, 2. Teilbd., Grundeigentum I, Kommentar zu Art. 655–679 ZGB, 3. Aufl., Bern 1974

MÜLLER JÖRG PAUL
Grundrechte in der Schweiz, 3. Aufl., Bern 1999

MÜLLER LEONHARD
Die Haftung der Urkundsperson im Verhältnis zur Haftung von weiteren haftpflichtigen Personen, ZBGR 2001, 265 ff. (zit. Müller L.)

MÜLLER THOMAS/WIRTH MARKUS (Hrsg.)
Gerichtsstandsgesetz: Kommentar zum Bundesgesetz über den Gerichtsstand in Zivilsachen, Zürich 2001 (zit. GestG-Bearbeiter)

NIGGLI MARCEL ALEXANDER/WIPRÄCHTIGER HANS (Hrsg.)
Kommentar zum schweizerischen Strafrecht, Strafgesetzbuch II, Art. 111–401 StGB, Basel 2003 (zit. BSK StGB II-Bearbeiter)

OSER HUGO/SCHÖNENBERGER WILHELM
(Zürcher) Kommentar zum Schweizerischen Zivilgesetzbuch, Bd. V/2, Obligationenrecht (Art. 184–418 OR), 2. Aufl., Zürich 1936

PASCHOUD FÉLIX
L'impôt sur les gains immobiliers en droit vaudois, Diss. Lausanne 1979

PATOCCHI PAOLO MICHELE/GEISINGER ELLIOTT
Internationales Privatrecht, Zürich 2000

PFENNINGER CONRAD
Mäklervertrag und Provisionsgarantie, SJZ 1950, 337 ff.

POPP PETER
Vertragsverletzung als strafbare Untreue, ZBJV 1993, 283 ff.

POUDRET JEAN-FRANÇOIS/COTTIER GABRIEL
Remarques sur l'application de l'article II de la convention de New York, Bull. ASA 1995, 383 ff.

RAYROUX FRANÇOIS
Titre treizième: Du mandat, chapitre III: Du courtage, in: Thévenoz Luc/Werro Franz (Hrsg.), Commentaire romand, Code des obligations I: Art. 1–529 CO, Loi sur le crédit à la consommation, Loi sur les voyages à forfait, commentaire, Genf/Basel/München 2003, 2109 ff.

REETZ PETER
Die allgemeinen Bestimmungen des Gerichtsstandsgesetzes, Diss. Zürich 2001

RICHNER FELIX/FREI WALTER/KAUFMANN STEFAN
Kommentar zum harmonisierten Zürcher Steuergesetz, Zürich 1999

RIEDI RAINER
Die bündnerische Grundstückgewinnsteuer, Diss. Zürich 1988

ROXIN CLAUS
Strafrecht, Allgemeiner Teil I, Grundlagen, Aufbau der Verbrechenslehre, 3. Aufl., München 1997

RÜEDE THOMAS/HADENFELDT REIMER
Schweizerisches Schiedsgerichtsrecht, 2. Aufl., Zürich 1992

RUF PETER
Notariatsrecht: Skriptum, Langenthal 1995

RUMO GABRIEL
Die Liegenschaftsgewinn- und die Mehrwertsteuer des Kantons Freiburg, Diss. Freiburg 1993

SCHERRER URS
Rechtsfragen des organisierten Sportlebens in der Schweiz, Diss. Zürich 1982

SCHLOSSER PETER F.
EU-Zivilprozessrecht, 2. Aufl., München 2003

SCHMID NIKLAUS (Hrsg.)
Kommentar Einziehung, organisiertes Verbrechen, Geldwäscherei, Zürich 2002

SCHMID WIELAND
Provisionsgarantie und Aufwendungsersatz im Mäklervertrag nach Obligationenrecht, SJZ 1950, 171 ff. (zit. Schmid, SJZ)

SCHUBARTH MARTIN/ALBRECHT PETER
Kommentar zum Schweizerischen Strafrecht, Bes. Teil, 2. Band, Delikte gegen das Vermögen, Art. 137–172, Bern 1990

SCHÜRMANN LEO
Mäklervertrag und culpa in contrahendo, SJZ 1955, 240 ff.

SCHWANDER IVO
Einführung in das internationale Privatrecht, 3. Aufl., St. Gallen 2000

SCHWANDER IVO (Hrsg.)
Das Lugano-Übereinkommen, St. Gallen 1990 (zit. Schwander, Lugano-Übereinkommen)

SCHWEIGER WERNER
Der Mäklerlohn, Diss. Zürich 1986

SCHWENZER INGEBORG
Schweizerisches Obligationenrecht, Allgemeiner Teil, 2. Aufl., Bern 2000

SCHWERDTNER PETER
Maklerrecht, 4. Aufl., München 1999

SPÜHLER KARL/VOCK DOMINIK
Gerichtsstandsgesetz (GestG) – Gesetzesausgabe mit Anmerkungen, Zürich 2000

STAEHELIN ADRIAN
Die bundesrechtlichen Verfahrensvorschriften über konsumentenrechtliche Streitigkeiten – ein Überblick, in: Meier Isaak/Riemer Hans Michael/Weimar Peter (Hrsg.), Recht und Rechtsdurchsetzung, Festschrift für Hans Ulrich Walder zum 65. Geburtstag, Zürich 1994, 125 ff.

STAUFFER WILHELM/SCHAETZLE THEO/SCHAETZLE MARC
Barwerttafeln (Tables de capitalisation), 5. Aufl., Zürich 2001

STEUER-INFORMATIONEN (Interkantonale Kommission für Steueraufklärung)
Die Besteuerung der Grundstückgewinne, Teil D, Bern 2000

STÖCKLI HUBERT
Grundstückkauf und Unternehmerklausel, BR 1999, 137

STÖCKLI HUBERT
Das Vergaberecht der Schweiz, Überblick Erlasse Rechtsprechung, 6. Aufl., Freiburg 2004 (zit. Stöckli, Vergaberecht)

STRATENWERTH GÜNTER
Schweizerisches Strafrecht, Allgemeiner Teil I, Die Straftat, 2. Aufl., Bern 1996

STRATENWERTH GÜNTER/JENNY GUIDO
Strafrecht Bes. Teil I, Straftaten gegen Individualinteressen, 6. Aufl., Bern 2003

TERCIER PIERRE
Les contrats spéciaux, 3. Aufl., Zürich 2003

TERCIER PIERRE
Le point sur la partie spéciale du code des obligations, SJZ 1999, 272 ff. (zit. Tercier, SJZ)

THELESKLAF DANIEL/WYSS RALPH/ZOLLINGER DAVE
GwG, Geldwäschereigesetz, Kommentar zu GwG, GwV-EBK, StGB (Auszug) sowie die einschlägigen Verordnungen und Texte von UNO, FATF, Basler Ausschuss und Wolfsberg-Gruppe, Zürich 2003

THILO EMILE
Le courtage en immeubles et la rémunération du courtier, JdT 1949 I, 34 ff.

TRECHSEL STEFAN
Schweizerisches Strafgesetzbuch, Kurzkommentar, 2. Aufl., Zürich 1997

TRECHSEL STEFAN/NOLL PETER
Schweizerisches Strafrecht, Allgemeiner Teil I, Allgemeine Voraussetzungen der Strafbarkeit, 5. Aufl., Zürich 1998

TURRETTINI PIERRE
Le contrat de courtage et le salaire du courtier, Diss. Genf 1952

VALLONI LUCIEN W./BARTHOLD BEAT
Das Schweizerische Gerichtsstandsgesetz (GestG), Gesetzesausgabe mit einer Einführung in Deutsch und Englisch, Zürich 2002

VOCK DOMINIK
Gerichtsstandsgesetz (GestG), in: Spühler Karl/Reetz Peter/Vock Dominik/Graham-Siegenthaler Barbara, Neuerungen im Zivilprozessrecht, Zürich 2000, 25 ff.

VON BÜREN BRUNO
Schweizerisches Obligationenrecht, Besonderer Teil (Art. 184–551 OR), Zürich 1972

WALTER GERHARD
Internationales Zivilprozessrecht der Schweiz, 3. Aufl., Bern 2002

WALTER GERHARD/BOSCH WOLFGANG/BRÖNNIMANN JÜRGEN
Internationale Schiedsgerichtsbarkeit in der Schweiz, Bern 1991

WALTER HANS PETER
La responsabilité fondée sur la confiance dans la jurisprudence du Tribunal fédéral, in: Chappuis Christine/Winiger Bénédict (Hrsg.), La responsabilité fondée sur la confiance – Vertrauenshaftung, Zürich 2001, 147 ff. (zit. Walter H. P.)

WEBER HANS
Rechtsfragen bei der Liegenschaftenmäklerei, SJZ 1954, 367

WEBER ROLF H.
Praxis zum Auftragsrecht und zu den besonderen Auftragsarten, Bern 1990

WEIDMANN HEINZ/GROSSMANN BENNO/ZIGERLIG RAINER (Hrsg.)
Wegweiser durch das st. gallische Steuerrecht, Muri bei Bern 1999

WERRO FRANZ
La responsabilité pour faute (art. 41 ss CO) de l'entrepreneur vis-à-vis du maître pour les défauts de l'ouvrage, BR 1996, 64 ff.

ZUFFEREY JEAN-BAPTISTE
Le domaine public comme domaine juridique, in: Bellanger François/Tanquerel Thierry (Hrsg.), Le domaine public, Genf/Zürich/Basel 2004, 9 ff.

ZUFFEREY JEAN-BAPTISTE/MAILLARD CORINNE/MICHEL NICOLAS
Droit des marchés publics, Présentation générale, éléments choisis et code annoté, Freiburg 2002

ZUPPINGER FERDINAND
Grundstückgewinn- und Vermögenssteuer, ASA 1992/93, 309 ff. (Sonderheft «Steuerharmonisierung»)

ZUPPINGER FERDINAND/BÖCKLI PETER/LOCHER PETER/REICH MARKUS
Steuerharmonisierung, Probleme der Harmonisierung der direkten Steuern der Kantone und Gemeinden, Bern 1984

Literaturverzeichnis / Bibliographie

ZWEIFEL MARTIN/ATHANAS PETER (Hrsg.)
Kommentar zum Schweizerischen Steuerrecht, Bd. I/1, Bundesgesetz über die Harmonisierung der direkten Steuern der Kantone und Gemeinden (StHG), Basel/Frankfurt am Main 1997

# A.

## Einleitung
## Makler und Maklervertrag

## *Introduction*
## *Le courtier et le contrat de courtage*

# § 1 Das Dienstleistungsdispositiv des Immobilienmaklers

## Inhaltsverzeichnis

|  |  | Rz |
|---|---|---|
| **I.** | **Der Immobilienmakler** | 1 |
| A. | Abgrenzung zum Immobilienberater und Immobilientreuhänder | 5 |
| B. | Die verschiedenen Objektarten | 6 |
| **II.** | **Die Dienstleistungen eines Maklers** | 7 |
| A. | Verkaufsdienstleistungen – Der Makler als Verkäufervertreter | 8 |
| | 1. Das strukturierte Verkaufsvorgehen | 11 |
| | 2. Verkaufsvorabklärungen | 12 |
| |    a. Wahl der geeigneten Schätzungsmethode | 14 |
| |    b. Wahl der Vermittlungstätigkeit | 15 |
| |    c. Vertragsinhalte eines Maklervertrags | 16 |
| | 3. Verkaufsvorbereitungen | 18 |
| |    a. Einfache Verkaufsmandate | 18 |
| |    b. Komplexe Verkaufsmandate | 21 |
| | 4. Verkaufsphase | 22 |
| | 5. Abschlussphase | 27 |
| | 6. Anschlussdienstleistungen | 28 |
| B. | Vermietungsdienstleistungen – Der Makler als Eigentümervertreter | 31 |
| | 1. Vermietungsobjekte | 31 |
| | 2. Vermietungsvorabklärunge | 32 |
| | 3. Vermietungsvorbereitungen | 35 |
| | 4. Vermietungsphase | 37 |
| | 5. Abschlussphase | 38 |
| | 6. Anschlussdienstleistungen | 41 |
| C. | Such- und Akquisitionsdienstleistungen – Der Makler als Käufervertreter | 42 |
| | 1. Such- und Akquisitionsmandate | 46 |
| | 2. Voraussetzungen | 49 |
| | 3. Leistungsbeschrieb für Such- und Akquisitionsmandate | 50 |
| | 4. Leistungsentschädigung | 57 |

## Table des matières

|  |  | N° |
|---|---|---|
| **I.** | **Le courtier immobilier** | 1 |
| A. | La délimitation avec le conseiller et le gérant immobilier | 5 |
| B. | Les différentes catégories d'objets immobiliers | 6 |
| **II.** | **Les services du courtier** | 7 |
| A. | Les services de vente – Le courtier représentant du vendeur | 8 |

    1. Le processus de vente structuré 11
    2. Les investigations préliminaires 12
        a. Le choix de la bonne méthode d'estimation 14
        b. Le choix de l'activité à déployer par le courtier 15
        c. Le contenu des contrats de courtage 16
    3. Les préparatifs de la vente 18
        a. Les mandats de vente simples 18
        b. Les mandats de vente complexes 21
    4. La phase de vente 22
    5. La phase de conclusion 27
    6. Les services annexes 28
B. Les services de location – Le courtier représentant du propriétaire 31
    1. Les objets à louer 31
    2. Les investigations préliminaires 32
    3. Les préparatifs à la location 35
    4. La phase de location 37
    5. La phase de conclusion 38
    6. Les services annexes 41
C. Les services de recherche et d'acquisition – Le courtier représentant de l'acheteur 42
    1. Les mandats de recherche et d'acquisition 46
    2. Les conditions 49
    3. Le descriptif de la prestation pour les mandats de recherche et d'acquisition 50
    4. L'indemnisation des services rendus 57

# I. Der Immobilienmakler

**1**
Angebot und Nachfrage
L'offre et la demande

Die Interessen von Anbietern und Erwerbern von Immobilien könnten gegensätzlicher nicht sein. Ziel des Käufers ist es, sein Wunschobjekt zu einem möglichst günstigen Preis zu erwerben; der Verkäufer hingegen versucht, einen möglichst hohen Preis für seine Immobilie zu erhalten. Angesichts der regional unterschiedlichen Funktionsweisen, vor allem aber auch wegen der immer höheren Komplexität des Immobilienmarktes, lohnt es sich sowohl für den potentiellen Käufer wie auch für den Verkäufer, einen Fachmann beizuziehen.

**2**
Kenntnisse im Immobilienmarkt
Connaissance en immobilier

Damit ein Verkauf zum gewünschten Erfolg führt, sind Kenntnisse und Erfahrungen in den verschiedensten Bereichen unabdingbar. Von der Bautechnik bis zu umfassendem Wissen in Zivil-, Bau-, Steuer- und Mietrecht, Marketing- und Werbekenntnissen sowie Versicherungsfragen ist ein eidg. diplomierter Immobilientreuhänder oder Makler bestens geschult.

Neben dem fachlichen Know-how, das den professionellen Immobilienmakler auszeichnet, profitiert der Verkäufer nicht zuletzt von grosser Zeitersparnis, indem er sich nicht selber um alle entscheidenden Detailfragen kümmern muss. Ein Makler ist zudem neutraler als der Verkäufer und wird auch von der Gegenseite als Berater und Treuhänder akzeptiert. Im Gegensatz zu einem privaten Anbieter kann er dem Interessenten meist eine Auswahl von Objekten anbieten. 3

Auskunft und Beratung

Renseignements et conseils

Ein typischer Makler wird nicht nur Liegenschaftsverkäufe betreuen, sondern auch im Bereich Vermietungen sowie bei der Käuferberatung nützliche Vermittlungs- und Beratungsdienste offerieren. 4

## A. Abgrenzung zum Immobilienberater und Immobilientreuhänder

Selbstverständlich kann ein Makler in allen Tätigkeitsfeldern auch nur als Berater auftreten. Die sachliche Abgrenzung zum Immobilienberater und -treuhänder ist daher nicht eindeutig, denn auch ein Makler wird seine Kunden immer wieder mit beratenden Aktivitäten unterstützen. Makler differenzieren sich am ehesten von einer reinen Beraterfunktion, indem sie normalerweise transaktionsorientiert (Transaktion im Sinne von Übergang von Eigentum oder Nutzungsrechten) arbeiten und ihre Entschädigung meistens erfolgsorientiert festgelegt ist. 5

## B. Die verschiedenen Objektarten

6 Die unterschiedlichen Arten von Liegenschaften, welche Makler für ihre Auftraggeber betreuen, können beispielsweise nach folgenden Kriterien kategorisiert werden:

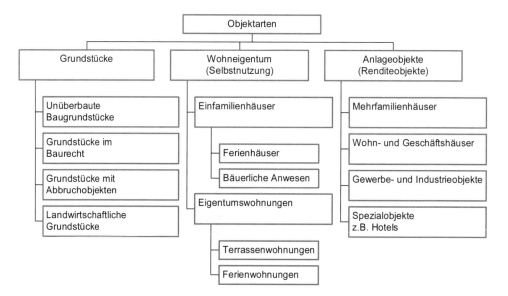

## II. Die Dienstleistungen eines Maklers

7 Ein Makler kann grundsätzlich für Anbieter oder Nachfrager tätig sein. In seiner Natur als Interessenvertreter empfiehlt es sich jedoch, das Tätigkeitsgebiet klar abzugrenzen, die Interessenbindungen zu kommunizieren und die Entschädigungen vorgängig vertraglich festzulegen. Obschon die Problemstellungen für einen Immobilienmakler sehr verschieden und unterschiedlich komplex sein können, sind die Dienstleistungsbereiche Verkauf, Vermietung und Akquisitionsberatung (Suchmandate) für den Makler typisch.

## A. Verkaufsdienstleistungen – Der Makler als Verkäufervertreter

Am häufigsten unterstützt der Makler Kunden mit der Übernahme von Verkaufsdienstleistungen, z.B. für einen Grundstückseigentümer oder einen Pfandgläubiger. In den meisten Fällen muss sich der Makler aktiv um die Verkaufsmandate bemühen. Dabei ist der Marketing-Mix zur Erreichung möglicher Auftraggeber sehr vielfältig.

8

Im Gegensatz zu anderen Tätigkeiten (z.B. Immobilienverwaltung) kann der Makler meist nicht von einem Bestandesgeschäft profitieren und muss daher immer wieder neue Auftraggeber für seine Verkaufsdienstleistungen finden. Werbung und Marketing alleine nützen ihm dabei wenig, er wird im Laufe der Zeit vor allem von Empfehlungen und Mund zu Mund Propaganda profitieren. Jeder Auftraggeber wird die Geschäftstätigkeit und die erbrachten Dienstleistungen immer wieder neu beurteilen. Als Dienstleistungsbetrieb sollte daher immer mit der Prämisse «Der Kunde ist König» gearbeitet werden.

9
Kein Bestandesgeschäft
Pas de situation acquise

Der Verkauf einer Liegenschaft entspricht oftmals der Veräusserung des grössten Vermögenspostens des Eigentümers. Für den Makler ist es essentiell, eine Vertrauensbasis mit dem Kunden zu schaffen und im Rahmen einer Mandatsakquisition seine fachliche Kompetenz und Seriosität unter Beweis zu stellen. Dabei sollte er dem Auftraggeber Lösungsansätze aufzeigen und die Komplexität der Materie erläutern, dem Kunden die Lösung jedoch nicht vor Mandatserteilung auf dem «Serviertablett» präsentieren.

10
Bedeutung des Einsatzes
Importance de l'engagement

### 1. Das strukturierte Verkaufsvorgehen

Für die Auftragsabwicklung empfiehlt sich ein strukturiertes Vorgehen. So wird dem Kunden aufgezeigt, welche Dienstleistungen honorarpflichtig sind und welche Leistungen der Auftraggeber je Verkaufsphase erwarten darf. Selbstverständlich muss der Makler seinem Kunden jeweils eine auf die Problemstellung massgeschneiderte Lösung vor-

11
Flexible Struktur
Structure modulable

schlagen. Nachfolgende Dienstleistungen und Aktivitäten können nicht als standardisierte Grunddienstleistung betrachtet werden, sondern als Bausteine, die individuell und nach Kundenbedürfnis zusammengestellt werden.

## 2. Verkaufsvorabklärungen

**12**
Kennen und Schätzen
Connaître et estimer

Die erste Phase dient dem Kennen lernen. Der Makler sollte sich mit dem Objekt, dem Auftraggeber und dessen Bedürfnissen vertraut machen. Nach einer Objektbesichtigung wird der Immobilienmakler die nötigen Unterlagen zusammenstellen und noch nicht vorhandene Informationen beschaffen. Darüber hinaus sind eine Analyse der grundbuchamtlichen Informationen und allenfalls rechtliche Abklärungen ins Auge zu fassen. Danach sollte ein Fachmann im Stande sein, eine verkaufsorientierte Kurzbeurteilung zu erstellen. Spätestens nach Abgabe oder der mündlichen Erläuterung der Verkaufspreisbeurteilung wird ein Immobilienmakler in Form einer Offerte bekannt geben, welche Dienstleistungen zu welchem Preis von ihm erwartet werden dürfen. Anschliessend empfiehlt sich ein Gespräch mit dem Auftraggeber, um das weitere Vorgehen detailliert zu besprechen.

**13**
Komplexe Geschäfte
Transactions complexes

Bei komplexen Transaktionen oder beim Verkauf von gesamten Wohnüberbauungen können diese Verkaufsvorabklärungen sehr umfangreich ausfallen und daher bereits honorarpflichtig sein. Dabei können vom Auftraggeber auch Marktstudien oder eine Beratung über den geplanten Nutzungsmix[1] verlangt werden.

### a. Wahl der geeigneten Schätzungsmethode

**14**
Die verschiedenen Methoden
Les différentes méthodes

Je nach Objektart und Situation sind unterschiedliche Schätzungsmethoden für Verkehrswertbeurteilungen anzuwenden. Folgende Methoden sind heute verbreitet und sollten von einem Makler beherrscht werden:

– Die Substanz- bzw. Realwertmethode,
– die Ertragswert-, Barwert- oder Discounted Cash Flow (DCF) Methode bei Ertragsobjekten,

---

[1] Z.B. Festlegung der Objektgrösse, Materialisierungen, Grundrissgestaltung u.Ä.

- die Rückwärtsrechnung[2] bei Grundstücken zur Ermittlung des relativen Landwerts,
- die Lageklassenmethode sowie
- Hedonische Bewertungsmodelle (nicht durch Makler zu erstellen, aber zu kennen).

#### b. Wahl der Vermittlungstätigkeit

Makler können aufgrund verschiedener Leistungsgrundlagen als Intermediäre zwischen Käufer und Verkäufer auftreten. Die Wahl der rechtlichen Form der Zusammenarbeit ist daher sehr wichtig. Aus diesem Grund werden die drei verbreitetsten Maklereien (Vermittlungs-, Nachweis- und Zuführmaklerei) im Maklerkommentar eingehend umschrieben. Der Makler sollte mit dem Auftraggeber klar vereinbaren, welche Art von Maklerei für den Auftrag gilt.

15

#### c. Vertragsinhalte eines Maklervertrags

Spätestens bei Abschluss der Verkaufsvorabklärungen sollte dem Auftraggeber ein Vorschlag über die Zusammenarbeit mit dem Makler vorgelegt werden. Mit dem Verkaufsauftrag wird der gegenseitige Wille im Rahmen eines Verkaufsmandates festgehalten. Dieser sollte schriftlich abgefasst sein. Oftmals veräussern Auftraggeber in ihrem Leben nur ein bis zweimal eine Liegenschaft. Dadurch sind sie mit dem Maklerrecht wenig vertraut und es lohnt sich, einen transparenten und verständlichen Maklervertrag aufzusetzen. Missverständnisse und Auseinandersetzungen werden so eliminiert.

16

Transparenz und Zugänglichkeit

Transparence et accessibilité

Der Verkaufsauftrag sollte folgende Elemente beinhalten:

- Umschreibung des Verkaufsobjekts, mit Angabe von Grundstücksgrösse, Katasternummer und Adresse
- Vertragsdauer (bei Exklusivverträgen zwingend notwendig)
- Umschreibung der zu erbringenden Dienstleistungen des Maklers
- Verkaufsrichtpreis der Liegenschaft

17

Die verschiedenen Elemente

Les différents éléments

---

[2] Grobe Ermittlung der möglichen Angebotsflächen und derer Verkaufswerte, anschliessender Abzug der Bau- und Verkaufskosten zur Ermittlung des relativen Landwerts.

- Das Erfolgshonorar/die Entschädigungsart, sowie mögliche Bonus- und/oder Bearbeitungshonorare
- Übernahme von Drittkosten für Werbung und Marketing (mit Kostendach)
- Fälligkeit des Erfolgshonorars
- Kosten, welche bei vorzeitiger Vertragsauflösung anfallen
- Kundenschutz für angeworbene Kaufinteressenten
- Vollmacht für die Beschaffung von Dokumenten und den Verkehr mit Behörden, Banken oder anderen Finanzierungsinstituten
- Eventuell eine Exklusivklausel bzw. Abhandlung der Entschädigungsfolgen, wenn der Käufer nicht direkt durch den Makler auf das Objekt aufmerksam wurde
- Zusatzdienstleistungen, die vom Basisvertrag ausgeschlossen sind
- Schiedsgerichtsklausel (vgl. Musterklausel S. 30 f.) oder allenfalls ein ordentlicher Gerichtsstand

## 3. Verkaufsvorbereitungen

### a. Einfache Verkaufsmandate

18 Spätestens mit der Auftragserteilung beginnt der Makler mit verkaufsvorbereitenden Massnahmen. Allenfalls ist erst jetzt eine Marktanalyse notwendig und durchzuführen, gleichzeitig gilt es die Käuferzielgruppen und die Werbebotschaft zu bestimmen und die Marketinginstrumente[3] zu entwickeln.

19 Nachfolgend die wichtigsten Tätigkeiten, die ein Makler alleine oder allenfalls unter Beizug von Fachleuten vornimmt:

*Tätigkeiten des Maklers*
*Tâches du courtier*

- Ausarbeiten einer Verkaufsdokumentation
- Aufbereiten von Plänen und Daten für die Verkaufsdokumentation
- Beraten bei Grundrissumgestaltungen und Ermitteln allfälliger Umbau- oder Renovationskosten
- Erarbeiten des Werbekonzepts
- Ausarbeiten des Medienplans

---

[3] Darunter sind Marketingwerkzeuge und Marketingmittel zu verstehen, mit denen auf die anvisierte Käuferzielgruppe direkt eingewirkt wird.

- Ausarbeiten und Erstellen des Werbebudgets
- Gestalten und Texten der Inserate sowie des Internetauftritts

Da ein Auftrag grundsätzlich jederzeit kündbar ist, die Vorbereitungsphase für den Makler jedoch viel Zeit und Arbeit in Anspruch nimmt, gehen Makler fallweise dazu über, Bearbeitungshonorare für das Verkaufsmandat zu veranschlagen. Dieses Honorar ist in jedem Fall geschuldet, je nach Vereinbarung zusätzlich oder in Anrechnung an das Erfolgshonorar. 20<br>Entlohnung<br>Rémunération

### b. Komplexe Verkaufsmandate

Bei einem einfachen Einzelobjektverkauf kann man von einem Immobilienmakler die selbstständige und kostengünstige Abwicklung obiger Tätigkeiten erwarten. Bei komplexen Verkäufen, beispielsweise Neubauprojekten mit mehreren Verkaufsobjekten, ist das Anforderungsprofil an den Makler umfassender. Es können zusätzliche, kostenpflichtige Arbeiten anfallen: 21<br>Zusätzliche<br>Aufgaben<br>Tâches<br>supplémentaires

- Erstellen einer Marktanalyse, Definition des Nutzungsmix
- Überprüfung und Beratung der Grundrissgestaltung
- Erarbeitung einer detaillierten Preisgestaltung
- Entwickeln eines Marketing- und Werbekonzepts
- Begründung von Stockwerkeigentum, Erstellung einer Nutzungs- und Verwaltungsordnung sowie eines Nebenkostenbudgets

## 4. Verkaufsphase

Nachdem der Makler die notwendigen Vorbereitungen für einen Verkaufsstart getroffen hat, wird die Verkaufsphase in Angriff genommen. Primäres Ziel ist die optimale Vermarktung der Liegenschaft, d.h. die Suche nach Käufern. 22

Im Gegensatz zu beratenden Dienstleistungen spielt es bei der erfolgsbasierenden Entschädigung eines Maklers eine untergeordnete Rolle, wie rasch er einen Käufer findet. Je länger für die Käufersuche benötigt wird, desto aufwändiger, zeit- und kostenintensiver werden die Bemühungen. Der Makler teilt das Interesse seiner Auftraggeber, raschmöglichst einen Käufer zum festgelegten Verkaufspreis zu finden. 23<br>Flinkheit des<br>Maklers<br>Célérité du<br>courtier

Sein treuhänderisches Handeln wird ihn nicht dazu verleiten, einen raschen Verkauf unter dem Marktpreis zu suchen oder den Auftraggeber bereits kurz nach Verkaufsstart zu grossen Preisreduktionen zu bewegen.

| 24 Werbung Publicité | Der Makler wird nun das Objekt in verschiedenen Werbekanälen anbieten. Dazu steht normalerweise der eigene Kundenstamm als günstigster Weg zur Verfügung. Auch Internet, Verkaufstafeln, Zeitungsinserate, Radio- und Fernsehwerbung sind geeignete Möglichkeiten, Interessentenkontakte zu knüpfen. |

| 25 Potentielle Käufer Acheteurs potentiels | Angesprochen durch das (erfolgreiche) Marketing werden sich Interessenten beim Makler melden. Es finden Objektbesichtigungen und Verkaufsgespräche statt. Der Makler wird den ernsthaften Interessenten ein detailliertes Dossier mit weiteren Angaben aushändigen. Auch für die Banken und weitere Finanzierungsinstitute sind Unterlagen abzugeben. Zudem wird der Kaufinteressent oftmals selber noch Abklärungen mit seinen Vertrauenspersonen veranlassen. |

| 26 Information des Klienten Information du client | Soweit sich der Verkaufserfolg nicht rasch abzeichnet, sollte der Auftraggeber in periodischen Abständen über den Verlauf der Aktivitäten informiert werden. Er hat dem Makler Vertrauen geschenkt und seine Liegenschaft zum Verkauf übergeben. Deshalb hat er Anrecht auf umfassende und transparente Berichterstattung. Dabei sollte der Makler dem Auftraggeber aufzeigen, welche Massnahmen ergriffen wurden, wie die Rückmeldungen ausfielen, wie hoch die bisherigen Kosten sind und warum bisher kein Käufer gefunden werden konnte. Vor dieser Zwischeninformation sollte der Makler seine bisherigen Tätigkeiten kritisch hinterfragen und neue, zukünftige Massnahmen ins Auge fassen. Oftmals muss mit dem Auftraggeber auch über zu treffende Massnahmen beraten werden, damit das Objekt schneller oder besser verkauft werden kann. Dabei wird, bei ausbleibendem Erfolg, meistens auch die mögliche Auswirkung einer Preisreduktion diskutiert. |

## 5. Abschlussphase

| 27 | Sobald ein Käufer gefunden ist und der Auftraggeber dem Verkauf zustimmt, kann mit dem Entwurf des Kaufvertrags begonnen werden. Je nach Kanton und Region wird dieser durch einen Notar oder Rechtsanwalt ausgearbeitet. Oftmals ist ein Makler in der Lage, einen

ersten Entwurf selbst zu erstellen oder in Zusammenarbeit mit einem Notariat auszuarbeiten. Anschliessend wird der Vertrag mit Käufer und Verkäufer bereinigt und besprochen. Der Makler übernimmt dabei eine beratende und vermittelnde Funktion, indem er nun beide Vertragsparteien zu einem Konsens zu bringen versucht. Bei dieser diplomatischen Aufgabe darf er aber nie ausser Acht lassen, wessen Interessen er vertritt und wer sein Auftraggeber ist. Der Makler wird normalerweise auch die Beurkundung des Kaufvertrags organisieren und je nach Abmachung die Parteien zur Beurkundung begleiten.

### 6. Anschlussdienstleistungen

Der Immobilienmakler kann kurz vor und im Anschluss an den Liegenschaftsverkauf zusätzliche Leistungen erbringen. Käufer werden über die möglichen Finanzierungsvarianten beraten oder bei der Durchführung von Renovationen und Umbauten unterstützt. Je nach Vereinbarung kann auch die Objektübergabe durch den Makler erfolgen.

28
Weitere Dienstleistungen
Autres services

Der Verkäufer kann bei der Deklaration der Grundstückgewinnsteuer vom Makler unterstützt und beraten werden. Oftmals herrscht bei der zu bezahlenden Steuer Dissens zwischen Steuerbehörde und Verkäufer und der Makler kann mit seinen Erfahrungswerten den Verkäufer massgeblich unterstützen. Hingegen muss der Makler – sinnvollerweise schriftlich – festhalten, dass er dem Kunden keine verbindliche Steuerberatung anbieten kann.

29
Grundstückgewinne
Gains immobiliers

Zusätzliche Entschädigungen solcher Leistungen sollten separat mit Käufer oder Verkäufer geregelt werden.

30

## B. Vermietungsdienstleistungen – Der Makler als Eigentümervertreter

### 1. Vermietungsobjekte

Der Markt bietet eine Vielfalt von Nutzungen für Immobilien. Der Eigentümer kann ein Objekt zur Vermietung, Gebrauchsleihe oder

31

Pacht einem Dritten zur Verfügung stellen. Je nach Flächenart sind die zu erbringenden Dienstleistungen eines Maklers unterschiedlich. Eine mögliche Segmentierung nach Nutzungsart könnte wie folgt aussehen:

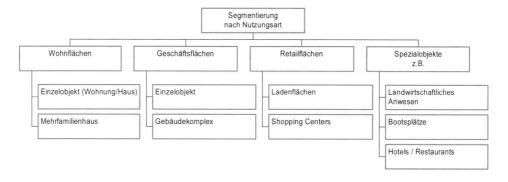

## 2. Vermietungsvorabklärungen

**32**
Kennen und Beraten
Connaître et conseiller

Wie beim Verkaufsprozess sollte sich der Makler in einer ersten Phase mit dem Vermietungsobjekt vertraut machen und die Kundenbedürfnisse abklären. Nach einer ersten Besichtigung und anschliessenden Besprechung mit dem Vermieter wird er die geforderten oder gewünschten Mietpreise mittels einer ersten Marktanalyse plausibilisieren. Dabei ist es für einen Makler wichtig, dass er die Mietpreisentwicklung im lokalen Markt kontinuierlich verfolgt. Als Marktkenner gehört es zu seinen Aufgaben, falschen Vorstellungen über Mietpreise mit sachlichen Argumenten zu begegnen. Nur so wird ein gutes Fundament für ein späteres erfolgreiches Mandat gebaut.

**33**
Komplexer Gegenstand
Objets complexes

Im Rahmen von grösseren oder komplexeren Vermietungsaufträgen können obige Arbeiten durchaus ein Ausmass annehmen, welche bereits durch den Auftraggeber als kostenpflichtige Vorleistungen zu entschädigen sind.

**34**
Angebot
Offre

Nach diesen ersten Abklärungen kann der Makler dem Eigentümer eine Offerte für die Vermietungsleistungen unterbreiten und die weiteren Schritte nach erfolgter Auftragserteilung aufzeigen.

## 3. Vermietungsvorbereitungen

In dieser Phase können folgende Leistungen des Maklers erwartet werden:

- Ausarbeiten einer Dokumentation, allenfalls mit vorgängiger Beratung der Grundrissgestaltung sowie der fachkundigen Unterstützung beim Aufbereiten von Objektplänen
- Ermittlung von allfälligen Umbau-, Ausbau- oder Renovationskosten für den Mieter/Vermieter
- Erarbeiten des Werbekonzepts, Werbebudgets, Mediaplans sowie die Gestaltung und das Texten von Inseraten

Bei grösseren Neubauobjekten mit verschiedenen Vermietungsobjekten oder komplexen Fragestellungen wird der Makler seinem Auftraggeber weitere, kostenpflichtige Leistungen anbieten. Denkbar sind Marktanalysen, die Definition eines möglichen Nutzungsmix sowie die Ausarbeitung einer detaillierten Mietpreisgestaltung pro Flächenart und Stockwerk.

35
Auszuführende Aufgaben
Tâches à accomplir

36
Komplexer Gegenstand
Objets complexes

## 4. Vermietungsphase

Nachdem der Makler die vorbereitenden Massnahmen getroffen hat, können die Mietflächen vermarktet werden. Die weiteren Schritte sind nahezu identisch mit den Bemühungen beim Verkauf von Immobilien und zeichnen sich durch folgende Aktivitäten aus:

- Das Anbieten der Mietflächen in den verschiedenen Marketingkanälen
- Die Durchführung der Objektbesichtigungen sowie Besprechungen mit Mietinteressenten
- Das Zusammenstellen eines detaillierten Dossiers mit weiteren Angaben für ernsthafte Interessenten
- Insbesondere bei Geschäftsflächen sind diverse Sachfragen zum Gebäude gemeinsam mit dem Mietinteressenten und eventuell mit dessen Architekt zu klären
- Regelmässige Berichterstattung an den Auftraggeber über den Verlauf der Aktivitäten, insbesondere falls der Erfolg nicht unmittelbar eintritt. Der Auftraggeber muss über mögliche Massnahmen infor-

37
Aufwerten und Bekanntgeben
Valoriser et communiquer

miert werden, damit die Mietflächen rascher bzw. besser vermietet werden können.

## 5. Abschlussphase

**38**
Potentieller Mieter
Locataire potentiel

Nachdem ein Mietinteressent gefunden wurde, sollte der Makler die notwendigen Abklärungen und im Speziellen Referenzen und Betreibungsauskünfte über den Mietinteressenten einholen. Normalerweise wird er erste Angaben direkt vom Interessenten erhalten (z.B. mittels eines Anmeldeformulars), um dann mit mündlichen oder schriftlichen Anfragen bei Drittpersonen weitere Informationen dazu zu gewinnen. Der Makler sollte die Auswahl der Mieter in Zusammenarbeit und mit dem Einverständnis des Eigentümers vornehmen, soweit er nicht mit einem Verwaltungsmandat oder mit einer Vertretungsvollmacht ausdrücklich ermächtigt wurde, selbständig zu agieren.

**39**
Mietvertragsentwurf
Projet de bail

Gleichzeitig oder im Anschluss an obige Abklärungen wird ein erster Entwurf des Mietvertrags ausgearbeitet. Da das Mietrecht sehr komplex ist, lohnt sich bei schwierigen Fragestellungen der Beizug eines Anwalts oder Mietrechtsspezialisten, welcher die Vermieterinteressen rechtlich optimal schützen kann.

**40** Nach Verhandlungen mit dem Mietinteressenten kann der Mietvertrag bereinigt und definitiv ausgearbeitet werden.

## 6. Anschlussdienstleistungen

**41** Je nach Situation wird der Makler weitere Anschlussdienstleistungen für Mieter oder Vermieter erbringen, die meistens vertraglich separat geregelt werden:
- Die Übergabe der Mietflächen an den Mieter mit Zustandsprotokoll
- Das Durchführen oder die Überwachung von Umbauten und Renovationen
- Die Betreuung des Mieters bei Innenausbauten
- Die Weitervermietung der bisherigen Mietfläche des Mieters
- Die anschliessende Verwaltung des Mietobjekts

## C. Such- und Akquisitionsdienstleistungen – Der Makler als Käufervertreter

Immobilienmärkte sind konjunkturellen Schwankungen ausgesetzt. Angebot und Nachfrage sind daher selten im Gleichgewicht. Obschon die neuen Medien (z.B. Internet) die Transparenz erhöhen, muss der Markt in weiten Teilen der Schweiz noch immer als nicht genügend offen und zeitweise ineffizient betrachtet werden. Immobilienmakler können ihre Kunden dank lokalen Marktkenntnissen unterstützen, um die gewünschten Liegenschaften einfacher und mit dem nötigen Fachwissen zu finden.

<small>42
Ein undurchsichtiger Markt
Un marché opaque</small>

Such- und Akquisitionsmandate werden in der Schweiz noch nicht lange professionell angeboten. In anderen Ländern, z.B. in den USA oder in Deutschland, sind diese Dienstleistungen aufgrund anderer Markteigenschaften besser etabliert. In den USA sind fast immer zwei Makler in eine Immobilientransaktion involviert: Der «Listing-Broker» vertritt die Interessen des Verkäufers und übernimmt die gesamte Vermarktung des Objekts. Der «Acquisition-Broker» vertritt die Interessen des Käufers und hilft diesem in der Akquisition der Kaufobjekte. Das Erfolgshonorar wird bei einer erfolgreichen Transaktion zwischen Käufer- und Verkäufervertreter geteilt. Es ist allerdings anzumerken, dass die Erfolgshonorare für die beiden Makler in Ländern mit diesem Maklermodell deutlich höher liegen als in der Schweiz.

<small>43
Situation im Ausland
Situation à l'étranger</small>

Immer öfters wird auch in der Schweiz auf professionelle Unterstützung im Akquisitionsprozess zugegriffen. Die Vorteile sind offensichtlich. Neben der Zeitersparnis kann der Auftraggeber vom umfassenden Marktwissen des Maklers profitieren. Gleichzeitig verfügt der Käufer über einen persönlichen Berater, der ihm die Vor- und Nachteile einer Akquisition aufzeigt und dabei stets sachkundig seine Interessen vertritt. Diese Dienstleistung ist honorarpflichtig, meistens in Form eines Erfolgshonorars.

<small>44
Nutzen der erbrachten Dienstleistungen
Intérêt des services rendus</small>

Für den Makler ergeben sich neue Dienstleistungsmöglichkeiten, die jedoch besonderes Fachwissen voraussetzen. Die zu erbringenden Leistungen des Maklers dürfen zudem nicht unterschätzt werden. Der zeitliche und administrative Aufwand sowie das nötige Know-how kann mit den zu erbringenden Leistungen eines anspruchsvollen Verkaufs- oder Vermietungsmandats verglichen werden.

<small>45
Folgerichtige Aufträge
Des mandats conséquents</small>

## 1. Such- und Akquisitionsmandate

<small>46</small> Grundsätzlich kann dem Makler sowohl für Miet- wie auch für Kaufobjekte ein Suchmandat erteilt werden. Weiter werden die Dienstleistungen für Suchmandate zwischen Immobilien für den Eigenbedarf und Investitionsobjekten unterschieden.

<small>47
Eigene Bedürfnisse des Erwerbers
Besoins propres de l'acquéreur</small>
Ein Miet- oder Kaufinteressent kann den Makler mit der Suche nach folgenden Einzelobjekten für den Eigenbedarf beauftragen:
– Wohnflächen (z.B. Wohnung oder Haus)
– Geschäftsflächen (z.B. Büro- oder Gewerberäumlichkeiten)
– Retailflächen (z.B. Laden- oder Restauranträumlichkeiten)
– Grundstücke (z.B. zur Erstellung eines Produktionsstandortes)
– Spezialobjekte (z.B. ein Hotel oder eine Tankstelle)

<small>48
Anlage oder Investition
Placements ou investissements</small>
Ein Anleger, welcher Investitionsobjekte sucht, kann den Makler für die Suche nach folgenden Anlageobjekten einsetzen:
– Mehrfamilienhaus
– Geschäftshaus
– Grundstücke (z.B. für Promotionszwecke)
– Spezialobjekte (z.B. eine Seilbahn oder ein Freizeitpark)

## 2. Voraussetzungen

<small>49
Unabhängigkeit des Maklers
Indépendance du courtier</small>
Ein seriöser Makler wird alles daran setzen, frei von Interessenskonflikten zu arbeiten. Dies bedingt die saubere Klärung bzw. Selbstdeklaration seiner Interessenlage gegenüber seinem Auftraggeber, bevor er Suchbemühungen aufnimmt. Der Makler kann nur dann die Interessen seines Kunden bestmöglich und exklusiv vertreten, wenn er mit dem Kunden einen Vertrag abschliesst und das Honorar direkt von ihm bezieht. Ein zu zahlendes Honorar des Auftraggebers an den beauftragten Makler vereinfacht zudem die reibungslose Zusammenarbeit mit Maklern auf Verkäufer- oder Vermieterseite.

## 3. Leistungsbeschrieb für Such- und Akquisitionsmandate

Der Makler wird in einem ersten Schritt gemeinsam mit dem Auftraggeber das Suchprofil für das gewünschte Objekt erstellen. Dabei sollten mindestens die Region und Lage, der Miet- oder Kaufpreis, die räumlichen Dimensionen sowie spezifische Bedürfnisse des Auftraggebers festgehalten werden.

50<br>Objektprofil<br>Profil de l'objet

Anschliessend wird der Makler mit der Objektsuche beginnen. Er wird den Markt laufend beobachten, die sich im Angebot befindenden Objekte identifizieren und mit dem Suchprofil vergleichen. Zudem kann er mit Inseraten oder weiteren Suchmassnahmen die übrigen Marktteilnehmer und Anbieter aktiv auf die Wünsche seines Auftraggebers aufmerksam machen.

51<br>Suche<br>Recherches

Idealerweise wird er den Auftraggeber laufend über die geprüften Objekte und die geleisteten Arbeiten informieren. Allenfalls sind zu diesem Zeitpunkt bereits erste Beurteilungen der einzelnen Objekte möglich, ebenso die Nennung von Vor- und Nachteilen sowie spezifische Kommentare. Dies vereinfacht dem Auftraggeber die Objektauswahl und die Konzentration auf das Wesentliche.

52<br>Informierung des Auftraggebers<br>Information du mandant

Je nach vertraglicher Vereinbarung wird der Makler die für seinen Auftraggeber interessanten Liegenschaften vorgängig alleine oder gemeinsam mit dem Auftraggeber besichtigen.

53

Falls der Auftraggeber Interesse an einem Objekt bekundet, kann der Makler den Auftraggeber mit einer detaillierten Prüfung (Due Diligence) unterstützen. Je nach Situation wird er die vom Verkäufer zur Verfügung gestellten Unterlagen prüfen, oder Verkehrswertschätzungen, Mietwertbeurteilungen, Renovationskostenanalysen und Abklärungen über Bau- und Planungsrecht veranlassen.

54<br>Gründliche Prüfung<br>Examen approfondi

Die Verhandlungen mit dem Vermieter oder Verkäufer sollten vom Makler übernommen werden. Der Makler ist der Fachmann und kann mit seinem Geschick bessere Konditionen aushandeln. In der Folge kann der Makler das Verhandlungsergebnis, z.B. den Miet- oder Kaufvertrag, sachkundig prüfen und allenfalls selbst aufsetzen.

55<br>Verhandlungen<br>Négociations

Selbstverständlich können nach einer solchen Transaktion verschiedene Anschlussdienstleistungen angeboten werden, wie sie im Kapitel «Verkaufsprozess» bereits aufgezeigt wurden.

56

## 4. Leistungsentschädigung

57 Such- und Akquisitionsmandate können unterschiedlich strukturiert sein. Der Leistungsumfang muss deshalb individuell mit dem Auftraggeber vereinbart werden. Bei der Erbringung einer umfassenden Such- und Akquisitionsdienstleistung durch den Makler sind die Honorare mit der Entschädigungshöhe für einen erfolgreichen Verkaufsauftrag zu vergleichen. Als Entschädigung für den Makler wird üblicherweise ein Erfolgshonorar vereinbart. Es kann jedoch auch nach Aufwand abgerechnet werden. Oft werden zudem Sockelbeiträge bzw. einmalige Bearbeitungsgebühren vereinbart, die in jedem Fall zu bezahlen sind.

# § 2 Der Maklervertrag im Überblick

## Inhaltsverzeichnis                                                 Rz

**I. Allgemeines**                                                    1
A. Begriff und Gegenstand                                             1
B. Struktur des Maklervertrages                                       4
C. Abgrenzungen                                                       5

**II. Entstehung und Beendigung des Maklervertrages**                 6
A. Entstehung                                                         6
B. Beendigung                                                         7

**III. Pflichten des Auftraggebers**                                  8
A. Bezahlung des Maklerlohns                                          8
   1. Vorraussetzungen                                                8
   2. Parteiautonomie und Vertragsgestaltung                          9
B. Aufwendungsersatz                                                 10
C. Treue- und Sorgfaltspflichten                                     11

**IV. Pflichten des Maklers**                                        12
A. Fehlen einer gesetzlichen Tätigkeitspflicht                       12
B. Treue- und Sorgfaltspflichten                                     14

**V. Maklerverträge**                                                16
A. Grundsatz der freien Vertragsgestaltung                           16
B. Verschiedene Vertragstypen                                        17
C. Schiedsgerichtsklauseln                                           18
   1. Musterklausel auf deutsch
   2. Musterklausel auf französisch
   3. Musterklausel auf englisch

## Table des matières                                                 N°

**I. En général**                                                     1
A. Notion et objet                                                    1
B. Structure du contrat de courtage                                   4
C. Délimitations                                                      5

**II. Formation et fin du contrat**                                   6
A. La formation                                                       6
B. La fin                                                             7

**III. Les obligations du mandant**                                   8
A. Le paiement du salaire du courtier                                 8

21

|  |  | 1. Les conditions | 8 |
|---|---|---|---|
|  |  | 2. L'autonomie des parties et la configuration du contrat | 9 |
|  | B. | Le remboursement des dépenses | 10 |
|  | C. | Les obligations de fidélité et de diligence | 11 |
| **IV.** | **Les obligations du courtier** |  | **12** |
|  | A. | Aucune obligation légale d'agir | 12 |
|  | B. | Les obligations de fidélité et de diligence | 14 |
| **V.** | **Les contrats de courtage** |  | **16** |
|  | A. | Le principe de la liberté contractuelle | 16 |
|  | B. | Les différents types de contrat | 17 |
|  | C. | Les clauses arbitrales | 18 |
|  |  | 1. Clause type en allemand |  |
|  |  | 2. Clause type en français |  |
|  |  | 3. Clause type en anglais |  |

# I. Allgemeines

## A. Begriff und Gegenstand

1 Im Maklervertrag verspricht der Auftraggeber dem Makler eine Belohnung für dessen Tätigwerden für den Fall, dass ein bestimmter Vertrag (Hauptvertrag) abgeschlossen wird und der Makler zu diesem Vertragsabschluss mitgewirkt hat.

2 Das Gesetz unterscheidet zwischen Nachweis- und Vermittlungsmakler. Der Maklervertrag ist in Art. 412 – 418 OR geregelt. Subsidiär finden die Bestimmungen des allgemeinen Auftrages (Art. 394 ff. OR) Anwendung. Der Nachweismakler hat die Gelegenheit zum Abschluss eines Vertrages nachzuweisen. Der Nachweis ist erfüllt, wenn der Makler dem Auftraggeber Informationen übermittelt, die ihn in die Lage versetzen, die Verhandlungen zum angestrebten Vertragsabschluss selbst führen zu können. Hingegen ist der Vermittlungsmakler verpflichtet, den Abschluss des angestrebten Hauptvertrages aktiv zu fördern. Konkret muss er zwischen dem Interessenten und den Parteien vermitteln, Nachforschungen anstellen, sowie die erforderlichen Unterlagen und Informationen beschaffen, die notwendig und ausreichend sind, damit der Interessent das Kaufobjekt ausreichend kennen lernt. Zwischen Nachweis- und Vermittlungsmakler steht der von der Praxis

*Nachweis- und Vermittlungsmakler*
*Courtier d'indication et de négociation*

gebildete Typ des Zuführmaklers, der Auftraggeber und Interessenten zusammenführen soll[1].

Die folgenden drei Merkmale qualifizieren den Maklervertrag:
- Tätigkeit im Hinblick auf den Abschluss des Hauptvertrages
- Zwingende Entgeltlichkeit der Maklerleistung
- Erfolgsbedingtheit des Maklerlohnanspruches

Der Makler ist nicht Geschäftsführer, sondern Geschäftsvermittler. Der Makler schliesst keine Rechtsgeschäfte ab, sondern vermittelt konkrete Geschäftsabschlüsse. Entspricht es der Instruktion des Auftraggebers, dass der Makler als sein Stellvertreter Rechtsgeschäfte abschliessen soll, bedarf er hierfür eines gesonderten Auftrages sowie der entsprechenden Vollmacht[2].

3
Rechtsgeschäfte
Transactions

## B. Struktur des Maklervertrages

Ohne zusätzliche vertragliche Vereinbarung ist der Makler zwar berechtigt, nicht aber verpflichtet, sich um die Vermittlung eines Abschlusses zu bemühen. Die Vermittlungsbemühungen des Maklers stellen daher bloss eine Obliegenheit dar, die erfüllt werden muss, um den Maklerlohn zu verdienen[3]. Die Besonderheit des Maklervertrages besteht weiterhin darin, dass der Auftraggeber – ohne anders lautende vertragliche Regelung – nicht verpflichtet ist, den vom Makler vorgeschlagenen Hauptvertrag abzuschliessen. Die einzige gesetzliche Leistungspflicht des Auftraggebers besteht in der Verpflichtung, den Maklerlohn im Erfolgsfall zu entrichten (beim Abschluss des angestrebten Vertrages). Der Maklervertrag ist zwingend entgeltlich. Da sich beim Maklervertrag grundsätzlich nur der Auftraggeber zur Zahlung des Maklerlohns beim Zustandekommen des Hauptvertrages verpflichtet, liegt kein synallagmatischer Vertrag vor. Das Fehlen eines synallagmatischen Vertrages hat gemäss herrschender Lehre zur Folge, dass Art. 107 – 109 OR keine Anwendung finden[4]. Der Anspruch auf Maklerlohn ist doppelt erfolgsabhängig: Zum einen muss es dem

4
Obliegenheit und Maklerlohn

Incombance et salaire du courtier

---

[1] Vgl. BGE 90 II 92, 96 E. 2.
[2] Vgl. Art. 33 OR i.V.m. 396 Abs. 2 OR; BGE 124 II 481 ff.
[3] Hofstetter, S. 170.
[4] Vgl. Burkhalter / Kolb N. 11 zu Art. 412 OR.

Makler gelingen, einen Interessenten zu finden, der den Hauptvertrag abschliessen will. Zum andern muss der Auftraggeber die vom Makler vermittelte Gelegenheit ergreifen und den Hauptauftrag abschliessen. Aus diesen Gründen wird auch vom aleatorischen Charakter des Maklervertrages gesprochen. Aus diesem Konzept des Maklervertrages ergeben sich die Pflichten der Parteien.

## C. Abgrenzungen

5

Maklerei, Kommission, Agentur

Courtage, commission, agence

In der Praxis sind die Abgrenzungen zum Kommissionsvertrag Art. 425 ff. OR, Agenturvertrag Art. 418a ff. OR sowie zum einfachen Auftrag Art. 394 ff. OR wesentlich. Der Kommissionär unterscheidet sich vom Makler insofern, als er Verträge mit Dritten abschliesst und seinen Auftraggeber in eigenem Namen verpflichtet, der Makler hingegen nur Tathandlungen vornimmt. Zudem bezieht sich die Kommission im Gegensatz zur Maklertätigkeit nur auf bewegliche Sachen und Wertpapiere[5]. Der Agent auf der anderen Seite übt seine Tätigkeit dauernd aus und er ist verpflichtet, tätig zu werden. Weiter gehört es häufig zu den Aufgaben des Agenten, Verträge abzuschliessen[6]. Wird eine Vermittlungstätigkeit nur nach Aufwand des Vermittlers und nicht erfolgsabhängig – wie dies für den Maklervertrag typisch ist – entlöhnt, liegt ein einfacher Auftrag vor. Nach Art. 412 Abs. 2 OR wird das Auftragsrecht subsidiär beigezogen, sofern die Bestimmungen des Maklervertrages keine abweichenden Regelungen enthalten.

---

[5] Vgl. Art. 425 Abs. 1 OR.
[6] Art. 419a Abs. 1 OR.

## II. Entstehung und Beendigung des Maklervertrages

### A. Entstehung

Der Maklervertrag kommt durch Einigung der Parteien in allen wesentlichen Punkten zustande. Dies sind: Bestimmung der Parteien, Festlegung der geschuldeten Maklertätigkeit sowie die Entgeltlichkeit der Maklertätigkeit. Für den Abschluss des Maklervertrages bestehen keine Formerfordernisse. Diese Formfreiheit ist zwingend. Aus Beweisgründen wird jedoch immer ein schriftlicher Vertragsabschluss empfohlen. Der Maklervertrag kann durch konkludentes Verhalten zustande kommen. Grundvoraussetzung dafür ist, dass der Auftraggeber die Person des Maklers sowie die Tatsache kennt, dass dieser für den Auftraggeber eine auf Vertragsabschluss gerichtete Tätigkeit entfaltet, die nach den Umständen nicht als unentgeltliche Tätigkeit verstanden werden darf.

*Inhalt und Form*
*Contenu et forme*

### B. Beendigung

Die Beendigung des Maklervertrages tritt ein durch Zustandekommen des angestrebten Rechtsgeschäftes oder im Falle eines befristeten Vertrages mit Ablauf der Frist. Aufgrund der subsidiären Anwendung des Auftragsrechts ist der Maklervertrag auch jederzeit fristlos widerrufbar (Art. 404 OR).

## III. Pflichten des Auftraggebers

### A. Bezahlung des Maklerlohns

#### 1. Vorraussetzungen

8 Der Maklerlohn ist unter den folgenden Bedingungen geschuldet:
- Zustandekommen des Maklervertrages
- Tatsächliche Maklertätigkeit
- Zustandekommen des angestrebten Hauptvertrages
- Kausalzusammenhang (psychologischer Zusammenhang) zwischen der Maklertätigkeit und dem angestrebten Erfolg.

#### 2. Parteiautonomie und Vertragsgestaltung

9

Provision und Ausschliesslichkeit
Provision et exclusivité

Abgesehen von der zwingend erforderlichen Maklertätigkeit sind alle weiteren Voraussetzungen dispositiver Natur. Daher können die Parteien über die gesetzlichen Erfordernisse hinausgehen und den Provisionsanspruch z.B. nicht nur vom Abschluss des Hauptvertrages, sondern auch von dessen Erfüllung, abhängig machen. Indessen können sie auch hinter den gesetzlichen Voraussetzungen zurück bleiben, indem sie die Provision unabhängig vom Erfolg des Zustandekommens des Hauptvertrages für die Maklertätigkeit allein versprechen[7]. Daher kommt der Vertragsgestaltung zwischen den Parteien in der Praxis erhebliche Bedeutung zu. Insbesondere hat der Makler auch die Möglichkeit, seinen Lohnanspruch durch Provisionsgarantien und Ausschliesslichkeitsklauseln zu sichern. Mit Ausschliesslichkeitsklauseln kann sich der Auftraggeber einerseits dem Makler gegenüber verpflichten, keine Dienste eines weiteren Vermittlers in Anspruch zu nehmen. Andererseits kann er darauf verzichten, sich selbst um den Abschluss zu bemühen (echte Unterlassungspflicht). Weiter hat der Makler die Möglichkeit, sich versprechen zu lassen, dass der Auftraggeber die Provision auch leisten muss, wenn der Hauptauftrag ohne Mitwirkung des Maklers zustande kommt. In diesem Fall verzichten

---

[7] BGE 113 II 49, 52 E. 1b.

die Parteien auf die Erfordernisse des Kausalzusammenhangs der Maklertätigkeit.

## B. Aufwendungsersatz

Mangels ausdrücklicher gegenteiliger Vereinbarung hat der Makler nur Anspruch auf einen Lohn, der die Provision und die Vergütung für Auslagen einschliesst und als Ganzes erfolgsbedingt ist. Will der Makler hingegen seine Aufwendungen auch für den Fall ersetzt erhalten, dass der angestrebte Hauptvertrag nicht zustande kommt, ist dies gesondert zu vereinbaren. Daher empfiehlt sich bei der praktischen Vertragsgestaltung, zwischen Erfolgshonorar, erfolgsunabhängigen Aufwendungen des Maklers sowie Drittkosten zu unterscheiden.

10

Art. 413 Abs. 3 OR
Art. 413 al. 3 CO

## C. Treue- und Sorgfaltspflichten

Den Auftraggeber treffen Treue- und Sorgfaltspflichten und zwar insbesondere in der Form von Anzeige- und Auskunftspflichten. Er ist verpflichtet, dem Makler unnötige Tätigkeiten zu ersparen, beispielsweise indem er ihn darüber informiert, wenn er den Hauptvertrag abgeschlossen hat oder gar nicht mehr beabsichtigt, diesen abzuschliessen. Der Auftraggeber muss auch verhindern, dass der Makler mit Personen in Verhandlungen tritt, mit denen schon erfolglos verhandelt worden ist. Darüber hinaus trifft den Auftraggeber die Pflicht, sicherzustellen, dass durch fehlerhafte, dem Makler zur Verfügung gestellte Unterlagen diesem kein Schaden erwächst.

11

Anzeige- und Auskunftspflichten

Obligations d'avis et d'information

## IV. Pflichten des Maklers

### A. Fehlen einer gesetzlichen Tätigkeitspflicht

12 Der Makler verpflichtet sich nicht, die Maklertätigkeit tatsächlich aufzunehmen und schon gar nicht, erfolgreich tätig zu sein. Nur der Exklusivmakler muss tätig werden[8]. Die Parteien können vertraglich Handlungspflichten des Maklers vereinbaren (z.B. Insertion, Internetauftritt, Verkaufsdokumentation, Kaufpreisschätzung, Marktbeobachtung sowie weitere vertragliche Pflichten).

13
Hilfspersonen, Untermakler
Auxiliaires, substituts

Der Makler darf unpersönliche technische Arbeiten Hilfspersonen überlassen, ohne dass besondere Voraussetzungen vorliegen müssen. Denn der Makler trägt grundsätzlich die volle Verantwortung für den Schaden, den solche Hilfspersonen in der Ausführung ihrer Arbeit dem Auftraggeber verursachen (Art. 101 OR). Davon zu unterscheiden ist der Beibezug von Untermaklern bzw. Substituten (Art. 398 Abs. 3 und 399 OR), bei welchen der Beauftragte das Geschäft ganz oder teilweise an einen Dritten überträgt. Grundsätzlich hat der Makler den Auftrag persönlich auszuführen. Ausnahmen bestehen dort, wo der Beauftragte zur Übertragung an Dritte ausdrücklich ermächtigt wurde oder eine Übertragung übungsgemäss als zulässig betrachtet wird. Die Haftungsregelung im Maklervertrag für den Beibezug von Untermaklern, folgt den allgemeinen Regeln von Art. 399 OR.

### B. Treue- und Sorgfaltspflichten

14
Auftragsrecht, Information
Droit du mandat, information

Den Makler treffen grundsätzlich die Treue- und Sorgfaltspflichten des Auftragsrechts (Art. 412 Abs. i.V.m. Art. 398 OR), doch kommen diesen im Bereich des Maklervertrags vergleichsweise geringere Bedeutung zu, da der Erfolg der Tätigkeit primär vom Abschlusswillen des Auftraggebers abhängt. Entgegenstehende Abreden vorbehalten, treffen den Makler keine Handlungspflichten. Wird er jedoch tätig, hat er Treue- und Sorgfaltspflichten einzuhalten. Dazu gehört insbesondere,

---

[8] BGE 103 II 129, 133 f. E. 3.

das (Vermögens-) Interesse des Auftraggebers zu wahren und ihn vor Schäden zu bewahren. Umgekehrt hat der Makler die allgemeine negative Begrenzung des Maklervertrages zu beachten, wonach es ihm verboten ist, den Auftraggeber vertraglich zu verpflichten. Darüber hinaus bezieht sich die Sorgfaltspflicht in der Hauptsache auf die Information durch den Makler des Auftraggebers über alle ihm bekannten Umstände, die für das angestrebte Geschäft von Bedeutung sein können. Angaben des Auftraggebers hat der Makler vertraulich zu behandeln, es sei denn diese seien dazu bestimmt, an mögliche Interessenten weitergegeben zu werden.

Verletzt der Makler seine Treue- und Sorgfaltspflichten, hat er dem Auftraggeber den daraus entstandenen Schaden zu ersetzen. In den Fällen von Art. 415 OR verwirkt er darüber hinaus seinen Lohnanspruch. <sub>15</sub>

## V. Maklerverträge

### A. Grundsatz der freien Vertragsgestaltung

Abgesehen von den öffentlich-rechtlichen bzw. spezialgesetzlichen Vorschriften, die bei der Vertragsgestaltung von Maklerverträgen berücksichtigt werden müssen, sind die Parteien beim Abschluss von Maklerverträgen grundsätzlich in ihrer Gestaltung frei. Hingegen sehen sowohl die standesrechtlichen Bestimmungen der Schweizer Immobilienwirtschaft sowie die Verkehrssitte – nicht zuletzt aus Gründen der Beweisbarkeit – vor, dass Maklerverträge schriftlich abzufassen sind.

16
Standesregeln
Code de conduite

### B. Verschiedene Vertragstypen

In erster Linie unterscheidet sich der Maklervertrag darin, ob der Makler für den Interessenten oder für den Veräusserer tätig wird. Insbesondere wird zwischen Such- und Verkaufsaufträgen unterschieden.

17
Alleinauftrag
Mandat exclusif

Der in der Praxis für professionelle Dienstleister immer wichtigere Alleinauftrag unterscheidet sich zusätzlich nach den Unterlassungspflichten des Auftraggebers. Zum einen bestehen Verträge, womit sich der Auftraggeber verpflichtet, keine weiteren Vermittlungsdienstleistungen zu beanspruchen. Zum andern kann auch die Verpflichtung vereinbart werden, dass der Auftraggeber selbst nicht mehr um den Abschluss des Hauptgeschäftes bemüht sein darf. In Einzelfällen können die Anstrengungen vom Auftraggeber und Makler insofern zielführend abgestimmt werden, indem auch Hinweise des Auftraggebers willkommen sind und dieser auch einen Anreiz haben soll, bei der aktiven Interessentensuche mitzuwirken. Dieses System kann insbesondere für einen Erst- und Alleinvermietungsauftrag sinnvoll angewendet werden.

## C. Schiedsgerichtsklauseln

18
SVIT

Seit dem Inkrafttreten der Schiedsgerichtsbarkeit der Schweizer Immobilienwirtschaft[9] am 1.1.2005 besteht die Möglichkeit im Rahmen von Maklerverträgen Schiedsklauseln zu vereinbaren, die zu einer professionellen und sachlichen Konfliktlösung unter Immobilienspezialisten beitragen soll. Die folgende Musterschiedsklausel ist insbesondere für komplexe nationale und internationale Maklerverträge zu empfehlen:

### 1. Musterklausel auf deutsch

*«Die Parteien vereinbaren hiermit, dass sämtliche sich aus oder in Zusammenhang mit diesem Vertrag ergebenden Auseinandersetzungen, einschliesslich Streitigkeiten über die Gültigkeit, Rechtswirksamkeit, Abänderung oder Auflösung dieses Vertrags oder sich aus diesem Vertrag direkt oder indirekt ergebenden Rechtsverhältnisse oder Rechtswirkungen durch das Schiedsgericht der Schweizer Immobilienwirtschaft entschieden werden.*

*Unter Ausschluss der ordentlichen Gerichte wendet das Schiedsgericht zur Beurteilung der Auseinandersetzung die Schiedsgerichtsordnung der Schweizer Immobilienwirtschaft (SVIT-Schiedsgericht) an.*

---

[9] Vgl. auch www.svit-schiedsgericht.ch.

*Vorbehaltlich einer anderen Parteivereinbarung ist bis zu einem Streitwert von CHF 100'000 ein Einerschiedsgericht, bei einem höheren Streitwert ein Dreierschiedsgericht zuständig. Das Schiedsgericht entscheidet endgültig.»*

## 2. Musterklausel auf französisch

*«Par la présente, les parties conviennent que tous les conflits découlant ou en connexité avec ce contrat, notamment les litiges concernant la validité, la légalité, la modification ou la résiliation de celui-ci ainsi que les rapports de droit ou les effets juridiques liés directement ou indirectement à ce contrat, seront tranchés par le Tribunal Arbitral de l'Économie Immobilière Suisse.*

*Le tribunal arbitral applique le Règlement d'Arbitrage de l'Économie Immobilière Suisse (Tribunal Arbitral-SVIT) pour trancher du litige, à l'exclusion des tribunaux ordinaires.*

*Sauf convention contraire des parties, le tribunal arbitral à un juge est compétent en cas de valeur litigieuse jusqu'à 100'000 alors que le tribunal arbitral à trois juges est compétent en cas de valeur litigieuse supérieure. La sentence du tribunal arbitral est définitive.»*

## 3. Musterklausel auf englisch

*«Herewith, the parties agree that any controversy arising out of or in connection with this agreement, including any disputes regarding the validity, legal effectiveness, alteration or termination thereof, as well as any legal relations or legal effects directly or indirectly stemming from this agreement shall be adjudicated by the Arbitral Tribunal for the Swiss Real Estate Industry.*

*Excluding ordinary state courts, the arbitral tribunal shall apply the Rules of Arbitration for the Swiss Real Estate Industry (SVIT-Arbitral Tribunal) to resolve such controversies.*

*Subject to a different agreement among the parties, up to CHF 100,000 the arbitral tribunal shall be established as a one-member arbitral tribunal, exceeding that amount in dispute a three-member arbitral tribunal shall be competent. The decision of the arbitral tribunal shall be final.»*

# B.

## Kommentierung
## von Art. 412 bis 418 OR

*Commentaire des art. 412 à 418 CO*

# Art. 412 OR

A. Begriff und Form
¹ **Durch den Mäklervertrag erhält der Mäkler den Auftrag, gegen eine Vergütung Gelegenheit zum Abschlusse eines Vertrages nachzuweisen oder den Abschluss eines Vertrages zu vermitteln.**

² **Der Mäklervertrag steht im allgemeinen unter den Vorschriften über den einfachen Auftrag.**

A. Définition et forme
¹ Le courtage est un contrat par lequel le courtier est chargé, moyennant un salaire, soit d'indiquer à l'autre partie l'occasion de conclure une convention, soit de lui servir d'intermédiaire pour la négociation d'un contrat.

² Les règles du mandat sont, d'une manière générale, applicables au courtage.

A. Definizione e forma
¹ Col contratto di mediazione il mediatore riceve il mandato di indicare l'occasione per conchiudere un contratto o di interporsi per la conclusione d'un contratto verso pagamento di una mercede.

² Le disposizioni del mandato propriamente detto sono in genere applicabili al contratto di mediazione.

A. Definition and form
¹ A Brokerage Contract is an agreement whereby the broker is granted a mandate to provide an opportunity to conclude a contract or to act as an intermediary thereto against compensation.

² In general, the Brokerage Contract is subject to the provisions governing the ordinary mandate.

## Inhaltsverzeichnis

|   |   | Rz |
|---|---|---|
| I. | Vorbemerkungen zu Terminologie und Aufbau von Art. 412–418 OR | 1 |
| II. | Anwendungsbereich | 3 |
| III. | Begriffsmerkmale | 11 |
| A. | Tätigkeit im Hinblick auf den Abschluss des Hauptvertrags | 11 |
| B. | Entgeltlichkeit | 18 |
| C. | Erfolgsbedingtheit des Maklerlohnanspruchs | 22 |
| IV. | Subsidiäre Anwendbarkeit des allgemeinen Auftragsrechts | 24 |
| V. | Entstehung des Maklervertrags | 26 |
| VI. | Beendigung des Maklervertrags | 33 |
| VII. | Pflichten der Parteien | 40 |
| A. | Grundstruktur des Maklervertrags | 40 |
| B. | Pflichten des Maklers | 44 |
|   | 1. Fehlen einer Handlungspflicht | 44 |
|   | 2. Sorgfalts- und Treuepflichten | 48 |
|   | 3. Beizug von Untermaklern | 51 |
| C. | Pflichten des Auftraggebers | 56 |
|   | 1. Fehlen einer Abschlussverpflichtung | 56 |
|   | 2. Maklerlohn und Auslagenersatz | 60 |
|   | 3. Sorgfalts- und Treuepflichten | 62 |
| D. | Personenmehrheit auf Auftraggeberseite | 64 |
| E. | Personenmehrheit auf Maklerseite | 67 |
| VIII. | Abgrenzungen | 69 |
| IX. | Rechtsvergleichung | 72 |

## Table des matières

|   |   | N° |
|---|---|---|
| I. | Remarques préliminaires sur les art. 412 à 418 CO (terminologie et organisation) | 1 |
| II. | Le champ d'application | 3 |
| III. | La notion | 11 |
| A. | Une activité en vue de la conclusion du contrat principal | 11 |
| B. | Le caractère onéreux du courtage | 18 |
| C. | Une rémunération liée au succès de la transaction | 22 |
| IV. | L'application à titre subsidiaire des règles du mandat | 24 |
| V. | La formation du courtage | 26 |
| VI. | La fin du courtage | 33 |

| | | |
|---|---|---|
| **VII.** | **Les obligations des parties** | 40 |
| A. | La structure de base du courtage | 40 |
| B. | Les obligations du courtier | 44 |
| | 1. L'absence d'un devoir d'agir | 44 |
| | 2. Les devoirs de fidélité et de diligence | 48 |
| | 3. Le recours à un substitut | 51 |
| C. | Les obligations du mandant | 56 |
| | 1. L'absence d'un devoir de contracter | 56 |
| | 2. La provision du courtier et le remboursement des frais encourus | 60 |
| | 3. Les devoirs de fidélité et de diligence | 62 |
| D. | La pluralité de personnes du côté du mandant | 64 |
| E. | La pluralité de personnes du côté du courtier | 67 |
| **VIII.** | **Les délimitations** | 69 |
| **IX.** | **Le droit comparé** | 72 |

# I. Vorbemerkungen zu Terminologie und Aufbau von Art. 412–418 OR

Das Gesetz wählt in Art. 412–418 OR die etwas altmodische Ausdrucksweise «Mäkler». Im Folgenden wird der heute gebräuchliche Begriff «Makler» verwendet. 1

Den Art. 412 ff. OR liegt der folgende Aufbau zugrunde: Ausgegangen wird vom Begriff des Maklervertrags (Art. 412 OR). Gleichzeitig wird in Abs. 2 dieses Artikels festgehalten, dass der dritte Abschnitt des dreizehnten Titels über den Maklervertrag keine abschliessende Regelung enthält, sondern dass auch die Bestimmungen des allgemeinen Auftrags (Art. 394 ff. OR) sowie – stillschweigend vorausgesetzt – auch die Vorschriften des Allgemeinen Teils des OR (Art. 1–183 OR) beizuziehen sind[1]. Es folgen Bestimmungen über eine spezifische Verpflichtung des Auftraggebers, nämlich die Bezahlung des Maklerlohnes (Art. 413–417 OR). Schliesslich wird ein Vorbehalt zugunsten des kantonalen Rechts beigefügt (Art. 418 OR). 2

---

[1] OSER/SCHÖNENBERGER, N 6 Vorbem. zu Art. 412–418 OR.

## II. Anwendungsbereich

3
Verschiedene
Tätigkeiten
Activités
variées

Der Anwendungsbereich des Maklervertrags ist umfassend. Die Art. 412 ff. unterscheiden namentlich nicht zwischen der gewerbsmässigen und der gelegentlichen Vermittlung, zwischen Zivil- und Handelsmaklerei oder zwischen der Art der Rechtsgeschäfte, zu deren Abschluss Gelegenheit gegeben werden soll[2]. Zu den möglichen vermittelten Geschäften zählen u.a.: Kauf/Verkauf von Grundstücken und Unternehmen, Miet- und Pachtverträge, Arbeitsverträge, Hypothekarkredite, Darlehen, Finanzdienstleistungen, Anlagevermögen, Versicherungen und Handelsgeschäfte jeglicher Art[3]. Entsprechend sind die Makleraktivitäten in zunehmendem Masse je nach Tätigkeitsfeld Sonderregelungen unterworfen.

4
Börsenmakler
Courtier en
bourse

Bei der Vermittlung von Börsengeschäften sind die Art. 412 ff. OR bedeutungslos, da in der Schweiz keine Börsenmakler zugelassen sind[4]. Die an der Börse Zugelassenen – «Börsenagenten» und Banken – schliessen die Börsengeschäfte regelmässig als Kommissionäre (also im eigenen Namen auf fremde Rechnung) oder auf eigene Rechnung ab[5]. Hier ist das Bundesgesetz über die Börsen und den Effektenhandel vom 24. März 1995[6] zu beachten[7]. Die ausserbörsliche Wertschriftenvermittlung hingegen kann über Makler erfolgen, so dass für diese Transaktionen die Art. 412 ff. OR Anwendung finden.

5
Arbeitsvermittler
Placeur en
personnel

Für die regelmässige private Arbeitsvermittlung gelten nicht die Bestimmungen über den Maklervertrag, sondern ausschliesslich das Bundesgesetz über die Arbeitsvermittlung und den Personalverleih vom 6. Oktober 1989,[8] insbesondere dessen Art. 7–9, welche die Vermittlungstätigkeit regeln[9].

---

[2] OSER/SCHÖNENBERGER, N 3 Vorbem. zu Art. 412–418 OR.
[3] HONSELL, 334.
[4] BURKHALTER/KOLB, N 1 zu Art. 418 OR.
[5] GUHL/SCHNYDER, § 50 N 13.
[6] BEHG, SR 954.1.
[7] Vgl. dazu B Art. 418 Rz 2.
[8] AVG, SR 823.11.
[9] Vgl. dazu B Art. 418 Rz 5.

Seit der Revision des Scheidungsrechts vom 26. Juni 1998 und mit deren Inkrafttreten auf den 1. Januar 2000 ist die Ehe- und Partnerschaftsvermittlung nicht mehr als Maklergeschäft in Art. 416 OR normiert; sie hat ihre Regelung in einem eigenen Abschnitt[10] gefunden.

6
Heiratsmakler
Courtier matrimonial

Mit Inkrafttreten des Bundesgesetzes über das bäuerliche Bodenrecht vom 4. Oktober 1991[11] auf den 1. Januar 1994 hat die Maklertätigkeit (Nachweis und Vermittlung) auf dem Gebiet der landwirtschaftlichen Grundstücke praktisch all ihre Bedeutung eingebüsst. Nach Art. 61 BGBB benötigt jede Person, die ein landwirtschaftliches Gewerbe oder Grundstück erwerben will, eine Bewilligung.

7
Bäuerliches Bodenrecht
Droit foncier rural

Bei der Kreditvermittlung ist das neue Bundesgesetz über den Konsumkredit,[12] in Kraft seit 1. Januar 2003, zu beachten. Makler, die gewerbsmässig Konsumkreditverträge vermitteln,[13] bedürfen für ihre Tätigkeit einer kantonalen Bewilligung[14]. Überdies bestimmt Art. 35 Abs. 1 KKG, dass der Konsument dem Kreditvermittler für die Vermittlung eines Konsumkredites keine Entschädigung schuldet. Die Aufwendungen des Kreditgebers seinerseits für die Kreditvermittlung bilden ex lege Teil der Gesamtkosten, welche der Konsument für den Kredit zu bezahlen hat, und dürfen ihm nicht gesondert in Rechnung gestellt werden[15].

8
Konsumkredit
Crédit à la consommation

Die Vermittlung von Grundstücken, Wohn- und Geschäftsräumen ist in dem meisten Kantonen Sonderregeln unterworfen, die i.d.R. eine Bewilligungspflicht, Handlungspflichten oder Tarife zum Inhalt haben[16].

9
Kantonale Regeln
Règles cantonales

Aktuell ist dies, soweit ersichtlich, von allen grösseren Deutschweizer Kantonen nur noch im Kanton Zürich der Fall. Dieser kennt noch ein Gesetz über die Vermittlung von Wohn- und Geschäftsräumen[17] sowie eine entsprechende Tarifordnung[18]. Hauptbestandteil des Gesetzes ist

---

[10] Art. 406a-406h OR.
[11] BGBB, SR 211.412.11.
[12] KKG, SR 221.214.1.
[13] Art. 1 und 4 KKG.
[14] Art. 39 Abs. 1 KKG.
[15] Art. 35 Abs. 2 KKG.
[16] Vgl. dazu B Art. 418 Rz 6; TERCIER, § 67 N 5038.
[17] Gesetz über die Vermittlung von Wohn- und Geschäftsräumen vom 30. November 1980 (Zürcher Gesetzessammlung, 844).
[18] Tarifordnung der Direktion der Justiz des Kantons Zürich für die Vermittlung von Wohn- und Geschäftsräumen vom 25. März 1982 (Zürcher Gesetzessammlung, 844.1).

eine Bewilligungspflicht, die bei der gewerbsmässigen Vermittlung von Mietobjekten zwingend notwendig ist. Diese Bewilligungspflicht erstreckt sich auch auf die Vermittlung von Wohnungen, Einzelzimmern sowie auf Geschäfts- und Einstellräume.

Mit der Bewilligung ist die Pflicht auf ordentliche Geschäftsführung und Erstellung einer Buchführung verbunden. Für den Praktiker bedeutsam dürfte auch die Tarifordnung sein, die sich auf §4 des Gesetzes stützt. Diese Tarifordnung legt einen zulässigen Höchstsatz des Maklerlohns gemäss Art. 413 OR fest. Dieser Lohn darf 75% des ersten monatlichen Nettomietzinses nicht übersteigen und umfasst sämtliche Aufwendungen des Maklers. Zudem darf eine allfällig verlangte Sicherheitsleistung 50% des mutmasslichen Maklerlohnes nicht überschreiten. Diese Pauschalansätze wurden vom BGer für zulässig erklärt[19].

10
Waffen und Betäubungsmittel
Armes et stupéfiants

Zu beachten sind schliesslich auch Art. 12 lit. b, Art. 15 f. und Art. 33 des Bundesgesetzes über das Kriegsmaterial vom 13. Dezember 1996[20] und Art. 4 Abs. 1 und Art. 19 des Bundesgesetzes über die Betäubungsmittel und psychotropen Stoffe vom 3. Oktober 1951,[21] welche die Vermittlung von Geschäften im jeweiligen Tätigkeitsbereich einer Bewilligungspflicht unterstellen resp. deren Verletzung mit Strafbestimmungen sanktionieren[22].

## III. Begriffsmerkmale

### A. Tätigkeit im Hinblick auf den Abschluss des Hauptvertrags

11 Im Maklervertrag verspricht der Auftraggeber dem Makler eine Belohnung für dessen Tätigwerden für den Fall, dass ein bestimmter Ver-

---

[19] BGE 110 Ia 111 E. 3–5.
[20] KMG, SR 514.51.
[21] BetmG, SR 812.121.
[22] Vgl. TERCIER, § 67 N 5039 und 5041.

trag (Hauptvertrag) abgeschlossen wird und der Makler zu diesem Vertragsschluss beigetragen hat[23].

Das Gesetz unterscheidet zwischen Nachweis- und Vermittlungsmakler. Der Nachweismakler weist dem Auftraggeber einen Interessenten für das in Frage stehende Geschäft bzw. Objekt so konkret nach, dass der Auftraggeber Vertragsverhandlungen aufnehmen kann. Vorausgesetzt ist, dass es sich dabei um einen geeigneten und abschlusswilligen Vertragsinteressenten handelt, dessen Person und/oder Abschlussbereitschaft der Auftraggeber nicht kannte[24]. Darüber hinausgehend wirkt der Vermittlungsmakler aktiv auf die Abschlussbereitschaft des potentiellen Vertragspartners hin und fördert den Abschluss des Vertrags. Dies kann z.B. durch Teilnahme und Vermittlung an den Vertragsverhandlungen oder durch Redaktion des Hauptvertrags geschehen[25]. Zwischen Nachweis- und Vermittlungsmakler steht der von der Praxis gebildete Typus des Zuführungsmaklers, der dem Auftraggeber einen Interessenten nicht nur nachweisen, sondern die Parteien zusammenführen soll[26]. Die verschiedenen Arten der Maklerei lassen sich auch kombinieren[27]. Der Lohnanspruch des Maklers hängt davon ab, ob seine Ausführungsobliegenheit schon mit dem Nachweis oder erst mit der Zuführung bzw. Vermittlung beendet sein soll. Ein Vermittlungsmakler, der den Interessenten bloss nachweist oder zuführt, hat den Maklerlohn selbst dann nicht verdient, wenn der Vertrag zwischen Auftraggeber und Interessenten zustande kommt[28].

12
Nachweis oder Vermittlung
Indication ou négociation

Die Festlegung der geschuldeten Maklertätigkeit gehört zu den wesentlichen Punkten des Maklervertrags[29]. Der Maklervertrag ist daher i.S.v. Art. 2 Abs. 1 OR erst gültig zustande gekommen, wenn sich die Parteien über diesen Punkt geeinigt haben. Haben die Parteien hier keine ausdrückliche Regelung getroffen, kann sich die Umschreibung der Maklertätigkeit auch durch schlüssiges Verhalten vor und nach Vertragsschluss ergeben[30]. Haben sich die Parteien z.B. zunächst über

13
Abschluss des Vertrags
Conclusion du contrat

---

[23] Vgl. BGE 84 II 525, E. 2b = Pra 1959, Nr. 48, 142.
[24] GAUTSCHI, N 3b Vorbem. zu Art. 412–418 OR.
[25] BSK-AMMANN, N 1 zu Art. 412 OR.
[26] Vgl. statt vieler BGE 90 II 96 E. 2; HOFSTETTER, Bd. VII/6, 169 f.
[27] ENGEL, 521.
[28] BGE 90 II 96 E. 2.
[29] BGE 90 II 103 E. 6; a.M. BUCHER, Obligationenrecht, 236; wohl auch GAUTSCHI, N 3c Vorbem. zu Art. 412–418 OR.
[30] BGE 90 II 103 ff. E. 6–8; BSK-AMMANN, N 1 zu Art. 412 OR.

die Voraussetzungen des Maklerlohns keine oder nicht die gleichen Gedanken gemacht und weist der Makler unter Hinweis auf das Lohnversprechen eine Abschlussgelegenheit nach, so ist der Auftraggeber nach Treu und Glauben verpflichtet, den versprochenen Lohn zu bestreiten. Unterlässt er dies, darf der Makler nach dem Vertrauensprinzip schliessen, der Auftraggeber lasse sein Lohnversprechen auch für den Fall gelten, dass der Makler ausser dem bereits erfolgten Nachweis nichts weiter zum Zustandekommen des Vertrags beitragen sollte[31].

14 Beweis des Abschlusses Preuve de la conclusion

Nach den allgemeinen Beweislastregeln von Art. 8 ZGB hat derjenige den Umfang des Maklerauftrages im Einzelfall zu beweisen, der daraus Rechte ableitet. So hat der Makler, der aus dem Nachweis eines Interessenten einen Lohnanspruch herleitet, zu beweisen, dass ihm der Lohn für diese Art der Maklertätigkeit versprochen war[32]. Eine tatsächliche Vermutung zugunsten der einen oder anderen Art der Maklertätigkeit zeichnet sich nicht ab. Aus dem Kreis der professionell agierenden Immobilienmakler wird festgestellt, dass die Nachweismaklerei zunehmend zugunsten umfassenderer Dienstleistungsangebote an Bedeutung verliert. Demgegenüber gehen viele Autoren davon aus, dass es in der Praxis für Vermittlungsmakler schwierig sei, eine wirksame Vermittlertätigkeit nachzuweisen, und dass sich daher berufsmässige Makler ihren Lohn oft schon für den blossen Nachweis versprechen liessen. Ob aus dieser Übung eine tatsächliche Vermutung zugunsten der Nachweismaklerei besteht, die auf eine Umkehrung der Beweislast hinausläuft, ist allerdings auch hier umstritten[33]. Dann wäre es am Auftraggeber nachzuweisen, dass aufgrund des Vertrags der Makler tatsächlich zu mehr als dem blossen Nachweis verpflichtet war. Weil das Gesetz in Art. 412 f. OR nicht auf eine Übung oder einen Ortsgebrauch verweist,[34] verlangt das Bundesgericht für das Vorliegen einer die Beweislast umkehrenden Verkehrssitte zusätzlich, dass diese ausdrücklich oder stillschweigend (durch schlüssiges Verhalten) zum Bestandteil des Vertrags gemacht worden sei oder als Hilfsmittel für

---

[31] BGE 90 II 105 f. E. 8a ff.
[32] BGE 90 II 96 f. E. 2.
[33] In BGE 90 II 100 f. E. 4 offen gelassen, ob im Liegenschaftenhandel eine entsprechende Usanz besteht; bejahend: BUCHER, Obligationenrecht, 237; HONSELL, 335; VON BÜREN, 209 f.; TERCIER, § 67 N 5058; differenzierend bezüglich Landesgegenden und Handelszweigen OSER/SCHÖNENBERGER, N 18 zu Art. 412 OR; BECKER, N 5 zu Art. 412 OR, der bei der Handelsmaklerei übungsgemäss Vermittlungsmaklerei annehmen will.
[34] Art. 5 Abs. 2 ZGB.

die Auslegung der Parteierklärungen nach dem Vertrauensprinzip in Betracht komme. Letzteres setze voraus, dass der Auftraggeber die Verkehrssitte kannte oder doch mindestens mit ihrem Bestehen rechnen musste[35]. Ob die oben genannte Praxis der berufsmässigen Makler diese Kriterien erfüllt, ist offen.

Es ist zu empfehlen, die geschuldete Maklertätigkeit und damit auch die Voraussetzungen, unter denen der Maklerlohn geschuldet ist, im Maklervertrag ausdrücklich und klar festzuhalten. Ohne ausdrückliche Festsetzung werden die Willenserklärungen der Parteien nach dem Vertrauensgrundsatz ausgelegt, mithin so, wie sie vom Empfänger in guten Treuen verstanden werden durften und mussten. Hat der Makler den Vertragsinhalt bereits einseitig vorformuliert, kommt überdies die Unklarheitsregel zur Anwendung, wonach unklare Vertragsklauseln zu Ungunsten jener Partei auszulegen sind, die sie verfasst hat. Das Bundesgericht erwartet entsprechend z.B. vom Inhaber eines Immobilienbüros, dass er zumindest Bestimmungen von grundlegender Bedeutung derart verfasst, dass Streitigkeiten über deren Tragweite vermieden werden können[36].

15
Leistungen der Parteien
Prestations des parties

Die Tätigkeit des Maklers muss nicht gewerbsmässig, sondern kann auch eine gelegentliche sein. Sogar schon ein einziger Nachweis oder eine einzige Vermittlung fällt unter den Begriff des Maklervertrags[37].

16

Der Gegenstand der Maklertätigkeit ist die Bestimmung eines Dritten zum Abschluss eines Hauptvertrags als tatsächlicher Dienst[38]. Der Makler schliesst keine Rechtsgeschäfte in fremdem Interesse ab, sondern vermittelt Geschäftsabschlüsse, die der Auftraggeber anschliessend selbst oder durch einen eigens dafür bestellten Stellvertreter vornimmt. Er ist nicht Geschäftsführer, sondern Geschäftsvermittler. Soll der Makler zugleich als Vertreter abschliessen, bedarf er hierfür eines gesonderten Auftrages[39] sowie einer Vollmacht zum Geschäftsabschluss[40]. Art. 396 Abs. 2 OR – wonach im Auftrag stets eine Vollmacht für Rechtshandlungen enthalten ist – gilt für den Maklervertrag

17
Maklerlohn und Vertretung
Courtage et représentation

---

[35] BGE 90 II 101 E. 4.
[36] BGE 113 II 52 E. 1b.
[37] BGE 118 IV 404 E. 2a.
[38] BGE 124 II 482 f. E. 3a; GAUTSCHI, N 2b Vorbem. zu Art. 412–418 OR, N 1a zu Art. 412 OR; BUCHER, Obligationenrecht, 235.
[39] Art. 394 ff. OR.
[40] Art. 33 OR.

nicht, obwohl Art. 412 Abs. 2 OR subsidiär auf das Auftragsrecht verweist[41]. Hingegen wird insbesondere der Vermittlungsmakler häufig Willenserklärungen seines Auftraggebers als Bote übermitteln[42].

## B. Entgeltlichkeit

18
Vermutung der Entgeltlichkeit
Caractère onéreux présumé

Art. 412 Abs. 1 OR nennt als zweites Qualifikationsmerkmal des Maklervertrags dessen Entgeltlichkeit. Damit ein Vermittlungsauftrag als Maklervertrag qualifiziert werden kann, muss er zwingend entgeltlich sein. Besteht über einen Vermittlungsdienst Konsens infolge ausdrücklicher Auftragserteilung, wissentlicher Duldung oder Genehmigung der Dienstleistung,[43] so spricht die Vermutung für einen Maklervertrag und damit für Entgeltlichkeit[44]. Auch die gelegentliche Erweisung von Vermittlungsdiensten ist vermutungsweise entgeltlich. Besteht ein Vertrag mit einem Berufsmakler, ist die Vermutung für die Entgeltlichkeit noch verstärkt[45].

19

Nur das Prinzip der Entgeltlichkeit muss – ausdrücklich oder konkludent – im Maklervertrag festgehalten sein. Die Höhe das Maklerlohns kann später nach den Regeln von Art. 414 OR bestimmt werden[46].

20
Vermutungsumkehr
Renversement de la présomption

Im Sinne der Vertragsfreiheit kann die Vermutung der Entgeltlichkeit eines Vermittlungsauftrags und damit auch dessen Qualifikation als Maklervertrag entkräftet werden. Dies ist der Fall, wenn zwischen Vermittler und Auftraggeber enge persönliche Beziehungen bestehen. Im Falle von Berufsmaklern muss die Unentgeltlichkeit ausdrücklich vereinbart werden. Der unentgeltliche Vermittlungsauftrag kann allerdings nicht als Maklervertrag, sondern muss als einfacher Auftrag[47] qualifiziert werden[48]. Von Bedeutung ist dies insofern, als der einfache Beauftragte nur einen Auslagen- und Verwendungsersatz fordern

---

[41] Vgl. zum Ganzen BGE 83 II 153 E. 4b = Pra 1957, Nr. 83, 272; HOFSTETTER, 124.
[42] Vgl. BGE 63 II 78 E. 2: Dem Auftraggeber wird die vom Makler als Abschlussgehilfe begangene Täuschung im Rahmen eines Liegenschaftenverkaufs zugerechnet.
[43] Vgl. dazu Rz 28.
[44] GAUTSCHI, N 2a zu Art. 412 OR.
[45] GAUTSCHI, N 2a, 2c zu Art. 412 OR.
[46] TERCIER, § 67 N 5061.
[47] Art. 394 ff. OR.
[48] GAUTSCHI, N 2a zu Art. 412 OR.

kann[49]; dafür ist dieser unabhängig vom Erfolg der Vermittlungstätigkeit[50].

Die Voraussetzungen, unter denen der Maklerlohn geschuldet ist, sind in Art. 413 OR beschrieben. 21

## C. Erfolgsbedingtheit des Maklerlohnanspruchs

Die Erfolgsbedingtheit des Maklerlohnanspruchs ist das dritte Qualifikationsmerkmal des Maklervertrags. Dass die Erfolgsbedingung nicht in der Definition des Art. 412 OR enthalten ist, sondern durch Art. 413 OR umschrieben wird, scheint redaktionell bedingt zu sein[51]. Grundsätzlich ist der Maklerlohn doppelt erfolgsabhängig[52]. Der Anspruch auf Maklerlohn setzt zum einen voraus, dass die Bemühungen des Maklers, Interessenten zu finden oder mit ihnen in Kontakt zu treten, erfolgreich sind. Zum anderen muss der vom Auftraggeber angestrebte Vertrag mit dem Interessenten aufgrund der Tätigkeit des Maklers zustande kommen. 22

Doppelter Erfolg
Double succès

Die Erfolgsbedingtheit des Maklerlohnanspruchs ist nicht zwingend. Lehre und Rechtsprechung anerkennen, dass die Parteien des Maklervertrags durch geeignete Klauseln (Provisionsgarantien oder Ausschliesslichkeitsklauseln, die auf eine Provisionsgarantie hinauslaufen) die Kopplung des Maklerlohnes an das Zustandekommen des Vertrags zwischen Auftraggeber und Drittem aufheben können[53]. 23

Dispositive Natur der Regel
Caractère dispositif de la règle

---

[49] Art. 402 Abs. 1 OR.
[50] Vgl. Art. 413 Abs. 1 OR.
[51] GAUTSCHI, N 3a zu Art. 412 OR.
[52] Art. 413 Abs. 1 OR; HOFSTETTER, Bd. VII/6, 171.
[53] Vgl. dazu B Art. 413 Rz 42; statt vieler BGE 100 II 365 E. 3d = Pra 1975, Nr. 3, 5 f; BSK-AMMANN, N 3 zu Art. 412 OR; HOFSTETTER, Bd. VII/6, 174; a.M. nur GAUTSCHI, N 3a, 3b, 3e zu Art. 412 OR.

## IV. Subsidiäre Anwendbarkeit des allgemeinen Auftragsrechts

24
Auftrags-
recht...
La législation
du mandat...

Schon die systematische Stellung der Art. 412 ff. OR als dritter Abschnitt des dreizehnten Titels des OR über den Auftrag weist den Maklervertrag als qualifizierte Form des allgemeinen Auftrags aus, dessen Regelung in Art. 394 ff. OR zu finden ist. Art. 412 Abs. 2 OR wiederholt diese Ordnung ausdrücklich: Art. 394–406 OR finden soweit auf das Maklerrecht Anwendung, als Art. 412–418 OR keine abweichende Regelung enthalten[54].

25
...mit einigen
Einschränkungen
...avec quelques réserves

Die Unterstellung unter das Auftragsrecht ist sachlich fragwürdig, denn zahlreiche Vorschriften des Auftragsrechts passen nicht auf den Maklervertrag. Der Makler ist insbesondere nicht weisungsgebunden, hat keine Tätigkeits- und nicht die eigentliche Treuepflicht des Mandatars[55]. Die Lehre weist darauf hin, dass der Maklervertrag in seinem Charakter als Belohnungsgeschäft der Auslobung[56] bedeutend näher steht als dem Auftrag[57]. Daher sind die Regeln des allgemeinen Auftrags auf den Maklervertrag auch bei Fehlen einer besonderen gesetzlichen Regelung im Maklervertrag generell nur soweit anwendbar, als sie mit der Natur des Maklervertrags vereinbar sind[58].

## V. Entstehung des Maklervertrags

26
Einigung der
Parteien
Accord des
parties

Der Maklervertrag kommt nach den allgemeinen Regeln[59] durch eine Einigung der Parteien in allen wesentlichen Punkten (Bestimmung der

---

[54] GAUTSCHI, N 4a, 4b zu Art. 412 OR.
[55] BGE 103 II 134 E. 3; BGE 84 II 527 E. 2d; VON BÜREN, 203; BUCHER, Obligationenrecht, 236; HONSELL, 334 und 337.
[56] Art. 8 OR.
[57] VON BÜREN, 203 f.; HOFSTETTER, Bd. VII/6, 170 f., unter Hervorhebung, dass sich der Maklervertrag vom einseitigen bedingten Versprechen der Auslobung dadurch unterscheidet, dass ein Vertrag vorliegt, die Parteien also mit Vertragsschluss gebunden und insbesondere Sorgfalts- und Treuepflichten unterworfen sind.
[58] BGE 110 II 277 E. 2a = Pra 1984, Nr. 246, 671; BGE 106 II 224 E. 4.
[59] Art. 1 Abs. 1 und Art. 2 Abs. 1 OR.

Parteien, Festlegung der geschuldeten Maklertätigkeit, Entgeltlichkeit) zustande[60]. I.d.R. erfolgt auf eine ausdrückliche Offerte des Auftraggebers eine Annahmeerklärung des Maklers. Wird der Auftrag an einen gewerbsmässigen Makler oder an eine Person erteilt, die sich zur Besorgung von Maklergeschäften öffentlich empfohlen hat, bedarf es keiner Annahmeerklärung seitens des Maklers[61]. Es besteht von Gesetzes wegen eine unwiderlegbare Annahmevermutung, wenn keine sofortige Ablehnung erfolgt ist[62].

Für den Abschluss des Maklervertrags bestehen keine Formerfordernisse; selbst dann nicht, wenn der nachgewiesene oder vermittelte Hauptvertrag selbst formbedürftig ist[63]. Die Formfreiheit ist zwingend. Die Kantone sind nicht frei, eigene Formvorschriften aufzustellen[64]. Schwierigkeiten bereitet unter diesen Umständen oft die Tatfrage, ob eine Willenseinigung vorliegt. Der Makler nämlich ist oft bestrebt, sich in Geschäfte einzuschalten. Der potentielle Auftraggeber seinerseits wird sich angesichts dieser unerbetenen Bemühungen i.d.R. nicht veranlasst sehen, sich klar zu äussern, sondern zieht den Nutzen aus der Intervention des ungebetenen Maklers, indem er den beabsichtigten Vertrag mit einem erstmals vom Makler nachgewiesenen Interessenten abschliesst[65]. In dieser Konstellation kommt es oft vor, dass sich die Beteiligten über das Bestehen von Maklerlohnforderungen beklagen. Aus Beweisgründen und um seinen Lohnanspruch besser durchsetzen zu können, wird daher in der Praxis vor allem vom berufsmässigen Makler ein schriftlicher Vertragsschluss angestrebt[66].

27
Formfreiheit
Liberté de la forme

Der Maklervertrag kann auch konkludent zustande kommen durch wissentliche Duldung oder stillschweigende Genehmigung einer Maklertätigkeit[67]. Grundvoraussetzung des stillschweigenden Vertragsschlusses aufgrund einer Realofferte des Maklers ist, dass der Auftraggeber die Person des Maklers sowie die Tatsache kennt, dass dieser für den Auftraggeber eine auf Vertragsabschluss gerichtete Tätigkeit entfaltet, die nach den Umständen nicht als unentgeltliche Tätigkeit ver-

28
Durch konkludente Handlung
Par actes concluants

---

[60] ENGEL, 523.
[61] Art. 412 Abs. 2 i.V.m. Art. 395 OR.
[62] GAUTSCHI, N 5a zu Art. 412 OR.
[63] ENGEL, 522.
[64] BGE 65 I 81 E. 5a; TERCIER, § 67 N 5056.
[65] HOFSTETTER, Bd. VII/6, 173.
[66] BURKHALTER/KOLB, N 6 zu Art. 412 OR.
[67] Vgl. BGE 90 II 94 f. E. 1; SemJud 1993, 189; ZR 1977, 278.

standen werden darf[68]. Beweispflichtig hierfür ist der Makler. Hat er diesen Nachweis erbracht, kann der Auftraggeber das Zustandekommen des Maklervertrags nur noch durch den Beweis widerlegen, dass die Maklertätigkeit von ihm ausdrücklich nicht erwünscht war[69].

29  Um den Auftraggeber vor Zudringlichkeiten eines Maklers zu schützen, kann nicht ohne weiteres auf einen Vertragswillen des Auftraggebers geschlossen werden[70]. Ein konkludenter Vertragsschluss ist einerseits dann anzunehmen, wenn der Auftraggeber nach Beendigung eines Maklerauftrags, insbesondere infolge Widerrufs oder Fristablaufs, widerspruchslos duldet, dass der Makler einen Interessenten weiterbearbeitet. Darin muss die Eingehung eines neuen, inhaltlich übereinstimmenden Maklervertrags erblickt werden[71]. Handelt es sich andererseits um den stillschweigenden Erstabschluss eines Maklervertrags, so kann bei Fehlen eines Widerspruchs des Auftraggebers nur dann auf eine Realofferte von Vermittlerdiensten geschlossen werden, wenn diese durch eine Tätigkeit des Maklers charakterisiert ist, die durch ihre Dauer oder ihre Bedeutung so erheblich ist, dass sie als Wille, einen konkreten Maklervertrag abzuschliessen, ausgelegt werden kann[72]. Das ist z.B. dann nicht der Fall, wenn ein einfacher Liegenschaftsverwalter Kaufinteressenten, die sich an ihn wenden, an den Eigentümer weist[73]. Auf Seiten des Auftraggebers bewirkt spätestens die stillschweigende Aneignung des Nutzens der Maklertätigkeit den Vertragskonsens mit dem Makler und damit die Entstehung des Maklerlohnanspruchs[74]. Wie ganz generell,[75] so ist auch hier zu fordern, dass der Auftraggeber den Sachverhalt kennt, denn wissentlich dulden oder stillschweigend genehmigen kann man nur das, worum man weiss. Der Auftraggeber

---

[68] SemJud 1993, 217 ff.; ZR 1987, 1; SJZ 1972, 313.
[69] BSK-AMMANN, N 5 zu Art. 412 OR; GAUTSCHI, N 5c zu Art. 412 OR.
[70] HOFSTETTER, Bd. VII/6, 173; ENGEL, 522; BGE 72 II 87 E. 1b = Pra 1946, Nr. 105, 229: «En décider autrement, serait permettre à des agents peu scrupuleux d'obtenir par surprise des mandats de courtage.». Vgl. auch SJZ 1994, 48: Zudringlichkeit des Maklers, der versucht, einen Vertragsabschluss zu erschleichen, verstösst gegen Treu und Glauben, Art. 2 Abs. 2 ZGB.
[71] BGE 72 II 87 E. 1b = Pra 1946, Nr. 105, 229; BGE 57 II 191 E. 1.
[72] BGE 72 II 87 E. 1b = Pra 1946, Nr. 105, 229; TERCIER, § 67 N 5055.
[73] GAUTSCHI, N 5c zu Art. 412 OR.
[74] BGE 84 II 525 E. 2b = Pra 1959, Nr. 48, 142: «Par le fait même qu'il tire profit du résultat de l'activité du courtier, il doit en principe le salaire convenu. Aussi bien considère-t-on unanimement que, si le mandant passe le contrat en connaissant l'activité du courtier, celui-ci a droit à sa commission même si le mandant le désavoue ...»; GAUTSCHI, N 5c zu Art. 412 OR.
[75] Vgl. dazu Rz 28.

muss wissen, dass der Makler den Interessenten, mit dem abgeschlossen wurde, als erster wenigstens ausfindig gemacht hat[76].

Die vom Auftraggeber nicht wissentlich geduldete Maklertätigkeit ist vertragslose Geschäftsbesorgung, und zwar in der Form der Geschäftsanmassung i.S.v. Art. 423 OR, namentlich wenn sie gegen ein Verbot des Auftraggebers oder nach Widerruf eines Maklervertrags erfolgt[77]. Ein Maklervertrag und damit ein Anspruch auf Lohn kann erst dann entstehen, wenn der Auftraggeber die Geschäftsbesorgung durch den Makler nachträglich genehmigt[78]. Das Bundesgericht lehnt es ab, den Vertragsschluss des Auftraggebers mit einem vom Makler ausfindig gemachten Interessenten als Genehmigung der Maklertätigkeit i.S.v. Art. 424 OR anzusehen[79]. Das ergibt sich aus dem Umstand, dass der Makler keine bestimmte Tätigkeit schuldet, die Objekt einer nachträglichen Genehmigung sein könnte.

30
Geschäftsführung ohne Auftrag
Gestion d'affaires

Ein konkludent erteilter Maklerauftrag setzt voraus, dass nicht schon die Gegenpartei den Makler beauftragt hat, das Geschäft zu vermitteln[80]. Will ein Makler, der bereits vom Verkäufer einen Maklerauftrag erhalten hat oder nach aussen hin als Makler des Verkäufers erscheint, sich auch vom Käufer eine Provision zahlen lassen, muss er ein ausdrückliches Provisionsverlangen stellen; ansonsten darf der Käufer davon ausgehen, der Makler werde bereits vom Verkäufer provisioniert[81].

31

Um einen konkludenten Vertragsschluss annehmen zu können, darf schliesslich nach den Umständen das Tätigwerden des Maklers nicht als unentgeltliche Tätigkeit verstanden werden können[82]. Bei Unent-

32

---

[76] GAUTSCHI, N 5d zu Art. 412 OR; ZR 1967, 2: Wenn der Makler sich erst nach Besichtigung der Liegenschaft als solcher zu erkennen gibt, begründet auch der nachfolgende Abschluss des Kaufvertrags keinen konkludenten Maklerauftrag durch nachträgliche Genehmigung der Maklertätigkeit.
[77] GAUTSCHI, N 5d zu Art. 412 OR.
[78] Art. 424 OR.
[79] BGE 84 II 525 f. E. 2b = Pra 1959, Nr. 48, 142 f.: «La conclusion de l'affaire n'est donc pas une acceptation des services du courtier.».
[80] BSK-AMMANN, N 5 zu Art. 412 OR; GAUTSCHI, N 5e zu Art. 412 OR; GUHL/SCHNYDER, §50 N 17; zum Problem der Doppelmaklerei vgl. N 1 zu Art. 415 OR.
[81] HONSELL, 336: Wer sich z.B. auf eine Wohnungssuchanzeige eines Maklers mit einem Wohnungsangebot meldet, wird ganz regelmässig nicht davon ausgehen, dass er Provision zahlen muss. So auch die deutsche Lehre und Rechtsprechung: BGHZ 95, 393 = NJW 1986, 177; SCHWERDTNER, N 99; IBOLD, N 27.
[82] BUCHER, Obligationenrecht, 236.

geltlichkeit eines Vermittlungsauftrages wird das Vorliegen eines einfachen Auftrages angenommen[83].

## VI. Beendigung des Maklervertrags

**33**
Vertragserfüllung
Exécution du contrat

Der Maklervertrag erlischt natürlicherweise durch seine Erfüllung. Das ist dann der Fall, wenn der Geschäftsabschluss, auf den der Makler hingearbeitet hat, zwischen Auftraggeber und Interessenten zustande gekommen ist. Durch Zeitablauf endet der Maklervertrag, wenn er eine Befristung[84] enthält und der Makler innert dieser Frist in seinen Bemühungen erfolglos geblieben ist[85]. Den Parteien steht es auch offen, das Maklervertragsverhältnis durch Übereinkunft (actus contrarius) aufzuheben[86].

**34**
Jederzeitige Kündigung
Résiliation en tout temps

Daneben gelten für den Maklervertrag die Beendigungsgründe des einfachen Auftrags (Art. 412 Abs. 2 OR). Das heisst v.a., dass der Maklervertrag i.S.v. Art. 404 OR jederzeit kündbar[87] ist. Dieses Kündigungsrecht ist zwingend und kann vertraglich weder ausgeschlossen noch beschränkt werden[88]. Auch für eine fixe Dauer abgeschlossene Maklerverträge können jederzeit widerrufen werden[89]. Entgegenstehende Abreden der Parteien, worin sie sich verpflichten, den Maklervertrag während einer bestimmten Zeit nicht zu widerrufen, sind nichtig[90]. Hingegen steht es den Parteien frei, die Kündigung erst später wirksam werden zu lassen. Das Bundesgericht hat entschieden, dass eine solche Vertragsklausel nicht ungültig ist, dass sie die Parteien aber

---

[83] Vgl. dazu Rz 20.
[84] Art. 154 OR.
[85] GUHL/SCHNYDER, § 50 N 18.
[86] Art. 115 OR analog.
[87] Art. 404 OR spricht von «Widerruf».
[88] BGE 100 II 365 E. 3d = Pra 1975, Nr. 3, 6; BGE 115 II 466: Art. 404 Abs. 1 OR gilt auch für entgeltliche Aufträge; zustimmend MARQUIS, 242, unter Hinweis auf das enge gegenseitige Vertrauensverhältnis der Parteien des Maklervertrags.
[89] BGE 103 II 130 E. 1: Der zu beurteilende Vertrag sah eine Kündigung frühestens auf den 1. August 1975 vor.
[90] Art. 19 Abs. 2 und Art. 20 Abs. 1 OR; MARQUIS, 242.

nicht verpflichten kann[91]. Die Parteien des Maklervertrags haben also das Recht, nicht aber die Pflicht, den Vertrag mit sofortiger Wirkung zu widerrufen[92]. Eine andere Frage ist, ob Kündigungsfristen und Widerrufsverzichte als Indizien für einen Schadenersatzanspruch wegen Kündigung zur Unzeit[93] herangezogen werden können[94].

Eine indirekte Sanktionierung des freien Widerrufs durch Konventionalstrafen ist unstatthaft[95]. Strafcharakter ist anzunehmen, wenn trotz vorzeitiger Auftragsbeendigung der ganze Maklerlohn geschuldet ist[96]. Die Unzulässigkeit wurde bei Pflicht zur Zahlung der halben Provision bejaht[97]. Soweit sie keinen Strafcharakter hat, kann eine Konventionalstrafe allerdings zulässigerweise dazu dienen, den Schadenersatz für den Fall des Widerrufs zur Unzeit zu pauschalieren[98]. Der Sinn einer Konventionalstrafe kann auch darin liegen, die Parteien vor Verletzungen des Maklervertrags zu schützen, solange dieser besteht. Denn solange der Widerruf ausbleibt, sind die Parteien verpflichtet, den Maklervertrag einzuhalten. Ein allfälliger späterer Widerruf ändert dann weder an einer begangenen Vertragsverletzung etwas, noch berührt er eine dafür verfallene Konventionalstrafe[99].

35
Zwingendes Kündigungsrecht
Droit impératif de résilier

Grundsätzlich kann das jederzeitige Kündigungsrecht von beiden Parteien des Maklervertrags beansprucht werden. Der Auftraggeber hat allerdings daran i.d.R. ein grösseres Interesse als der Makler. Während der freie Widerruf die Bedingtheit des Maklerlohnanspruchs durch den Vertragsabschluss des Auftraggebers und damit die Abhängigkeit des Maklers vom Willen des Auftraggebers noch verstärkt[100], obliegt dem

36

---

[91] Entscheid des Bundesgerichtes vom 19.9.1990, publiziert im Informationsbulletin Nr. 14 des Centre du Droit de l'Entreprise (Cedidac, Université de Lausanne) vom 14.2.1991, 10 f.: Zu beurteilen war die folgende Vertragsklausel: «Le contrat de courtage est conclu jusqu'au 30 avril 1988, mais peut être résilié 1 mois avant son expiration par lettre recommandée.» Die Partei, die sich durch diese Klausel als gebunden betrachtete, beging dadurch einen unerheblichen Motivirrtum, der eine Aufhebung des Vertrags nicht rechtfertigte.
[92] MARQUIS, 243.
[93] Art. 404 Abs. 2 OR.
[94] Vgl. dazu Rz 38.
[95] BGE 110 II 383 E. 3a; GAUTSCHI, N 10e zu Art. 404 OR, N 3b zu Art. 412 OR.
[96] SJZ 1988, 399 f.: Aufwandspauschale; SJZ 1946, 187 f.; SJZ 1940/41, 282 f.
[97] SJZ 1939/40, 289.
[98] Art. 404 Abs. 2 OR; vgl. N 38 zu Art. 412 OR; BGE 109 II 467 f. E. 4a; HOFSTETTER, Bd. VII/6, 173, GUHL/SCHNYDER, § 50 N 19; BSK-WEBER, N 18 zu Art. 404 OR.
[99] BGE 103 II 131 E. 1.
[100] Vgl. dazu Rz 43.

Makler grundsätzlich keine Tätigkeitspflicht[101]. Aus diesem Grund bringt eine Kündigung dem Makler i.d.R. keine Entlastung; sie hat vielmehr den Nachteil, ihm eine noch nicht realisierte Verdienstchance vorzuenthalten. Ein Interesse des Maklers an der Kündigung besteht wohl nur dann, wenn ihm kraft Vereinbarung bestimmte Tätigkeitspflichten überbunden worden sind[102].

**37**
*Wirkung der Kündigung*
*Effets de la résiliation*

Die Kündigung ist ein Gestaltungsrecht, mit dem ein Dauerschuldverhältnis beendet wird. Als solches wirkt sie nur für die Zukunft[103]. Wenn sich der Makler i.S.v. Art. 413 Abs. 3 OR für seine Auslagen im Vertrag Ersatz hat zusichern lassen – was insbesondere dann sinnvoll und üblich ist, wenn dem Makler vertraglich Tätigkeitspflichten auferlegt sind –, so ist dieser also insoweit geschuldet, als dem Makler bis zu seiner Kündigung Aufwendungen entstanden sind[104]. Für den Maklerlohn bedeutet die ex nunc-Wirkung der Kündigung, dass der Makler für seine spätere Tätigkeit eine Vergütung auch dann nicht verlangen kann, wenn sie von Erfolg gekrönt ist. Der Lohnanspruch aus den bis zum Widerruf vollzogenen Bemühungen bleibt dagegen gewahrt, selbst wenn der Erfolg (d.h. der Vertragsabschluss des Auftraggebers mit dem vermittelten Interessenten) erst nach dem Widerruf eingetreten ist[105]. Anderenfalls könnte der Auftraggeber den Makler durch Kündigung um seinen Provisionsanspruch bringen[106]. Anders ist die Rechtslage nur, wenn die Parteien den Provisionsanspruch vertraglich davon abhängig machen, dass der erstrebte Vertrag bis zu einem bestimmten Zeitpunkt abgeschlossen wird[107]. Als Gestaltungsrecht ist die Kündigung eine einseitige, empfangsbedürftige Willenserklärung. Der Makler hat also gegebenenfalls den Vertrag ausdrücklich zu beenden; einen stillschweigende Kündigung kann nicht angenommen werden, wenn der Makler untätig ist, zumal dann nicht, wenn dem Makler keine bestimmte Handlungspflicht obliegt[108].

---

[101] Vgl. dazu Rz 44; HOFSTETTER, Bd. VII/6, 173.
[102] Vgl. dazu Rz 45; zum ganzen Fragenkreis GAUTSCHI, N 12b zu Art. 412 OR.
[103] Ex nunc; SCHWENZER, N 82.04.
[104] GAUTSCHI, N 12b zu Art. 412 OR.
[105] BGE 76 II 386 E. 5; BGE 57 II 192 E. 2.
[106] HONSELL, 336.
[107] BGE 113 II 50 f. E. 1; BGE 57 II 192 E. 2.
[108] SCHWENZER, N 27.14; GAUTSCHI, N 12b zu Art. 412 OR; anders: SemJud 1947, 484 f.

## B. Art. 412 OR

Wird ein Maklervertrag durch Widerruf vorzeitig beendet, stellt sich die Frage nach der Möglichkeit eines Schadenersatzanspruchs infolge unzeitiger Vertragsauflösung[109]. Kündigung zur Unzeit soll nach der Rechtsprechung immer dann vorliegen, wenn die beendigungswillige Partei ohne Grund, d.h. in einem ungünstigen Moment ohne sachliche Rechtfertigung, der anderen Partei besondere Nachteile verursacht[110]. Grundsätzlich nichtige Abreden eines Widerrufsverzichts können dabei als Indiz für die Unzeitigkeit gelten[111]. Art. 404 Abs. 2 OR gibt lediglich Anspruch auf Ersatz des negativen Vertragsinteresses[112]. D.h. die Gegenpartei ist so zu stellen, als ob sie auf den Bestand des Vertrags nie vertraut hätte. Zu ersetzen sind also v.a. nutzlos gewordene Aufwendungen, die der Makler nicht getätigt hätte, wenn er gewusst hätte, dass der Maklervertrag vorzeitig aufgelöst würde[113]. Entgangener Gewinn ist hingegen nur insoweit ersatzfähig, als andere entgeltliche Aufträge nachweisbar abgelehnt worden sind und eine Wettmachung durch neue Aufträge nicht möglich ist. Der Anspruch auf Schadenersatz infolge unzeitiger Vertragsauflösung ist nur mit Zurückhaltung zu gewähren[114]. Für den Fall des Widerrufs durch den Auftraggeber entsteht dem Makler nur in seltenen Fällen ein abwälzbarer Schaden. Ist der vertragliche Lohn- und Auslagenersatzanspruch ohnehin vom freien Widerrufs- und Abschlusswillen des Auftraggebers abhängig,[115] kann kaum gesagt werden, es sei dem Makler ein besonderer Nachteil daraus entstanden, dass seinen Aktivitäten im Zeitpunkt des Widerrufes bereits weit fortgeschritten waren[116]. Sofern dem Makler also keine Provisionsgarantien gegeben wurden oder er sich den Aufwendungsersatz nicht nach Art. 413 Abs. 2 OR besonders hat zusichern lassen, besteht kaum Aussicht auf Schadenersatz infolge unzeitiger Vertragsauflösung durch den Auftraggeber[117]. Das entspricht der Grundstruktur

38 Kündigung zur Unzeit
Résiliation en temps inopportun

---

[109] Art. 404 Abs. 2 OR.
[110] BGE 110 II 383 E. 3b.
[111] OSER/SCHÖNENBERGER, N 34 zu Art. 412 OR; GUGGENBÜHL, 135; TURRETTINI, 160; a.M. MARQUIS, 237 f.
[112] BGE 110 II 386 E. 4b; BSK-WEBER, N 17 zu Art. 404 OR.
[113] ENGEL, 533.
[114] GAUTSCHI, N 12c zu Art. 412 OR; MARQUIS, 237 f.
[115] Vgl. dazu Rz 10 und B Art. 413 Rz 10.
[116] Vgl. BSK-WEBER, N 17 zu Art. 404 OR; MARQUIS, 237.
[117] Vgl. OSER/SCHÖNENBERGER, N 36 zu Art. 412 OR; MARQUIS, 238, für einen Fall, in dem Unzeitigkeit und Schadenersatzpflicht gegeben sein dürften: Ein Exklusivmakler verpflichtet sich zu einer Inseratekampagne, kurz nach deren Start der Auftraggeber den Maklervertrag widerruft.

des Maklervertrags, wonach der Makler seine Aufwendungen i.d.R. nicht für fremde Rechnung und in fremdem Interesse tätigt, sondern im eigenen Verdienstinteresse[118]. Selbst auf Seiten des Maklers ist ein unzeitiger Widerruf praktisch nicht denkbar. Es wäre unlogisch, einerseits eine bestimmte Ausführungspflicht des Maklers abzulehnen,[119] ihn aber haftbar zu machen, wenn er erklärt, er wolle nicht mehr arbeiten. Eine die Interessen des Auftraggebers gefährdende Notlage ist vor diesem Hintergrund bei der Kündigung des Vertrags durch den Makler nicht denkbar[120].

39
Andere Beendigungsgründe
Autres causes de fin

Der Maklervertrag endet auch durch Tod, Handlungsunfähigkeit oder Konkurs des Auftraggebers oder des Maklers[121]. Tritt die Handlungsunfähigkeit nach Abschluss des Maklervertrags ein, so braucht ein Vertragsende nicht angenommen zu werden. Der handlungsunfähige Makler kann den ihm geschuldeten Lohn unter Mitwirkung seines gesetzlichen Vertreters einklagen; über den Vertragsabschluss des Auftraggebers, der den Lohnanspruch des Maklers zum Entstehen bringt, entscheidet die gesetzliche Vertretung des Ersteren[122].

## VII. Pflichten der Parteien

## A. Grundstruktur des Maklervertrags

40  Nach dispositivem Recht stellt sich die Grundstruktur des Maklervertrags folgendermassen dar:

41
Keine Handlungspflicht
Pas de devoir d'agir

Den Makler trifft ohne anderweitige Vereinbarung keine bestimmte Handlungspflicht. Die Vermittlungsbemühungen des Maklers stellen daher bloss eine Obliegenheit dar, die erfüllt werden muss, um den Maklerlohn zu verdienen[123]. Umgekehrt hat der Auftraggeber keine

---

[118] GAUTSCHI, N 12c zu Art. 412 OR.
[119] Vgl. dazu Rz 44.
[120] GAUTSCHI, N 12c zu Art. 412 OR.
[121] Art. 405 OR i.V.m. Art. 412 Abs. 2 OR.
[122] GAUTSCHI, N 12d-12f zu Art. 412 OR.
[123] GAUTSCHI, N 5b und 10c zu Art. 412 OR; VON BÜREN, 203; HOFSTETTER, Bd. VII/6, 170 mit weiteren Verweisen.

Abschlussverpflichtung. Er ist nicht gehalten, die ihm gebrachten Gelegenheiten zum Abschluss zu benützen[124]. Die einzige Hauptverpflichtung im Maklervertrag ist diejenige des Auftraggebers, den Maklerlohn zu zahlen, falls aufgrund der Tätigkeit des Maklers ein Vertragsschluss mit dem vermittelten Interessenten zustande kommt. Daraus folgt, dass der Maklervertrag zwingend entgeltlich sein muss, ansonsten es auf beiden Seiten an Verpflichtungen fehlte[125].

Der Makler ist mit dem Abschluss des Maklervertrags Treue- und Sorgfaltspflichten unterworfen. Es handelt sich um Nebenpflichten des Maklers, die nicht in einem Austauschverhältnis zum Maklerlohn stehen. Beim Maklervertrag handelt es sich daher nicht um einen vollständig zweiseitigen (synallagmatischen) Vertrag[126]. Daraus folgt, dass dem Gläubiger im Einzelfall die Wahlmöglichkeiten nach Art. 107–109 OR (Bestehen auf nachträglicher Erfüllung neben Ersatz des Verspätungsschadens, Schadenersatz aus Nichterfüllung, Rücktritt vom Vertrag mit Schadenersatz) nicht zur Verfügung stehen.

42
Sorgfalt und Treue
Diligence et fidélité

Der Makler riskiert ein zweifaches Scheitern seiner Bemühungen: Sein Versuch, einen Interessenten zu finden, kann misslingen, und der Auftraggeber kann trotz vermittelter Gelegenheit auf einen Vertragsabschluss verzichten[127]. Der Maklerlohnanspruch ist also doppelt erfolgsabhängig. Die jederzeitige freie Widerruflichkeit des Maklervertrags verstärkt die Abhängigkeit des Maklers vom Willen seines Auftraggebers noch zusätzlich. Aus diesen Gründen wird vom aleatorischen Charakter des Maklervertrags gesprochen[128]. Die dadurch entstehende «Präponderanz» des Willens des Auftraggebers gegenüber demjenigen des Maklers[129] wird durch die mangelnde Ausführungsverpflichtung des Maklers sowie durch Aussicht auf eine i.d.R. hohe Provision bei erfolgreicher Tätigkeit kompensiert. Überdies wird der Makler versuchen, durch Provisionsgarantien und Ausschliesslichkeitsklauseln[130] sein Vertragsrisiko zu minimieren[131].

43
Zufallsbedingte Entlohnung
Rémunération aléatoire

---

[124] BGE 44 II 498 E. 2; von Büren, 204.
[125] Hofstetter, Bd. VII/6, 170.
[126] Burkhalter/Kolb, N 11 zu Art. 412 OR; Engel, 526.
[127] Von Büren, 205.
[128] Hofstetter, Bd. VII/6, 171; Gautschi, N 5b zu Art. 412 OR.
[129] Gautschi, N 12a zu Art. 412 OR.
[130] Vgl. dazu B Art. 413 Rz 42.
[131] Dazu umfassend Hofstetter, Bd. VII/6, 171.

## B. Pflichten des Maklers

### 1. Fehlen einer Handlungspflicht

44 Der Makler verpflichtet sich nicht, die Maklertätigkeit tatsächlich aufzunehmen, und schon gar nicht, erfolgreich tätig zu sein[132]. Es wird davon ausgegangen, dass die Erfolgsbedingtheit des Maklerlohnes genügend Anreiz zum Tätigwerden schafft[133]. Hingegen ist der exklusiv tätige Makler im Rahmen des Alleinauftrages verpflichtet, für den Auftraggeber tätig zu werden[134]. In der Praxis wird festgestellt, dass zunehmend Alleinaufträge abgeschlossen werden, die es dem professionell agierenden Makler ermöglichen, seine Tätigkeit strukturiert und zielorientiert zu erbringen. Wenn einem solchen Makler die Bemühungen um die Chance eines Geschäftsabschlusses ausschliesslich vorbehalten werden, ist eine völlige Untätigkeit seinerseits mit der Interessenlage im Vertrag unvereinbar[135]. Die Verletzung dieser Tätigkeitspflicht hat den Verlust des Maklerlohnanspruchs zur Folge. Eine einfache Reduktion des Lohnes i.S.v. Art. 417 OR wäre ungenügend und unangemessen[136].

45
*Dispositive Norm*
*Norme dispositive*

Die gesetzliche Konzeption des Fehlens einer Handlungspflicht ist dispositiv; die Parteien können dem Makler vertraglich bestimmte Tätigkeitspflichten überbinden, was in der Praxis zunehmend der Fall ist (Insertion, Internetauftritt, Verkaufsdokumentation, Kaufpreisschätzung, Marktbeobachtung etc.).

46
*Freiheit des Maklers*
*Liberté du courtier*

Dem Makler steht es frei, seine Aktivitäten so zu organisieren und seine Ressourcen (z.B. Werbemittel) so einzusetzen, wie es ihm sachdienlich erscheint. Darin ist er grundsätzlich dem Auftraggeber gegenüber nicht weisungsgebunden. Letzteren interessiert einzig der Erfolg

---

[132] VON BÜREN, 203; BGE 110 II 278 E. 2a = Pra 1984, Nr. 246, 671: «En principe, le courtier n'a pas l'obligation d'entreprendre tout ce qui est nécessaire pour défendre au mieux les intérêts du mandant, comme la personne qui est chargée d'un mandat de gestion.»; BGE 84 II 527 E. 2d; BGE 50 II 254 E. 3: kein Maklervertrag, falls der Makler für das Erfüllungsinteresse einstehen soll.
[133] BUCHER, Obligationenrecht, 235.
[134] Vgl. dazu B Art. 413 Rz 48; BGE 103 II 133 f. E. 3; BGE 100 II 366 E. 3d = Pra 1975, Nr. 3, 6.
[135] TERCIER, § 67 N 5065, der hierin eine Anwendung des Prinzips von Art. 398 Abs. 2 sieht.
[136] SemJud 2000 I, 321.

der Maklertätigkeit[137]. Auch der Exklusivmakler bleibt in der Wahl seiner Mittel zur Ausführung des Maklerauftrags frei[138].

Weil der Makler vom Auftraggeber zur Ausführung des Auftrages weder vermögenswerte Rechte erhält, noch solche in Ausführung seiner Tätigkeit für den Auftraggeber erwirbt, untersteht er auch keiner Rechenschafts- und Ablieferungspflicht i.S.v. Art. 400 OR[139]. Nur wenn der Makler sich nach Art. 413 Abs. 3 OR den Auslagenersatz ausdrücklich und gesondert versprechen lässt, ist eine beschränkte Abrechnungspflicht (mit Edition der Belege) für die tatsächlich gemachten Auslagen denkbar[140].

## 2. Sorgfalts- und Treuepflichten

Obwohl der Makler von Gesetzes wegen nicht verpflichtet ist zu handeln, bestehen im Maklervertrag Sorgfalts- und Treuepflichten, die teilweise weniger weit gehen als bei anderen Auftragsverhältnissen[141]. Sobald er tätig wird, hat der Makler die Interessen des Auftraggebers mit aller Sorgfalt zu fördern[142]. Er ist dann zu ähnlicher Sorgfalt und Treue verpflichtet wie der Beauftragte nach Art. 398 OR[143]. Während die Sorgfaltsverletzung häufig in der Unterlassung einer für den Erfolg notwendigen Handlung besteht, zeichnet sich die Treueverletzung eher durch ein bestimmtes positives Verhalten des Maklers aus[144]. Nachfolgend wird die Sorgfaltspflicht des Maklers behandelt. Für die Verletzung der Treuepflichten durch den Makler und insbesondere für die Doppeltätigkeit des Maklers und deren Rechtsfolgen trifft das Gesetz in Art. 415 OR eine Sonderregelung. Daher werden die Treuepflichten des Maklers unter Art. 415 OR abgehandelt.

Die Sorgfaltspflicht insbesondere gebietet dem Makler, sich für einen möglichst günstigen Vertragsabschluss einzusetzen[145]. Umgekehrt hat

47

48
Pflichten und ihre Verletzung
Devoirs et leur violation

49
Sorgfalt des Maklers
Diligence du courtier

---

[137] BGE 103 II 134 E. 3; BGE 84 II 527 E. 2d = Pra 1959, Nr. 47, 144.
[138] BGE 103 II 134 E. 3.
[139] BSK-AMMANN, N 8 zu Art. 412 OR.
[140] GAUTSCHI, N 10b zu Art. 412 OR.
[141] BSK-AMMANN, N 2 zu Art. 415.
[142] HOFSTETTER, Bd. VII/6, 180; TERCIER, § 67 N 5066.
[143] HONSELL, 340.
[144] GAUTSCHI, N 1b zu Art. 415 OR.
[145] BGE 110 II 278 E. 2a = Pra 1984, Nr. 246, 671; BGE 83 II 149.

er die allgemeine negative Begrenzung des Maklervertrags zu beachten, wonach es ihm verboten ist, für den Auftraggeber zu kontrahieren[146]. Tut er dies dennoch, handelt er als vollmachtloser Stellvertreter und haftet als solcher bei Nichtgenehmigung des Vertrags durch den Auftraggeber für den Schaden, der sowohl dem Interessenten als auch dem Auftraggeber daraus erwächst[147]. Ein Schweigen des Auftraggebers auf den Vertragsabschluss durch den Makler darf daher nicht leichthin als stillschweigende Genehmigung aufgefasst werden, ausser die konkreten Umstände erlaubten eine solche Interpretation nach Treu und Glauben. Dafür ist der Makler beweispflichtig[148]. Darüber hinaus bezieht sich die Sorgfaltspflicht in der Hauptsache auf die Information des Auftraggebers durch den Makler über alle diesem bekannten Umstände, die für das angestrebte Geschäft von Bedeutung sein können[149]:

– Ist die Tätigkeit des Maklers erfolglos in dem Sinne, dass der von ihm angegangene Interessent das Angebot ablehnt, so ist der Makler nicht verpflichtet, von dieser Bemühung dem Auftraggeber Kenntnis zu geben, da sie für diesen nicht bedeutsam ist. Anderes gilt nur für den Fall gegenteiliger Vereinbarung oder wenn der Makler aufgrund der Umstände annehmen muss, sein Stillschweigen werde beim Auftraggeber zu einem Schaden führen. Das ist gegeben, wenn der Makler ernsthafte Gründe für die Annahme hat, der Interessent werde sich mit dem Auftraggeber direkt in Verbindung setzen, ohne ihm von der Offerte des Maklers Kenntnis zu geben. Wird infolgedessen das Geschäft vom Auftraggeber in Unkenntnis der Maklertätigkeit abgeschlossen, so ist der Makler für den Schaden verantwortlich, den der Auftraggeber dadurch erleidet, dass er bei der Festlegung des Vertragswertes den dem Makler geschuldeten Lohn nicht in Rechnung gestellt hat. Analoges gilt für den Fall, dass der Makler den Auftraggeber freiwillig über all seine Bemühungen auf dem Laufenden hält. Hier darf der Auftraggeber nach Treu und Glauben davon ausgehen, dass er die vollständige Liste der vom Makler angegangenen Personen vorliegen habe[150].

---

[146] GAUTSCHI, N 1a zu Art. 415 OR.
[147] Art. 39 Abs. 1 OR.
[148] BGE 93 II 308 E. 4.
[149] BSK-AMMANN, N 8 zu Art. 412 OR.
[150] Umfassend dazu BGE 84 II 527 E. 2d = Pra 1959, Nr. 48, 144; a.M. SCHWEIGER, 79 f., der es auch in den obengenannten Fällen als Sache des Auftraggebers erachtet, sich durch Rückfrage vor Abschluss des Hauptvertrags zu vergewissern, ob dieser eine Provisionspflicht auslöse.

- Bei erfolgreicher Tätigkeit des Maklers, hat dieser den Auftraggeber stets über die aufgefundenen Interessenten zu informieren und die Parteien mindestens (im Falle der Nachweismaklerei) miteinander in Verbindung zu bringen. Es liefe auf eine Verletzung seiner Pflichten hinaus, wenn der Makler nach Auffinden des Interessenten den Auftraggeber nicht benachrichtigte oder wenn er den Interessenten ohne Wissen des Auftraggebers an diesen weiterleitete – letzteres aus dem obengenannten Schadensrisiko bei der Festsetzung des Vertragswerts[151].

- Der Makler hat dem Auftraggeber alles mitzuteilen, was er über eine eventuelle Zahlungsunfähigkeit oder ungenügende Zahlungskraft des Interessenten weiss oder wissen müsste[152]. Je nach Umfang der Vermittlertätigkeit macht sich der Makler schadenersatzpflichtig, wenn er dem Auftraggeber unachtsam einen zahlungsunfähigen Erwerber zuführt[153]. Demgemäss hat jeder Makler im Hinblick auf relevante Informationen einer Transaktion Benachrichtigungspflichten, Dies gilt v.a. für den Vermittlungsmakler, der zudem verpflichtet ist, Abklärungen zu treffen, die man von einem pflichtbewussten Makler je nach der Situation während der Verhandlungen und nach Treu und Glauben erwarten darf[154].

- Für den Fall der Maklertätigkeit in risikoreichen Geschäften, wie z.B. bei der Vermittlung von Finanzanlagen, bestehen besondere Aufklärungspflichten[155]. Danach hat ein Anlagevermittler den Auftraggeber hinsichtlich der Risiken der beabsichtigten Investitionen aufzuklären, nach Bedarf in Bezug auf die einzelnen Anlagemöglichkeiten sachgerecht zu beraten und vor übereilten Entschlüssen zu warnen. Diese Pflichten werden inhaltlich einerseits durch den Wissensstand des Kunden (daher auch Pflicht des Vermittlers zu Erkundigungen über die Risikobereitschaft des Kunden) und andererseits durch die Art des in Frage stehenden Anlagegeschäfts bestimmt[156].

---

[151] Umfassend dazu BGE 84 II 527 f. E. 2d = Pra 1959, Nr. 48, 144.
[152] BGE 110 II 278 E. 2a = Pra 1984, Nr. 246, 671 mit umfangreichen Hinweisen auf die Lehre.
[153] Art. 412 Abs. 2 i.V.m. Art. 398 Abs. 2 i.V.m. Art. 97 Abs. 1 OR; BSK-AMMANN, N 8 zu Art. 412 OR; SJZ 1972, 97 und 313.
[154] OSER/SCHÖNENBERGER, N 21 zu Art. 412 OR, BECKER, N 12 zu Art. 412 OR.
[155] TERCIER, § 67 N 5067a und 5069.
[156] BGE 124 III 162 E. 3a.

Schliesslich muss der Makler Angaben des Auftraggebers vertraulich behandeln, es sei denn, sie seien zur Weitergabe an Interessenten bestimmt[157]. Intern verbindliche Preislimiten, Befristungen oder andere Begrenzungen des Maklerauftrages bilden wohl nur selten Geheimnisse, deren Preisgabe den Auftraggeber schädigen könnte[158]. Hingegen kann es den Auftraggeber schädigen, wenn der Makler dem Interessenten offenbart, der Auftraggeber müsse aus Geldmangel seine Liegenschaft so bald als möglich verkaufen[159].

50
Mangelnde Sorgfalt
Défaut de diligence

Verletzt der Makler seine Sorgfaltspflicht, hat er den dem Auftraggeber daraus entstandenen Schaden zu ersetzen. Der Entlastungsbeweis mangelnden Verschuldens obliegt dem Makler[160].

## 3. Beizug von Untermaklern

51
Substitution und Hilfspersonen
Substitution et auxiliaires

Es ist zu unterscheiden zwischen Substitution[161], bei welcher der Beauftragte das Geschäft ganz oder teilweise an einen Dritten überträgt und insoweit aus seinem Pflichtenprogramm eliminiert – und dem Beizug von Hilfspersonen[162], die in die Erfüllungsorganisation integriert und nur für einzelne Tätigkeiten unter Anleitung und Aufsicht des Beauftragten eingesetzt werden, wobei der Beauftragte selbst Schuldner der ganzen Leistung bleibt[163]. Das Institut der Substitution ist nicht nur anwendbar auf Rechts-, sondern auch auf Tathandlungen wie jene, die der Makler ausführt[164]. Im allgemeinen Sprachgebrauch wird der Substitut des Maklers als Untermakler bezeichnet.

52
Logistik
Logistique

Unpersönliche technische Arbeit (z.B. die Büroorganisation) darf der Makler an Hilfspersonen überlassen, ohne dass besondere Voraussetzungen vorliegen müssten[165]. Immerhin trägt der Makler grundsätzlich

---

[157] HOFSTETTER, Bd. VII/6, 180.
[158] GAUTSCHI, N 2b zu Art. 415 OR.
[159] BECKER, N 19 zu Art. 412 OR.
[160] Art. 412 Abs. 2 OR i.V.m. Art. 398 Abs. 2 i.V.m. Art. 97 Abs. 1 OR.
[161] Art. 398 Abs. 3 und 399 OR.
[162] Art. 101 OR.
[163] BSK-WEBER, N 3 zu Art. 398 OR.
[164] GAUTSCHI, N 9b zu Art. 412 OR.
[165] GAUTSCHI, N 9a zu Art. 412 OR.

die volle Verantwortung für den Schaden, den solche Hilfspersonen in Ausführung ihrer Arbeit dem Auftraggeber verursachen[166].

Differenzierter zu behandeln ist die Substitution. Nach Art. 412 Abs. 2 i.V.m. Art. 398 Abs. 3 OR hat der Makler den Auftrag grundsätzlich persönlich auszuführen, denn die psychologische Beeinflussung von Interessenten, die zum Vertragsabschluss bewogen werden sollen, weist einen persönlichen Charakter i.S.v. Art. 68 OR auf[167]. Ausnahmen bestehen, wenn der Beauftragte zur Übertragung an Dritte ausdrücklich ermächtigt wurde (ebenso bei wissentlich geduldeter oder stillschweigend genehmigter Substitution) oder eine Übertragung übungsgemäss als zulässig betrachtet wird[168]. Die Frage, ob eine solche Übung beim Maklervertrag angenommen werden kann, wird von der h.L. bejaht[169]. Eine durch die Umstände gebotene Substitution[170] dürfte im Maklervertrag nicht aktuell werden. Hat der Makler keine Ausführungsverpflichtung, so können ihn wohl auch die Umstände nicht zu einer Substitutionshandlung zwingen[171].

53
Substitution des Maklers
Substitution du courtier

Für die Frage, wer (der Makler oder sein Substitut) bei erfolgreich vermitteltem Vertragsabschluss den Lohn fordern kann, ist darauf abzustellen, ob der Maklervertrag zwischen Auftraggeber und Hauptmakler ausdrücklich oder nur durch wissentliche Duldung oder stillschweigende Genehmigung zustande gekommen ist. Im ersten Fall steht der Lohnanspruch ausschliesslich dem Hauptmakler zu. Die anschliessende Auseinandersetzung mit dem Untermakler ist seine Angelegenheit und bestimmt sich nach der Natur des Vertragsverhältnisses zwischen Haupt- und Untermakler. I.d.R. schliesst der Hauptmakler seinerseits einen Maklervertrag mit dem Untermakler ab[172]. Im zweiten Fall soll der Untermakler den Lohn unmittelbar fordern können, da er als erfolgreicher Vermittler, an dessen Tätigkeit sich der

54
Wen bezahlen?
Qui rémunérer?

---

[166] Art. 101 OR.
[167] TERCIER, § 69 N 5069.
[168] Art. 398 Abs. 3 OR.
[169] BGE 76 II 382; BGE 35 II 65 E. 2; BGE 34 II 49 E. 3; BECKER, N 15 zu Art. 412 OR, OSER/SCHÖNENBERGER, N 23 zu Art. 412 OR; HOFSTETTER, Bd. VII/6, 180 FN 2; MARQUIS, 197 ff.; differenzierend: GAUTSCHI, N 9e zu Art. 412 OR, der davon ausgeht, dass bei ausdrücklicher Auftragserteilung der Auftraggeber vermutungsweise den Vermittlungsdienst desjenigen Maklers wolle, in dessen Geschicklichkeit er sein Vertrauen setzt.
[170] Art. 398 Abs. 3 OR.
[171] GAUTSCHI, N 9i zu Art. 412 OR.
[172] Zum Untermaklervertrag vgl. BJM 1974, 28 f., SemJud 1954, 318 ff.

Lohnanspruch knüpft, dem Auftraggeber gegenüber in Erscheinung getreten ist. Um die Abreden des Untermaklers mit einem Hauptmakler, von denen der Auftraggeber keine Kenntnis hat, braucht letzterer sich nicht zu kümmern[173].

55 Die Haftungsregelung im Maklervertrag für den Fall, dass der Makler
Haftung einen Untermakler beauftragt hat und dieser eine Pflichtverletzung
Responsabilité begeht, folgt den allgemeinen Regeln von Art. 399 OR. Das gilt für die befugte (Abs. 2) wie für die unbefugte Substitution (Abs. 1). Verletzt der Substitut eine im Maklervertrag vereinbarte Handlungsobligation oder kommt er seiner Sorgfalts- und Treuepflicht nicht nach und erfährt dadurch der Auftraggeber einen Vermögensschaden beim Abschluss des vermittelten Vertrags, ist zwar der Maklerlohn verdient. Hingegen kann der Auftraggeber der Maklerlohnforderung verrechnungsweise[174] eine Schadenersatzforderung[175] entgegenhalten. Dass der Schaden durch ein Verhalten des Untermaklers und nicht des Hauptmaklers verursacht wurde, muss dabei gleichgültig sein. Nur im Falle einer ausdrücklich gestatteten Substitution wird man dem Hauptmakler unter Umständen die Einrede gewähren können, der Schaden sei nicht durch sein eigenes Verhalten, sondern durch jenes des befugterweise beigezogenen Untermaklers verursacht worden[176]. Der Auftraggeber kann sich dann – wie auch generell – direkt an den Untermakler halten[177]. Bei befugter Substitution vermag sich der Hauptmakler zudem durch Nachweis gehöriger Sorgfalt bei der Wahl und Instruktion des Untermaklers von seiner Haftung zu befreien. Die Verletzung der Maklertreue nach Art. 415 OR durch den Substituten hingegen muss sich der Makler stets anrechnen lassen und verliert dadurch seinen Anspruch auf Maklerlohn und Aufwendungsersatz. Dies gilt auch bei befugter Substitution, weil der Hauptmakler durch den Beizug eines treulosen Untermaklers die gehörige Sorgfalt in der Auswahl[178] hat vermissen lassen[179].

---

[173] Zum Ganzen GAUTSCHI, N 9c und 9d zu Art. 412 OR.
[174] Art. 120 OR.
[175] Art. 97 Abs. 1 OR.
[176] GAUTSCHI, N 9g zu Art. 412 OR.
[177] Art. 399 Abs. 3 OR.
[178] Art. 399 Abs. 2 OR.
[179] GAUTSCHI, N 9h zu Art. 412 OR.

## C. Pflichten des Auftraggebers

### 1. Fehlen einer Abschlussverpflichtung

Das Gegenstück zur fehlenden Ausführungsverpflichtung des Maklers ist das Fehlen einer Abschlussverpflichtung beim Auftraggeber. Dieser kann jederzeit frei und ohne Rücksicht auf das Verdienstinteresse des Maklers entscheiden, einen vermittelten Vertrag abzuschliessen oder nicht[180]. Er kann auch auf seinen Entschluss – sogar ohne Angabe von Gründen – zurückkommen, solange der Vertrag noch nicht zustande gekommen ist[181]. Dieses Recht ist ein Ausfluss des unverzichtbaren jederzeitigen Widerrufsrechts[182] des Auftraggebers[183]. Es steht dem Auftraggeber daher offen, mit einem anderen als dem vermittelten Interessenten abzuschliessen. Eine allenfalls im Voraus erfolgte Provisionszahlung ist dann ohne Rechtsgrund und kann nach Bereicherungsrecht zurückgefordert werden[184].

56

In der Lehre ist umstritten, ob dem Makler bei ausbleibendem Abschluss des Hauptvertrags durch den Auftraggeber ein Schadenersatzanspruch nach den Regeln der culpa in contrahendo zu gewähren ist[185]. Gemäss der gesetzlichen Konzeption des Maklervertrags gilt grundsätzlich folgendes: Wenn der Auftraggeber auch ohne jede Begründung vom Vertragsabschluss mit dem beigebrachten Dritten absehen kann, darf ihm nicht vorgeworfen werden, er habe die ihm im Rahmen der Vertragsverhandlungen obliegende Sorgfaltspflicht verletzt, indem er es unterliess, dem Makler die genauen Voraussetzungen zu nennen, unter denen zu kontrahieren er gewillt sei. Anders zu entscheiden, bedeutete, das für den Maklervertrag charakteristische Fehlen einer Abschlussverpflichtung durch eine ausserordentliche Sorgfaltspflicht beim Vertragsabschluss zu kompensieren[186]. In der Praxis hingegen ist es dem professionellen Immobilienmakler zu empfehlen und wird dies auch so gehandhabt, dass im Zuge der Vertragsverhandlungen mit dem

57

Schadenersatzanspruch?
Droit à une indemnisation?

---

[180] ZR 1989, 280; GUHL/SCHNYDER, § 50 N 29.
[181] SCHÜRMANN, 241.
[182] Vgl. dazu B Art. 412 Rz 43.
[183] GAUTSCHI, N 3f zu Art. 412 OR.
[184] Art. 62 Abs. 2 OR; BSK-AMMANN, N 11 zu Art. 412 OR.
[185] Ablehnend: SCHÜRMANN, 242; BUCHER, Obligationenrecht, 236; bejahend: TERCIER, § 67 N 5077; ENGEL, 526.
[186] SCHÜRMANN, 242.

Auftraggeber genau festgelegt wird, unter welchen Bedingungen dieser den Hauptvertrag abzuschliessen bereit ist. Auf dieser Grundlage kann eine Ersatzpflicht aus culpa in contrahendo wohl dann bejaht werden, wenn der Auftraggeber schon bei Beauftragung des Maklers nicht die ernsthafte Absicht hatte, den Hauptvertrag überhaupt oder zu den Konditionen, die Inhalt der Bemühungen des Maklers sind, abzuschliessen; denn in diesem Fall mutet er dem Makler absichtlich fruchtlose Arbeit zu und verletzt damit seine Treue- und Sorgfaltspflicht[187]. Es dürfte hier vorab an Fälle zu denken sein, in denen der Auftraggeber einen Makler nur deshalb beauftragt, um die Angebots- und Nachfragesituation und damit letztlich das Preisniveau am Markt zu eruieren. Allerdings könnte ein allfälliges Verschulden des Auftraggebers im Einzelfall schwer zu beweisen sein.

58 Der Auftraggeber, der – ohne bereits während der Vertragsverhandlungen schuldhaft zu handeln – später systematisch und absichtlich und damit wider Treu und Glauben[188] alle vom Makler beigebrachten Abschlussmöglichkeiten ausschlägt, riskiert, dass sein Verhalten als Widerruf des Maklervertrags zur Unzeit ausgelegt und er damit schadenersatzpflichtig wird[189].

59 Ganz anders liegt das Problem in jenen Fällen, in denen der Auftraggeber wider Treu und Glauben mit dem vom Makler bearbeiteten Interessenten nicht abschliesst, um die Maklerprovision zu sparen, später aber dann doch mit ihm kontrahiert. Dieses Verhalten wird als treuwidrige Verhinderung einer Bedingung des Maklerlohnanspruchs interpretiert und dementsprechend der Lohn als verdient erachtet[190].

## 2. Maklerlohn und Auslagenersatz

60
Im Allgemeinen
En général

Es handelt sich hierbei um die in Art. 413–417 OR näher beschriebene Hauptverpflichtung des Auftraggebers. Der Lohnanspruch des Maklers umfasst mangels ausdrücklicher gegenteiliger Vereinbarung auch den

---

[187] Vgl. dazu Rz 48; BUCHER, Obligationenrecht, 236; SCHÜRMANN, 241, der das Recht auf Schadenersatz in diesen Fällen mit einer replicatio doli des Maklers begründet; ENGEL, 526.
[188] Art. 2 Abs. 2 ZGB.
[189] Art. 404 Abs. 2 OR; vgl. N 11 zu Art. 413 OR sowie N 38 zu Art. 412 OR; ENGEL, 527.
[190] Art. 156 OR; vgl. N 10 zu Art. 413 OR; SCHÜRMANN, 241.

Auslagenersatz und ist als Ganzes nach Art. 413 Abs. 1 OR doppelt erfolgsbedingt[191]. Soll der Auslagenersatz erfolgsunabhängig geschuldet sein, ist dies nach Art. 413 Abs. 3 OR zum Gegenstand einer eigenen Zusicherung zu machen.

Der Anspruch des Maklers auf Lohn und Auslagenersatz hat i.d.R. keinen Gegenseitigkeitscharakter, d.h. dem Anspruch des Maklers steht keine im Austauschverhältnis dazu stehende Verpflichtung gegenüber (Ausnahme: falls der Makler eine Leistungsverpflichtung eingegangen ist). Das hat zur Folge, dass dem Auftraggeber gegen die Lohnforderung des Maklers die Einrede des nicht erfüllten Vertrags[192] nicht zukommt.

61
Kein Leistungsaustausch
Pas d'échange des prestations

### 3. Sorgfalts- und Treuepflichten

Bei Abschluss des Maklervertrags hat der Auftraggeber den Makler über das Objekt des angestrebten Hauptvertrags, den zu erzielenden Preis und sonstige für den Abschluss des Hauptvertrags relevante Voraussetzungen insoweit zu informieren, als dies für eine zielgerichtete Arbeit des Maklers vonnöten ist. Z.B. muss der Auftraggeber den Makler über Rechte Dritter an einem Verkaufsobjekt unterrichten[193]. Verstoss gegen diese Treuepflicht lässt den Auftraggeber aus culpa in contrahendo haften, wenn dem Makler daraus ein Schaden entsteht, indem er z.B. von vorneherein erfolglose Vermittlungsversuche unternimmt[194].

62
Informationspflicht
Devoir d'information

Auch das Verhalten des Auftraggebers während der Vertragsdauer steht unter den Anforderungen von Treu und Glauben, und zwar insbesondere in der Form von Anzeige- und Auskunftspflichten[195]. Der Auftraggeber soll nicht den Makler ohne dessen Kenntnis sich um Personen bemühen lassen, mit denen bereits erfolglos verhandelt worden ist, oder ihn weiterarbeiten lassen, obschon das Geschäft bereits getätigt worden ist[196] oder der Auftraggeber sich dazu entschlossen hat, davon

63
Auch während des Vertrags
Aussi pendant le contrat

---

[191] Vgl. dazu B Art. 413 Rz 3; BSK-Ammann, N 15 zu Art. 413 OR; Gautschi, N 1b und 1c zu Art. 413 OR.
[192] Art. 82 OR.
[193] SemJud 1961, 289.
[194] Engel, 526.
[195] Oser/Schönenberger, N 30 zu Art. 412 OR; BSK-Ammann, N 11 zu Art. 412 OR.
[196] SemJud 1968, 135; Engel, 527.

abzusehen. Stellt der Auftraggeber dem Makler Unterlagen zur Verfügung und schädigt deren Fehlerhaftigkeit den Makler, so haftet der Auftraggeber wegen Unsorgfalt[197].

## D. Personenmehrheit auf Auftraggeberseite

64
Einzelfall
Cas d'espèce

Bei der gemeinsamen Erteilung eines Maklerauftrages können auf der Seite der Auftraggeber zwei verschiedene Konstellationen eintreten. Es ist erstens möglich, dass mehrere eigenständige Personen einen Makler in ein und derselben Sache betreuen; die mehreren Auftraggeber können zweitens aber auch eine bei der Auftragserteilung bereits bestehende oder aus diesem Anlass begründete nicht rechtsfähige Rechtsgemeinschaft (Erbengemeinschaften, einfache Gesellschaften, Kollektivgesellschaften) bilden (Steht auf der Auftraggeberseite eine juristische Person mit eigener Rechtspersönlichkeit, liegt keine Mehrheit der Auftraggeber vor.). Im ersten Fall entsteht Solidarität der eigenständigen Auftraggeber i.S.v. Art. 412 Abs. 2 i.V.m. Art. 403 Abs. 1 OR nur, wenn die Auftraggeber bewusst den Maklerauftrag gemeinsam eingehen. Denn das Gesetz selbst geht von der Vermutung für Teilverpflichtungen aus[198]. Bei Vorliegen von Solidarität ist der Makler berechtigt, jeden der Auftraggeber einzeln für seine gesamte Forderung aus Maklervertrag zu belangen. Liegt bereits eine Rechtsgemeinschaft vor (zweiter Fall), so gelten für die Haftung der Gemeinschafter nicht Art. 403 Abs. 1 OR, sondern die gesonderten Regeln des Erb- oder Gesellschaftsrechts.

65
Verfügende und Auftraggeber
Disposants et mandants

Im Maklervertrag ist es nicht erforderlich, dass der bezüglich des Objekts des zu vermittelnden Vertrags Verfügungsberechtigte und der Auftraggeber identisch sind. Zieht z.B. der Makler einen Untermakler bei, so erteilt er einen selbständigen Maklerauftrag, ohne über den Gegenstand des erstrebten Vertrags zu verfügen. Aus dem Maklervertrag verpflichtet und haftbar werden der oder die jeweilige(n) Auftraggeber. Ob aber der zu vermittelnde Vertrag tatsächlich abgeschlossen wird

---

[197] Art. 97 Abs. 1 OR; zum Ganzen HOFSTETTER, 130; zur Haftung für fehlerhafte Unterlagen insbesondere betreffend Umsatzzahlen vgl. ZR 1989, 281.
[198] BSK-WEBER, N 3 zu Art. 403 OR.

und ob damit der Anspruch auf Maklerlohn entsteht, hängt vom Willen des Verfügungsberechtigen ab[199].

Bei konkludentem Abschluss eines Maklervertrags mittels wissentlicher Duldung oder stillschweigender Genehmigung einer Personenmehrheit auf Auftraggeberseite, entsteht der Vertrag mit demjenigen oder denjenigen, die den Nutzen aus der Maklertätigkeit ziehen. Dabei handelt es sich um diejenigen Personen, in deren Namen der zu vermittelnde Vertrag schliesslich abgeschlossen wird. Diese Personen werden dann aus dem Vertrag auch haftbar.

66
Abschluss durch konkludente Handlung
Conclusion par actes concluants

## E. Personenmehrheit auf Maklerseite

Haben mehrere Makler gemeinschaftlich von einem Auftraggeber einen Maklerauftrag übernommen, so liegt keine Substitution[200] vor, sondern ein unter Art. 403 Abs. 2 OR fallender Auftrag an mehrere gleichgeordnete Beauftragte. Die Makler haften aus dem Vertrag solidarisch. Vorbehalten sind wie auf Auftraggeberseite die gesonderten Bestimmungen einer allfälligen Rechtsgemeinschaft unter den Maklern.

67

Daneben besteht der Fall, dass ein identischer Maklerauftrag mit mehreren voneinander unabhängigen Maklern, sogenannten Eigenmaklern, zustande gekommen ist. Das kann dadurch geschehen, dass der Auftraggeber denselben Maklerauftrag gleichzeitig oder zeitlich gestaffelt an mehrere Makler erteilt, dass der Auftraggeber die Vermittlungsbemühungen mehrerer voneinander unabhängiger, rivalisierender Makler wissentlich duldet resp. stillschweigend genehmigt oder dass er mit einem Interessenten abschliesst im Wissen, dass dieser von mehreren unabhängigen Maklern bearbeitet war[201]. Zur Konkurrenz der Provisionsansprüche mehrer Eigenmakler vgl. N 40 zu Art. 413 OR.

68
Mehrere Veträge über denselben Gegenstand
Pluralité de contrats sur un même objet

---

[199] Zum Ganzen GAUTSCHI, N 14b zu Art. 412 OR.
[200] Vgl. dazu Rz 51.
[201] GAUTSCHI, N 15b zu Art. 412 OR.

## VIII. Abgrenzungen

**69** Die wirtschaftliche Funktion der Vermittlung von Geschäften lässt sich auch mit den Vertragsverhältnissen der Kommission und der Agentur regeln. Im Unterschied zu diesen beiden Vertragsarten ist der Makler aber nicht nur wirtschaftlich, sondern auch rechtlich gesehen ein reiner Geschäftsvermittler und kein Geschäftsführer[202]. Er bedarf daher keiner Vollmacht. Im Rahmen der Kommission[203] schliesst der Kommissionär im eigenen Namen für Rechnung des Kommittenten Verträge ab,[204] während der Makler nur Tathandlungen vornimmt. Zudem umfasst die Kommission nur den Kauf und Verkauf beweglicher Sachen und Wertpapiere, wogegen die Maklerei keine derartige Einschränkung kennt[205]. Im Agenturvertrag[206] wiederum – ebenso wie im Handelsreisendenvertrag[207] – gibt es zwar neben dem zum Geschäftsabschluss ermächtigten Abschlussagenten auch den reinen Vermittlungsagent,[208] doch handelt es sich hierbei stets um ein Dauerschuldverhältnis, wohingegen der Makler nur für ein konkretes Einzelgeschäft oder eine geschlossene Anzahl von Geschäften beigezogen wird[209]. Ein Makler, der seine Vermittlungstätigkeit dauernd für einen bestimmten Geschäftsherrn ausübt, wird dadurch zum Agenten[210]. Der Handelsreisende steht zudem im Gegensatz zum Makler in einem Subordinationsverhältnis zum Arbeitgeber, ist also weisungsgebunden und integriert in eine fremde Arbeitsorganisation[211].

*Kommission und Agentur / Commission et agence*

**70** Im Kommissions- und Agenturvertrag ist ein Maklerauftrag implizit enthalten, weil auch der Kommissionär oder Agent zunächst einen Käufer oder Verkäufer suchen soll, bevor mit diesem kontrahiert wird. Dennoch findet auf diese Verträge das Maklervertragsrecht auch nicht subsidiär Anwendung. Der Verweis auf das Maklervertragsrecht für den Vermittlungsagenten in Art. 418b Abs. 1 OR ist nur sehr be-

---

[202] GAUTSCHI, N 2b Vorbem. zu Art. 412–418 OR.
[203] Art. 425 ff. OR.
[204] Art. 425 Abs. 1 OR.
[205] BGE 34 II 660 ff. E. 2 ff.; BSK-AMMANN, N 18 zu Art. 412 OR.
[206] Art. 418a ff. OR.
[207] Art. 347 ff. OR.
[208] Art. 418a Abs. 1.
[209] BGE 75 II 54 E. 1; BGE 29 II 109 E. 3; a.M. BECKER, N 3 zu Art. 412 OR.
[210] GUHL/SCHNYDER, § 50 N 12.
[211] TERCIER, § 67 N 5053.

schränkt anwendbar²¹². Dogmatisch betrachtet, handelt es sich um besondere Rechtsgeschäftsbesorgungsaufträge, die subsidiär dem einfachen Auftrag folgen²¹³.

Vermittlungstätigkeiten können auch den Gegenstand eines allgemeinen Rechtsgeschäftsbesorgungsauftrags bilden, der den Regeln des einfachen Auftrags untersteht²¹⁴. Der Beauftragte ist grundsätzlich verpflichtet, für den Auftraggeber tätig zu werden, und ist im Gegensatz zum Makler²¹⁵ seinen Weisungen unterworfen²¹⁶. Im Maklervertrag darf der Auftraggeber nicht nachträglich durch einseitige Ausführungsweisungen die ohnehin belastende Erfolgsbedingung des Maklerlohnanspruchs noch zusätzlich erschweren. Der Makler, der eine beschwerende Ausführungsanweisung des Auftraggebers nicht annimmt, riskiert den Widerruf des Maklervertrags²¹⁷. Aber er verliert damit nichts, weil ihm der Lohnanspruch trotz Widerrufs gewahrt bleibt, wenn ein durch ihn bis dahin vermittelter Vertragsabschluss zustande kommt²¹⁸. Zwar lässt sich im Maklervertrag eine Ausführungspflicht des Maklers vereinbaren²¹⁹; dadurch wird der Maklervertrag allerdings noch nicht zum einfachen Auftrag. Dafür muss hinzukommen, dass die Parteien übereinkommen, der Lohn sei nicht erfolgsabhängig geschuldet, sondern unabhängig vom Erfolg und zu zahlen und nach den tatsächlichen Bemühungen des Beauftragten zu bemessen²²⁰.

71
Andere Aufträge
Autres mandats

## IX. Rechtsvergleichung

Im deutschen BGB ist der Maklervertrag²²¹ kein qualifizierter Auftrag wie im schweizerischen OR, sondern ein zwischen Werkvertrag (7. Titel) und Auftrag (10. Titel) stehender Arbeitsvertrag sui generis.

72
Deutsches Recht
Droit allemand

---

²¹² BSK-WETTENSCHWILER, N 1 zu Art. 418b.
²¹³ Art. 394 Abs. 2 OR; GAUTSCHI, N 2d Vorbem. Art. 412–418 OR.
²¹⁴ Art. 394 ff. OR; HOFSTETTER, Bd. VII/6, 171.
²¹⁵ BGE 84 II 527 E. 2d.
²¹⁶ Art. 397 OR.
²¹⁷ Art. 404 OR.
²¹⁸ GAUTSCHI, N 8c zu Art. 412 OR.
²¹⁹ Vgl. dazu Rz 45.
²²⁰ SJZ 140/41, 282 f.; HOFSTETTER, Bd. VII/6, 171.
²²¹ §§ 652–656 BGB.

Überdies ist die im deutschen HGB[222] besonders geregelte Handelsmaklerei in Art. 412–418 OR mit eingeschlossen (sogenanntes Prinzip des code unique). Diese Verschiedenheit in der Ausgangslage führt dazu, dass trotz der Ähnlichkeit der materiellen Bestimmungen in OR und BGB tiefgreifende Unterschiede bestehen und Verweise auf deutsche Doktrin und Praxis stets kritisch auf ihre Vereinbarkeit mit der schweizerischen Rechtskonzeption zu prüfen sind[223].

73
Österreichisches Recht
Droit autrichien

In Österreich ist ähnlich wie in Deutschland das Maklervertragsrecht nicht im ABGB geregelt, sondern der Maklervertrag wird als Vertrag sui generis betrachtet. Insbesondere kennt Österreich ein Bundesgesetz über die Rechtsverhältnisse der Makler und über Änderungen des Konsumentenschutzgesetzes[224]. Interessant ist, dass dieses Gesetz spezielle Bestimmungen zur Doppeltätigkeit festhält[225] sowie zur Provisionsbestimmung,[226] welche auch auf die Aspekte des Gemeinschaftsgeschäfts eingeht. Weiter werden – angelehnt an die Konsumentenschutzgesetzgebung – besondere Aufklärungspflichten der Immobilienmakler festgelegt[227]. Aufgrund der ausführlicheren Maklervertragsgesetzgebung in Österreich könnte dieses Gesetz punktuell für rechtsvergleichende Fragen beigezogen werden.

---

[222] §§ 93–104 HGB.
[223] GAUTSCHI, N 1c Vorbem. Art. 412–418 OR und N 4c zu Art. 412 OR.
[224] Maklergesetz; NR: GP XX RV 2 AB 87, 20. BR: AB 5168, 613, ausgegeben am 11. Juni 1996.
[225] § 5.
[226] § 6.
[227] § 30b.

# Art. 413 OR

B. Mäklerlohn
I. Begründung

¹ Der Mäklerlohn ist verdient, sobald der Vertrag infolge des Nachweises oder infolge der Vermittlung des Mäklers zustande gekommen ist.

² Wird der Vertrag unter einer aufschiebenden Bedingung geschlossen, so kann der Mäklerlohn erst verlangt werden, wenn die Bedingung eingetreten ist.

³ Soweit dem Mäkler im Vertrage für Aufwendungen Ersatz zugesichert ist, kann er diesen auch dann verlangen, wenn das Geschäft nicht zustande kommt.

B. Salaire du courtier
I. Quand il est dû

¹ Le courtier a droit à son salaire dès que l'indication qu'il a donnée ou la négociation qu'il a conduite aboutit à la conclusion du contrat.

² Lorsque le contrat a été conclu sous condition suspensive, le salaire n'est dû qu'après l'accomplissement de la condition.

³ S'il a été convenu que les dépenses du courtier lui seraient remboursées, elles lui sont dues lors même que l'affaire n'a pas abouti.

B. Mercede del mediatore
I. Quando è dovuta

¹ La mercede è dovuta tosto che il contratto sia conchiuso a seguito dell'indicazione o della interposizione del mediatore.

² Se il contratto è conchiuso sotto una condizione sospensiva, la mercede può pretendersi solo al verificarsi della condizione.

³ Il mediatore può pretendere il rimborso delle spese anche se il contratto non si conchiuda, in quanto ciò fosse convenuto.

B. Brokerage fee

I. Establishment

¹ A brokerage fee is earned as soon as there is a contract based on the providing of the opportunity or by the intermediary of the broker.

² If the contract was concluded with a condition precedent, the brokerage fee becomes due only after the fulfilment of such condition.

³ To the extent that the brokerage contract provides for reimbursement of the broker's expenses, the broker has a valid claim for such expenses even if the deal has not materialized.

## Inhaltsverzeichnis Rz

| | |
|---|---|
| I. Vorbemerkung zur Terminologie | 1 |
| II. Begriff des Maklerlohns | 3 |
| A. Belohnung und Aufwendungsersatz | 3 |
| B. Art und Mass | 4 |
| III. Grundstruktur von Abs. 1 | 7 |
| A. Voraussetzungen des Maklerlohnanspruchs | 7 |
| B. Doppelte Erfolgsbedingtheit des Maklerlohnanspruchs | 9 |
| IV. Voraussetzungen des Lohnanspruchs im Einzelnen (Abs. 1) | 13 |
| A. Maklertätigkeit | 13 |
| B. Zustandekommen des angestrebten Hauptvertrags | 15 |
| C. Kausalzusammenhang | 26 |
| V. Einzelfragen bezüglich des Lohnanspruchs | 36 |
| A. Suspensiv bedingter Hauptvertrag (Abs. 2) | 36 |
| B. Widerruf des Maklervertrags | 39 |
| C. Mehrere Makler | 40 |
| D. Sicherung des Maklerlohns | 41 |
|    1. Provisionsgarantien | 42 |
|    2. Ausschliesslichkeitsklauseln | 46 |
|    3. Selbsteintritt | 52 |
| VI. Aufwendungsersatz (Abs. 3) | 53 |

## Table des matières N°

| | |
|---|---|
| I. Remarques préliminaires sur la terminologie | 1 |
| II. Le salaire du courtier : la notion | 3 |
| A. La rémunération et le remboursement des frais | 3 |

| | |
|---|---:|
| B. La nature et l'étendue | 4 |
| **III. La structure de base de l'al. 1** | **7** |
| A. Les conditions du droit pour le courtier à sa rémunération | 7 |
| B. La rémunération conditionnée par deux résultats | 9 |
| **IV. Les différentes conditions du droit à la rémunération (al. 1)** | **13** |
| A. L'activité du courtier | 13 |
| B. La venue à chef du contrat principal | 15 |
| C. Le lien de causalité | 26 |
| **V. Quelques questions relatives au droit à la rémunération** | **36** |
| A. La conclusion du contrat principal sous condition suspensive (al. 2) | 36 |
| B. La résolution du contrat principal | 39 |
| C. La pluralité de courtiers | 40 |
| D. L'assurance d'une rémunération | 41 |
|    1. Les garanties de provision | 42 |
|    2. Les clauses d'exclusivité | 46 |
|    3. Le contrat avec soi-même | 52 |
| **VI. Le remboursement des frais (al. 3)** | **53** |

# I. Vorbemerkung zur Terminologie

Die Terminologie des OR zum Entgelt im Maklervertrag ist uneinheitlich und teilweise unpräzis. Die vom Gesetz abwechselnd verwendeten Bezeichnungen «Vergütung»[1], «Mäklerlohn»[2] und «Lohn»[3] sind gleichbedeutend[4]. In der Praxis wird oft der Ausdruck «Provision» verwendet. Grundsätzlich ist der Lohn resp. die Belohnung terminologisch abzugrenzen von der Vergütung. Der Lohn wird auf Verdienst hin gegeben[5], die Vergütung auf Aufwand hin[6]. Die Belohnung ist unabhängig vom betriebenen Aufwand und vor allem dann angebracht, wenn der Erfolg der geschuldeten Tätigkeit unsicher ist. Im Rahmen des Maklervertrags von Vergütung zu sprechen, ist also prinzipiell nur sinnvoll, sofern sich der Makler einen Aufwendungsersatz i.S.v. Art. 413 Abs. 3 OR gesondert hat zusichern lassen. Ein Teil der Lehre

1
Vielseitigkeit und Ungenauigkeit
Variété et imprécision

---
[1] Art. 412 Abs. 1 und Art. 414 OR.
[2] Art. 413 Abs. 1 und 2, Art. 417 OR.
[3] Art. 414 und 415 OR.
[4] BSK-AMMANN, N 1 zu Art. 413 OR.
[5] Anschaulich im Englischen: «finder's fee».
[6] VON BÜREN, 204.

setzt dessen ungeachtet den Begriff der Vergütung mit demjenigen des Maklerlohnes gleich[7].

2 Weil der Lohn und die Vergütung im Maklervertrag allenfalls ein unterschiedliches rechtliches Schicksal erfahren[8], empfiehlt es sich, in der praktischen Vertragsgestaltung zwischen Erfolgsbelohnung, erfolgsunabhängigen Aufwendungen des Maklers und Drittkosten zu unterscheiden[9].

Unterscheidungen
Distinctions

## II. Begriff des Maklerlohns

## A. Belohnung und Aufwendungsersatz

3 Der Maklerlohn umfasst mangels ausdrücklicher gegenteiliger Vereinbarung von Gesetzes wegen sowohl die Belohnung als auch den Aufwendungsersatz, d.h. die Vergütung[10]. Er ist als Ganzes erfolgsbedingt[11]. Das hat zur Folge, dass der Makler neben seinem Lohn nicht nur seine generellen Aufwendungen, sondern auch die spezifischen Auslagen für die Ausführung des Maklerauftrags erst «verdienen» muss[12]. Er kann grundsätzlich nicht sicher sein, die Auslagen für seine Tätigkeit wieder einbringen zu können, wenn von den Parteien keine entsprechende vertragliche Regelung getroffen wurde.

## B. Art und Mass

4 Grundsätzlich können Art und Mass des Maklerlohns in freier Parteivereinbarung festgesetzt werden[13]. Den Rahmen bilden die allgemei-

---

[7] GAUTSCHI, vgl. N 1a zu Art. 413 OR; BSK-AMMANN, N 1 zu Art. 413 OR.
[8] Vgl. Art. 413 Abs. 3 OR.
[9] BURKHALTER/KOLB, N 20 zu Art. 413 OR.
[10] GAUTSCHI, N 1b zu Art. 413 OR.
[11] Art. 413 Abs. 1 OR.
[12] GAUTSCHI, N 1c zu Art. 413 OR.
[13] Art. 19 Abs. 1 und Art. 414 OR.

nen Schranken der Vertragsfreiheit: Sittenwidrigkeit[14] und Übervorteilung[15].

Die Vertragsfreiheit erlaubt es, Geldleistungen ebenso wie geldwerte Leistungen zum Gegenstand des Maklerlohns zu machen. Liegt ein konkludenter Vertragsschluss vor oder haben sich die Parteien über den Maklerlohn nicht ausdrücklich geeinigt, wird davon ausgegangen, dass dieser in Geldform geschuldet ist[16]. Die häufigste Form der Umschreibung der Provision ist die des Prozentversprechens (Provision), bei dem z.B. der Verkäufer einer Liegenschaft dem Makler eine Provision verspricht, die z.B. für direkte Immobilienanlagen je nach Objekttyp zwischen 1% und 4% liegen kann[17]. Daneben lässt sich auch ein Pauschallohn vereinbaren oder sogar eine Gewinnbeteiligung (Superprovision), die dann verfällt, wenn z.B. ein bestimmter höherer Verkaufspreis erzielt werden kann[18].

5 Vertragsfreiheit
Liberté contractuelle

Bezüglich der Höhe des Maklerlohns ist als besondere Vorschrift des Maklervertragsrechts Art. 417 OR zu beachten, wonach die Provision für die Arbeits- und Liegenschaftenvermittlung durch ihre Angemessenheit begrenzt ist. Vorbehalten sind sodann stets behördlich vorgeschriebene Höchsttarife für gewisse Vermittlungsarten, seien sie bundesrechtlich[19] oder kantonalrechtlich[20].

6 Begrenzungen durch das Gesetz
Limites que pose la loi

---

[14] Art. 19 Abs. 2 und Art. 20 OR.
[15] Art. 21 OR.
[16] GAUTSCHI, N 2b zu Art. 413 OR.
[17] Vgl. Honorarempfehlungen des SVIT, Sektion Zürich, 1998.
[18] Zum Ganzen GAUTSCHI, N 2c zu Art. 413 OR.
[19] Bei der Arbeitsvermittlung, vgl. N 3 zu Art. 418 OR.
[20] Art. 418 OR; vgl. N 6 zu Art. 418 OR sowie N 9 zu Art. 412 OR.

## III. Grundstruktur von Abs. 1

### A. Voraussetzungen des Maklerlohnanspruchs

7
Drei gesetzliche Voraussetzungen
Trois conditions légales

Art. 413 Abs. 1 OR macht den Anspruch auf Maklerlohn von drei kumulativen Voraussetzungen abhängig: Maklertätigkeit, Zustandekommen des Hauptvertrags zwischen dem Auftraggeber und einem Interessenten (auch Gegenpartei genannt) und Kausalzusammenhang zwischen diesen beiden Elementen.

8
Freiheit der Parteien
Liberté des parties

Die Voraussetzungen des Zustandekommens des Hauptvertrags und des Kausalzusammenhangs sind dispositiver Natur. Die Parteien können darüber hinausgehen und den Provisionsanspruch z.B. sogar von der Erfüllung des Hauptvertrags abhängig machen. Sie können aber auch hinter den gesetzlichen Voraussetzungen zurückbleiben, indem sie die Provision unabhängig vom Erfolg des Zustandekommens des Hauptvertrags für die Maklertätigkeit allein versprechen[21]. Überdies können sie vereinbaren, dass der Maklerlohn verdient ist unabhängig vom (nicht immer einfachen) Nachweis eines Kausalzusammenhangs zwischen der tatsächlichen Maklertätigkeit und dem Abschluss des Hauptvertrags[22]. Unabdingbar ist indessen die erste Voraussetzung, nämlich dass der Makler überhaupt vertragsgemäss zur Förderung des Hauptvertrags tätig geworden ist. Das Versprechen eines Maklerlohns, ohne dass eine Tätigkeit ausgeübt werden muss, lässt sich lediglich als Schenkungsversprechen[23] aufrechterhalten; als solches setzt es einen Schenkungswillen und die Beachtung der Schriftform voraus[24].

---

[21] BGE 113 II 52 E. 1b.
[22] BGE 100 II 365 E. 3d = Pra 1975, Nr. 3, 5 f. bezüglich einer Ausschliesslichkeitsklausel, die auf einen Verzicht auf das Erfordernis des Kausalzusammenhangs hinausläuft; BGE 97 II 357 E. 3.
[23] Art. 239 ff. OR.
[24] Art. 243 Abs. 1 OR; OSER/SCHÖNENBERGER, N 18 zu Art. 413 OR; HOFSTETTER, Bd. VII/6, 174; TURRETINI, 154; offengelassen in BGE 100 II 366 E. 3d = Pra 1975, Nr. 3, 6.

## B. Doppelte Erfolgsbedingtheit des Maklerlohnanspruchs

Bezüglich seiner ersten zwei Voraussetzungen (Maklertätigkeit und Zustandekommen des Hauptvertrags) ist der Maklerlohn erfolgsbedingt in dem Sinne, dass es sich hierbei um zukünftige ungewisse Ereignisse handelt, von deren Eintritt das Entstehen des Lohnanspruchs abhängig gemacht wird. Erstens muss es dem Makler gelingen, überhaupt einen oder mehrere Interessenten für das zu vermittelnde Geschäft zu finden; zweitens muss der Auftraggeber daraufhin tatsächlich den Vertrag mit dem Interessenten abschliessen. Diese doppelte Erfolgsbedingtheit begründet den aleatorischen Charakter des Maklervertrags[25]. Ist der vermittelte Vertrag bedingt abgeschlossen[26], liegt sogar eine dreifache Erfolgsbedingtheit vor[27].

9
Bedingte Entlohnung
Rémunération conditionelle

Die Bindung der Entstehung des Maklerlohnanspruchs an den zukünftigen Willen des Auftraggebers stellt im Rechtssinne eine potestative (willkürliche) Suspensivbedingung (aufschiebende Bedingung) i.S.v. Art. 151 Abs. 1 OR dar. Der Auftraggeber als bedingt verpflichteter Lohnschuldner darf, solange die Bedingung schwebt, nichts unternehmen, was die gehörige Erfüllung seiner Verbindlichkeit hindern könnte[28]. Tut er dies dennoch in einer Weise, die gegen Treu und Glauben verstösst, gilt die Bedingung von Gesetzes wegen als eingetreten[29]. Widerruft der Auftraggeber z.B. den Maklervertrag oder lässt er einen befristeten Maklervertrag ablaufen, um nachher «provisionsfrei» mit einem vom Makler nachgewiesenen oder vermittelten Interessenten abzuschliessen, ist der Maklerlohn dennoch verdient[30]. Ebenso darf sich der Auftraggeber nicht auf ein Zurückbleiben hinter dem angestrebten Vertragspreises berufen, das er selber veranlasst hat, um eine Abweichung zwischen dem angestrebten und dem abgeschlossenen Geschäft herbeizuführen und dadurch den Makler um seinen Lohn zu prellen[31]. Hingegen verhindert der Auftraggeber i.d.R. den Eintritt der

10
Suspensivbedingung
Condition suspensive

---

[25] Vgl. dazu B Art. 412 Rz 43.
[26] Art. 413 Abs. 2 OR.
[27] Vgl. dazu Rz 36.
[28] Art. 152 Abs. 1 OR.
[29] Art. 156 OR.
[30] BGE 76 II 386 E. 5; GAUTSCHI, N 3c zu Art. 413 OR.
[31] BGE 76 II 150 E. 2.

Bedingung nicht wider Treu und Glauben, wenn er den Hauptvertrag nicht abschliesst, obwohl der Makler einen solventen Interessenten beigebracht hat, der zudem bereit ist, den Vertrag zu den vom Auftraggeber beabsichtigten Konditionen einzugehen[32]. Es liegt im Wesen der Potestativbedingung, dass ihr Eintritt vom freien Willen des bedingt Verpflichteten abhängig ist.

**11**
Treu und Glaube als Grenze
La bonne foi comme limite

Diese generelle Abschlussfreiheit des Auftraggebers findet ihre Grenze im Prinzip von Treu und Glauben[33]. Der Auftraggeber würde diesem zuwiderhandeln, wenn er systematisch und absichtlich alle valablen Möglichkeiten zum Abschluss des Hauptvertrags, die ihm vom Makler vorgelegt werden, von der Hand weist. Dieses Verhalten lässt sich als Widerruf des Maklervertrags[34] interpretieren, der zudem – weil gegen Treu und Glauben verstossend – zur Unzeit erfolgt[35]. Dadurch wird ein Schadenersatzanspruch des Maklers ausgelöst[36].

**12** Lehre und Rechtsprechung bejahen die Zulässigkeit einer Klausel, worin die Parteien eines Maklervertrags vereinbaren, dass der ganze Maklerlohn geschuldet ist, wenn der Auftraggeber sich weigert, mit einem den im Maklervertrag genannten Abschlusskriterien genügenden Interessenten den Hauptvertrag einzugehen, d.h. wenn er entgegen seinem im Maklervertrag kundgetanen Willen den Eintritt der Bedingung verhindert. Denn diese Vereinbarung läuft auf eine ebenfalls generell als zulässig beurteilte Provisionsgarantie hinaus[37]. Unzulässig ist eine solche Klausel nur dann, wenn sie den Anspruch auf Maklerlohn auch für den Fall als verfallen bestimmt, dass der Auftraggeber den Maklervertrag widerruft. Denn es liefe auf eine verbotene indirekte Sanktionierung des freien Widerrufsrechts[38] hinaus, wenn trotz vorzeitiger Auftragsbeendigung der ganze Maklerlohn geschuldet wäre[39].

---

[32] GAUTSCHI, N 3b zu Art. 413 OR; BGE 44 II 498 E. 2: Der Auftraggeber kann «bis zum letzten Momente den Eintritt der Vertragsperfektion, das Wirksamwerden des Vertrags, hindern." Bestätigt in BGE 84 II 525 E. 2b = Pra 1959, Nr. 48, 142.
[33] Art. 2 Abs. 2 ZGB.
[34] Art. 404 Abs. 1 OR.
[35] Art. 404 Abs. 2 OR.
[36] ENGEL, 527; TERCIER, § 67 N 5083, der u.U. sogar analog Art. 156 OR den ganzen Maklerlohn zusprechen will.
[37] Vgl. dazu Rz 42.
[38] BGE 110 II 383 E. 3a bezüglich Konventionalstrafen.
[39] Vgl. zum Ganzen Entscheid des Bundesgerichtes vom 19.9.1990, publiziert im Informationsbulletin Nr. 14 des Centre du Droit de l'Entreprise (Cedidac, Université de Lausanne) vom 14.2.1991, S. 10: «...; la garantie de provision, telle que celle prévue

Eine auch für den Fall des Widerrufs versprochene Provisionsgarantie kann nur in dem Umfang aufrechterhalten werden, als sie dazu dient, den aus der Unzeitigkeit des Widerrufs[40] entstehenden Schaden des Maklers zu pauschalieren[41].

## IV. Voraussetzungen des Lohnanspruchs im Einzelnen (Abs. 1)

### A. Maklertätigkeit

Je nachdem, ob Nachweis-, Zuführungs- oder Vermittlungsmaklerei vereinbart wurde, muss der Vertragsabschluss dem Nachweis, der Zuführung oder der Vermittlung des Maklers zu verdanken sein, wenn dieser Anspruch auf den Lohn geltend machen will[42]. Art. 413 Abs. 1 OR («infolge des Nachweises oder infolge der Vermittlung») ist nicht dahingehend zu verstehen, dass mangels einer abweichenden Vereinbarung der Parteien[43] der Maklerlohn bei Zustandekommen des Vertrags infolge der Tätigkeit des Maklers stets verdient sei, gleichgültig, ob dieser nur die Gelegenheit zum Vertragsabschluss nachgewiesen oder ihn vermittelt habe[44]. Vielmehr ist Art. 413 OR im Zusammenhang mit Art. 412 OR zu lesen, der die möglichen Tätigkeiten des Maklers umschreibt. Will der Makler den Lohn fordern, obwohl er den Hauptvertrag nicht vermittelt, sondern nur die Gelegenheit dazu nachgewiesen oder seinem Auftraggeber den Vertragspartner zugeführt hat, muss er i.S.v. Art. 8 ZGB beweisen, dass sich seine Aufgabe auf den Nachweis

13
Vertragserfüllung
Exécution du contrat

---

en l'espèce, n'a toutefois pas le caractère de clause pénale, du moment qu'elle n'a pas pour but de limiter la possibilité de résilier le contrat.»; ENGEL, 533; MARQUIS, 246.
40  Art. 404 Abs. 2 OR.
41  Vgl. dazu B Art. 412 Rz 35; MARQUIS, 247.
42  BGE 90 II 95 f. E. 2.
43  Art. 19 OR.
44  So noch BECKER, N 5 zu Art. 412 OR; GAUTSCHI, N 3c Vorbem. Art. 412–418 OR; SCHWEIGER, 69.

oder das Zuführen beschränkte, resp. dass ihm der Lohn schon für diese Tätigkeit versprochen war[45].

14
Bei der Vermittlung
En matière de négociation

Insbesondere bei der Vermittlungsmaklerei ist es nicht immer einfach zu bestimmen, worin die zum Abschluss des Hauptvertrags bestimmende Tätigkeit zu bestehen hat und wie lange der Makler die Verhandlungen begleiten bzw. fachlich unterstützen muss. Dies ist im jeweiligen Einzelfall zu bestimmen. Generell kann gesagt werden, dass der Vermittlungsmakler nicht bis zum Ende der Verhandlungen mitzuwirken braucht, sondern nur soweit, dass nach dem gewöhnlichen Lauf der Dinge ein Abschluss vorauszusehen ist[46].

## B. Zustandekommen des angestrebten Hauptvertrags

15 Der Anspruch auf Maklerlohn ist potestativ bedingt. Den Auftraggeber trifft daher keine Pflicht, mit einem vom Makler beigebrachten Interessenten den Hauptvertrag abzuschliessen und den Lohnanspruch zur Entstehung zu bringen; er bleibt in der Wahl seines Vertragspartners frei[47].

16 Darüber, was unter dem Zustandekommen des angestrebten Hauptvertrags zu verstehen ist, besteht eine reiche Kasuistik[48].

17 Die Maklerprovision ist eine Abschlussprovision. Damit der Lohnanspruch entsteht, muss der angestrebte Hauptvertrag tatsächlich abgeschlossen werden[49], es sei denn, es sei eine Provisionsgarantie vereinbart worden[50]. Die blosse Möglichkeit eines Abschlusses reicht nicht[51].

---

[45] BGE 90 II 96 f. E. 2.
[46] OSER/SCHÖNENBERGER, N 24 zu Art. 413 OR.
[47] BURKHALTER/KOLB, N 7 zu Art. 413 OR; vgl. N 56 zu Art. 412 OR.
[48] Für detailliertere Ausführungen vgl. daher GAUTSCHI, N 3f und 3g zu Art. 412 OR; OSER/SCHÖNENBERGER, N 2 ff. zu Art. 413 OR; VON BÜREN, 206 ff.; ANTOGNAZZA, 63 ff.; TURRETTINI, 101 ff.
[49] GAUTSCHI, N 3g zu Art. 412 OR.
[50] Vgl. dazu Rz 42.
[51] BGE 113 II 50 ff.

Der Hauptvertrag muss bezüglich Inhalt und Form rechtsgültig zustande gekommen und darf nicht wegen Willensmängeln einseitig unverbindlich sein[52]:

18
Gültigkeit des Vertrags
Validité du contrat

– Das bedingt erstens, dass sich die Parteien des Hauptvertrags über alle von Gesetzes wegen oder nach Parteiwillen wesentlichen Vertragselemente (essentialia negotii) geeinigt haben. Zuvor ist ein Vertrag nicht zustande gekommen. Bei Fehlen einer gesetzlichen Regelung oder einer ausdrücklichen Willensäusserung der Parteien ist für die Frage, welches in einem konkreten Fall die wesentlichen Vertragselemente sind, auf die Verkehrsauffassung abzustellen[53]. Nach der Rechtsprechung kann der Abschluss eines Vorvertrags[54] mangels gegenteiliger Abrede nicht als Zustandekommen des vermittelten oder nachgewiesenen Vertrags betrachtet werden, zumindest wenn der Vorvertrag den Auftraggeber nicht endgültig bindet[55]. Auch die Einräumung eines Kaufrechts oder Vorkaufsrechts ist im Zweifel noch nicht der Abschluss des vermittelten Kaufvertrags; doch kann die Einräumung oder Abtretung eines Kaufrechts durch Abrede zu Gegenstand eines Maklervertrags gemacht werden[56].

– Formelle und materielle Rechtsungültigkeit hat die Nichtigkeit des Vertrags zur Folge. Bezüglich der formellen Rechtsgültigkeit sind z.B. allfällige öffentliche Beurkundungen zu beachten[57]. Materielle Rechtsungültigkeit liegt vor bei Unmöglichkeit, Widerrechtlichkeit oder Sittenwidrigkeit des Vertrags[58]. Überdies müssen gegebenenfalls behördliche Bewilligungen (z.B. beim Erwerb von Grundstücken durch Personen im Ausland nach Bewilligungsgesetz) oder Zu-

---

[52] BGE 124 III 483 E. 3a; BGE 87 II 137; BGE 141 E. 7d; BURKHALTER/KOLB, N 8 zu Art. 413 OR; GUHL/SCHNYDER, § 50 N 29.
[53] BGE 81 II 364 ff. E. 2 und 3, 71 II 270 ff. E. 3: Zahlungsbedingungen beim Verkauf sämtlicher Aktien einer Hotel-AG als essentialia.
[54] Art. 22 OR.
[55] BGE 81 II 362 ff. E. 2 bezüglich eines Vorvertrags, in dem die Leistungen des Hauptvertrags noch nicht hinreichend bestimmt waren; weitergehend BSK-AMMANN, N 4 zu Art. 413, die auch eine unwiderrufliche Bindung durch den Vorvertrag nicht genügen lässt; a.M. OSER/SCHÖNENBERGER, N 14 zu Art. 413 OR.
[56] BGE 83 II 151 = Pra 1957, Nr. 83, 270 ff.; GAUTSCHI, N 3 f zu Art. 412 OR; offengelassen von HOFSTETTER, 127.
[57] Vgl. bei Grundstückskaufverträgen Art. 216 Abs. 1 OR: Entstehung des Provisionsanspruchs mit der öffentlichen Beurkundung und nicht erst mit der grundbuchlichen Eigentumsübertragung; GAUTSCHI, N. 3 f zu Art. 412 OR.
[58] Art. 19 Abs. 2 und Art. 20 Abs. 1 OR.

stimmungen Dritter (z.B. des Vormunds, Beirats oder Beistands) erteilt worden sein[59].

– Ebenso lässt eine Anfechtbarkeit wegen Übervorteilung[60], Irrtums[61], Täuschung[62] oder Drohung[63] den Vertrag dahinfallen.

**19**
**Gültigkeitsmangel**
**Défaut de validité**

Bei Nichtigkeit oder Ungültigkeit infolge Anfechtung ist die Provision nicht verdient[64]. Ist der Vertrag nichtig, entsteht der Anspruch auf Maklerlohn nicht; wird der Hauptvertrag angefochten, entfällt der Provisionsanspruch, weil die Anfechtung den Hauptvertrag mit Wirkung ex tunc beseitigt, so dass die Rechtslage dieselbe ist wie bei anfänglicher Unwirksamkeit[65]. Diese allgemeine Regel gilt nach überwiegender Lehre und Rechtsprechung nicht, wenn die Mangelhaftigkeit, die zur Nichtigkeit oder Anfechtbarkeit geführt hat, dem Verschulden des Auftraggebers zuzuschreiben ist[66]. Danach handelt der Auftraggeber, der die Nichtigkeit des Hauptvertrags selbst provoziert hat und diese nun dem Lohnanspruch des Maklers entgegenhält, rechtsmissbräuchlich i.S.v. Art. 2 Abs. 2 ZGB[67]. Das Bundesgericht hat darüber hinaus festgehalten, auch ohne ein Verschulden des Auftraggebers widerspreche es Treu und Glauben, den vereinbarten Provisionsanspruch nur deshalb entfallen zu lassen, weil das Geschäft aus Gründen scheiterte, die in der Person des Auftraggebers liegen[68].

**20**
**Rückerstattung der Anzahlung**
**Restitution des acomptes**

Ist der Lohnanspruch infolge Nichtigkeit oder Anfechtung des Hauptvertrags entfallen, kann eine bereits bezahlte Provision nach den Regeln des Bereicherungsrechts zurückgefordert werden[69]. Wird das Anfechtungsrecht nicht ausgeübt oder wird der Vertrag durch den An-

---

[59] BSK-AMMANN, N 4 zu Art. 413 OR.
[60] Art. 21 OR.
[61] Art. 23 ff. OR.
[62] Art. 28 OR.
[63] Art. 29 f. OR.
[64] OSER/SCHÖNENBERGER, N 9 zu Art. 413 OR.
[65] HONSELL, 338.
[66] OSER/SCHÖNENBERGER, N 9 zu Art. 413 OR; BURKHALTER/KOLB, N 9 zu Art. 413 OR; unveröffentlichter Entscheid des Bundesgerichtes vom 9.9.1980, E. 46 ff., zitiert von SCHWEIGER, 108; siehe Hinweise zu anderen Meinungen bei HOFSTETTER, Bd. VII/6, 174, FN 5.
[67] Vgl. SCHWEIGER, 107 f., der zudem die Meinung vertritt, im schuldhaften Verhalten des Auftraggebers müsse zugleich eine Treuwidrigkeit gegenüber dem Makler liegen.
[68] Unveröffentlichter Entscheid des Bundesgerichtes vom 9.9.1980, 9; zitiert und abgelehnt von SCHWEIGER, 108 f.
[69] Art. 62 ff. OR; BGE 87 II 141 E. 7d.

fechtungsberechtigten genehmigt, ist die Provision hingegen geschuldet[70].

Ist der Vertrag zustande gekommen resp. nicht angefochten worden und treten erst danach Mängel auf oder wird der Vertrag wieder aufgehoben, hat dies grundsätzlich keinen Einfluss auf den Lohnanspruch des Maklers[71]. Der Makler hat nach der rechtlichen Konzeption des Maklervertrags nicht für das Schicksal des zwischen Auftraggeber und Interessenten abgeschlossenen Vertrags einzustehen[72]. Dies gilt für alle Arten von Erfüllungsstörungen[73] und Abwicklungsmodalitäten wie einverständliche Aufhebung des Hauptvertrags[74], Kaufpreisstaffelung[75], Insolvenz des Erwerbers[76], Wandelung, Minderung oder Rücktritt nach Art. 107 OR[77], Ausübung eines Vorkaufsrechts nach Verkauf durch den Auftraggeber[78]. Im Falle eines vertraglich vorbehaltenen Rücktrittsrechts sind Differenzierungen angebracht[79]: Keine Provision ist geschuldet, wenn der Vertragspartner des Auftraggebers von seinem Rücktrittsrecht Gebrauch macht, es sei denn, dies sei im vertragswidrigen Verhalten des Auftraggebers begründet. Der Auftraggeber selbst kann von seinem vertraglichen Rücktrittsvorbehalt bis zur Ausführung des Vertrags Gebrauch machen und damit analog zu seiner Abschlussfreiheit den endgültigen Entscheid über den Vertrag und damit über die Provision aufschieben. Wenn die Entstehung des Provisionsanspruchs vertraglich an die Erfüllung des Hauptvertrags gekoppelt wurde[80], haben Erfüllungsstörungen nur dann keinen Einfluss auf den Maklerlohn, sofern sie vom Auftraggeber verschuldet sind[81]. Davon kann dann nicht gesprochen werden, wenn es der Auftraggeber ablehnt, den

21
Zukünftiges Schicksal des Vertrags
Sort futur du contrat

---

[70] OSER/SCHÖNENBERGER, N 9 zu Art. 413.
[71] BGE 71 II 268 f. E. 2; BGE 29 II 112 E. 6; BGE 27 II 473 E. 5; GAUTSCHI, N 3g zu Art. 412 OR.
[72] BSK-AMMANN, N 6 zu Art. 413 OR.
[73] BGE 106 II 225 E. 4.
[74] Contrarius actus, Art. 115 OR analog.
[75] BURKHALTER/KOLB, N 9 zu Art. 413 OR.
[76] HOFSTETTER, Bd. VII/6, 175: «Der Mäkler trägt nicht das Risiko für die Insolvenz der Gegenpartei.».
[77] OSER/SCHÖNENBERGER, N 11 zu Art. 413 OR; a.M. HONSELL, 338 für den Fall der Wandlung.
[78] OSER/SCHÖNENBERGER, N 11 zu Art. 413 OR, HOFSTETTER, Bd. VII/6, 175.
[79] Dazu OSER/SCHÖNENBERGER, N 12 zu Art. 413 OR.
[80] Vgl. dazu Rz 36.
[81] OSER/SCHÖNENBERGER, N 11 zu Art. 413 OR; vgl. auch BGE 52 II 85 E. 2.

Hauptvertrag durch Grundbucheintrag zu erfüllen, weil die Gegenpartei ihren vertraglichen Verpflichtungen nicht nachkommt[82].

22 Um einen Anspruch auf Maklerlohn begründen zu können, muss eine Übereinstimmung zwischen dem zustande gekommenen Hauptvertrag und dem angestrebten Geschäft bestehen, wie es im Maklervertrag als Ziel der Vermittlungstätigkeit bezeichnet worden ist[83]; ergänzend kann auf die Verkehrsauffassung zurückgegriffen werden[84]. Gefordert ist nicht Identität, sondern Äquivalenz, wobei weniger auf den rechtlichen als auf den wirtschaftlichen Erfolg abzustellen ist[85]. Es genügt jedes Geschäft, das im Hinblick auf den erkennbar angestrebten Endzweck praktisch tauglich ist[86]. Der Grundsatz der Äquivalenz wird in sachlicher, finanzieller und persönlicher Hinsicht konkretisiert:

*Äquivalenz mit dem angestrebten Ziel*
*Equivalence avec l'objectif visé*

– Bezüglich der sachlichen Äquivalenz wurde die Gleichwertigkeit eines Baurechts mit dem ursprünglich angestrebten Kaufrecht bejaht im Falle von Architekten, die sich damit die Architekturarbeiten sichern wollten[87]. Vorverträge und Vorkaufsrechte anstelle eines Kaufs genügen in der Regel nicht[88]. Erreicht der Hauptvertrag in quantitativer Hinsicht weniger als mit dem Hauptvertrag angestrebt, tritt im Zweifel Provisionskürzung und nicht Provisionsverlust ein, da jeder Teilerfolg, der zum Gesamterfolg beiträgt, den angestrebten Zweck verwirklichen hilft[89]. Will der Auftraggeber bei nur partieller Zweckerreichung keinen Lohn zahlen, hat er sich das ausdrücklich auszubedingen[90].

– Hinsichtlich der finanziellen Äquivalenz gilt gemäss der Rechtsprechung, dass die Nennung eines Preises im Maklervertrag im Zweifel bloss die Bedeutung einer Wegleitung, einer Umschreibung des anzustrebenden Ziels hat. Der Makler hat dann einen gewissen Ver-

---

[82] ZR 1989, 279.
[83] HOFSTETTER, Bd. VII/6, 174; VON BÜREN, 206: Über Vorhandensein oder Fehlen von Gleichwertigkeit ist primär aus der Warte des Auftraggebers zu befinden.
[84] OSER/SCHÖNENBERGER, N 13 zu Art. 413 OR.
[85] Grundsatz der Gleichwertigkeit; OSER/SCHÖNENBERGER, N 13 zu Art. 413 OR.
[86] BGE 44 II 497 E. 1.
[87] BGE 114 II 359 f. E. 3.
[88] Vgl. dazu Rz 18.
[89] BGE 114 II 360 E. 3b: nur zwei von vier Grundstücken tatsächlich veräusserbar; HOFSTETTER, Bd. VII/6, 175.
[90] VON BÜREN, 207.

handlungsspielraum[91]. Es ist vom Auftraggeber zu beweisen, dass die Erzielung des im Vertrag genannten Preises als Mindestlimite zu verstehen ist, bei deren Nichterreichung der Makler keinen Provisonsanspruch haben soll[92]. Eine materiell bedeutungslose Abweichung von einer Preislimite kann den Makler nicht um seinen Lohnanspruch bringen[93]. Kommt der Vertrag zustande unter einer Abweichung, die immerhin den Betrag der versprochenen Maklerprovision nicht übertrifft, so soll nach der Lehre selbst bei Vereinbarung einer Mindestlimite wenigstens der die Differenz übersteigende Betrag der Provision zu entrichten sein[94]. Der Auftraggeber kann sich nicht auf eine Nichterreichung des Vertragspreises berufen, die er selber veranlasst hat, um eine Abweichung zwischen angestrebtem und abgeschlossenem Geschäft herbeizuführen und so den Makler um seinen Lohn zu bringen[95].

— Bezüglich der persönlichen Äquivalenz ist festzuhalten, dass der Hauptvertrag nicht zwingend auf den Namen des vom Makler Bearbeiteten lauten muss. Die Provision ist auch verdient, wenn ein Dritter abschliesst, der vom Auftraggeber nur der rechtlichen Form nach verschieden, bei wirtschaftlicher Betrachtungsweise jedoch mit ihm identisch ist, oder wenn ein enger wirtschaftlicher oder menschlich-sozialer Zusammenhang zwischen dem Dritten und dem Auftraggeber besteht[96].

Es ist möglich, dass der Auftraggeber zur Maklertätigkeit seine stillschweigende Zustimmung gibt, obwohl der abgeschlossene Vertrag in irgendwelchen Punkten dem angestrebten nicht gleichwertig ist. Das kann z.B. dann der Fall sein, wenn der Auftraggeber den Makler bewusst und widerspruchslos auf den Abschluss des nicht gleichwertigen

23
Unterschiede im abgeschlossenen Vertrag
Différences avec le contrat conclu

---

[91] 2% gemäss unpublizierter E. 4 von BGE 84 II 521, veröffentlicht in SemJud 1960, 56; 3,63% im unveröffentlichten Entscheid des Bundesgerichtes vom 16.6.1999, 4C.183/1998 E. 3, zitiert von TERCIER, § 67 N 5068; Überschreitung des Spielraums bei einer Abweichung von 24% gemäss unveröffentlichtem Entscheid des Bundesgerichtes vom 29.1.2001, 4C.334/2000, E. 4b/cc.
[92] BGE 76 II 149 E. 1; vgl. die Kritik durch VON BÜREN, 207, der die Undurchsichtigkeit der Praxis bemängelt, nach welchen Kriterien zwischen Wegleitung und Mindestlimite zu unterscheiden ist; vgl. auch BGE 43 II 655 f.: Auslegung des Versprechens, den einen bestimmten Betrag übersteigenden Erlös mit dem Makler zu teilen; Auslegung des Vertrags ergab, dass unter Mehrerlös nur ein Nettoerlös gemeint sein kann.
[93] BGE 76 II 150 E. 2.
[94] OSER/SCHÖNENBERGER, N 16 zu Art. 413 OR; offen gelassen in BGE 76 II 152 f. E. 3.
[95] Art. 156 OR; BGE 76 II 150 E. 2.
[96] BGE 114 II 360; BGE 76 II 383 E. 3; HOFSTETTER, Bd. VII/6, 176.

Vertrags hinarbeiten lässt und sich dann das Ergebnis dieser Tätigkeit aneignet. Ob darin eine Modifikation des ursprünglichen Maklervertrags unter Beibehaltung des gleichen Provisionssatzes oder der Abschluss eines neuen Vertrags ohne Festsetzung der Provisionshöhe zu sehen ist, muss durch Auslegung ermittelt werden[97].

**24**
*Dispositive Norm*
*Norme dispositive*

Die in Art. Art. 413 Abs. 1 OR enthaltene Regelung ist dispositiv. Die Parteien können die Entstehung des Maklerlohnanspruchs über das blosse Zustandekommen des Hauptvertrags hinaus an Bedingungen und Befristungen knüpfen[98]. Häufig sind Abreden, wonach die Provision erst durch die ganze oder teilweise Erfüllung des Hauptvertrags,[99] nur bei einem Abschluss des Hauptvertrags innert bestimmter Frist[100] oder nur bei Erreichen eines bestimmten Kauf- resp. Verkaufswerts[101] verdient ist. Liegt eine ausdrückliche Verschiebung der Fälligkeit oder der Zahlbarkeit der Provision auf die Erfüllung des Hauptvertrags vor, ist im Zweifel nicht nur die Fälligkeit, sondern die Entstehung der Provisionsschuld aufgeschoben (d.h. Vermutung zugunsten des Vorliegens einer Bedingung, nicht eines blossen Fälligkeitstermins)[102]. Dann entsteht kein Provisionsanspruch, wenn die Gegenpartei des Auftraggebers nicht erfüllt und dem Auftraggeber nicht zugemutet werden kann, die Erfüllung zu erzwingen (z.B. wegen Leistungsunfähigkeit der Gegenpartei)[103]. Schon gar nicht darf der Makler in diesen Fällen die Provision fordern, wenn er die Zahlungsunfähigkeit der Gegenpartei kannte. Hier würde der Lohnanspruch bereits an der subjektiven Lohnunwürdigkeit des Maklers scheitern[104]. Gelingt die Vermittlung nicht innert Frist, schliesst der Auftraggeber aber kurz nach deren Ablauf mit dem vom Makler Bearbeiteten ab, gewährt die h.L. nach Treu und Glauben den Anspruch auf Maklerlohn[105]. Der Auftraggeber darf nichts tun, was den Eintritt der Bedingung[106] oder den Abschluss innert Frist verhindern kann. Ist z.B. für den Abschluss des Hauptvertrags ein

---

[97] Zum Ganzen OSER/SCHÖNENBERGER, N 17 zu Art. 413 OR.
[98] GAUTSCHI, N 3g zu Art. 412 OR; BSK-AMMANN, N 7 zu Art. 413 OR.
[99] BGE 57 II 188: Provision «fällig bei kanzleiischer Fertigung»; BGE 52 II 83 E. 1: Provision versprochen bei «notarieller Fertigung».
[100] BGE 57 II 192 f.; BGE 26 II 349; OSER/SCHÖNENBERGER, N 7 zu Art. 413 OR.
[101] BGE 76 II 156; BGE 46 II 398.
[102] OSER/SCHÖNENBERGER, N 5 zu Art. 413 OR; a.M. BECKER, N 5 zu Art. 413 OR.
[103] BGE 52 II 85 E. 2; BECKER, N 5 zu Art. 413 OR; VON BÜREN, 20.
[104] VON BÜREN, 209.
[105] GAUTSCHI, N 3g zu Art. 412 OR.
[106] Art. 156 OR.

Termin vorgesehen und verzögert der Auftraggeber den Abschluss in der Absicht, dadurch der Provisionszahlung zu entgehen, so handelt er treuwidrig. Der Abschluss gilt als innert Frist getätigt[107].

Die Regelung des dispositiven Rechts wahrt i.d.R. die Interessen der Parteien genügend. Daher muss eine Partei (üblicherweise der Makler), die eine von Art. 413 Abs. 1 OR abweichende Vereinbarung treffen will, dies mit hinreichender Deutlichkeit zum Ausdruck bringen[108]. Sonst riskiert der Makler, dass die in seinem Vertrag bzw. in den Allgemeinen Geschäftsbedingungen (AGB) festgehaltenen Regelungen nach der Unklarheitenregel zu seinen Ungunsten ausgelegt werden. Diese Regel besagt, dass bei vorformulierten Vertragsinhalten unklare Vertragsklauseln zu Ungunsten jener Partei auszulegen sind, die sie verfasst hat[109].

25
Davon abweichende Vereinbarung
Accord y dérogeant

## C. Kausalzusammenhang

Art. 413 Abs. 1 OR verlangt, dass das Zustandekommen des Hauptvertrags auf den Nachweis oder die Vermittlung des Maklers zurückzuführen ist. Zwischen Maklertätigkeit und Abschluss des Hauptvertrags muss also ein Kausalzusammenhang bestehen[110]. Daran fehlt es bei Vorkenntnis des Auftraggebers, wenn der Auftraggeber also die Abschlussgelegenheit bereits kannte[111]. D.h. der Auftraggeber darf mit dem Interessenten noch nicht in Verbindung gestanden oder diesen für einen Vertragsabschluss in Betracht gezogen haben. Nicht erforderlich ist hingegen, dass der Interessent dem Auftraggeber gänzlich unbekannt war, sofern er nur um seine grundsätzliche Abschlussgeneigtheit nicht wusste[112].

26
Notwendigkeit eines Zusammenhangs
Nécessité d'un lien

Nicht jeder ursächliche Zusammenhang vermag einen Lohnanspruch des Maklers zu begründen. Erforderlich ist, dass der Makler bewusst, sei es direkt oder indirekt, auf den Entschluss des Interessenten zur Vertragseingehung eingewirkt hat. Der Makler «muss sich durch

27
Ein bewusster Zusammenhang
Un lien conscient

---

[107] HOFSTETTER, Bd. VII/6, 179.
[108] BGE 113 II 51 f. E. 1b; HONSELL, 338.
[109] BGE 110 II 146.
[110] BGE 97 II 359 E. 4; BGE 84 II 546 E. 3; BGE 76 II 382 E. 2; BGE 26 II 381.
[111] HONSELL, 338.
[112] VON BÜREN, 211 f.; BUCHER, Obligationenrecht, 237.

zweckgerechte Förderung des Vertragsschlusses um dessen Zustandekommen verdient gemacht haben; denn er wird nicht für einen Erfolg schlechthin, sondern für einen Arbeitserfolg entlöhnt»[113].

**28**
Eine Mitwirkung am geschaffenen Zusammenhang
Une participation au lien créé

Hingegen hat der Makler den Lohn nicht nur verdient, wenn der Vertrag ausschliesslich oder vorwiegend infolge seiner Vermittlung zustande gekommen ist. Mitbestimmung des Dritten zum Vertragsabschluss genügt, d.h. es reicht aus, dass ein Motiv, das der Makler durch vertragsgemässe Tätigkeit hat setzen helfen, für die Abschlussbereitschaft des Interessenten mitbestimmend war[114]. Das kann insbesondere dann bedeutsam sein, wenn mehrere Makler unabhängig voneinander beauftragt worden sind.

**29**
Psychologischer Zusammenhang
Lien psychologique

Sodann braucht der Abschluss des Hauptvertrags nicht die unmittelbare Folge der Maklertätigkeit zu sein. Es genügt, wenn diese auch nur zu einer entfernteren Ursache des Vertragsentschlusses des Interessenten geworden ist. Es muss lediglich dargetan werden, dass ein psychologischer Zusammenhang zwischen den Bemühungen des Maklers und diesem Vertragsentschluss besteht[115]. Zu Recht wird in der Lehre darauf hingewiesen, dass der Begriff des psychologischen Zusammenhangs unglücklich gewählt ist, weil sich der Nachweis des Kausalzusammenhangs aus Praktikabilitätsgründen stets am Verhalten des Maklers orientiert und kaum auf innere Vorgänge Bezug nimmt. Das Bundesgericht will mit diesem Begriff vielmehr darstellen, dass es notwendig, aber auch genügend ist, hinsichtlich des Kausalzusammenhangs darzulegen, dass der Makler tatsächlich, wissentlich und willentlich die spätere Gegenpartei des Hauptvertrags bearbeitet hat[116].

**30**
In zeitlicher Hinsicht
Du point de vue temporel

In zeitlicher Hinsicht wird von der Praxis ein Provisionsanspruch anerkannt, wenn ein Vermittlungsmakler die Verhandlungen beginnt und der Auftraggeber selbst oder ein von diesem zusätzlich beauftragter

---

[113] BGE 76 II 382 E. 2, SJZ 1939/40, 15 f.: Makler, der bei einem gegebenen Interessenten sich darauf beschränkte, auf die Kaufgelegenheit aufmerksam zu machen, leicht erhältliche Angaben über das Kaufobjekt zu übermitteln und sich gelegentlich nach dem Stand der Angelegenheit zu erkundigen; seine Tätigkeit wurde als so unbedeutend gewertet, dass sie als Mitursache des Vertragsabschlusses ausser Betracht fiel.

[114] BGE 84 II 548 f. E. 5; BGE 76 II 382 E. 2.

[115] BGE 84 II 549 E. 5; BGE 76 II 382 E. 2; BGE 72 II 84, 89 E. 2; HONSELL, 338: Das Kriterium des psychologischen Zusammenhangs passt lediglich auf den Vermittlungsmakler, weil nur dieser Einfluss auf den Willen des Interessenten zu nehmen versucht.

[116] Engel, 531.

Makler diese auf der Basis der vom ersten Makler gebildeten Beziehungen zu Ende führen[117]. Sogar ein völliger Abbruch der Verhandlungen und deren Wiederaufnahme durch den Auftraggeber selbst oder über einen anderen Makler muss den psychologischen Zusammenhang nicht abbrechen lassen[118]. Anders verhält es sich nur, wenn die Aktivitäten des ersten Maklers zu keinem Resultat geführt haben, die Verhandlungen abgebrochen wurden und der Hauptvertrag schliesslich auf einer völlig neuen Grundlage abgeschlossen wird[119].

In personeller Hinsicht findet der rechtserhebliche Kausalzusammenhang seine Grenze, wenn der Hauptvertrag nicht mit dem vom Makler bearbeiteten Interessenten zustande kommt, sondern mit einem Dritten, denn in einem solchen Fall fehlt es an der erforderlichen aktiven Einwirkung des Maklers auf den Willensentschluss der Gegenpartei. Das soll selbst dort gelten, wo der Dritte durch den vom Makler bearbeiteten ursprünglichen Interessenten veranlasst wird, den Vertrag zu schliessen – es sei denn, zwischen dem Makler und dem zum Mittelsmann gewordenen ersten Interessenten bestehe ein Unterauftragsverhältnis[120]. Kein Abschluss mit einem Dritten soll vorliegen, und es soll daher die Provision geschuldet sein, wenn ein durch den Makler beigebrachter Interessent durch einen Vorkaufsberechtigten, der sein Recht ausübt, verdrängt wird[121]. Überdies ist auch hier wie schon bei der Beurteilung der Äquivalenz zwischen angestrebtem und abgeschlossenem Geschäft auf eine wirtschaftliche Betrachtungsweise abzustellen: So ist der Kausalzusammenhang gegeben, wenn der Hauptvertrag zwar der juristischen Form nach auf den Namen eines Dritten lautet, wirtschaftlich aber für Rechnung oder im Interesse des vom Makler Bearbeiteten

31
In personeller Hinsicht
Du point de vue personnel

---

[117] BGE 72 II 422 E. 3: Bejahung des psychologischen Zusammenhangs in einem Fall, in dem die Gegenpartei aufgrund der Bemühungen des Maklers zwar nicht kauft – wie vorgesehen gewesen wäre -, sondern mietet und erst 6 Monate später tatsächlich kauft, vgl. dazu auch TURRETTINI, 143 FN 164; BGE 69 II 108 f. E. 2; BGE 62 II 344 E. 2 = Pra 1936, Nr. 25, 347 f.

[118] BGE 84 II 528 E. 3 = Pra 1959, Nr. 48, 144 f.: Der Interessent lehnt die Offerte des Maklers ab, worüber dieser den Auftraggeber nicht unterrichtet. Als ein halbes Jahr später der Abschluss direkt zwischen Interessenten und Auftraggeber erfolgt, ist die Provision geschuldet. Vgl. auch BGE 72 II 89 f. E. 2 = Pra 1946, Nr. 35, 231; SemJud 1991, 217 ff., SemJud 1977, 33 ff.: Vertragsabschluss erst nach 5 Jahren, BJM 1960, 117.

[119] BGE 72 II 89 f. E. 2 = Pra 1946, Nr. 35, 231; BGE 62 II 344, E. 2 = Pra 1936, Nr. 25, 347 f.; SJZ 1956, 209 f.

[120] BGE 76 II 382 E. 3.

[121] Vgl. dazu Rz 21; SJZ 23, 123.

geschlossen ist (z.B. schliesst dessen Ehefrau den Vertrag). Gleich verhält es sich sodann, wenn zwischen dem ersten Interessenten und dem Dritten ein besonders enger wirtschaftlicher oder menschlich-sozialer Zusammenhang besteht und sie darum gewissermassen eine Einheit bilden (z.B. wenn statt des Bearbeiteten eine Gesellschaft, an der er beteiligt ist, den Vertrag abschliesst; sodann wenn der Bearbeitete und der Dritte dem gleichen Hausstand oder der gleichen Familie angehören). Hier darf nach der allgemeinen Lebenserfahrung davon ausgegangen werden, dass die Tätigkeit des Maklers auf die übrigen Glieder der Gemeinschaft ausgestrahlt habe. Eine scharfe Begrenzung des Kausalzusammenhangs auf die Person des Bearbeiteten erschiene daher als unbillig und würde Missbräuchen zum Nachteil des Maklers Tür und Tor öffnen[122].

**32 Indirekt zusammenhängende Geschäfte**
*Affaires indirectement liées*

Für Folgegeschäfte, d.h. für Geschäfte zwischen Auftraggeber und Interessenten, auf die der Maklervertrag nicht abzielte, die aber indirekt eine Folge davon sind, dass der Makler die Parteien zusammengebracht hat, ist keine Provision geschuldet. Der Maklerlohn wird für ein konkretes Einzelgeschäft oder für mehrere bestimmte Geschäfte versprochen, nicht für eine Kundschaft[123]. Anderenfalls würde sich der Makler durch seine Tätigkeit eine Rente verschaffen können[124]. Ein Provisionsanspruch für zeitlich nachfolgende Abschlüsse zwischen den gleichen Vertragsparteien besteht nur, wenn alle Abschlüsse als Teile eines von Anfang an in Aussicht genommenen grösseren Geschäfts erscheinen und mit dem ersten vermittelten Vertrag eine wirtschaftliche Einheit bilden. Eine solche liegt nach der Rechtsprechung nur vor, wenn seitens beider vom Makler zusammengebrachter Parteien von Anfang an ein grösseres Geschäft geplant war, das dann aber wegen irgendwelcher Hindernisse zunächst nur zum Teil ausgeführt werden konnte und erst später durch weitere Abschlüsse im ursprünglich vorgesehenen Rahmen ergänzt wurde[125].

**33 Abschluss nach Beendigung der Maklerei**
*Conclusion après la fin du courtage*

Es ist – unter Vorbehalt gegenteiliger Parteiabrede – einerlei, ob der Hauptvertrag zwischen dem Auftraggeber und dem Interessenten schon während der Dauer des Maklervertrags oder erst nach dessen Beendigung geschlossen wird, sofern er mit den vom Makler während

---

[122] BGE 76 II 383 E. 3; BGE 40 II 529 E. 5.
[123] BGE 84 II 549 E. 5; BGE 75 II 54 E. 1a; HOFSTETTER, Bd. VII/6, 176.
[124] VON BÜREN, 218.
[125] BGE 75 II 56 f. E. 1c; GAUTSCHI, N 3 f zu Art. 412 OR.

der Vertragsdauer entfalteten Bemühungen ursächlich zusammenhängt[126].

Der Maklerlohn ist grundsätzlich auch geschuldet, wenn der Auftraggeber den Hauptvertrag abschliesst, ohne zu wissen, dass die Gegenpartei von seinem Makler vermittelt worden ist[127]. Damit läuft der Auftraggeber Gefahr, beim Abschluss des Hauptvertrags die dem Makler geschuldete Provision nicht in Rechnung zu stellen und dadurch einen Schaden zu erleiden. Dieses Risiko trägt allerdings der Auftraggeber. Hat er einen Maklervertrag abgeschlossen, muss er damit rechnen, dass die an ihn gelangenden Interessenten durch den Makler an ihn gewiesen worden sind. Er muss selbst sicherstellen, dass er diesbezüglich die nötigen Erkundigungen anstellt. Unzutreffende Angaben des Interessenten ihm gegenüber in dieser Sache können nicht dem Makler angelastet werden[128]. Hat es der Makler jedoch pflichtwidrig unterlassen, seinen Auftraggeber über einen Interessenten zu informieren[129], soll er das Risiko tragen, dass der Auftraggeber beim Ansetzen des Preises den Maklerlohn nicht in Anschlag bringt[130]. Zwar bleibt der Anspruch auf Maklerlohn in vollem Umfang bestehen, doch kann der Auftraggeber diesem mittels Verrechnungseinrede[131] seinen Schadenersatzanspruch[132] gegenüberstellen[133].

34
Dem Auftraggeber unbekannter Zusammenhang
Lien ignoré du mandant

Dem Makler, der seine Provision beansprucht, obliegt die Beweislast für den mindestens psychologischen Kausalzusammenhang zwischen seiner Tätigkeit und dem Vertragsabschluss sowie dafür, dass er den Vertragspartner des Auftraggebers erstmals ausfindig gemacht oder beeinflusst hat[134]. Immerhin spricht eine tatsächliche Vermutung für

35
Beweislast
Fardeau de la preuve

---

[126] BGE 97 II 357 E. 3, SemJud 1977, 33 ff.: Abschluss des Hauptvertrags fünf Jahre nach Beendigung des Maklervertrags noch als kausal anerkannt: «Un long temps écoulé entre le moment de la conclusion des contrats et celui où le courtier présente un amateur (en l'espèce 5 ans) ne permet pas au mandant de soutenir que le courtier n'agit plus en exécution du mandat qui lui avait été confirmé et ne peut plus prétendre à être rémunéré par le mandant.».
[127] BGE 84 II 525 E. 2b = Pra 1959, Nr. 48, 142: «Par le fait même [que le mandant] tire profit du résultat de l'activité du courtier, il doit en principe le salaire convenu.»; GAUTSCHI, N 3c Vorbem. zu Art. 412–418 OR.
[128] BGE 84 II 526 E. 2c = Pra 1959, Nr. 48, 143.
[129] Vgl. dazu B Art. 412 Rz 49.
[130] HOFSTETTER, Bd. VII/6, 176.
[131] Art. 120 Abs. 1 OR.
[132] Art. 97 Abs. 1 OR.
[133] BGE 84 II 526 E. 2d = Pra 1959, Nr. 48, 143.
[134] BGE 72 II 89 E. 2.

das Bestehen eines solchen Kausalzusammenhangs, wenn der Makler eine geeignete Tätigkeit entfaltet hat und der Abschluss tatsächlich zustande gekommen ist[135]. Es ist dann am Auftraggeber, diese Vermutung zu entkräften.

## V. Einzelfragen bezüglich des Lohnanspruchs

### A. Suspensiv bedingter Hauptvertrag (Abs. 2)

36
Aufgeschobene Provision
Provision suspendue

Ist der Hauptvertrag von einer aufschiebenden Bedingung abhängig, so entsteht der Provisionsanspruch erst mit Eintritt der Bedingung[136]. Eine trotz Nichteintritts einer Suspensivbedingung bezahlte Provision ist als ungerechtfertigte Bereicherung zurückzuerstatten[137]. Diese Regelung ist dem Charakter des Maklervertrags angemessen. Beim Maklervertrag steht die Vermittlung des wirtschaftlichen Erfolgs im Vordergrund. Dieser kann erst eintreten, wenn die Verpflichtung der Gegenpartei des Auftraggebers wirksam geworden ist[138]. Art. 413 Abs. 2 OR ist auch anwendbar auf ins Belieben des Auftraggebers gestellte Bedingungen (Potestativbedingungen). Immerhin darf in solchen Fällen der Auftraggeber den Eintritt der spezifischen Bedingung ebensowenig gegen Treu und Glauben vereiteln, wie er den Eintritt der gesetzlichen Erfolgsbedingung des Maklerlohns nicht vereiteln darf[139]. Sonst ist der Maklerlohn trotzdem verdient[140]. Eine unlautere Verhinderung des Bedingungseintritts kann nicht schon darin gesehen werden, dass der Auftraggeber vertragliche Pflichten gegenüber der Gegenpartei des Hauptvertrags verletzt. Denn nicht jede Vertragsverletzung stellt per se eine Verletzung von Treu und Glauben dar; überdies hat sich der Auftrag-

---

[135] BGE 57 II 194 E. 3; BGE 40 II 531 E. 6a; GAUTSCHI, N 3d Vorbem. Art. 412–418 OR; OSER/SCHÖNENBERGER, N 25 zu Art. 413 OR.
[136] Vgl. auch BGE 44 II 497 E. 1.
[137] Art. 62 Abs. 2 OR; GAUTSCHI, N 4b zu Art. 413 OR.
[138] GAUTSCHI, N 4a zu Art. 412 OR.
[139] GAUTSCHI, N 4c zu Art. 413 OR; vgl. N 10 zu Art. 413 OR.
[140] Art. 156 OR; BGE 44 II 494, 499 E. 2.

geber im Hauptvertrag nicht dem Makler, sondern einem Dritten gegenüber verpflichtet[141].

Art. 413 Abs. 2 OR ist nach h.L. dispositiv. Er steht einer parteiautonomen Erschwerung (z.B. Leistungspflicht nur bei Erfüllung des suspensiv bedingten Hauptvertrags) oder Erleichterung (z.B. Leistungspflicht schon mit Abschluss des suspensiv bedingten Hauptvertrags) der Erfolgsbedingung des Maklerlohns nicht entgegen. Dass auch die Erleichterung der Erfolgsbedingung möglich sein muss, ergibt sich aus dem Umstand, dass grundsätzlich der Auftraggeber und nicht der Makler den Hauptvertrag abschliesst. Das Gesetz aber will nicht verhindern, den Auftraggeber selbst beim Vertragsabschluss zu erhöhter Sorgfalt anzuhalten[142].

37
Dispositive Norm
Norme dispositive

Aus dem Umstand, dass Art. 413 Abs. 2 OR nur die aufschiebende Bedingung (Suspensivbedingung) nennt, schliesst die h.L. e contrario, dass der Abschluss eines unter einer auflösenden Bedingung (Resolutivbedingung) stehenden Hauptvertrags die Entstehung des Provisionsanspruchs des Maklers von Gesetzes wegen nicht tangiert[143]. Umstritten ist nur, ob der Auftraggeber bei Eintritt der auflösenden Bedingung das Bezahlte zurückfordern kann[144].

38
Auflösende Bedingung
Condition résolutoire

## B. Widerruf des Maklervertrags

Wird der Hauptvertrag erst nach Widerruf des Maklervertrags oder nach dessen Beendigung durch Zeitablauf geschlossen, tangiert dies das Entstehen des Lohnanspruchs nicht, sofern der Abschluss kausal auf Bemühungen des Maklers während der Zeit des Bestehens des Maklervertrags zurückzuführen ist[145]. Anderenfalls wäre dem Miss-

39

---

[141] BGE 44 II 499 E. 2.
[142] Zum Ganzen GAUTSCHI, N 4c zu Art. 413 OR.
[143] GAUTSCHI, N 4d zu Art. 413 OR; BSK-AMMANN, N 14 zu Art. 413 OR; OSER/SCHÖNENBERGER, N 10 zu Art. 413.
[144] Bejahend und entgegen der Regel von Art. 154 Abs. 2 OR, dafür in Übereinstimmung mit der Regelung bei Anfechtung des Hauptvertrags: OSER/SCHÖNENBERGER, N 10 zu Art. 413 OR; verneinend hingegen: GAUTSCHI, N 4d zu Art. 413 OR, der für die Rükkerstattung des Maklerlohnes eine Parteivereinbarung zu diesem Punkt verlangt.
[145] BGE 97 II 357 E. 3; BGE 76 II 386 E. 5; BGE 57 II 192 E. 2.

brauch der Weg geebnet, indem der Auftraggeber den Makler durch Kündigung um seinen Lohnanspruch bringen könnte[146].

## C. Mehrere Makler

**40**
**Grundsätzlich nur eine Provision**
**Une seule provision en principe**

Haben mehrere unabhängige Makler[147] zum Abschluss des Hauptvertrags beigetragen, soll der Auftraggeber nach der Rechtsprechung die versprochene Provision nicht jedem einzelnen in vollem Umfang, sondern insgesamt nur einmal auszahlen müssen, unabhängig davon, ob die verschiedenen, voneinander unabhängigen Maklerauftäge gleichzeitig oder zeitlich gestaffelt erteilt wurden[148]. Anders zu entscheiden, würde laut Bundesgericht auf eine übermässige Belastung des Auftraggebers hinauslaufen. Der Richter könne sich auf Art. 417 OR berufen, um den Maklerlohn für jeden einzelnen der tätigen Makler zu reduzieren, weil die volle Provision im Hinblick auf den Beitrag des einzelnen Maklers am wirtschaftlichen Enderfolg als übermässig erschiene. In der Praxis und in Übereinstimmung mit der h.L. ist hingegen davon auszugehen, dass jeder Makler, der massgeblich am Erfolg teilhat, einen Anspruch auf die volle Provision erwirbt, die ihm zugesichert worden ist. Das ergibt sich schon aus dem Grundprinzip pacta sunt servanda[149]. Eine differenzierende Position geht davon aus, dass sich das Provisionsproblem bei einer Personenmehrheit auf Maklerseite nur für Vermittlungsmakler stellt. Bei der Nachweis- oder Zuführungsmaklerei ist die Provision von dem Makler verdient, der zuerst den Interessenten nachgewiesen oder zugeführt hat. Jeder Vermittlungsmakler hingegen, der selbständig zum Abschluss des Hauptvertrags beigetragen hat, verdient die volle Provision. Eine Reduktion muss er sich nur dann gefallen lassen, wenn der Auftraggeber einen zweiten Makler beigezogen hat, weil der erste den Erfolg nicht alleine

---

[146] BSK-AMMANN, N 10 zu Art. 413 OR.
[147] Eigenmakler; vgl. N 68 zu Art. 412 OR.
[148] BGE 72 II 422 E. 3: Bestätigung der Rechtsprechung aus BGE 62 II 344 f. E. 2 = Pra 1936, Nr. 25, 347 f. und BGE 61 II 83 E. 3c; unterstützend GUHL/SCHNYDER, § 50 N 21 und THILO, 69.
[149] GAUTSCHI, N 15b zu Art. 412 OR; OSER/SCHÖNENBERGER, N 5 zu Art. 417 OR; BECKER, N 25 zu Art. 412 OR; TURRETINI, 165 ff.; BUCHER, Obligationenrecht, 238 mit der Begründung, ein die Aufteilung des Maklerlohnanspruchs rechtfertigendes «Zusammenwirken» der Makler sei deshalb fragwürdig, weil es eine «geteilte Kausalität» nicht geben könne.

herbeizuführen vermag¹⁵⁰. Nach der Rechtsprechung des Bundesgerichtes ist heute davon auszugehen, dass jeder Eigenmakler nur denjenigen Teil des Maklerlohns fordern kann, der seinem Anteil am Erfolg entspricht. Weil sich der jeweilige Anteil am Vermittlungserfolg kaum beweisen lässt, kann die Teilung des Maklerlohns auch nach Kopfteilen erfolgen¹⁵¹. Will der Makler diese Situation umgehen und sich den ganzen Maklerlohn alleine sichern, sollte er eine Ausschliesslichkeitsklausel in den Vertrag aufnehmen. Alternativ lassen sich bei Gemeinschaftsgeschäften zwischen mehreren unabhängigen Maklern die dem einzelnen Makler zustehenden Lohnanteile vertraglich festlegen¹⁵².

## D. Sicherung des Maklerlohns

Der aleatorische Charakter des Maklervertrags lässt den Makler in der zweifachen Ungewissheit, ob er einerseits einen Interessenten nachweisen oder zuführen kann und ob andererseits seine Vermittlung tatsächlich zum erstrebten Vertragsabschluss zwischen Auftraggeber und Interessenten führt. In dieser Situation wird der Makler versuchen, durch Provisionsgarantien und Ausschliesslichkeitsklauseln sein Risiko zu verringern, zumal in Fällen, in denen die Förderung der Interessen des Auftraggebers vom Makler erhebliche Aufwendungen und Bemühungen (z.B. Werbeaufwand) bedingt¹⁵³. Auch ein Selbsteintritt des Maklers kann diesem Zweck dienen.

41

### 1. Provisionsgarantien

Provisionsgarantien in Maklerverträgen sind Vereinbarungen der Parteien, wonach dem Makler die Provision für alle Fälle zugesichert ist, selbst wenn er nicht kausal den Abschluss vermittelt hat oder ein Abschluss überhaupt unterbleibt. Letzteres wird auch als Provisionsgarantie im engeren Sinne bezeichnet¹⁵⁴. Provisionsgarantien werden von

42
Begriff
Notion

---

¹⁵⁰ Vgl. HOFSTETTER, Bd. VII/6, 178; ähnlich auch VON BÜREN, 217 f.
¹⁵¹ GAUTSCHI, N 15c zu Art. 412 OR.
¹⁵² BURKHALTER/KOLB, N 16 zu Art. 413 OR.
¹⁵³ HOFSTETTER, Bd. VII/6, 181; BSK-AMMANN, N 13 zu Art. 413 OR.
¹⁵⁴ HOFSTETTER, Bd. VII/6, 181; PFENNINGER, 337; BSK-AMMANN, N 13 zu Art. 413 OR; a.M. GUHL/SCHNYDER, § 50 N 21 – unter Berufung auf SJZ 1941, 282 – und

Rechtsprechung und Lehre als zulässig anerkannt[155]. Erfolgt ein Abschluss, so erspart die Provisionsgarantie dem Makler den nicht immer einfachen Nachweis des Kausalzusammenhangs[156]. Ist die Provision auch ohne Zustandekommen des Hauptvertrags versprochen, so stellt sie die Vergütung für die (erfolglosen) Bemühungen und Aufwendungen des Maklers dar[157].

43
Gültigkeit
Validité

Das Bundesgericht hat die Gültigkeit einer Garantieklausel in Analogie zu Ausschliesslichkeitsklausel bestimmt[158]. Danach setzt die Gültigkeit der Garantieklausel lediglich eine Willensübereinstimmung der Parteien gemäss den allgemeinen Grundsätzen des OR voraus[159].

44

Die h.L. geht davon aus, dass der Makler wie bei Ausschliesslichkeitsklauseln so auch bei Vereinbarung einer Provisionsgarantie nur dann Anspruch auf die Provision erheben kann, wenn er überhaupt eine Tätigkeit für den Auftraggeber entfaltet hat[160]. Anderenfalls dürfte ein Schenkungsversprechen vorliegen, das den entsprechenden Formerfordernissen unterliegt[161].

45
Kündigung
des Vetrags
Résiliation du
contrat

Der Provisionsgarantie kann sich der Auftraggeber jederzeit durch den Widerruf des Vertrags entziehen[162]. Nichtig ist eine Provisionsgarantie nur, wenn sie die volle Provision auch für den Fall des vorzeitigen Widerrufs des Vertrags sichern würde, und dabei über das hinausginge, was der Makler an Schadenersatz wegen Widerrufs zur Unzeit fordern

---

SCHWEIGER, 146, die den Lohnanspruch trotz Nichtzustandekommens des Vertrags nicht zu den Provisionsgarantien zählen wollen; bei komplexeren Beratungs- und Maklerverträgen könne ein Entgelt allerdings auch in solchen Fällen geschuldet sein, sofern der Vertrag nicht ausschliesslich Elemente der Maklertätigkeit aufweise.

[155] BGE 100 II 364 ff. E. 3c und 3d = Pra 1975, Nr. 3, 5; OSER/SCHÖNENBERGER, N 19 zu Art. 413 OR; VON BÜREN, 216 f.; BSK-AMMANN, N 13 zu Art. 413 OR; a.M. GAUTSCHI, N 3b und 6e zu Art. 412 OR; SCHMID, SJZ, 172 für die Provisions-garantie im engeren Sinne.
[156] BGE 97 II 357 E. 3.
[157] HOFSTETTER, Bd. VII/6, 181.
[158] BGE 100 II 365 E. 3d = Pra 1975; Nr. 3, 5 f., wonach die Kriterien zur Beurteilung der Gültigkeit einer Ausschliesslichkeitsklausel auch gelten sollen, wenn diese auf eine Provisionsgarantie hinausläuft.
[159] A.M. VON BÜREN, 217.
[160] Offengelassen in BGE 100 II 366 E. 3d = Pra 1975, Nr. 3, 6 bezüglich einer Ausschliesslichkeitsklausel, auch wenn diese auf eine Provisionsgarantie hinausläuft; BECKER, N 12 zu Art. 413 OR; OSER/SCHÖNENBERGER, N 18 zu Art. 413 OR; HOFSTETTER, Bd. VII/6, 181; BSK-AMMANN, N 13 zu Art. 413 OR.
[161] Vgl. dazu B Art. 412 Rz 20.
[162] Art. 412 Abs. 2 i.V.m. Art. 404 OR; BGE 100 II 365 E. 3d = Pra 1975, Nr. 3, 6; SJZ 1940/41, 282 f.

darf[163]. Im Rahmen des Zulässigen liegt das Versprechen einer angemessenen Vergütung für die vom Makler bis zum Zeitpunkt des vorzeitigen Widerrufs geleistete Arbeit und für den Ersatz der Aufwendungen[164].

## 2. Ausschliesslichkeitsklauseln

Rechtsprechung und Lehre anerkennen die Zulässigkeit einer Ausschliesslichkeitsklausel beim Maklervertrag (oftmals im Vertrag als «Alleinverkaufsrecht», «fest» oder «fest an Hand» bezeichnet)[165].

46

Die Vereinbarung einer Auschliesslichkeitsklausel bedarf keiner bestimmten Form[166]. Denn eine Ausschliesslichkeitsklausel stellt im Allgemeinen kein Schenkungsversprechen dar, selbst wenn sie auf eine Provisionsgarantie hinausläuft[167]. Es ist des Weiteren nicht erforderlich, dass die Vereinbarung einer Provisionsgarantie besonders klar und unzweideutig ist[168]. Das Bundesgericht will offenbar die Unklarheitenregel (interpretatio contra proferentem) und das dieser verwandte Restriktionsprinzip (enge Auslegung von Klauseln, die vom dispositiven Recht abweichen) nicht auf Provisionsgarantien in Maklerverträgen anwenden. Es sei im Gegenteil «normal», dass der Makler bestrebt ist, sich durch die Vertragsgestaltung gegen die harten Konsequenzen des aleatorischen Charakters des Maklervertrags zu schützen[169].

47
Auslegung der Klausel
Interprétation de la clause

Die Praxis nimmt für den Exklusivmakler eine Pflicht zum Tätigwerden an, weil eine völlige Untätigkeit des Maklers mit den Interessen des Auftraggebers, der ihm die Bemühungen um die Vertragsvermittlung ausschliesslich vorbehält, unvereinbar wäre[170]. Problematisch ist

48
Pflicht des Maklers zum Tätigwerden
Obligation d'agir du courtier

---

[163] Vgl. dazu B Art. 412 Rz 35 und 38.
[164] Zum Ganzen BGE 100 II 365 E. 3d = Pra 1975, Nr. 3, 6; HOFSTETTER, Bd. VII/6, 181.
[165] BGE 113 II 131 E. 1; BGE 100 II 363 ff. E. 3 = Pra 1975, Nr. 3, 4 ff. mit ausführlichen Hinweisen auf die Lehre; BGE 97 II 357 E. 3; BGE 78 II 439 f. E. 2b; BGE 72 II 422; a.M. nur GAUTSCHI, N 3e und 6e zu Art. 412 OR; zur Unzulässigkeit von Exklusivvereinbarungen in der Arbeitsvermittlung aufgrund Art. 8 Abs. 2 lit. a AVG vgl. N 5 zu Art. 418 OR.
[166] BSK-AMMANN, N 14 zu Art. 413 OR.
[167] BGE 100 II 367 E. 4 = Pra 1975, Nr. 3, 7; BGE 43 II 654f E. 3; OSER/SCHÖNENBERGER, N 18 zu OR 413: BECKER, N 12 zu OR 413.
[168] A.M. VON BÜREN, 217.
[169] BGE 100 II 365 E. 3d = Pra 1975, Nr. 3, 5 f.
[170] Entscheid des Bundesgerichtes vom 17.1.2000, publiziert in SemJud 2000, 321, BGE 103 II 133 E. 3; noch offengelassen in BGE 100 II 366 E. 3d = Pra 1975, Nr. 3, 6.

dieser Anspruch auf Leistungsvornahme in dem Sinne, als er kaum konkretisierbar und daher auch praktisch undurchsetzbar sein dürfte[171].

49
Verbotene minimale Dauer
Durée minimale interdite

Auschliesslichkeitsklauseln müssen nicht befristet sein. Beim Fehlen einer zeitlichen Begrenzung kann der Auftraggeber den Maklervertrag jederzeit nach Art. 404 widerrufen[172], weshalb keine übermässige Selbstbindung vorliegen kann. Hingegen darf daraus nicht geschlossen werden, die Beauftragung anderer Makler in Verletzung eines Alleinauftrags stelle einfach ein Minus des freien Widerrufsrechts dar, so dass der Auftraggeber überhaupt nicht gebunden wäre. Der Alleinmakler kann ein schützenswertes Interesse daran haben, die Geschäfte des Auftraggebers im Alleingang zu fördern[173]. In praktischer Hinsicht ist festzuhalten, dass viele Immobiliendienstleister auf Ausschliesslichkeitsklauseln bestehen, um ihre Arbeit sorgfältig und zielorientiert auszuüben.

50
Auslegung der ausschliesslichen Maklerei
Interprétation du courtage exclusif

In welchem Sinne der Alleinauftrag genau zu verstehen ist, hängt vom Willen der Parteien ab und ist gegebenenfalls eine Frage der Vertragsauslegung[174]. Durch die Ausschliesslichkeitsklausel nämlich kann sich der Auftraggeber einerseits dem Makler gegenüber verpflichten, keine Dienste eines weiteren Vermittlers in Anspruch zu nehmen und – je nach Vereinbarung – sich auch nicht selbst um den Abschluss zu bemühen (Der erste Fall wird in der deutschen Terminologie als einfacher Alleinauftrag bezeichnet, der zweite als qualifizierter resp. erweiterter Alleinauftrag mit Verweisungsklausel, wonach der Auftraggeber sämtliche Interessenten an den Makler verweisen muss und nicht selbst mit ihnen verhandeln darf.)[175]. Es handelt sich dann um eine echte Unterlassungspflicht. Dies dürfte insbesondere dann dem Willen der Parteien entsprechen, wenn vom Makler Werbung in grösserem Umfang erwartet wird und diese Publizität nicht durch jene der Konkurrenz oder des Auftraggebers selber gestört werden soll[176]. Der Makler kann sich andererseits auch versprechen lassen, dass der Auftraggeber nicht ohne die Mitwirkung des Maklers abschliesst (im deutschen Recht qualifizierter resp. erweiterter Alleinauftrag mit Hinzuziehungsklausel ge-

---

[171] ANTOGNAZZA, 3.
[172] BGE 100 II 365 E. 3d = Pra 1975, Nr. 3, 6.
[173] HOFSTETTER, Bd. VII/6, 182 unter Berufung auf BGE 103 II 131 E. 1 und BGE 100 II 365 E. 3d = Pra 1975, Nr. 3, 5 f.; a.M. GAUTSCHI, N 3e zu Art. 412 OR.
[174] BGE 100 II 366 E. 4 = Pra 1975, Nr. 3, 6; HOFSTETTER, Bd. VII/6, 181.
[175] Vgl. IBOLD, N 147 f. und 149 f.
[176] HOFSTETTER, Bd. VII/6, 181 f.

nannt, wonach der Auftraggeber den Makler zu Verhandlungen hinzuziehen muss und auch dann zur Zahlung der Provision verpflichtet ist, wenn sein eigenes Handeln und nicht dasjenige des Maklers zum Abschluss des Hauptvertrags führt)[177]. Darin liegt gegebenenfalls eine Provisionsgarantie im Sinne eines Verzichts auf das Erfordernis des Kausalzusammenhangs, weil der Makler einen Lohnanspruch haben soll, obwohl seine Nachweis- oder Vermittlungstätigkeit in keinem Zusammenhang mit dem Abschluss des Geschäfts durch den Auftraggeber steht. Auch eine Kombination der beiden Arten des Alleinauftrags ist denkbar.

Hinsichtlich der Rechtsfolgen der Verletzung einer Ausschliesslichkeitsklausel beim Maklervertrag fallen zwei Lösungen in Betracht, deren Wahl vom Vertragsinhalt abhängt und eine Auslegungsfrage bildet. Beim Verstoss gegen eine echte Unterlassungspflicht hat der Makler einen Schadenersatzanspruch, wenn er seinen Schaden nachweisen kann[178]. Beim Verzicht auf das Erfordernis des Kausalzusammenhangs ist es dem Auftraggeber nicht schlechthin verboten, den Hauptvertrag dank anderer Vermittler oder selbständig abzuschliessen; doch schuldet er dem Exklusivmakler den Lohn auf alle Fälle[179].

51
Verletzung der Vereinbarten Ausschliesslichkeit
Violation de l'exclusivité consentie

## 3. Selbsteintritt

Auch der Selbsteintritt sichert dem Makler grundsätzlich die Provision, und zwar ohne dass der Makler dafür eine Leistung zu erbringen hätte[180]. Will der Makler durch Selbsteintritt seine Provision sichern, ist daher stets abzuklären, ob nach dem Willen der Parteien oder nach der Interessenlage im Einzelfall auch der Selbsteintritt einen Anspruch auf Maklerlohn begründen können soll[181].

52

---

[177] IBOLD, N 149 f.
[178] Art. 98 Abs. 2 OR.
[179] BGE 100 II 366 E. 4 = Pra 1975, Nr. 3, 6; HOFSTETTER, Bd. VII/6, 181.
[180] Vgl. bezüglich der möglichen Interessenkollision Art. 415 OR.
[181] Für Details zu dieser Problematik vgl. N 14 ff. zu Art. 415 OR.

## VI. Aufwendungsersatz (Abs. 3)

**53**
Sinn und Tragweite
Sens et portée

Mangels ausdrücklicher gegenteiliger Vereinbarung hat der Makler nur Anspruch auf einen Lohn, der die Provision und die Vergütung für Auslagen einschliesst und als Ganzes erfolgsbedingt ist[182]. Er ist i.d.R. so hoch bemessen, dass er auch das Risiko der vergeblichen Arbeit bei erfolgloser Maklertätigkeit in anderen Fällen decken kann[183]. Will der Makler hingegen seine Aufwendungen auch für den Fall ersetzt erhalten, dass der angestrebte Hauptvertrag nicht zustande kommt, ist dies gesondert zu vereinbaren[184]. Eine solche Vereinbarung ist insbesondere dann angezeigt, wenn dem Makler im Maklervertrag bestimmte Tätigkeitspflichten (Insertion, Internetauftritt, Verkaufsdokumentation, Kaufpreisschätzung, Marktbeobachtung etc.) auferlegt werden[185]. Nach dem Wortlaut von Art. 413 Abs. 3 OR kann die Gewährung eines Provisions- und Auslagenvorschusses durch den Auftraggeber noch nicht als Zusicherung des Aufwendungsersatzes für den Fall aufgefasst werden, dass kein Abschluss erfolgt[186]. Wird der Maklervertrag vorzeitig aufgelöst (z.B. durch Widerruf, Art. 404 OR) und haben die Parteien eine Vereinbarung i.S.v. Art. 413 Abs. 3 OR getroffen, sind dem Makler die effektiven Aufwendungen zu ersetzen, die bis zur Vertragsauflösung entstanden sind; eine fixe Aufwandspauschale kann hingegen pönalen Charakter haben und gegen das freie Widerrufsrecht verstossen[187].

**54**
Geschäftsführung ohne Auftrag
Gestion d'affaires

Es ist nicht möglich, Art. 413 Abs. 3 OR dadurch zu umgehen, dass der Makler unter Berufung auf die Geschäftsführung ohne Auftrag[188] oder die Grundsätze der ungerechtfertigten Bereicherung[189] Anspruch auf Aufwendungsersatz erhebt, denn im Rahmen des Maklervertrags sind seine Aufwendungen nicht ohne Rechtsgrund erfolgt[190].

---

[182] Art. 413 Abs. 1 OR; GAUTSCHI, N 1c zu Art. 413 OR; BSK-AMMANN, N 15 zu Art. 413 OR; vgl. N 3 zu Art. 413 OR.
[183] OSER/SCHÖNENBERGER, N 27 zu Art. 413 OR.
[184] Art. 413 Abs. 3 OR.
[185] BSK-AMMANN, N 15 zu Art. 413 OR; vgl. N 45 zu Art. 412 OR.
[186] GAUTSCHI, N 7b zu Art. 413 OR; a.M. SCHMID, SJZ, 173.
[187] SJZ 1988, 399 f.
[188] Art. 419 ff. OR.
[189] Art. 62 ff. OR.
[190] OSER/SCHÖNENBERGER, N 28 zu Art. 413 OR.

Was «Aufwendungen» i.S.v. Art. 413 Abs. 3 OR sind und daher erstattet werden muss, ist umstritten. Insbesondere ist unentschieden, ob damit nur bare Auslagen (Geld für Sachen) oder auch Arbeitsentgelt gemeint seien. Fehlt eine genaue vertragliche Umschreibung, will die wohl h.L. nur bare Auslagen (z.B. Reise- und Insertionskosten) ersetzen, nicht aber «Zeitverluste» oder Löhne für die eigenen Angestellten[191]. Das Bundesgericht hat bisher lediglich den Rahmen für diese Fragen abgesteckt, indem es entschied, eine kantonale Regelung, wonach einerseits im Maklerlohn ex lege die Entschädigung für die Auslagen inbegriffen sein musste, andererseits aber der Makler nur den Ersatz der Publikationskosten fordern konnte, wenn der angestrebte Hauptvertrag nicht zustande kam, verstosse gegen die derogatorische Kraft des Bundesrechts[192].

55
Erstattungsfähige Kosten
Frais remboursables

Zur Beantwortung der Frage, ob die erstattungsfähigen Aufwendungen auch erstattungsberechtigt sind, ist auf Art. 402 Abs. 1 i.V.m. Art. 412 Abs. 2 OR abzustellen. Danach sind dem Makler nur die «in richtiger Ausführung des Auftrages» gemachten Aufwendungen zu ersetzen. Das bedeutet, dass die Aufwendungen des Maklers, wenn auch nicht erfolgreich, so doch zumindest erfolgstauglich gewesen sein müssen[193].

56
Auftragsgebundene Kosten
Frais liés au mandat

---

[191] OSER/SCHÖNENBERGER, N 28 zu Art. 413 OR; BUCHER, Obligationenrecht, 237; SCHMID, SJZ, 173; a.M. GAUTSCHI, N 7c zu Art. 413 OR unter Berufung auf ZBJV 1944, 285 ff.; SCHWEIGER, 61 f.; wendet Art. 414 OR analog an und geht für die Eruierung des hypothetischen Parteiwillens davon aus, unter «Aufwendungsersatz" sei immer auch der Arbeitsaufwand zu ersetzen, ausser im Erfolgsfalle, in dem bereits die Provision geschuldet ist.
[192] Art. 49 Abs. 1 BV; BGE 65 I 84 E. 5c und 5d.
[193] Zum Ganzen SCHMID, SJZ, 173.

# Art. 414 OR

| | |
|---|---|
| II. Festset-zung | Wird der Betrag der Vergütung nicht festgesetzt, so gilt, wo eine Taxe besteht, diese und in Ermangelung einer solchen der übliche Lohn als vereinbart. |
| II. Comment il est fixé | La rémunération qui n'est pas déterminée s'acquitte, s'il existe un tarif, par le paiement du salaire qui y est prévu; à défaut de tarif, le salaire usuel est réputé convenu. |
| II. Come è determinata | Se l'importo della mercede non è determinato, questa è dovuta secondo la tariffa esistente, ed in difetto di tariffa si ritiene convenuta secondo l'uso. |
| II. Determination | If the amount of the brokerage fee is not predetermined, then a brokerage fee based on a tariff schedule shall apply, if such exists, and if there is no tariff schedule then it is presumed that a customary fee is payable. |

### Inhaltsverzeichnis                                                  Rz

I. Systematik                                                           1
II. Vertragliche Vereinbarung                                           3
III. Tarif                                                              5
IV. Übung                                                               6
V. Richterliches Ermessen                                               8

### Table des matières                                                  N°

I. La systématique                                                      1
II. L'accord entre les parties                                          3
III. Le tarif                                                           5
IV. L'usage                                                             6
V. L'appréciation du juge                                               8

## I. Systematik

Art. 414 OR regelt nur die Höhe des Maklerlohns. Der Grundsatz der Entgeltlichkeit ist bereits in der Legaldefinition von Art. 412 Abs. 1 OR ausgesprochen. Zur Bestimmung der Lohnhöhe verweist das Gesetz auf drei mögliche Quellen und ordnet sie in der Reihenfolge ihrer Beachtung: Massgebend ist in erster Linie die vertragliche Vereinbarung. Wo eine solche fehlt, bestimmen Tarife die Lohnhöhe. (Das Gesetz verwendet den dem deutschen BGB entnommenen, in der Schweiz eigentlich ungebräuchlichen, aber synonymen Ausdruck «Taxe».) Existiert schliesslich auch kein Tarif, so gilt die Übung. Versagen alle drei Rechtsquellen, hat der Richter nach Art. 1 Abs. 2 ZGB die Regel zu finden, die er als Gesetzgeber aufstellen würde[1].

1
Die Quellen
Les sources

Die Abstufung der Quellen zur Bestimmung des Maklerlohns in Art. 414 setzt voraus, dass die Lohnhöhe im Maklervertrag kein essentiale, sondern einen vertraglichen Nebenpunkt darstellt. Soll die Lohnhöhe nach dem Willen der Parteien des Maklervertrags ein wesentliches Vertragselement bilden, müssen sich die Parteien über diesen Punkt – wenn auch nur konkludent – einigen[2]. Anderenfalls ist kein Maklervertrag zustande gekommen[3]. Damit die Lohnhöhe als wesentlicher Vertragsinhalt betrachtet werden kann, muss sich ein entsprechender Vorbehalt der Parteien zudem klar aus dem Vertrag oder den Umständen ergeben, weil dies angesichts der gesetzlichen Regelung beim Maklervertrag eine Ausnahme darstellt[4].

2
Akzessorische Natur der Höhe
Caractère accessoire du montant

## II. Vertragliche Vereinbarung

Die vertragliche Vereinbarung der Höhe des Maklerlohns geht nur insoweit dem Tarif vor, als überhaupt Vertragsfreiheit (Art. 19 OR) gilt. Bestehen für eine Vermittlungsart bundes- oder kantonalrechtliche

3
Grenze der gesetzlichen Tarife
Limite des tarifs légaux

---

1 Zum Ganzen GAUTSCHI, N 1a, 1b und 5b zu Art. 414 OR.
2 BURKHALTER/KOLB, N 3 zu Art. 414 OR.
3 Art. 1 Abs. 1 OR.
4 ZR 1978, 143; BSK-AMMANN, N 2 zu Art. 414 OR.

Höchsttarife (z.B. für die Arbeitsvermittlung oder die gewerbsmässige Vermittlung von Wohn- und Geschäftsräumen)[5], können die Parteien die Höhe des Maklerlohns nur innerhalb dieser Schranken gültig festsetzen[6].

**4** Wird der Maklerlohn durch Verweisung auf einen Tarif, den die Parteien kennen, festgesetzt, so liegt eine Maklerlohnvereinbarung vor. Gehen die Parteien in ihrer Vereinbarung über das behördlich zulässige Mass hinaus, bildet der Tarif den angemessenen Betrag i.S.v. Art. 417 OR, auf den der Richter den tarifwidrigen Lohn herabsetzen kann. Alternativ kann der Auftraggeber einen bereits bezahlten Maklerlohn mit der Bereicherungsklage[7] zurückfordern, soweit er das tarifliche Höchstmass übersteigt[8].

*Verweisung auf einen den Parteien bekannten Tarif*
*Renvoi à un tarif connu des parties*

## III. Tarif

**5** Es ist zu unterscheiden zwischen behördlichen Höchsttarifen, denen stets Vorrang gegenüber nicht tarifkonformen Maklerlohnvereinbarungen zukommt, und den Honorarempfehlungen der Berufsverbände. Letztere haben keine absolute Geltung. Sie können einerseits nur insoweit als Quelle für die Festsetzung des Masses des Maklerlohnes dienen, als Bund oder Kantone keine Zwangstarife für die betreffende Vermittlungsart erlassen haben. Andererseits können die Parteien in ihren Vereinbarungen stets von den Tarifen der Berufsverbände abweichen. Daher nimmt die h.L. an, dass die Tarife der Berufsverbände nur gelten, wenn im Maklervertrag darauf verwiesen wird oder wenn sie Ausdruck einer Übung sind[9]. Im Vergleich zu der in Art. 414 OR gesondert erwähnten Übung lässt sich in diesem Fall von einer qualifizierten Übung sprechen. Als eine solche qualifizierte Übung dürften heute im Liegenschaftenhandel überwiegend die Honorarempfehlungen des Schweizerischen Verbands der Immobilienwirtschaft (SVIT)

*Die verschiedenen Tarife*
*Les différents tarifs*

---

[5] Vgl. dazu B Art. 418 Rz 3.
[6] OSER/SCHÖNENBERGER, N 2 zu Art. 414 OR; BSK-AMMANN, N 2 zu Art. 414 OR.
[7] Art. 62 OR.
[8] Zum Ganzen GAUTSCHI, N 2a und 2c zu Art. 414 OR.
[9] GAUTSCHI, N 3a und 3b zu Art. 414 OR; BSK-AMMANN, N 3 zu Art. 414; HOFSTETTER, Bd. VII/6, 177.

gelten[10]. Anderer Ansicht ist das Bundesgericht, das entschieden hat, autonome Tarife von Berufsverbänden, die einseitig die Interessen einer Vertragspartei wahren, könnten im allgemeinen nicht als Ausdruck einer Verkehrsübung gelten[11]. Auch den Kantonen steht es zu, wo sich ein Bedürfnis einstellt, selbst anstelle eines Berufsverbandes für die Maklertätigkeit Tarife aufzustellen, die keine Zwangstarife sind, sondern ebenfalls vor der Parteiabrede zurückzutreten haben[12].

## IV. Übung

Soweit eine Übung nicht in Tarifen von Berufsverbänden zum Ausdruck kommt, gilt nach Art. 5 Abs. 2 ZGB das bisherige kantonale Recht als deren Ausdruck. Allerdings dürften sich nur selten in den alten kantonalen Rechten Ansätze für die Höhe des Maklerlohnes bei bestimmten Vermittlungsarten finden lassen; überdies können sie heute kaum mehr als zeitgemäss gelten[13]. Immerhin ist vom provisionsberechtigten Makler, der die von ihm geforderte Lohnhöhe auf die Übung stützt, eine vom früheren kantonalen Recht abweichende Übung nachzuweisen[14].

6
Übung und kantonales Recht
Usage et droit cantonal

Übung ist immer ortsgebunden (partikular). Mit der «Übung» ist also stets der am Geschäftssitz des Maklers übliche Lohn gemeint[15]. Über die Höhe der üblichen Provision haben sich Bundesgericht und kantonale Gerichte wie folgt geäussert: Allgemein gelten im Liegenschaftenhandel an zahlreichen Orten eine Provision von ca. 1–2% des effektiv erzielten Kaufpreises, ausnahmsweise eine Provision von 3% für überbaute und von 3–5% für unüberbaute Grundstücke, als ortsüblich[16]. Im Allgemeinen nimmt mit der Grösse des Geschäfts die relati-

7
Vielseitigkeit der Übung
Variété des usages

---

[10] BURKHALTER/KOLB, N 5 zu Art. 414 OR.
[11] BGE 117 II 290, E. 5b; auch SJZ 1968, 140 f.: Tarife des Schweizerischen Verbands der Immobilienwirtschaft nicht als Ausdruck einer Übung für den Kanton Luzern anerkannt.
[12] BGE 70 I 236 E. 7; BGE 65 I 83 E. 5c.
[13] GAUTSCHI, N 4a zu Art. 414 OR; BURKHALTER/KOLB, N 5 zu Art. 414 OR.
[14] Art. 5 Abs. 2 ZGB.
[15] BECKER, N 4 zu Art. 414 OR.
[16] BGE 117 II 290 E. 5b; BGE 112 II 460 f. E. 1 ff.; BGE 111 II 371 E. 3c; BGE 90 II 107 E. 11 für Zürich. Für Genf: SemJud 1984, 366 f.; für den Kanton Luzern: SJZ

ve Lohnhöhe ab[17]. Für die Vermittlung von Mietverträgen pflegen 10% des Jahresmietzinses oder ein ähnlicher Satz verrechnet zu werden[18]. In jedem Fall sollten aktuelle Honorarempfehlungen der Berufsverbände mitberücksichtigt werden, wobei den regionalen Unterschieden Beachtung zu schenken ist.

## V. Richterliches Ermessen

8   Art. 414 OR sagt nicht, wie vorzugehen ist, wenn weder Tarif noch Übung nachzuweisen sind[19]. Es liegt also eine Gesetzeslücke vor, die der Richter zu füllen hat[20]. Ein Verweis auf Gewohnheitsrecht[21] verbietet sich, weil Gewohnheitsrecht einheitliches Bundesrecht sein müsste, während die Übung partikular ist. Daher hat nach Art. 1 Abs. 2 ZGB der Richter die Regel zu finden, die er in diesem Fall als Gesetzgeber aufstellen würde[22]. Dabei muss er ähnliche Gesichtspunkte berücksichtigen wie bei der richterlichen Herabsetzung eines übersetzten Maklerlohns auf das angemessene Mass nach Art. 417 OR[23]. Das heisst vor allem, dass sich der Maklerlohn nicht nach Umfang und Dauer der Bemühungen des Maklers richtet, sondern nach dem Erfolg, mithin nach dem wirtschaftlichen Wert der Dienstleistung für den Auftraggeber[24].

---

   1968, 140 f.; für Basel-Stadt: BJM 1960, 117; vgl. auch BSK-AMMANN, N 4 zu Art. 414 OR und N 5 zu Art. 417.
[17]   VON BÜREN, 214.
[18]   VON BÜREN, 214.
[19]   GAUTSCHI, N 5a zu Art. 414 OR und SCHWEIGER, 206, die beide diesen Fall als unwahrscheinlich erachten.
[20]   Art. 1 Abs. 2 ZGB; a.M. SCHWEIGER, 206 und DÜRR, 55, die von einer Vertragslücke ausgehen und diese durch Feststellung des hypothetischen Parteiwillens schliessen wollen.
[21]   Art. 1 Abs. 2 ZGB.
[22]   So auch SemJud 1984, 366 «à l'appréciation du juge».
[23]   Vgl. dazu B Art. 417 Rz 12.
[24]   Zum Ganzen GAUTSCHI, N 5b zu Art. 414 OR; OSER/SCHÖNENBERGER, N 5 zu Art 414 OR.

# Art. 415 OR

| | |
|---|---|
| III. Verwirkung | Ist der Mäkler in einer Weise, die dem Vertrage widerspricht, für den andern tätig gewesen, oder hat er sich in einem Falle, wo es wider Treu und Glauben geht, auch von diesem Lohn versprechen lassen, so kann er von seinem Auftraggeber weder Lohn noch Ersatz für Aufwendungen beanspruchen. |
| III. Déchéance | Le courtier perd son droit au salaire et au remboursement de ses dépenses, s'il agit dans l'intérêt du tiers contractant au mépris de ses obligations, ou s'il se fait promettre par lui une rémunération dans des circonstances où les règles de la bonne foi s'y opposaient. |
| III. Decadenza | Ove il mediatore, contrariamente ai patti, avesse agito anche nell'interesse dell'altra parte, o contrariamente alle norme della buona fede si fosse fatto promettere anche dalla medesima una ricompensa, egli non potrà pretendere dal suo mandante né la mercede né il rimborso delle spese. |
| III. Forfeiture | The broker shall forfeit his right to a fee and to reimbursement of his expenses by the principal if he acts on behalf of another person in violation of his contract, or if he has arranged for a promise of a fee also from that other person contrary to good faith. |

## Inhaltsverzeichnis

| | Rz |
|---|---|
| I. Systematik | 1 |
| II. Vertragswidriges Tätigwerden für die Gegenpartei | 3 |
| III. Verletzung der Treuepflicht | 5 |
| A. Umfang der Treuepflicht des Maklers | 5 |
| B. Doppeltätigkeit des Maklers | 9 |
| C. Selbsteintritt des Maklers | 14 |
| IV. Rechtsfolgen der Verletzung der Treuepflicht | 19 |

**Table des matières** N°

I. La systématique 1
II. Les services rendus à l'autre partie en violation du contrat 3
III. La violation du devoir de fidélité 5
   A. L'étendue du devoir de fidélité 5
   B. La double activité du courtier 9
   C. L'entrée du courtier dans le contrat principal 14
IV. Les conséquences juridiques de la violation du devoir de fidélité 19

# I. Systematik

**1**
Doppelmaklerei
Double représentation

Art. 415 OR geht nach seinem Wortlaut davon aus, dass die Betätigung des Maklers gegen Lohn für beide zukünftigen Parteien des Hauptvertrags an sich zulässig ist[1]. Die Bestimmung richtet sich nicht gegen die Doppelmaklerei als solche, sondern erfasst Missbräuche[2]. Gerade bei berufsmässiger Ausübung der Maklertätigkeit ist die Doppelmaklerei nicht selten. In zwei besonderen Fällen der Doppeltätigkeit verwirkt der Makler jedoch seinen Anspruch auf Lohn und Aufwendungsersatz: wenn die Doppeltätigkeit im Vertrag ausdrücklich ausgeschlossen oder an sich (d.h. stillschweigend) nicht mit dem Vertrag vereinbar war – und wenn sich der Makler, ohne dass dies eine Bestimmung des Maklervertrags verletzen würde, von der Gegenpartei des Auftraggebers in einer Art und Weise Lohn versprechen liess, die dem Grundsatz von Treu und Glauben widerspricht[3].

**2**
Andere Pflichtverletzungen
Violation d'autres devoirs

Handelt der Makler in anderer Weise seinen Vertrags- und Treuepflichten zuwider, so hat das die in Art. 415 OR verankerte Verwirkung der Provision grundsätzlich nicht zur Folge, sondern der Makler schuldet dem Auftraggeber i.S.v. Art. 97 Abs. 1 OR Schadenersatz[4].

---

[1] OSER/SCHÖNENBERGER, N 1 zu Art. 415 OR.
[2] BSK-AMMANN, N 1 zu Art. 415 OR.
[3] OSER/SCHÖNENBERGER, N 2 und N 3 zu Art. 415 OR; HOFSTETTER, Bd. VII/6, 178.
[4] OSER/SCHÖNENBERGER, N 4 zu Art. 415 OR; HOFSTETTER, Bd. VII/6, 180.

## II. Vertragswidriges Tätigwerden für die Gegenpartei

Nur selten werden Auftraggeber und Makler ein ausdrückliches Verbot der Doppelvermittlung zum Inhalt ihrer besonderen Abreden machen[5].

Anderenfalls ist unter einem Verhalten, das dem Maklervertrag widerspricht,[6] ein Widerspruch zu dem allgemein umschriebenen gesetzlichen Inhalt des Vertrags oder zu dem durch Abrede festgelegten konkreten Inhalt des Maklervertrags zu verstehen[7]. Das wiederum läuft auf eine Verletzung der Maklertreue hinaus und wird im Allgemeinen unter diesem Begriff abgehandelt[8].

3

4

## III. Verletzung der Treuepflicht

## A. Umfang der Treuepflicht des Maklers

Dem Makler obliegen infolge Art. 412 Abs. 2 OR grundsätzlich die in Art. 398 OR geregelten Treue- und Sorgfaltspflichten des Beauftragten. Ihnen kommt allerdings im Maklervertrag beschränktere Bedeutung zu als in anderen Auftragsverhältnissen, da der Erfolg weniger von den Handlungen des Maklers abhängt als vom Abschlusswillen des Auftraggebers[9]. Vorbehältlich gegenteiliger Parteivereinbarungen hat der Makler nämlich keine bestimmte Handlungspflicht[10]. Daher reduzieren sich i.d.R. seine Treue- und Sorgfaltspflichten auf die Information des Auftraggebers und auf die Beobachtung der negativen

5

Eine beschränktere Pflicht

Un devoir plus réduit

---

[5] GAUTSCHI, N 2e zu Art. 415 OR.
[6] Art. 415 OR.
[7] GAUTSCHI, N 2d zu Art. 415 OR.
[8] Anstelle vieler BSK-AMMANN, N 1 ff. zu Art. 415 OR.
[9] BGE 124 III 483 E. 3a.
[10] GAUTSCHI, N 1a zu Art. 415 OR; BSK-AMMANN, N 2 zu Art. 415 OR.

Begrenzung des Maklerauftrags, die es dem Makler verbietet, für den Auftraggeber zu kontrahieren[11].

6   Wird der Makler effektiv tätig, hat er insbesondere seine Treuepflichten voll einzuhalten[12]. Die Treue verpflichtet ihn dann, die Vermögensinteressen seines Auftraggebers bei der Ausführung seines spezifischen Vermittlungsauftrages zu wahren: «Der Makler darf nichts tun, was einen für seinen Auftraggeber günstigen Vertragsabschluss beeinträchtigen oder verunmöglichen kann»[13]. Dabei richtet sich die spezifische Ausgestaltung der Treuepflicht nach den Umständen des Einzelfalls[14]. Immerhin liegt ganz allgemein keine Verletzung der Maklertreue vor, wenn der Makler ähnliche Geschäfte für andere Auftraggeber, die untereinander in Konkurrenz treten, übernimmt. Denn Konkurrenz ist nicht Interessenkollision[15].

7   Der Makler hat seinen Auftrag gemäss den vom Auftraggeber im Vertrag ausgeführten Vorgaben auszuführen. Daher verstärkt und konkretisiert sich die Treuepflicht ganz allgemein, je genauer der Umfang des Vermittlungsauftrags durch Abreden (v.a. bezüglich Preis, Zahlungsmodalitäten und Eigenschaften der Gegenpartei) bestimmt wurde[16].

*Weisungen des Auftraggebers*
*Instructions du mandant*

8   In zeitlicher Hinsicht besteht das Treueverhältnis zwischen Makler und Auftraggeber i.d.R. für die Dauer des Bestehens des Maklervertrags[17]. Der Maklervertrag endet mit dem Zustandekommen des angestrebten Hauptvertrags zwischen dem Auftraggeber und dem Interessenten oder mit Ablauf einer vereinbarten Frist. Darüber hinaus hat der Makler für die Erfüllung des Hauptvertrags nicht einzustehen[18]. Das soll allerdings nach der Rechtsprechung einer Parteivereinbarung nicht entgegenstehen, welche die Treuepflicht des Maklers über die Erledigung des spezifischen Auftrags hinaus ausdehnt[19]. Danach treten insbesondere dort Ausweitungen der Treuepflicht ein, wo verabredet wird, dass nicht

*Ende der Pflicht*
*Fin du devoir*

---

[11]   Vgl. dazu B Art. 412 Rz 48 f.
[12]   BGE 110 II 278 E. 2a = Pra 1984, Nr. 246, 671; HOFSTETTER, Bd. VII/6, 180.
[13]   GAUTSCHI, N 1b zu Art. 415 OR; auch OSER/SCHÖNENBERGER, N 20 zu Art. 412 OR.
[14]   BGE 110 II 278 E. 2a = Pra 1984, Nr. 246, 672; BURKHALTER/KOLB, N 2 zu Art. 415 OR.
[15]   HOFSTETTER, Bd. VII/6, 180; OSER/SCHÖNENBERGER, N 13 zu Art. 412 OR; BECKER, N 17 zu Art. 412 OR.
[16]   BGE 76 II 147; GAUTSCHI, N 2 f zu Art. 415 OR; TERCIER, § 67 N 5068; ENGEL, 530.
[17]   BGE 106 II 224, E. 4.
[18]   Vgl. dazu B Art. 412 Rz 44.
[19]   BGE 106 II 225 E. 5.

schon der Abschluss, sondern erst die Erfüllung des Vertrags mit dem Dritten den Provisionsanspruch des Maklers zum Entstehen bringen soll, wo der Provisionsanspruch oder der Hauptvertrag mit dem Dritten aufschiebend bedingt sind, wo die Fälligkeit eines entstandenen Provisionsanspruchs zeitlich hinausgeschoben wird oder wo schliesslich unter bestimmten Voraussetzungen ein Wegfall des Provisionsanspruchs vorgesehen ist. Ohne Vereinbarung solcher Art lässt sich eine Ausdehnung der Treuepflicht über den Abschluss des nachgewiesenen oder vermittelten Vertrags hinaus auf dessen Erfüllung nur aus Art. 2 ZGB herleiten, sei es direkt oder über vertragliche Nebenpflichten. Dann aber hat die Verletzung der Treuepflicht nicht eine rückwirkende Aufhebung bereits rechtsgültig entstandener Provisionsansprüche zur Folge, sondern nur einen Schadenersatzanspruch des Auftraggebers[20].

## B. Doppeltätigkeit des Maklers

Grundsätzlich ist Doppelmaklerei erlaubt, darf also der Makler für beide Parteien des angestrebten Hauptvertrags tätig sein[21]. Anders verhält es sich, wenn die Doppelmaklerei im Maklervertrag ausdrücklich ausgeschlossen wurde oder durch die Doppelmaklerei eine Interessenkollision entsteht, die auf eine Verletzung der Treuepflicht des Maklers hinausläuft[22].

9
Grundsätzlich erlaubt
Admise en principe

Das gleichzeitige Tätigwerden des Maklers für beide Parteien des angestrebten Hauptvertrags erzeugt jedenfalls dann keine auf eine Verletzung der Treuepflicht hinauslaufende Interessenkollision i.S.v. Art. 415 OR, wenn der Makler nichts anderes unternimmt, als beiden Parteien die Möglichkeit eines Vertrags mit der Gegenseite anzuzeigen[23]. Das Bundesgericht hat es in der Folge offengelassen, ob die Zulässigkeit der Doppelmaklerei auf die Form der Nachweismaklerei einzuschränken sei[24]. In der Lehre hingegen wird einhellig die Doppeltätigkeit für den Nachweis- und Zuführungsmakler als grundsätzlich zulässig, je-

10
Die verschiedenen Maklereien
Les différents courtages

---

[20] Art. 412 Abs. 2 i.V.m. Art. 398 Abs. 2 i.V.m. Art. 97 Abs. 1 OR; BGE 106 II 225 f. E. 5; BSK-AMMANN, N 3 zu Art. 415 OR.
[21] BGE 111 II 368 E. 1a.
[22] BSK-AMMANN, N 4 zu Art. 415 OR; BURKHALTER/KOLB, N 4 zu Art. 415 OR.
[23] BGE 111 II 366 Regeste Nr. 1; ebenso schon in BGE 35 II 66 f. E. 3.
[24] BGE 111 II 368 f. E. 1b.

doch für den Vermittlungsmakler als unzulässig erachtet[25]. Bei Vermittlungsmaklerei i.S. einer Beeinflussung der Gegenpartei zum Vertragsabschluss resp. einer Vorbereitung des Hauptvertrags ist eine Interessenkollision kaum zu vermeiden[26]. Dies muss umso mehr gelten, wenn der Preis, zu dem der Hauptvertrag abgeschlossen werden soll, nicht von vornherein festgesetzt ist, der eine Kontrahent deshalb ein Interesse an seiner möglichst hohen, der andere an seiner möglichst niedrigen Fixierung hat[27]. Selbst wenn ein Richtpreis für den anzustrebenden Hauptvertrag vereinbart wurde – was im Zweifel anzunehmen ist[28] – muss sich der Makler darum bemühen, den Richtpreis zu erreichen, auch wenn die Gegenseite weniger bezahlen will. Versucht der Makler z.B., seinen Provisionsanspruch zu wahren, indem er den Interessenten davon überzeugt, unter dem Richtpreis zu kaufen, dem Makler aber im Rahmen eines neuen Maklervertrags die Provisionsdifferenz zu bezahlen (so dass sich der Makler trotz Verkauf unter Richtpreis insgesamt die volle Provision sichert), verletzt er damit in elementarer Weise die Maklertreue[29].

**11**
Anzeigepflicht
Devoir d'avis

Bestehen im Einzelfall Zweifel über die Zulässigkeit einer Doppelmaklerei, hat der Makler den Auftraggeber über seine Doppelstellung aufzuklären[30]. Duldet der Auftraggeber nunmehr wissentlich die Doppeltätigkeit oder genehmigt er sie ausdrücklich oder stillschweigend (z.B. durch Zahlung der Maklerprovision im Wissen um die Doppelvertretung), kann die Doppeltätigkeit nicht mehr vertrags- oder treuwidrig sein[31].

**12**
Transparenzpflicht
Devoir de transparence

Dem vollständig transparenten, doppeltätigen Makler dürfte vor dem Hintergrund des von der h.L. und Rechtsprechung bisher Festgehaltenen kaum je eine Interessenkollision und damit eine Verletzung seiner Treuepflichten zum Vorwurf zu machen sein – und zwar entgegen der herrschenden Meinung selbst dann, wenn er sich als Vermittlungsmakler betätigt. Das setzt einerseits ein objektives Verfahren der Preis-

---

[25] BSK-AMMANN, N 4 zu Art. 415 OR, GAUTSCHI, N 2d, 2e und 4a zu Art. 415 OR; OSER/SCHÖNENBERGER, N 3 zu Art. 415; HOFSTETTER, Bd. VII/6, 180.
[26] Vgl. BGE 110 II 277 E. 2a = Pra 1984, Nr. 246, 671: Vermittlungsmakler ist beauftragt, «die Interessen seines Auftraggebers wahrende Verträge auszuarbeiten»; BSK-AMMANN, N 4 zu Art. 415 OR; BUCHER, Obligationenrecht, 239.
[27] OSER/SCHÖNENBERGER, N 3 zu Art. 415 OR.
[28] Vgl. dazu B Art. 413 Rz 24.
[29] WEBER, 367; GAUTSCHI, N 2f zu Art. 415 OR.
[30] BGE 111 II 369 E. 2.
[31] GAUTSCHI, N 2h zu Art. 415 OR.

bildung im Hauptvertrag voraus. Dies lässt sich z.B. durch eine unabhängige Schätzung oder mittels eines Bieterverfahrens erreichen[32]. Andererseits muss der Makler volle Transparenz hinsichtlich der vermittelten Parteien gewährleisten. Hat der Makler z.B. im Rahmen eines Verkaufsauftrages fünf Kaufinteressenten an der Hand, von deren zweien er seinerseits einen Suchauftrag erhalten hat, gehört es zu seiner Transparenzpflicht, den Verkaufsinteressenten über die Verhältnisse aufzuklären und ihm die Wahl offenzulassen, ob zunächst mit den beiden Interessenten zu verhandeln sei, mit denen bereits ein Suchauftrag besteht. Genehmigt der Auftraggeber das Vorgehen des vollständig transparenten Maklers im Wissen um die Verhältnisse, kann dem Makler selbst bei weitgehender Vermittlung des Hauptvertrags keine Interessenkollision vorgehalten werden. Insofern dürfte die generelle Annahme einer Interessenkollision bei Doppeltätigkeit eines Vermittlungsmaklers, wie sie die h.L. trifft, zu pauschal gefasst sein.

Ein besonderer Fall der Doppelmaklerei findet sich beim Versicherungsmakler. Die Maklerei im Bereich des Versicherungswesens hat sich seit der Liberalisierung des Versicherungsmarktes stark entwickelt[33]. Versicherungsmakler werden primär vom Versicherungsnehmer beauftragt und haben diesem den Abschluss von Versicherungsverträgen zu vermitteln. Darüber hinaus wird der Versicherungsmakler in der Praxis gesondert beauftragt, das Versicherungsportefeuille des Versicherungsnehmers zu verwalten und zu optimieren, indem der den Abschluss neuer oder angepasster Versicherungsverträge vermittelt[34]. Gemäss einer sich in der Schweiz zunehmend durchsetzenden Usanz lassen sich dabei die Versicherungsmakler ihre Vergütung als Courtage von der jeweiligen Versicherungsgesellschaft versprechen[35]. Dennoch besteht zwischen dem Makler und der Versicherungsgesellschaft kein Maklervertrag, denn dann läge ein Fall der Doppelmaklerei vor, womit sich der Makler in unvereinbarem Widerspruch zu den vertraglichen Treuepflichten gegenüber dem Versicherungsnehmer begäbe[36]. Der Makler vertritt also die Interessen des Versicherungsnehmers und hat diese vorrangig vor jenen der Versicherung zu wahren. Zu beachten ist in dieser Konstellation, dass die Voraussetzungen für Entstehung und

13 Versicherungsmakler
Le courtier en assurances

---

[32] BURKHALTER/KOLB, N 4 zu Art. 415 OR.
[33] TERCIER, SJZ, 275.
[34] BGE 124 III 484 E. 4; BAUMANN, 26.
[35] BAUMANN, 32.
[36] Art. 415 OR; BGE 124 III 483 f. E. 3b.

Fortbestand des Courtageanspruchs sich regelmässig von jenen unterscheiden, die das Gesetz für den Maklerlohn vorsieht und dass dieser insbesondere sowohl von der Erfüllung des Versicherungsvertrags als auch vom Vertragsverhältnis zwischen Versicherungsnehmer und Makler abhängig ist. Daher entfällt der Courtageanspruch des Maklers gegenüber der Versicherung nicht nur bei Kündigung des Versicherungsvertrags, sondern auch bei Beendigung des Maklerauftrags zwischen Versicherungsnehmer und Versicherungsmakler[37].

## C. Selbsteintritt des Maklers

14 Ein der Doppelmaklerei ähnlicher Interessenkonflikt entsteht, wenn der Makler in den Vertrag, den er zwischen seinem Auftraggeber und einem Dritten ermöglichen sollte, als Gegenpartei selbst eintritt. Durch diesen Selbsteintritt könnte der Makler die Provision verdienen, ohne dafür eine Leistung zu erbringen[38]. Ein Teil der Lehre geht daher davon aus, dass der Makler grundsätzlich kein Selbsteintrittsrecht hat[39].

15
Herkömmliche
·Lösung
Solution
conventionnelle

Daher obliegt es den Parteien, die Provisionsfrage bei Abschluss des Hauptvertrags durch Selbsteintritt zu regeln. Wie schon bei der Doppeltätigkeit des Maklers, so gilt auch hier, dass der vollständig transparente Makler eine Interessenkollision durch Aufklärung des Auftraggebers weitegehend vermeiden kann. Dazu hat er seinen Selbsteintritt offenzulegen und sich den Provisionsanspruch ausdrücklich vorzubehalten[40]. Das Verfahren der Preisfestsetzung muss objektiv sein (z.B. durch eine unabhängige Schätzung des Kaufpreises oder mittels eines Bieterverfahrens). Dass nach der Grundkonzeption des Maklervertrags der Maklerlohn primär eine Erfolgsprovision und keine Aufwandsentschädigung ist, steht dieser Lösung nicht entgegen. Denn aus der Tatsache, dass dem Makler beim Selbsteintritt wenig bis gar kein Aufwand entsteht, darf nicht unmittelbar geschlossen werden, sein

---

[37] BGE 124 III 485 f. E. 4b und 4c.
[38] HOFSTETTER, Bd. VII/6, 177.
[39] So ausdrücklich HOFSTETTER, Bd. VII/6, 177; GAUTSCHI, N 3a zu Art. 415 OR, der vorschlägt, Art. 415 OR extensiv zu interpretieren und unter «dem anderen» stets die Gegenpartei des Hauptvertrags zu verstehen, selbst wenn es sich dabei um den Makler selbst handelt; infolgedessen verwirkt dessen Anspruch beim Selbsteintritt.
[40] HONSELL, 340.

Selbsteintritt habe einen geringeren wirtschaftliche Wert für den Auftraggeber. Vielmehr sind es gerade die durch den Selbsteintritt erhöhte Transaktionsgeschwindigkeit oder sogar der Umstand, dass sich nur so die Transaktion innerhalb der beabsichtigten Zeitspanne durchführen lässt, die dem Auftraggeber beim Selbsteintritt des Maklers einen wirtschaftlichen Mehrwert vermitteln.

Haben die Parteien über den Selbsteintritt keine gemeinsame Regelung getroffen, ist über den Provisionsanspruch des selbsteintretenden Maklers nach der Interessenlage zu entscheiden[41]. Tritt ein Vermittlungsmakler in das Geschäft selbst ein, kann er wegen der Interessenkollision seine Makleraufgabe nicht erfüllen, weshalb er im Zweifel den Lohn nicht verdient hat[42]. Das Bundesgericht hat es offengelassen, ob der Makler den Lohn verdient, wenn er bei vorbestimmtem Preis den Hauptvertrag selbst abschliesst[43]. Zumindest kann aber mit einer objektivierten Kaufpreisbildung der Interessenkonflikt weitgehend abgeschwächt werden[44]. In der Lehre besteht Unklarheit darüber, ob der Nachweis- und Zuführungsmakler die Provision verdient haben soll, sofern der Selbstabschluss für den Auftraggeber erkennbar der Sicherung der Provision für einen Makler dient, der bisher erfolglos, aber mit Aufwand tätig gewesen ist[45]. Will sich der Makler den Provisionsanspruch auch bei Selbsteintritt sichern, muss er dies dem Auftraggeber vor Abschluss des Hauptvertrags eindeutig mitteilen, damit dieser seinen Preis einrichten kann. Ein erst nach Abschluss des Hauptvertrags erhobener Provisionsanspruch soll hingegen abzuweisen sein[46]. Diese Rechtsprechung des Bundesgerichtes scheint auf das Erfordernis einer neuen Abmachung zur Erhaltung des Provisionsanspruchs hinauszulaufen und damit eher der Meinung von GAUTSCHI und AMMANN zu folgen[47].

16
Nichts im Vertrag: Kasuistik
Contrat muet: casuistique

---

[41] HOFSTETTER, Bd. VII/6, 178.
[42] HOFSTETTER, Bd. VII/6, 178.
[43] BGE 83 II 149; bejahend: BUCHER, Obligationenrecht, 237.
[44] BURKHALTER/KOLB, N 5 zu Art. 415 OR.
[45] Bejahend: HOFSTETTER, Bd. VII/6, 178; ablehnend: GAUTSCHI, N 3b zu Art. 415 OR und BSK-AMMANN, N 5 zu Art. 415 OR, die beide betonen, durch den vom Auftraggeber akzeptierten Selbsteintritt werde der Maklervertrag kraft stillschweigender Übereinkunft aufgehoben (Art. 115 OR analog) und durch den Hauptvertrag ersetzt.
[46] BGE 83 II 150.
[47] So auch VON BÜREN, 218.

**17**
Für den Makler erwerbender Dritter
Tiers acquérant pour le courtier

Auch ein getarnter Selbsteintritt ist möglich. Lässt z.B. der Makler den Auftraggeber zu ungünstigen Bedingungen an den vermittelten Interessenten verkaufen, um von letzterem das Vermittlungsobjekt selbst zu erwerben, liegt darin eine Treueverletzung[48], obwohl der Maklervertrag formal bereits durch Erfüllung beendet ist. Der treulose Makler hat die vom Auftraggeber allenfalls bereits bezahlte Provision nach Bereicherungsrecht zurückzuerstatten[49].

**18**
Wirtschaftliche Identität
Identité économique

Weitgehend unklar ist, wie der Provisionsanspruch zu beurteilen ist, wenn zwischen dem Makler und dem nachgewiesenen Dritten wirtschaftliche Identität besteht. Das ist z.B. der Fall, wenn sich Immobiliengesellschaften bei der Veräusserung oder Vermietung von Liegenschaften einer Maklergesellschaft bedienen, die vollständig oder teilweise von derselben Eigentümerschaft beherrscht wird. Die Maklergesellschaft wird als selbständige juristische Person hier nur vorgeschoben, um die Provision vom Auftraggeber zu kassieren[50]. Legt man eine wirtschaftlichen Betrachtung an und «greift» durch die juristische Personenverschiedenheit hindurch, entsteht die gleiche Interessenkollision, wie sie sich beim Selbsteintritt präsentiert. Die deutsche Rechtsprechung nimmt hier einen Wegfall des Provisionsanspruchs an, sobald der Vertragsgegner des Auftraggebers das Maklerunternehmen beherrscht[51].

## IV. Rechtsfolgen der Verletzung der Treuepflicht

**19** Gemäss Randtitel von Art. 415 OR verwirkt der Makler, der vertrags- oder treuwidrig für die Gegenpartei tätig wird, seinen Anspruch auf Provision wie auf Ersatz seiner Aufwendungen. Beides gilt selbst dann, wenn ihm der eine oder andere der beiden Ansprüche vertraglich zugesichert worden ist (mittels einer Provisionsgarantie oder über

---

[48] Über Art. 2 Abs. 2 ZGB; vgl. N 1 zu Art. 415 OR.
[49] Art. 62 OR; vgl. GAUTSCHI, N 3c zu Art. 415 OR.
[50] HONSELL, 335.
[51] Sog. Verflechtungs-Rechtsprechung; vgl. BGH, Urteil vom 24.4.1985, IVa ZR 211/83 = NJW 1985, 2473; SCHWERDTNER, N 685.

Art. 413 Abs. 3 OR). Denn jede Zusicherung steht unter der Bedingung, dass der Makler den Vertrag richtig erfüllt, was bei einer Treueverletzung gerade nicht der Fall ist[52]. Verwirkt ist der Maklerlohnanspruch selbst dann, wenn der Auftraggeber einen geringeren oder gar keinen Schaden erlitten hat. Ist sein Schaden grösser, haftet ihm der treulose Makler auch dafür[53].

Eine bereits bezahlte Provision kann nach Bereicherungsrecht[54] zurückgefordert werden. In der Zahlung der Provision liegt eine Anerkennung des Lohnanspruchs trotz Verletzung der Treuepflicht nur dann, wenn der Auftraggeber die Verfehlung des Maklers kannte[55].

20

---

[52] BSK-AMMANN, N 6 zu Art. 415 OR.
[53] Art. 412 Abs. 2 i.V.m. Art. 398 Abs. 2 i.V.m. Art. 97 Abs. 1 OR; GAUTSCHI, N 10d zu Art. 412 OR und N 5b zu Art. 415 OR; HOFSTETTER, Bd. VII/6, 180; ENGEL, 529.
[54] Art. 62 ff. OR.
[55] BECKER, N 3 zu Art. 415 OR.

# Art. 416 OR

1 Art. 416 OR wurde aufgehoben gemäss Anhang zum BG vom 26. Juni 1998 über die Änderung des ZGB (Personenstand, Eheschliessung, Scheidung etc.)[1]. An dessen Stelle ist mit Rechtskraft seit 1. Januar 2000 unter dem dreizehnten Titel des OR (Der Auftrag) der erste Abschnitt[bis] (Auftrag zur Ehe- oder zur Partnerschaftsvermittlung, Art. 406a-406h OR) neu eingefügt worden.

---

[1] AS 1999, 1118.

# Art. 417 OR

| | |
|---|---|
| V. Herabsetzung | Ist für den Nachweis der Gelegenheit zum Abschluss oder für die Vermittlung eines Einzelarbeitsvertrags oder eines Grundstückkaufes ein unverhältnismässig hoher Mäklerlohn vereinbart worden, so kann ihn der Richter auf Antrag des Schuldners auf einen angemessenen Betrag herabsetzen. |
| V. Salaire excessif | Lorsqu'un salaire excessif a été stipulé soit pour avoir indiqué une occasion de conclure un contrat individuel de travail ou une vente d'immeuble, soit pour avoir négocié l'un de ces contrats, il peut être, à la requête du débiteur, équitablement réduit par le juge. |
| V. Riduzione | Se per indicare l'occasione di conchiudere un contratto individuale di lavoro od una vendita di fondi o per la mediazione di un tale contratto fu stipulata una mercede eccessiva, il giudice può ad istanza del debitore ridurla nella giusta misura. |
| V. Reduction | Where a disproportionate brokerage fee has been agreed upon for giving an opportunity to conclude an individual employment or a real property purchase contract, the judge may, upon request of the obligor, reduce such fee to a reasonable amount. |

**Inhaltsverzeichnis** Rz

I. Anwendungsbereich 1
II. Antrag des Schuldners 8
III. Kriterien zur Beurteilung der Unverhältnismässigkeit 11
IV. Rechtsfolgen 18

**Table des matières** N°

I. Le champ d'application 1

II. La requête du débiteur 8

III. Les critères pour juger de la disproportion 11

IV. Les conséquences juridiques 18

# I. Anwendungsbereich

1<br>Allgemeines<br>Généralités

Bestehen weder bundes- noch kantonalrechtliche Höchsttarife, deren Verletzung beanstandet werden könnte[1], vermittelt Art. 417 OR eine Möglichkeit, gegen übersetzte Provisionen vorzugehen, auch ohne dass der Tatbestand der Sittenwidrigkeit[2] oder des Wuchers[3] gegeben sein muss. Art. 417 OR hat insofern Ausnahmecharakter und ist daher grundsätzlich einschränkend auszulegen[4]. Erfüllt ein Tatbestand zufälligerweise auch die Voraussetzungen der Sittenwidrigkeit oder des Wuchers, liegt Anspruchskonkurrenz vor, und der Auftraggeber hat die Wahl zwischen den Rechtsmitteln[5].

2<br>Bäuerliches<br>Bodenrecht<br>Droit foncier<br>rural

In den Bereichen des Nachweises oder der Vermittlung eines Kaufs resp. Verkaufs eines nicht landwirtschaftlichen Grundstücks und der nicht gewerbsmässigen Arbeitsvermittlung kann der Richter einen unverhältnismässig hohen Maklerlohn herabsetzen. Für den Erwerb landwirtschaftlicher Grundstücke sieht Art. 61 BGBB eine Bewilligungspflicht vor und macht daher die Maklertätigkeit in diesem Bereich praktisch bedeutungslos[6]. Die gewerbsmässige Arbeitsvermittlung ihrerseits ist durch das AVG und die dazugehörende Verordnung über Gebühren, Provisionen und Kautionen im Bereich des Arbeitsvermittlungsgesetzes vom 16. Januar 1991[7] normiert.

---

[1] Vgl. dazu B Art. 412 Rz 5 und B Art. 418 Rz 6.
[2] Art. 19 Abs. 2 und Art. 20 Abs. 1 OR.
[3] Art. 21 OR, wobei noch die Ausbeutung der Notlage, Unerfahrenheit oder des Leichtsinns des Vertragspartners zu beweisen ist.
[4] TERCIER, § 67 N 5104.
[5] OSER/SCHÖNENBERGER, N 1 zu Art. 417 OR.
[6] GAUCH, § 50 N 16, vgl. N 7 zu Art. 412 OR.
[7] GV-AVG, SR 823.113.

Das Bundesgericht hat den Begriff des Grundstückkaufs trotz des Ausnahmecharakters von Art. 417 OR[8] weit ausgelegt und auch den Vertrag über die Einräumung eines Kaufrechtes[9] sowie den Abschluss eines Baurechtsvertrags[10] darunter subsumiert. Letzteres wurde damit begründet, dass das Baurecht gleichen Zwecken diene wie das Eigentum am Grundstück selber, auf dem es eingeräumt wurde, und insoweit auch gleiche Befugnisse verleihe. Ein Teil der Lehre will eine wirtschaftliche Betrachtungsweise anwenden und auch die Provision für den Verkauf aller Aktien einer Liegenschaftengesellschaft oder für den Verkauf eines Gewerbebetriebs mit einer Liegenschaft der Herabsetzbarkeit nach Art. 417 OR unterstellen[11]. Abgelehnt aber wurde die Anwendung von Art. 417 OR beim Verkauf eines Tea-Room[12], bei Veräusserung eines Handelsgeschäfts[13] und bei einem Aktienverkauf[14].

3
Immobilienverkauf
Vente d'immeubles

Das Bundesgericht hat den Grundgedanken der Norm von Art. 417 OR einerseits darin erblickt, übermässige rechtsgeschäftliche Bindungen analog der Vorschrift von Art. 27 Abs. 2 ZGB zu verhindern[15]. Andererseits hat das Bundesgericht wiederholt betont, Art. 417 wolle nicht nur den Auftraggeber schützen, der wegen seiner Unerfahrenheit und seines Leichtsinns den übermässigen Ansprüchen eines geschickten Maklers wehrlos ausgeliefert wäre. Art. 417 OR diene vielmehr auch dem öffentlichen Interesse, ungerechtfertigte Gewinne und damit unerwünschte Auswirkungen auf den Liegenschaftenmarkt zu verhindern[16].

4
Stellung des Art. 417
Emplacement de l'art. 417

Dem Grundgedanken der Norm gemäss ist die Herabsetzbarkeit des Maklerlohns nach Art. 417 OR zwingendes Recht. Ein vertraglicher Verzicht auf die Herabsetzung eines unverhältnismässig hohen Maklerlohns ist daher nicht möglich[17].

5

---

[8] BGE 76 II 57; OSER/SCHÖNENBERGER, N 2 zu Art. 417 OR.
[9] BGE 83 II 153 E. 4b = Pra 1957, Nr. 83, 272; GAUTSCHI, N 6d zu Art. 412 OR.
[10] BGE 76 II 57.
[11] GAUTSCHI, N 6d zu Art. 412 OR; BSK-AMMANN, N 1 zu Art. 417 OR.
[12] SemJud 1961, 16.
[13] SemJud 1950, 563.
[14] JdT 1957 II, 30 f.
[15] BGE 117 II 290 E. 5b.
[16] BGE 111 II 369 f. E. 3; BGE 88 II 513 E. 3b = Pra 1963, Nr. 52, 182.
[17] BGE 111 II 369 f. E. 3; BGE 88 II 513 E. 3b = Pra 1963, Nr. 52, 182.

6 Ein richterlicher Eingriff ist nur im Falle eines offenkundigen Missverhältnisses geboten[18]

*Herabsetzbarer Lohn*
*Salaire réductible*

7 Herabsetzbar ist gemäss h.L. und Rechtsprechung nur ein vereinbarter Maklerlohn[19]. Das entspricht dem Grundgedanken der Norm, übermässige rechtsgeschäftliche Bindungen analog Art. 27 Abs. 2 ZGB zu verhindern[20]. Nicht nur unverhältnismässig hohe Prozentvergütungen, sondern auch Pauschalvergütungen und Gewinnanteile, die sich der Makler ausbedungen hat, können herabgesetzt werden[21]. Dasselbe gilt für Provisionsgarantien[22].

## II. Antrag des Schuldners

*Erforderlicher Antrag*
*Demande nécessaire*

8 Die Anwendung zwingenden Rechts ist vom Richter grundsätzlich von Amtes wegen zu beachten. Trotz seiner zwingenden Natur soll Art. 417 OR nach seinem klaren Wortlaut nur anwendbar sein, wenn dies der Lohnschuldner klage- oder einredeweise geltend macht[23]. Der zwingende Charakter der Norm zeigt sich immerhin in der bundesgerichtlichen Auslegung der Wendung «auf Antrag des Schuldners»: Für eine formalistische Einstellung des Richters bestehe umso weniger Anlass, als die in Frage stehende Bestimmung aus Gründen der öffentlichen Ordnung aufgestellt worden sei[24].

*Verfahren*
*Procédure*

9 Es bedarf daher im Gerichtsverfahren keiner ausdrücklichen Berufung auf Art. 417 OR, und ebenso ist nicht erforderlich, die Herabsetzung des Maklerlohns zum Gegenstand eines besonderen Begehrens zu machen. Es genügt vielmehr, wenn die Begehren des Lohnschuldners so weit gefasst sind, dass sie auch eine gerichtliche Herabsetzung der

---

[18] JdT 1944 I, 476 ff.; SemJud 1952, 25 ff.; ZBJV 1944, 285 ff.
[19] BGE 117 II 289 f. E. 5b; GAUTSCHI, N 3a zu Art. 417 OR; BSK-AMMANN, N 1 zu Art. 417 OR.
[20] BGE 117 II 290 N 5b; ENGEL, 525; a.M. SCHWEIGER, 232, der auch einen aufgrund von Tarifen oder Übungen i.S.v. Art. 414 OR festgelegten Maklerlohn der Möglichkeit richterlicher Korrektur unterwerfen will.
[21] GAUTSCHI, N 4a zu Art. 417 OR.
[22] OSER/SCHÖNENBERGER, N 19 zu Art. 413 OR.
[23] TERCIER, § 67 N 5098.
[24] BGE 83 II 152 E. 4a = Pra 1957, Nr. 83, 271.

Vergütung in sich schliessen. In einem Antrag auf gänzliche Abweisung der Lohnklage des Maklers ist daher stets der Eventualantrag auf richterliche Herabsetzung enthalten[25].

Das Recht auf richterliche Herabsetzung eines übersetzten Maklerlohns ist ein Vertragsanspruch des Auftraggebers. Der Ausdruck «Antrag» in Art. 417 OR ist daher eigentlich unpräzise. Der Anspruch verjährt in zehn Jahren seit Fälligkeit des Maklerlohnanspruchs, d.h. seit Abschluss des Hauptvertrags[26].

10
Rechtliche Natur und Verjährung
Nature juridique et prescription

## III. Kriterien zur Beurteilung der Unverhältnismässigkeit

Art. 417 OR äussert sich nicht dazu, nach welchen Kriterien die Unverhältnismässigkeit des Maklerlohns zu beurteilen ist. Die Lehre hat dazu folgende Grundsätze entwickelt:

11

Letztlich hat der Richter in dieser Situation zwei Vergleichsobjekte abzuwägen: den Maklerlohn einerseits und die Maklerleistung andererseits[27]. Die Maklerleistung ihrerseits kann in der Tätigkeit (Arbeits- und Zeitaufwand) des Maklers oder in deren Erfolg, d.h. dem wirtschaftlichen Wert der Leistungen des Maklers, gesehen werden. Die wohl h.L. lehnt die erste Möglichkeit ab mit der Begründung, der Maklerlohn sei – dem aleatorischen Charakter des Maklervertrags entsprechend[28] – in erster Linie Erfolgslohn. Alles andere liefe auf eine Bestrafung des effizient arbeitenden Maklers hinaus[29]. Für die Beurteilung des wirtschaftlichen Werts der Maklerleistung ist auf einen objektiven Massstab abzustellen[30]. Dem entspricht die Ansicht

12
Vergleichspunkte
Points de comparaison

---

[25] Zum Ganzen BGE 111 II 369 E. 3a; BGE 83 II 152 E. 4a = Pra 1957, Nr. 83, 271; GAUTSCHI, N 3b zu Art. 417 OR.
[26] Art. 127 OR; GAUTSCHI, N 3b zu Art. 417 OR.
[27] GUGGENBÜHL, 167; SCHWEIGER, 238.
[28] Vgl. dazu B Art. 412 Rz 43.
[29] WEBER, 367; OSER/SCHÖNENBERGER, N 5 zu Art. 417 OR; VON BÜREN, 215; GAUTSCHI, N 4b zu Art. 417; HOFSTETTER, Bd. VII/6, 177; BSK-AMMANN, N 4 zu Art. 417; ENGEL, 524 f.
[30] SCHWEIGER, 238 und 240 f.; a.M. einzig OSER/SCHÖNENBERGER, N 5 zu Art. 417 OR, die auf den Wert und die Bedeutung des Erfolges für den Auftraggeber abstellen und

GAUTSCHIS,[31] bei unverhältnismässiger Höhe des Maklerlohns habe der Richter so vorzugehen, wie wenn keine Vereinbarung über das Mass des Lohns getroffen worden wäre[32]. Besteht ein Tarif, ist der Maklerlohn daher auf die zulässige Höhe des Tarifs, sonst auf das durch andere Übungen bestimmte Mass festzusetzen[33].

13 Die Rechtsprechung folgt in den wesentlichen Punkten (Abstellen auf den wirtschaftlichen Erfolg der Maklertätigkeit, Anlegen eines objektiven Massstabes anhand von Tarif und Übung) der h.L., wenn sie auch die dogmatischen Differenzierungen weniger strikt handhabt und stattdessen unter Berücksichtigung der gesamten Umstände einen Ermessensentscheid trifft[34].

14 So stellt das Bundesgericht durchaus auch auf den Umfang der Tätigkeit des Maklers[35] und die allgemeinen Unkosten und Risiken – soweit im Verhältnis zum Erfolg stehend – ab[36]. Auch die Art der in Aussicht gestellten Tätigkeit (Nachweis, Zuführung, Vermittlung) soll zu berücksichtigen sein[37]. Der berufsmässige Makler kann mehr verlangen, denn er muss nicht nur seine allgemeinen Unkosten decken und erfolglose Vermittlungen in anderen Geschäften ausgleichen; seinen Beziehungen und seiner professionellen Organisation ist es oft auch zu verdanken, dass der Auftraggeber überhaupt den Hauptvertrag über ein von ihm gewünschtes, aussergewöhnliches Objekt abschliessen kann[38]. Schliesslich ist auch zu berücksichtigen, dass der Auftraggeber sich vertraglich verpflichtet hat, eine sehr hohe Vergütung zu bezahlen und

---

so z.B. auch die Dringlichkeit des zu vermittelnden Geschäfts in die Beurteilung der Verhältnismässigkeit einbeziehen.

[31] Vgl. dazu B Art. 417 Rz 4.
[32] Art. 414 OR.
[33] So auch BECKER, N 2 zu Art. 417 OR; differenzierend HOFSTETTER, Bd. VII/6, 177, der zwischen Verhältnismässigkeit resp. Angemessenheit i.S.v. Art. 417 OR und Üblichkeit i.S.v. Art. 414 unterscheidet, indem er festhält, die Herabsetzung erfolge wohl nicht auf den üblichen Lohn, sondern auf eine noch angemessene, wenn auch relativ hohe Provision.
[34] BGE 83 II 154 E. 4c = Pra 1957, Nr. 83, 273: «... on tient équitablement compte des circonstances en arbitrant ...»; TERCIER, § 67 N 5100; ALTHERR/BREM/BÜHLMANN, Nr. 7 zu Art. 417 OR.
[35] BGE 112 II 461 E. 3: mit geringem Aufwand verbundene Nachweismaklerei; BGE 83 II 153 f. E. 4c = Pra 1957, Nr. 83, 272; anders: BGE 90 II 107 f. E. 11; vgl. auch BECKER, N 2 zu Art. 417 OR.
[36] BGE 83 II 153 E. 4c = Pra 1957, Nr. 83, 272; ZWR 1979, 358 f.
[37] HOFSTETTER, Bd. VII/6, 177.
[38] BGE 90 II 107 f. E. 11; BGE 83 II 153 E. 4c = Pra 1957, Nr. 83, 272; HOFSTETTER, Bd. VII/6, 177.

dass diese Verpflichtung für die Bemühungen des Maklers allenfalls bestimmend war[39].

Die Maklerprovision kann leicht über dem nicht zwingenden Tarif oder der Ortsüblichkeit[40] angesetzt sein, ohne als unverhältnismässig i.S.v. Art. 417 OR angesehen werden zu müssen[41]. Das Bundesgericht hat anerkannt, dass eine Provision von 3,57% auf den Verkauf von Liegenschaften im Wert von 1,75 Mio. resp. 2,8 Mio. CHF nicht unangemessen war, obwohl die Übung einen Satz von 3% vorsah[42]. Die Anwendung der Honorarempfehlung des Schweizerischen Verbands der Immobilienwirtschaft (SVIT), Sektion Zürich, Ausgabe 1983, die für den Verkauf eines Mehrfamilien- oder Geschäftshauses bei einem Verkaufspreis von 1–2 Mio. CHF eine Maklerprovision von 2,5–3,5% vorsah, wurde vom Bundesgericht nicht beanstandet[43]. Eine Provision von 11% (bei Ortsüblichkeit von 2%) auf die Vermittlung eines Kaufrechtes an einer Liegenschaft wurde hingegen als «offensichtlich übersetzt» bezeichnet[44].

15
Schweres Missverhältnis
Disproportion qualifiée

Bei der Doppelmaklerei sind für die Beurteilung, ob ein Maklerlohn unverhältnismässig hoch ist, die beiden Provisionen zusammenzurechnen. Es ist daher von einem Ansatz auszugehen, der beim Tätigwerden für nur eine Partei angemessen ist, und dieser entsprechend dem Verhältnis der vertraglich verabredeten Teilbeträge aufzuteilen[45]. Ein durch die Doppelmaklerei bedingter Mehraufwand dürfte i.d.R. gering ausfallen und rechtfertigt keine Erhöhung des ortsüblichen Provisionsansatzes, handelt es sich bei Doppelmaklerei doch regelmässig um Nachweismaklerei[46].

16
Doppelmaklerei
Double courtage

---

[39] BGE 83 II 154 E. 4c = Pra 1957, Nr. 83, 272 f.
[40] Vgl. dazu B Art. 414 Rz 7.
[41] TERCIER, § 67 N 5102.
[42] Nicht publizierter Entscheid des Bundesgerichtes vom 16.6.1999, zitiert bei TERCIER, § 67 N 5102; vgl. SJZ 1967, 328: 3,4% des Vertragswerts als übersetzt beurteilt; der Ansatz wäre gerechtfertigt gewesen, wenn der Makler durch eine besondere Organisation und durch seine Beziehungen eine ganz ausserordentliche Verkaufsgelegenheit verschafft hätte.
[43] BGE 112 II 460 E.1/2.
[44] BGE 83 II 153 E. 4c = Pra 1957, Nr. 83, 272.
[45] BGE 111 II 370 f. E. 3b und 3c: Eine Provision von 4,8% – 2,8% vom Verkäufer, 2% vom Käufer – wurde als übermässig betrachtet und daher herabgesetzt; BSK-AMMANN, N 6 zu Art. 417 OR.
[46] Vgl. dazu B Art. 415 Rz 10; BGE 112 II 461 E. 3.

17  
Mehrere beauftragte Makler  
Mandats confiés à plusieurs courtiers

Hat der Auftraggeber mehrere, voneinander unabhängige Makler beauftragt, geht die Rechtsprechung davon aus, dass er die Provision insgesamt nur einmal zahlen muss[47]. Die Provision des einzelnen Einzelmaklers bestimmt sich dann nach seinem Anteil am Geschäftserfolg. Daraus folgt, dass das Ermässigungsrecht des Richters nach Art. 417 OR auch dann Platz greift, wenn der vereinbarte Maklerlohn im Hinblick auf den Anteil des Eigenmaklers am Gesamterfolg als unverhältnismässig hoch erscheint[48].

## IV. Rechtsfolgen

18  

Jede gegen einen bundes- oder kantonalrechtlichen Zwangstarif verstossende Maklerlohnvereinbarung ist, soweit der Höchstansatz überschritten wird, absolut nichtig[49].

19  
Herabsetzung  
Réduction

Soweit die Maklerlohnvereinbarung quantitativ das vom Richter als angemessen befundene Mass übersteigt, ist sie teilnichtig und kann herabgesetzt werden[50]. Der Auftraggeber, der den Maklerlohn bereits bezahlt hat, hat damit sein Rückforderungsrecht nicht ausgeschlossen, es sei denn, er habe die Zahlung in Kenntnis von Art. 417 OR vorbehaltlos vorgenommen und damit die Höhe des Maklerlohnanspruchs rechtswirksam anerkannt[51]. Die Provision kann im Umfang des zuviel Bezahlten nach Bereicherungsrecht zurückgefordert werden[52].

---

[47] Vgl. dazu B Art. 413 Rz 40.  
[48] BGE 61 II 85 E. 4: Kürzung der Provision auf ½%.  
[49] GAUTSCHI, N 1b und 2 zu Art. 417 OR.  
[50] GAUTSCHI, N 6d zu Art. 412 OR.  
[51] Analog Art. 63 Abs. 1 OR; BGE 111 II 371 E. 3c; BGE 88 II 514 E. 3b = Pra 1963, Nr. 52, 183.  
[52] Art. 62 ff. OR; vgl. BGE 88 II 514 E. 3b = Pra 1963, Nr. 52, 183; GAUTSCHI, N 3b zu Art. 417 OR; ENGEL, 526; a.M. VON BÜREN, 215, der den Interessen des zweimal – beim Versprechung und bei der Zahlung des übermässigen Lohns – sorglos gewesenen Auftraggebers die Endgültigkeitsinteressen des Maklers vorziehen will.

# Art. 418 OR

| | |
|---|---|
| C. Vorbehalt des kantonalen Rechts | Es bleibt den Kantonen vorbehalten, über die Verrichtungen der Börsenmäkler, Sensale und Stellenvermittler besondere Vorschriften aufzustellen. |
| C. Droit cantonal réservé | Les cantons peuvent soumettre à des prescriptions spéciales les agents de change, les courtiers et les bureaux de placement. |
| C. Riserva del diritto cantonale | È riservato ai Cantoni l'emanazione di speciali dispositivi sugli agenti di borsa, sensali ed uffici di collocamento. |
| C. Cantonal laws reserved | The Cantons may issue special regulations regarding stockbrokers, security traders and employment agencies. |

| Inhaltsverzeichnis | Rz |
|---|---|
| I. Börsenmakler | 1 |
| II. Arbeitsvermittlung | 3 |
| III. Weitere Vorbehalte des kantonalen Rechts | 6 |

| Table des matières | N° |
|---|---|
| I. L'agent de change | 1 |
| II. Le placement en personnel | 3 |
| III. Les auatres réserves du droit cantonal | 6 |

## I. Börsenmakler

1 Die Ausdrücke «Börsenmakler» und «Sensale» sind synonym und bezeichnen Börsenvermittler im eigentlichen Sinne (BGE 65 I 65, 79 f. E. 4d).

*Vorbehalt des kantonalen Rechts*
*Réserve du droit cantonal*

2 Der Vorbehalt zugunsten kantonaler Vorschriften über die Tätigkeit von Börsenmaklern ist bedeutungslos, weil der Börsenhandel in der Schweiz keine Makler zulässt[1]. Überdies schliesst das Bundesgesetz über die Börsen und den Effektenhandel vom 24. März 1995[2] kantonale Bestimmungen über den Effektenhandel aus[3]. Nach Art. 10 Abs. 1 i.V.m. Art. 34 BEHG bedürfen alle Effektenhändler, soweit sie unter diesen Begriff fallen,[4] einer Bewilligung durch die Eidgenössische Bankenkommission und unterstehen einer Vielzahl von Verhaltens-, Melde-, Rechnungslegungs- und Sorgfaltspflichten[5].

## II. Arbeitsvermittlung

*Veraltete Norm*
*Norme désuette*

3 Mit Art. 110 Abs. 1 lit. c BV, der die Arbeitsvermittlung als Bundeskompetenz ausweist, ist der Vorbehalt zugunsten des kantonalen Rechts in diesem Bereich obsolet geworden. Die regelmässige private Arbeitsvermittlung wird nunmehr durch das Bundesgesetz über die Arbeitsvermittlung und den Personalverleih vom 6. Oktober 1989[6] geregelt.

*Bewilligung*
*Autorisation*

4 Nach Art. 2 Abs. 1 AVG benötigt eine Betriebsbewilligung des kantonalen Arbeitsamts, wer regelmässig und gegen Entgelt Arbeit vermittelt. Unter die Bewilligungspflicht fallen nicht nur die Stellenvermittler, die im Auftrag des Arbeitnehmers tätig sind, sondern auch die Per-

---

[1] Vgl. dazu B Art. 412 Rz 4; BSK-AMMANN, N 1 zu Art. 418 OR.
[2] BEHG, SR 954.1.
[3] Art. 48 Abs. 2 BEHG; BURKHALTER/KOLB, N 1 zu Art. 418.
[4] Art. 2 lit. d BEHG.
[5] Art. 11–20 BEHG; GUHL/SCHNYDER, § 50 N 13.
[6] AVG, SR 823.11.

sonalberatungen, die im Auftrag des Arbeitgebers Arbeitnehmer vermitteln[7].

Für die Tätigkeit des Arbeitsvermittlers sind v.a. Art. 7–9 AVG relevant über die Form (Schriftlichkeit) und den Inhalt (Mindestangaben, Verbot von Exklusivklauseln) des Vermittlungsvertrags sowie über die Höhe der Einschreibegebühr und der Vermittlungsprovision[8]. Die in Art. 8 und 9 AVG geregelten Beschränkungen des Vermittlungsvertrags hinsichtlich Inhalt des Vermittlungsvertrags und Provisionshöhe gelten nicht, sofern ein Personalberater im Auftrag des Arbeitgebers tätig wird[9].

5
Materielle Normen
Règles matérielles

## III. Weitere Vorbehalte des kantonalen Rechts

Die Regelung des Maklervertrags im OR ist grundsätzlich nicht abschliessend und verbietet öffentlich-rechtliche Ergänzungen nicht. Die Kantone sind demnach befugt, auch andere als die in Art. 418 OR vorbehaltenen Bereiche ergänzend zu regeln und dadurch die Vertragsfreiheit durch weitere öffentlich-rechtliche Vorschriften zu beschränken, soweit sich dies durch ein schutzwürdiges öffentliches Interesse rechtfertigen lässt und nicht gegen Sinn und Geist des Bundeszivilrechts verstösst[10]. Genügt eine kantonale Vorschrift den genannten Kriterien nicht, verletzt sie den Grundsatz der derogatorischen Kraft des Bundesrechts[11].

6
Kantonale Befugnisse
Compétences cantonales

---

[7] Sog. Headhunter; BSK-AMMANN, N 2 zu Art. 418 OR.
[8] Vgl. dazu die Verordnung über Gebühren, Provisionen und Kautionen im Bereich des Arbeitsvermittlungsgesetzes vom 16. Januar 1991, GV-AVG, SR 823.113.
[9] BSK-AMMANN, N 2 zu Art. 418 OR.
[10] Vgl. Art. 6 ZGB; BGE 110 Ia 114 f. E. 3d: Zulässigkeit einer Regelung der gewerbsmässigen Vermittlung von Wohn- und Geschäftsräumen durch Bewilligungspflicht und verbindliche Höchstansätze für Vermittlungsgebühren; anders noch in BGE 70 I 234 ff. E. 7, wonach für eine kantonale Gebührenordnung neben Art. 414 OR kein Raum sein soll; ebenso BGE 65 I 79 ff. E. 5, wonach Art. 418 OR abschliessend zu verstehen sei; BSK-AMMANN, N 3 zu Art. 418 OR.
[11] Art. 49 Abs. 1 BV.

| | |
|---|---|
| 7 | Verlangt ein Kanton in zulässiger Weise vom Makler eine Berufsausübungsbewilligung, ist ein mit einem Makler ohne die erforderliche Berufsausübungsbewilligung abgeschlossener Maklervertrag nur dann nichtig,[12] wenn diese Rechtsfolge im kantonalen Erlass ausdrücklich vorgesehen ist oder sich aus dessen Sinn und Zweck ergibt[13]. |

Makler ohne Bewilligung
Courtier non autorisé

---

[12] Art. 20 OR.
[13] BGE 117 II 288 E. 4b.

# C.

# Rechtliche Schwerpunktsthemen

*Thèmes juridiques particuliers*

# § 1 Berufsethik des Immobilienmaklers

## Inhaltsverzeichnis Rz

| | | |
|---|---|---|
| I. | Beachtung der Standesregeln durch den Makler | 1 |
| II. | Fachkompetenz des Maklers | 6 |
| III. | Zusammenarbeit mit Mitbewerbern | 8 |
| IV. | Zusammenschluss mit Maklernetzwerken | 12 |
| V. | Zusammenarbeit mit Gelegenheitsmaklern | 17 |
| VI. | Abgrenzung zur Doppelmaklerei | 21 |
| VII. | Entgegennahme von Kundengeldern | 23 |
| VIII. | SVIT als Gütesiegel | 30 |

## Table des matières N°

| | | |
|---|---|---|
| I. | Le respect de son code de conduite par le courtier | 1 |
| II. | Les compétences professionnelles du courtier | 6 |
| III. | La collaboration avec les concurrents | 8 |
| IV. | L'adhésion à un réseau de courtiers | 12 |
| V. | La collaboration avec des courtiers occasionnels | 17 |
| VI. | Les délimitations par rapport au double courtage | 21 |
| VII. | L'acceptation des fonds remis par les clients | 23 |
| VIII. | Le label de qualité SVIT | 30 |

## I. Beachtung der Standesregeln durch den Makler[1]

| | |
|---|---|
| 1<br>Ein überstaatlicher Rahmen<br>Un cadre supranational | Der SVIT hat in Anlehnung an die Grundsätze der Fédération Internationale des Administrateurs de Biens conseils Immobiliers (FIABCI) wie auch an die jeweils gültigen Standesregeln des European Real Estate Council (CEPI) sowie der Royal Institution of Chartered Surveyors (RICS) Standesregeln aufgestellt, die 2004 in Kraft getreten sind. Diese umfassen folgende Punkte: |
| 2<br>Allgemeine Themen<br>Sujets généraux | Allgemeine Bestimmungen mit Grundsätzen zu Berufsausübung, Sorgfalt und Verantwortung, Dienstleistungsqualität, Unabhängigkeit, Berufsgeheimnis, Rechenschaftspflicht, Kundengelder, Vermeidung von Interessenkonflikten, Pflichten des Finanzintermediärs, Berücksichtigung von Spezialgesetzen, Informationspflichten gegenüber dem SVIT Schweiz. |
| 3 | Im weiteren Grundsätze der Geschäftstätigkeit, speziell hinsichtlich Honoraren, SVIT-Logo und Werbung. |
| 4 | Das Kapitel Verhalten gegenüber Mitgliedern beinhaltet die Themen Fairness und Kollegialität, Sanktionen, Verfahren und Schlussbestimmungen. |
| 5<br>Ein «SVIT»-Gütesiegel<br>Un label «SVIT» | Der SVIT-Makler muss sich bei der Ausübung seiner Tätigkeiten stets an diese Standesregeln halten. Zusätzlich zum Erlass von gesamtschweizerischen Standesregeln hat der Berufsverband alle Vorkehrungen getroffen, damit die Ausbildung des Maklers professionalisiert und erweitert wird und somit die Berufsethik und Seriosität für den Makler eine grosse und entscheidende Rolle einnehmen wird. Der seriöse Makler will sich von «einfachen Vermittlern» differenzieren. Das Gütesigel SVIT soll den Maklerberuf prägen. |

---

[1] Die Standesregeln sind im Anhang I aufgeführt.

## II. Fachkompetenz des Maklers

Es gibt sehr viele Immobilienfachleute, die sich anbieten, Liegenschaften zu verkaufen. Wie auch in anderen Branchen sind aber nicht alle selbsternannten Fachleute tatsächlich in der Lage, professionelle Unterstützung zu bieten. Der Makler kann sich dem Auftraggeber gegenüber nur durch Ausbildung, Erfahrung und seriöses Geschäftsgebaren in ein professionelles Licht rücken.

*6 Professionalität des Maklers / Professionnalisme du courtier*

Es kann zwischen den verschiedenen Marktteilnehmern qualitativ differenziert werden. Nachfolgende Kriterien und Fragen können einem Auftraggeber helfen, den Makler auf seine Qualitäten und sein professionelles Geschäftsgebaren hin zu prüfen:

*7 Ermittlung der Kompetenzen / Evaluation des compétences*

- Ist der Makler in der Lage, den Liegenschaftswert bei einem Verkaufsmandat in einer kurzen Beurteilung bekannt zu geben und den möglichen Verkaufswert zu begründen?
- Betreut er weitere Mandate im Marktgebiet, die Synergien für das Verkaufs- oder Vermietungsobjekt ergeben?
- Kann er aus Sicht eines möglichen Käufers oder Mieters sowohl die Vor- wie auch Nachteile einer Immobilie erläutern und auf potentielle Schwierigkeiten im Verkaufs- oder Vermietungsprozess hinweisen?
- Verfügt er über lokale Marktkenntnisse? Dabei ist es unabdingbar, dass sich die Fachleute nicht nur mit Schätzungen, sondern auch mit erfolgreichen Verkäufen und Vermietungen profiliert haben.
- Beherrscht er das Immobilienmarketing? Weiss er, wie ein definierter Markt mit geeigneten Marketing-Massnahmen bearbeitet wird, um die potentiellen Käufer oder Mieter für die Immobilie zu erreichen?
- Ist er als Fachmann in der entsprechenden Region anerkannt? Was berichten andere Marktteilnehmer wie Banken, Notare oder Rechtsanwälte über ihn?
- Verfügt der Fachmann über eine kaufmännische Grundausbildung, ein Berufsdiplom, z.B. den Eidg. dipl. Immobilientreuhänder, Eidg. Immobilienmakler, Eidg. Schätzerdiplom und über eine langjährige, erfolgreiche Berufserfahrung im Immobilienbereich?
- Betreut er seine Mandate eigenhändig und persönlich?

- Ist er einem Berufsverband angeschlossen, etwa dem SVIT bzw. USPI in der Westschweiz? Diese Verbände bieten fachliche Ausbildungen an und haben Standesregeln erlassen, die einzuhalten sind.

## III. Zusammenarbeit mit Mitbewerbern

**8**
**Ein begrenzter Markt**
*Un marché restreint*

Wie jeder andere Unternehmer muss ein Makler die Konkurrenzsituation in seinem Marktgebiet beurteilen. Selbstverständlich wird er nicht der einzige sein, der Immobiliendienstleistungen anbietet. Der Schweizer Maklermarkt scheint auf den ersten Blick je nach Marktgebiet gesättigt, allerdings ist der Anteil der Transaktionen, welche von Maklern betreut werden, immer noch sehr gering. In anderen Ländern wie z.B. USA, Grossbritannien, Australien oder Südafrika werden bis zu 95% aller Freihandtransaktionen von Maklern betreut. In der Schweiz gibt es noch keine verlässlichen Erhebungen, die Betreuungsdichte ist aber höchstwahrscheinlich um einiges tiefer. Es besteht in der Schweiz somit ein enormes Potential zur Ausweitung des Gesamtmarktes.

**9**
**Kollegen und Konkurrenten**
*Confrères et concurrents*

Aufgrund dieser Marktkonstellation sollte der Makler andere Immobilienmakler im Marktgebiet nicht primär als Konkurrenten, sondern als Mitbewerber beurteilen. Es bestehen genügend Opportunitäten, um neue Geschäftsfelder zu erschliessen und neue Kunden zu gewinnen und es hat für alle guten Unternehmen Platz im Markt!

**10**
**Seriosität und Professionalität**
*Sérieux et professionnlisme*

Wichtiger sind ein seriöses Geschäftsgebaren und Professionalität, die der Makler und seine Mitbewerber täglich bestätigen sollten. Wenn alle Makler im Immobilienmarkt diese qualitativen Ziele verfolgen, wird sich der Gesamtmarkt vergrössern und das Vertrauen in den Maklerberuf gefestigt. Von einer erhöhten Nachfrage und somit einer breiteren Akzeptanz werden alle Makler profitieren. Der schweizerische Maklermarkt sollte daher als Wachstumsmarkt und nicht als Verdrängungsmarkt betrachtet werden.

**11**
**Transparenz der Zusammenarbeit**
*Transparence des collaborations*

Immer wieder kommt es zu Gemeinschaftsgeschäften unter Mitbewerbern. Beispielsweise gelingt es, schwierig veräusserbare Objekte zu platzieren, wenn sich Makler, die oft und aktiv im Marktgeschehen agieren, gegenseitig unterstützen. Eine solche Zusammenarbeit mit Mitbewerbern sollte aber im Vorfeld besprochen und klar vereinbart werden. Es kann nicht generell davon ausgegangen werden, dass Provisionen und andere Entschädigungen ohne vorgängige Absprache abgetreten oder geteilt werden.

## IV. Zusammenschluss mit Maklernetzwerken

Seit einigen Jahren versuchen in- und ausländische Maklernetzwerke Fuss in der Schweiz zu fassen. Einige dieser Vereinigungen führen an, für ihre Makler ähnlich hohe qualitative Ziele wie der SVIT zu setzen. Der Hauptunterschied zum Berufsverband liegt aber in den wirtschaftlichen Zielen dieser Netzwerke und der engen, exklusiven Zusammenarbeit unter den Maklern, welche Teile dieser Netzwerke sind.

12<br>Ziele der Netzwerke<br>Buts des réseaux

Ein Makler wird umsichtig prüfen, ob er für ein Netzwerk geschaffen ist und welchem er sich anschliessen soll. Je nach Netzwerk sind die Einstiegskosten, die Abgaben sowie die zu erwartenden Dienstleistungen sehr unterschiedlich. Auch die Möglichkeit eines späteren Ausstieges muss bereits beim Eintritt geprüft werden.

13<br>Einem Netzwerk beitreten?<br>Entrer dans un réseau?

Weiter sind die Skaleneffekte abzuwägen. Lohnt sich der Beitritt und kann der Umsatz mindestens im Rahmen der geforderten Abgaben im Netzwerk gesteigert werden? Da Immobilienmärkte sehr lokal agieren, muss man kritisch prüfen, ob durch überregionale Netzwerke Synergien erzeugt werden können.

14

Die Chancen und Risiken sind somit genau zu betrachten, denn der Makler geht hier eine Partnerschaft ein, welche auch als Schicksalsgemeinschaft zu betrachten ist. Falls das Netzwerk negative Schlagzeilen macht und dessen Ansehen schwindet, hat das direkten Einfluss auf den Ruf der angeschlossenen Makler.

15

Sicherlich stellt eine Mitgliedschaft in einem Maklernetzwerk nicht zwangsläufig ein Seriositätsmerkmal oder eine Erfolgsgarantie für den Makler dar. Der SVIT prüft seine einzelnen Mitglieder auf Befolgung der Standesregeln und der geleisteten Ausbildung. Die Netzwerke müssten Ähnliches garantieren.

16<br>Ein ungewisser Erfolg<br>Une réussite incertaine

## V. Zusammenarbeit mit Gelegenheitsmaklern

17
Sachlage
Situation de fait

Gelegenheitsmakler unterscheiden sich von Mitbewerbern, indem sie meist keine konsequente Maklertätigkeit verfolgen und nur die Vermittlung eines Interessenten im Vordergrund steht. Als Gelegenheitsmakler treten oft berufsfremde Personen auf, die durch ihre Tätigkeiten mit möglichen Kaufsinteressenten oder verkaufswilligen Eigentümern in Kontakt kommen und sich anpreisen, mögliche Käufer oder Verkäufer dem Makler gegen Abtretung einer Provision zuweisen zu können. Nicht selten bekommen Berufsmakler solche Anfragen aus unterschiedlichsten Berufsgattungen. Hier muss sich der professionell arbeitende Makler fragen, ob sich eine Zusammenarbeit wirklich lohnt. Er sollte eigentlich im Stande sein, mit seinen Werbe- und Marketingmassnahmen den Immobilienmarkt selbst zu durchdringen und alle potentiellen Interessenten ausfindig zu machen.

18

Der Gelegenheitsmakler hat oftmals keine Infrastruktur, die er wie ein Immobilienmakler zu finanzieren hat. Auch hat er keinen Ruf zu verlieren und wird nicht zwangsläufig die gleichen berufsethischen Grundsätze wie der Makler vertreten.

19
Gefahren für den Fachmann
Dangers pour le professionnel

Der seriöse Maklerberuf kann sich langfristig nur dann bestätigen und weiterentwickeln, wenn er sich von Gelegenheitsmaklern ohne Dienstleistungsgedanke differenziert und sich in letzter Konsequenz abgrenzt. Je nach abgeschlossenem Maklervertrag (z.B. Nachweismaklerei) läuft der Makler sogar Gefahr, durch Kontakte von Gelegenheitsmaklern den direkten Kundennachweis zu verlieren. In diesem Fall müsste der Makler um seine Provision bangen.

20

Während der Makler bei der Zusammenarbeit mit Mitbewerbern immer wieder auf künftige Gegengeschäfte hoffen kann, wird dies bei Gelegenheitsmaklern oder berufsfremden Vermittlern kaum möglich sein.

## VI. Abgrenzung zur Doppelmaklerei

Immer wieder steht die Frage im Raum, ob Makler ohne das Wissen der Kunden von Auftraggebern oder Auftragnehmern Honorare beziehen dürfen. Dieses Vorgehen würde dem Image der Makler schaden und wäre gesetzeswidrig.

21
Honorare
Honoraires

In einigen europäischen Ländern (z.B. England) verliert der Makler durch verdeckte Doppelmaklerei sogar seine Berufslizenz. In der Schweiz kennt man (noch) keine solch drakonischen Strafen. Trotzdem distanziert sich ein seriös arbeitender Makler klar von der Doppelmaklerei. Er wird dem Auftraggeber sogar vertraglich zusichern, dass er keine verdeckte Doppelmaklerei betreibt. Falls der Makler trotzdem von der Gegenseite Honorare beziehen will, muss er dies seinem Auftraggeber sofort anzeigen.

22

## VII. Entgegennahme von Kundengeldern

Gemäss Standesregeln verpflichten sich Immobilienmakler, keine Kundengelder entgegenzunehmen, die CHF 50'000 übersteigen. Ansonsten wird der Makler als Finanzintermediär im Sinne des GwG qualifiziert und hätte die gesetzlich vorgesehenen Vorkehrungen zu treffen. Grundsätzlich sind die Immobilienmakler somit nicht dem GwG unterstellt. Da sie nur als Vermittler zwischen Käufer und Verkäufer agieren, nicht aber als Finanzintermediäre, scheint diese Regelung vernünftig zu sein.

23
Finanzintermediär?
Intermédiaire financier?

Der Makler wird gemäss Standesregeln weiter verpflichtet, die Kundengelder immer getrennt vom eigenen Vermögen und auf getrennten Bank- und Postkonten, lautend auf den Namen des Kunden, aufzubewahren. Die getrennt aufbewahrten Kundengelder müssen so angelegt sein, dass sie von den Kunden jederzeit zurückgefordert werden können.

24
Vermögenstrennung
Séparation des patrimoines

| | |
|---|---|
| **25** Anzahlungen und Reservierungen Acomptes et réservations | Im Rahmen eines Verkaufsprozesses kann es zu Reservationszahlungen kommen, welche vom Käufer vor der Beurkundung an den Verkäufer geleistet werden. Insbesondere bei Neubauprojekten mit Stockwerkeigentumseinheiten fordern Kreditgeber, je nach Bonität des Erstellers, eine gewisse Anzahl Kaufzusagen, bevor der Baukredit gesprochen wird. Daher ist es dem Ersteller gar nicht möglich, Verkäufe zu beurkunden, bevor die minimale Anzahl von Verkäufen realisiert ist. Auch im Verkaufsprozess von Bestandesimmobilien werden immer wieder Reservationsverträge abgeschlossen. |

26 Obschon diesen privatrechtlichen Verträgen kein öffentlich-rechtlicher Charakter zukommt, sind Reservationsverträge in der Immobilienbranche verbreitet und binden den Käufer zumindest moralisch. Der Käufer kann jedoch jederzeit vom Reservationsvertrag zurücktreten, meist ohne grosse Kostenfolgen. Es muss davon ausgegangen werden, dass ein vertraglich vereinbartes Reuegeld nicht in jedem Fall durchsetzbar ist und der Verkäufer dem Kaufinteressenten bei einem Käuferrückzug nur seine belegbaren Kosten in Rechnung stellen kann. Auch der Verkäufer kann grundsätzlich von einem Reservationsvertrag zurücktreten und das Objekt an einen anderen Interessenten veräussern.

27 Aufgrund dieser Rechtsunsicherheit sollte es von Käufer und Verkäufer ein gemeinsames Ziel sein, raschmöglichst mit der Beurkundung des Kaufvertrags ein Geschäft zu besiegeln. Mit dem gegenseitigen Verpflichtungsgeschäft, welches öffentlich-rechtlich beglaubigt wird, sind daher beide Parteien am besten beraten und abgesichert.

| | |
|---|---|
| **28** Schicksal der Zahlungen Sort des paiements | In der Immobilienbranche gehen die Meinungen auseinander, was die Entgegennahme von Reservationszahlungen betrifft. Immobilienmakler können die Gelder selber entgegennehmen oder die Gelder direkt auf das Konto des Auftragsgebers transferieren lassen. Falls der Makler die Gelder entgegennimmt, stellt sich die Frage, ob er diese dem Verkäufer weitergibt oder zur Deckung seiner Honoraransprüche zurückhält. Rechtlich würde der Anspruch an ein Erfolgshonorar meist erst mit der Beurkundung des Kaufvertrags wirksam, zudem verbieten die Standesregeln dem Makler die Entgegennahme dieser Gelder über sein eigenes Konto. |

29 Je nach Situation bevorzugen jedoch Käufer, die Reservationszahlung an einen treuhänderisch und seriös agierenden Makler zu bezahlen. Es könnte schwierig sein, die Reservationsgelder vom privaten Verkäufer sofort zurück zu erhalten. Andere Käufer wiederum wünschen das

Geld direkt an den Eigentümer zu zahlen, weil sie nicht sicher sind, ob die Gelder vom Immobilienmakler treuhänderisch aufgehoben werden. Je nach Situation sollte daher von Käufer oder Verkäufer entschieden werden, wie eine solche Zahlung abgewickelt wird.

## VIII. SVIT als Gütesiegel

Der SVIT ist zusammen mit seinem Partnerverband in der Westschweiz (USPI) bestrebt, seinen Mitgliedern eine professionelle Ausbildung in allen Gebieten des Immobilienfachwissens zu bieten. Der Berufsverband wird in Zukunft eine noch wichtigere Rolle spielen und in seiner Bedeutung für die Immobilienwirtschaft über allen Maklern sowie auch den Maklernetzwerken stehen. Ein Makler ist gut beraten, Ausbildungskurse des SVIT zu besuchen, Mitglied zu sein und die Standesregeln des Verbandes zu befolgen.

30
Die «SVIT»-Ausbildung
La formation «SVIT»

Es laufen verschiedene Bestrebungen, den Maklerberuf sowie den Beruf des Immobilientreuhänders weiter zu professionalisieren. Es ist zu hoffen und alles daran zu setzen, dass der Dachverband denselben Stellenwert für die Immobilienwirtschaft erhält wie beispielsweise der Anwaltsverband für Rechtsanwälte. Durch das Gütesiegel SVIT soll dem Kunden gewährleistet werden, dass der Makler gut ausgebildet ist und seine Dienstleistungen professionell und mit der notwendigen Fachkompetenz ausführt. Der Makler wiederum wird stolz sein, das Prädikat «Mitglied des SVIT» verwenden zu dürfen.

31
Eine erhöhte Professionalität
Un professionnalisme accru

# § 2 Die Haftung des Immobilienmaklers[*]

## Inhaltsverzeichnis                                                     Rz

| | |
|---|---|
| I. Die Haftungsrisiken im Allgemeinen: Abgrenzungen und Unterscheidungen | 1 |
| II. Die verschiedenen Punkte der Maklerhaftung | 5 |
| A. Die Vertragshaftung des Maklers seinem Klienten gegenüber (Art. 97 OR) | 5 |
|     1. Die herkömmlichen Leistungen | 5 |
|     2. Die Nebenleistungen | 7 |
| B. Haftung für unerlaubte Handlung des Maklers (Art. 41 OR) | 9 |
| C. Vertrauenshaftung | 13 |
|     1. Das erweckte Vertrauen dem Auftraggeber gegenüber | 14 |
|     2. Das erweckte Vertrauen Dritten und der Öffentlichkeit gegenüber | 16 |
|         a. Grundsatz | 16 |
|         b. Einwände | 19 |
| III. Drei spezifische Fälle im Einzelnen | 24 |
| A. Die Verletzung der Verpflichtung der sachgemässen Beratung und Information | 24 |
| B. Schlechte Vertragsverhandlung | 30 |
| C. Schlechte Schätzung einer Immobilie | 33 |
| IV. Die Prozessordnung | 35 |
| V. Fazit | 39 |

## Table des matières                                                    N°

| | |
|---|---|
| I. Les risques de responsabilité en général : délimitations et distinctions | 1 |
| II. Les différents chefs de responsabilité du courtier | 5 |
| A. La responsabilité contractuelle du courtier vis-à-vis de son client (art. 97 CO) | 5 |
|     1. Les prestations traditionnelles | 5 |
|     2. Les prestations accessoires | 7 |
| B. La responsabilité pour faute du courtier (art. 41 CO) | 9 |
| C. La responsabilité fondée sur la confiance | 13 |
|     1. La confiance suscitée vis-à-vis du mandant | 14 |
|     2. La confiance suscitée vis-à-vis des tiers et du public | 16 |
|         a. Le principe | 16 |
|         b. Les objections | 19 |

---

[*] Die Autoren danken Herrn Christof BURRI für die Übersetzung dieses Textes aus dem Französischen.

III. Trois cas spécifiques                                    24
A.  La violation du devoir d'information et de conseil        24
B.  La mauvaise négociation du contrat                        30
C.  La mauvaise estimation de l'immeuble                      33
IV. La mise en oeuvre                                         35
V.  En guise de conclusion                                    39

## I. Die Haftungsrisiken im Allgemeinen: Abgrenzungen und Unterscheidungen

Die Gefahren, welchen sich der Immobilienmakler in seiner üblichen Tätigkeit aussetzt, konkretisieren sich rechtlich gesehen auf verschiedene Weise. Die erste Gefahr liegt im aleatorischen Charakter seiner Entlöhnung, denn der Abschluss des Vertrags ist nicht vollkommen von der Tätigkeit des Maklers abhängig[1]. Des Weiteren läuft der Makler die Gefahr, dass seine Entlöhnung je nach Umstände, welche sein Mandat begleiten, gekürzt oder gestrichen wird (z.B. im Rahmen von Art. 417 OR)[2]. Schliesslich kann der Makler für einen Schaden haften, welcher der einen oder anderen Partei des Liegenschaftenhandels entsteht. Jene dritte Annahme ist Gegenstand unseres Beitrags.

1 Die Gefahren Les dangers

Die Haftung der Geschäftsparteien untereinander (Verkäufer/Käufer; Vermieter/Mieter; Eigentümer/Immobilienverwalter) wird in diesem Beitrag nicht behandelt; es werden nur die Ansprüche der Parteien dem Makler gegenüber analysiert. Wenn der Beruf einer Bewilligungspflicht oder Aufsicht unterworfen ist, wie dies für den Kanton Zürich der Fall ist für die Vermittlung von Wohn- und Geschäftsräumen[3], ist es nicht ausgeschlossen, dass der Staat (der Kanton) selber die Verantwortung in seiner Überwachungstätigkeit übernimmt. Die Voraussetzungen dafür wären, dass der Kanton diese Unterlassung bewusst vornahm und dieser Umstand für den Schadenseintritt kausal war. Auch dieser Fall wird in unserem Beitrag nicht behandelt; er würde im Rah-

2 Abgrenzungen Délimitations

---

[1] Zu dieser Bedingung vgl. MARQUIS, 344 ff.; vgl. dazu Art. 413 OR Rz 9 ff.
[2] Vgl. dazu Art. 417 Rz 1 ff.
[3] Gesetz über die Vermittlung von Wohn- und Geschäftsräumen vom 30. November 1980 (Zürcher Gesetzessammlung, 844), § 1 bis 3.

men der Staatshaftung, welche durch die einschlägige Gesetzgebung geregelt ist[4].

<small>3
Haftung des Beauftragten
Responsabilité du mandataire</small>

Die Haftung des Maklers zu behandeln heisst schlussendlich die Haftung des Immobilienbeauftragten im Allgemeinen zu beurteilen. Je nach Art der von seinem Auftraggeber verlangten Tätigkeit und dem abgeschlossenen Vertrag variiert die vom Makler verlangte Sorgfalt stark. In den traditionellen juristischen Kategorien zusammengefasst werden als erstes die verschiedenen Aspekte der Maklerhaftung behandelt (II). Anschliessend erläutern wir drei konkrete Situationen, in denen der Immobilienmakler für einen Haftungsfall besonders anfällig ist (III), bevor wir mit einigen prozeduralen Überlegungen abschliessen (IV).

<small>4
Andere Fälle
Autres cas</small>

Die Analyse dieser drei Kapitel widmet sich der üblichen Tätigkeit des Maklers. Wenn er weitere, immobilienbezogene Leistungen erbringt, wird seine Haftung in Funktion der rechtlichen (oft vertraglichen) Qualifikation seiner Leistungen von Fall zu Fall variieren. Insbesondere dort, wo der entsprechende Immobiliendienstleister nicht als Makler, sondern als Facility Manager[5] oder als Schätzungsexperte beauftragt wird.

---

[4] Zu den Haftungsvoraussetzungen im Kanton Zürich vgl. das Gesetz über die Haftung des Staates und der Gemeinden sowie ihrer Behörden und Beamten (Haftungsgesetz) vom 14. September 1969 (Zürcher Gesetzessammlung, 170.1), § 6.

[5] Für mehrere Einzelheiten über diese Art von Dienstleistungen siehe BURKHALTER, 39 ff.

## II. Die verschiedenen Punkte der Maklerhaftung

## A. Die Vertragshaftung des Maklers seinem Klienten gegenüber (Art. 97 OR)

### 1. Die herkömmlichen Leistungen

Wenn die korrekte Erfüllung des Maklervertrags in Frage gestellt wird, stellt die Verweigerung der Bezahlung des Maklerlohns durch den Auftraggeber die erste praktische Konsequenz dar[6]. Falls dem Auftraggeber aus dieser Schlechterfüllung ein Schaden erwächst, muss sich der Makler für diesen Schaden, welcher er diesem vorsätzlich oder fahrlässig zugefügt hat, verantworten (Art. 398 Abs. 2 OR unter Verweisung von Art. 412 Abs. 2 OR)[7]. Im Allgemeinen haftet der Beauftragte für die gleiche Sorgfalt wie der Arbeitnehmer im Arbeitsverhältnis (Art. 398 Abs. 1 OR). Es handelt sich um eine Vertragshaftung, welche sich nach den Grundsätzen von Art. 97 OR beurteilt[8]. Es sei darauf hingewiesen, dass die Art. 82 und 107 ff. OR auf den Maklervertrag keine Anwendung finden: Der Maklervertrag ist kein synallagmatischer Vertrag[9]. Schliesslich wird die Haftung für Hilfspersonen, auf deren Leistungen der Makler zurückgreift, gleich wie beim Auftrag durch Art. 399 Abs. 2 OR geregelt[10].

5
Im Allgemeinen
En général

Die Nicht- oder die Schlechterfüllung des Maklervertrags kann die Haftung des Maklers auslösen, wenn dieser seine vertraglichen Pflichten verletzt[11]. Z.B. haftet der Vermittlungsmakler, wenn er in einer Verkaufsverhandlung nicht die nötige Sorgfalt an den Tag legt (vor allem in Bezug auf den Verkaufspreis im Besonderen, wenn dieser

6
Vertragsverletzung
Violation du contrat

---

[6] Zur Verrechnung des Maklerlohns mit dem erzeugten Schaden vgl. Rz 38.
[7] Für mehrere Einzelheiten vgl. Art. 412 OR Rz 44 ff.
[8] Vgl. dazu Art. 412 OR Rz 50; BSK-Ammann, N 10 zu Art. 412; RAYROUX, N 35 zu Art. 412 OR.
[9] RAYROUX, N 27 zu Art. 412 OR.
[10] BSK-FELLMANN, N 46 zu Art. 399 OR
[11] Was die Pflichten des Maklers betrifft, vgl. Art. 412 OR Rz 44 ff.

Preis nicht vorher durch den Auftraggeber festgelegt wurde)[12]. Der einfache Nachweis von potentiellen Vertragspartnern führt hingegen nicht zu einer Haftung des Maklers. Da der Maklerlohn grundsätzlich vom Abschluss des Vertrags abhängt, und der Auftraggeber unter Vorbehalt des Rechtsmissbrauchs nicht verpflichtet ist, mit einer vermittelten Partei zu kontrahieren, kann der Auftraggeber, welcher seinen Vertrag alleine mit einem vom Makler vermittelten Klienten verhandelt, dem Makler nicht ein Mangel in seiner Tätigkeit vorwerfen. Die Situationen in der Praxis sind jedoch oft komplex und verlangen eine Beurteilung der dem Makler übertragenen Rolle von Fall zu Fall.

## 2. Die Nebenleistungen

7 Die Maklerhaftung kann auch von einem andern, vom Makler in derselben Sache abgeschlossenen Vertrag als der Maklervertrag oder von einer atypischen Vertragsklausel im Maklervertrag selber herrühren. Dies ist der Fall, wenn der Makler sich verpflichtet, in der Angelegenheit, in welcher er als Makler auftritt, auch noch eine andere Aufgabe als die Maklerei im Sinne des Gesetzgebers zu übernehmen; so z.B. die «Prospekthaftung» (Haftung für korrekte Verkaufsunterlagen). Der Gesetzgeber hat sich nämlich auf den Nachweis und den Abschluss des Vertrags konzentriert (Art. 412 Abs. 1 OR).

8

Gutachter oder Stellvertreter
Expert ou représentant

In diesem Sinne kann der Makler seinem Auftraggeber (Immobilienverkäufer) aus Vertrag haften, wenn er ein schlechtes Gutachten betreffend des Wertes des Objekts ausstellt, welches er verkaufen soll, und wenn seinem Auftraggeber daraus einen Schaden erwächst, weil ein korrektes Gutachten einen Verkauf zu einem höheren Preis erlaubt hätte. Hier handelt es sich letzten Endes um die Verletzung einer angenommenen Verpflichtung, in diesem Falle jener des Maklers, seinen Auftraggeber sachgemäss zu beraten[13]. Eine weitere Annahme einer Haftung des Maklers für eine Nebentätigkeit aus seinem Vertrag: Der Makler, welcher seinen Auftraggeber während der Immobilientransaktion vertritt («Makler-Stellvertreter») kann für eventuelle Schäden im Zusammenhang mit dem Abschluss oder dem Inhalt des Vertrags haftbar gemacht werden. Derjenige Makler, welcher als Vertreter seines

---

[12] Zur Verletzung der Verpflichtung der sachgemässen Beratung und Information und der Maklerhaftung vgl. Rz 26 ff.
[13] Für mehrere Einzelheiten betreffend die Verletzung der Beratungspflicht vgl. Rz 24 ff.

Auftraggebers eine Immobilientransaktion abschliesst, muss also auch
darüber Gewissheit haben, ob sein Auftraggeber z.B. vor der Eintragung der Eigentumsübertragung eine Hinterlegung des Kaufpreises
verlangt hat; diese Verpflichtung ergibt sich aus seinen Sorgfaltspflichten als Immobilienfachmann. Derjenige Makler, welcher seinen
Auftraggeber und Verkäufer während der Transaktion vertritt, muss
denn die angemessenerweise verlangbaren Vorkehrungen treffen, damit
die Bezahlung im Interesse seines Auftraggebers garantiert wird. Bedauerlicherweise gibt es Fälle, in denen der vertretende Makler nur die
Bezahlung seiner eigenen Provision garantieren lässt, währenddem er
es vernachlässigt, für seinen Auftraggeber die Verkaufspreisgarantie zu
verlangen. Eine solche Situation kann die vertragliche Haftung des
Maklers gestützt auf den Nebenauftrag der Vertretung bei der Immobilientransaktion auslösen: In Ausführung einer solchen Aufgabe und bei
Fehlen entgegengesetzter Instruktionen seitens seines Auftraggebers
muss der Makler jene Vorkehrungen treffen, welche sich vernünftigerweise aufdrängen, um die wirtschaftlichen Interessen seines Auftraggebers zu schützen, und diese Vorkehrungen schliessen auch Garantien
bezüglich der Bezahlung mit ein. Im Hinblick auf die Informationspflicht des Makler-Stellvertreters seinem Auftraggeber gegenüber
in Bezug auf die Risiken einer Nicht-Bezahlung des Preises stellt sich
des weiteren die Frage, ob genannte Pflicht in einer solchen Situation
nicht auch die Haftung des Makler-Stellvertreters nach sich ziehen
könnte.

## B. Haftung für unerlaubte Handlung des Maklers (Art. 41 OR)

Art. 41 OR regelt die ausservertragliche Haftung (Deliktshaftung) des
Maklers. Folglich spielt sie nur eine Rolle im Falle des Fehlens eines
Vertrags zwischen dem Makler und der Person, welche behauptet,
durch ersteren einen Schaden erlitten zu haben. Diese Hypothese wird
nicht häufig auftreten, und dies aus zwei Gründen: Erstens kann der
Maklervertrag konkludent abgeschlossen werden – nämlich ohne dass
es zu einem formellen Willensaustausch zwischen dem Makler und

9
Wenig häufige
Annahme
Une hypothèse
peu fréquente

seinem Auftraggeber gekommen ist[14] – und die Frage nach einer allfälligen Deliktshaftung des Maklers stellt sich grundsätzlich nur, wenn das angerufene Gericht entscheidet, es liege kein Vertrag vor; zweitens kann der vom Dritten vorgebrachte Schaden sogar bei Fehlen eines Vertrags aus einer Verletzung des Vertrauensprinzips herrühren, und man wendet diesfalls die «Vertrauenshaftung» (vgl. dazu Rz 13 ff.) anstelle der traditionellen Deliktshaftung an.

10
In Konkurrenz zum Vertrag
En concours avec le contrat

Es sei jedoch darauf hingewiesen, dass einige Autoren die Anwendung von Art. 41 OR in Konkurrenz zur Vertragshaftung bejahen[15]; mit anderen Worten fällt der Makler zusätzlich zum Vertrag, welcher ihn mit seinem Auftraggeber verbindet und seine Pflichten definiert, unter eine äquilische Deliktshaftung letzterem gegenüber. In concreto wird sich die verletzte Partei nur auf die Haftungskonkurrenz zu ihren Gunsten berufen, wenn sie ihre Rechte aus Mängelhaftung (Kauf- oder Werkvertrag[16]) verloren hat oder im Falle einer objektiven Haftungsnorm, wo das Verschulden nicht mehr Tatbestandsmerkmal darstellt. Im Bereich der Immobilienmaklerei findet weder die erste, noch die zweite Annahme Anwendung. Für die durch einen Immobilienmakler geschädigte Partei scheint daher kein praktisches Interesse darin zu liegen, die Vertrags- und Deliktshafung in Konkurrenz anzuwenden.

11
Sehr indirekte Schäden
Les dommages très indirects

Die Fälle einer Anwendung der Haftung für unerlaubte Handlung beschränken sich daher auf die Annahme eines einem Dritten durch die Maklertätigkeit sehr indirekt zugefügten Schadens, wenn dieser Dritte nicht im Immobilienprojekt verwickelt ist, welches Grund der Maklertätigkeit ist. Uns ist kein publizierter Entscheid bekannt, welcher genau dieser Situation entspricht und Art. 41 OR anwendet. In Analogie kann der Fall des Immobiliengutachters genannt werden – Makler betätigen sich teilweise auch als Gutachter – welcher in seinem Bericht die Schlussfolgerungen eines vorhergehenden Gutachters herabsetzt und diesem ein Ansehens- und wirtschaftlicher Schaden (investierte Stunden, um auf das zweite Gutachten zu antworten) zufügt; das Ge-

---

[14] Für ein Beispiel des konkludenten Abschlusses des Maklervertrags vgl. den nicht publizierten Bundesgerichtsentscheid vom 6. Juni 2003 (SemJud 2004 I, 257 ff.) wo der Makler, nach Ablauf der im Vertrag festgesetzten Frist oder nach Widerruf des Auftrags seine Anstrengungen im Wissen des Auftraggebers fortsetzt, welcher ihn lassen macht. Für mehrere Einzelheiten zum Vertragsschluss vgl. Art. 412 Rz 26 ff.
[15] Zur Prüfung der Frage in Zusammenhang mit der Mängelgarantie im Werkvertrag vgl. WERRO, 68.
[16] Art. 197 ff. und 367 ff. OR.

richt beurteilte die Beziehung zwischen den beiden Gutachtern nach Art. 41 Abs. 2 OR[17].

Die Voraussetzungen einer Haftung nach Art. 41 OR sind bekannt: Schaden, unerlaubte Handlung, (adäquater) Kausalzusammenhang zwischen diesen beiden und ein Verschulden (üblicherweise Fahrlässigkeit, unabhängig von ihrer Schwere). Der Schaden und der Kausalzusammenhang sind ähnliche Voraussetzungen wie im Bereich der vertraglichen Haftung (vgl. dazu Rz 5 ff.). Das Verschulden bestimmt sich von Fall zu Fall, gemessen am Verhalten, welches von einem gewissenhaften und professionellen Makler erwartet werden darf; die Standesregeln der Schweizer Immobilienwirtschaft stellen in diesem Zusammenhang eine nützliche Grundlage dar[18]. Die Voraussetzung der unerlaubten Handlung schafft dem Antragssteller ein besonderes Hindernis für sein Vorgehen: die Maklertätigkeit kann in der Regel nur ein wirtschaftlicher Schaden erzeugen; nun wird diese Art von Schaden im schweizerischen Haftpflichtrecht jedoch nicht ersetzt, denn Art. 41 OR schützt nur die körperliche Integrität und das materielle Eigentum. So wurde im vorher zitierten, kantonalen Entscheid dem geschädigten Gutachter vom Gericht jegliche Entschädigung seiner Investitionen verweigert. Es empfiehlt sich aber, die Fälle vorzubehalten, bei welchen der Schaden von einem strafrechtlich relevanten Verhalten des Maklers resultiert (so im Falle der ungetreuen Geschäftsbesorgung, der Veruntreuung, des Betrugs, der Urkundenfälschung oder des falschen Gutachtens)[19]; die unerlaubte Handlung bestünde also in der einfachen Verletzung der strafrechtlichen Verhaltensnorm. Die Situation wäre identisch im Falle einer Verletzung durch den Makler von Pflichten oder Verboten, welche sich möglicherweise im auf diesen Beruf anwendbaren kantonalen Recht finden; in diesem Falle wäre die Figur der Vertrauenshaftung (vgl. dazu Rz 13 ff.) nicht mehr nützlich.

12
Voraussetzungen des Art. 41 OR
Conditions de l'art. 41 CO

---

[17] ZR 1996, 23 ff. (Verweigerung des Schadenersatzes weil der Gutachter nicht vorsätzlich gehandelt hat).
[18] Siehe Anhang I.
[19] Beziehungsweise die Art. 158, 138, 146, 251 und 307 StGB.

## C. Vertrauenshaftung

13
Haftungs-
grundlage
Chef de
responsabilité

Die auf dem enttäuschten Vertrauen basierende Haftungsgrundlage umfasst die culpa in contrahendo und andere, analoge Tatbestände. Es handelt sich um Konkretisierungen des Prinzips von Treu und Glaube im Sinne des Art. 2 ZGB. Beide Tatbestände können eine Haftung des Maklers begründen.

### 1. Das erweckte Vertrauen dem Auftraggeber gegenüber

14
Ein ungewis-
ser Vertrag
Un contrat
incertain

Das durch den Makler erweckte Vertrauen kann bestehen in Bezug auf den Auftraggeber oder den Quasi-Auftraggeber. In der Praxis wird die culpa in contrahendo geltend gemacht, wenn hinsichtlich der Gültigkeit des Maklervertrags Zweifel bestehen, oder wenn feststeht, dass kein Vertrag abgeschlossen worden ist[20].

15
Grundlage:
Treu und
Glaube
Fondement: la
bonne foi

In diesen Fällen befinden sich der Makler und sein Auftraggeber in einer vorvertraglichen Beziehung, welche in der Lage ist, ein Haftungsfall des einen oder anderen auszulösen, je nachdem welcher der Partner seine vorvertraglichen Pflichten verletzt. Diese Pflichten basieren auf dem Prinzip von Treu und Glaube, welches die Vorverhandlungen zu einem Vertrag beherrschen muss; zur Hauptsache handelt es sich darum, sich gegenseitig über alle erheblichen Umstände im Hinblick auf einen erwarteten, zukünftigen Vertragsschluss zu informieren und ernsthaft zu verhandeln[21]. Die Lehre hat namentlich die Hypothese der Auftraggeberhaftung untersucht, in welcher dieser dem Makler eine erhebliche Tatsache vorspiegelt, welche den Vertragsabschluss sehr schwierig oder gar unmöglich machen wird, wie z.B. die Weigerung der Einwilligung des Ehepartners zum Verkauf der Liegenschaft, oder die Tatsache, dass die Immobilie aufgrund eines Baumangels ihre Attraktivität verliert[22].

---

[20] Für eine nicht publizierte Rechtsprechung bei welcher die culpa in contrahendo vom kantonalen Gericht verneint wurde: Bundesgerichtsentscheid vom 16. Juni 2004, N 4C.115/2004, E. 4.
[21] GAUCH/SCHLUEP/SCHMID/REY, N 963 ff.
[22] SCHÜRMANN, 240 ff.

## 2. Das erweckte Vertrauen Dritten und der Öffentlichkeit gegenüber

### a. Grundsatz

Der Makler kann auch gegenüber einem Dritten, welcher nicht sein Auftraggeber ist, haften, wenn er dessen Vertrauen erweckt. Nach den Regeln der culpa in contrahendo kann ein Dritter für einen Schaden verantwortlich gemacht werden, wenn er die Verhandlungen eines Vertrags – obwohl er nicht Vertragspartei ist – beeinflusst hat[23]. In einem Entscheid vom Dezember 2003 hat das Bundesgericht folglich angenommen, dass ein vom Verkäufer der Immobilie beauftragter, als Gutachter agierender Architekt gegenüber vom Gutachtervertrag unabhängigen Dritten (Käufer) aufgrund des durch das Sachverständigengutachten erweckten Vertrauens haften kann. In diesem Zusammenhang genügt es, «dass die in Anspruch genommene Person explizit oder normativ zurechenbar kundgetan hat, für die Richtigkeit bestimmter Äusserungen einzustehen und der Ansprecher im berechtigten Vertrauen darauf Anordnungen getroffen hat, die ihm zum Schaden gereichten»[24].

16
Vertrauen Dritten gegenüber
Confiance vis-à-vis des tiers

Diese Überlegungen gelten auch für den Makler. Es ist in der Tat einfach, sich mutatis mutandis eine Situation vorzustellen, wo ein Käufer dem Makler eine Verletzung des von letzterem erweckten Vertrauens vorwerfen könnte. Um eine Immobilie attraktiv zu machen, die Wahrscheinlichkeit eines Geschäftsabschlusses zu vergrössern und somit seine Entlöhnung zu erhalten, wird der Makler geneigt sein, ihre Stärken zu preisen und ihre Schwächen zu verschweigen, besonders in der Werbung und in den Verkaufsunterlagen. Sicherlich weiss jeder Käufer, welcher sich an den Makler wendet, dass dieser oft ein raffinierter Verkäufer ist. Dazu kommt, dass es nicht an sich verboten ist, eine Immobilie zur Geltung zu bringen, damit die Verkaufswahrscheinlichkeit erhöht wird, und letzten Endes die Interessen seines Auftraggebers maximal zu privilegieren. Die Grenze des zulässigen Verhaltens in Bezug auf die Haftung sollte demgemäss mit der Grenze zwischen der Förderung der Interessen des Auftraggebers und der Pflicht zur Objektivität in der Vorführung der Immobilie zusammenfallen.

17
Im Immobiliengeschäft
En promotion immobilière

---

[23] WALTER H. P., 156 und die dort zitierten Hinweise.
[24] BGE 130 III 350 E. 2.2.

**18**
Schadenseintritt
Survenance du dommage

Die Frage der Maklerhaftung stellt sich jedenfalls dann, wenn der Makler durch eine vorsätzlich unlautere oder nachlässige Vorführung der Immobilie beim Vertragspartner seines Auftraggebers einen Schaden hervorruft. Durch die Begeisterung des Maklers in seinem Vertrauen gestärkt oder durch unlautere Vorgehensweisen in der Werbung getäuscht, könnte sich der Vertragspartner beispielsweise als Eigentümer einer im rechtlichen Sinne mangelhaften Immobilie, d.h. bei welcher die Eigenschaften von den vom Makler versprochenen abweichen, wieder finden.

### b. Einwände

**19** Ein solcher Fall ruft vielfach ein Dreier-Prozess hervor: die beiden Vertragsparteien und der Makler, dessen Rechtsstatus im Verfahren von Kanton zu Kanton variieren kann[25]. Der in einen solchen Prozess verwickelte Makler kann je nach Situation zwei Einwände zu seiner Verteidigung geltend machen: das Bestehen einer ihm übertragenen Vertretungsbefugnis (a) und das Fehlen einer generellen, vorvertraglichen Informationspflicht (b).

**20**
Vertretung des Klienten?
Représentation du client?

(a) Insofern, als die Unterhandlung zwischen dem Vertragspartner und dem Makler der Erfüllung des Maklervertrags entspricht und wenn der Makler den Verkäufer vertritt, kann der vertretende Makler zuerst das Vorliegen einer mit dem Maklervertrag verbundenen Vertretungsbefugnis vorbringen. Wenn der Makler die ihm von seinem Auftraggeber übertragene Befugnis nicht überschritten hat, werden die Folgen des Vertrags vom vertretenen Auftraggeber, Klient des Maklers, aufgrund der Stellvertretung getragen. Überschreitet jedoch der Makler die ihm vom Klienten übertragene Vertretungsbefugnis, und liegt keine Genehmigung des letzteren vor, hat der Makler den zugefügten Schaden selber zu tragen (Art. 39 OR)[26].

**21**
Generelle Informationspflicht?
Devoir général d'information

(b) Im Fehlen einer besonderen gesetzlichen Vorschrift trifft den Makler keine generelle Informationspflicht betreffend die Geschäftsrisiken für all jene Dritte, welche sich an ihn wenden und welche der Makler auf einer seiner Auftraggeber-Klienten lenkt[27]. Insoweit, als

---

[25] Vgl. dazu Rz 35 ff.
[26] GAUCH/SCHLUEP/SCHMID/REY, N 1420.
[27] Für eine solche Pflicht vgl. die Art. 4 und 5 des BG über Pauschalreisen vom 18. Juni 1993 (SR 944.3).

sich der Makler als solcher zu erkennen gegeben hat, wird angenommen, dass ein interessierter Dritter weiss, das die wesentlichen Informationen betreffend das Vertragsobjekt (der Immobilie selber) direkt beim Auftraggeber (Eigentümer oder Verwalter) eingeholt werden müssen und können. Der Vertragspartner hat also im Allgemeinen keinen erkenntlichen Informationsbedarf, letzterer ist aber gerade eine Voraussetzung der auf Art. 2 ZGB beruhenden vorvertraglichen Informationspflicht[28].

In der praktischen Beurteilung eines Falles der Haftung Dritten gegenüber müssen noch zwei Kriterien berücksichtigt werden: Erstens ist es nicht unmöglich, dass zwischen dem Makler und dem Dritten ein Vertrag geschlossen wurde, allenfalls auch durch konkludentes Handeln. Dies ist im Besonderen bei der Doppelvertretung der Fall, bei welcher sich der Makler einer strengeren Vertragshaftung ausgesetzt sehen könnte, berücksichtigt man das Bestehen zweier Verträge, welche je Treue- und Sorgfaltspflichten hervorrufen und die entsprechende Verantwortung nach sich ziehen. Das Bundesgericht hat bestimmt, wann es für den Makler angezeigt ist, das Bestehen dieser Doppelvertretung seinen Auftraggebern mitzuteilen[29].

22
Doppelvertretung
Double représentation

Zweitens kann sich der Makler durch die konkreten Umstände gezwungen sehen, jedem Klienten und der Öffentlichkeit gegenüber, welche sich an ihn wenden, eine generelle und objektive Beratungs- und Informationstätigkeit zu entfalten. In dieser Hinsicht wird die Idee verteidigt, nach welcher die schlichte Tatsache, ein Immobilienmakler zu sein, ein besonderes, verantwortungserzeugendes Vertrauen erweckt, wenn man sich die wirtschaftliche Wichtigkeit der Leistungen des Immobilienmaklers vor Augen führt[30]. Dieser Beruf macht sich in der Tat eine Verhaltensrichtlinie zunutze, besonders die Makler, welche dem Schweizerischen Verband der Immobilienwirtschaft SVIT angehören, und somit an dessen Standesregeln gebunden sind, und einer anhaltenden qualitativ hochstehenden Weiterbildung folgen müssen[31]. Insofern, als der angeschlossene Makler sich bereitwillig auf den Verband, dem er angehört, bezieht, und ihm diese Mitgliedschaft eine zu-

23
Dem Makler anhaftendes Vertrauen
Confiance inhérente au courtier

---

[28] Zu den weiteren Voraussetzungen vgl. HARTMANN, N 62 ff.
[29] BGE 111 II 369.
[30] Präambel der Standesregeln des SVIT (Anhang I).
[31] Vgl. hiezu namentlich den Art. 2 Abs. 3 der Standesregeln des SVIT: «Mitglieder des SVIT Schweiz nehmen Abstand von unlauteren und sittenwidrigen Verhaltensweisen, die dem Ansehen des Berufstandes schaden könnten.» (Anhang I).

sätzliche Referenz verschafft, stellt sich namentlich die Frage, ob das durch die Mitgliedschaft und durch die Bezugnahme auf die Standesordnung (z.B. die Standesregeln des SVIT) erweckte Vertrauen eine Informationspflicht der Öffentlichkeit gegenüber auszulösen vermag; diese Frage rechtfertigt sich im Besonderen dann, wenn die Schwäche eines älteren oder kranken Verkäufers oder eines unerfahrenen Käufers einen besonderen Schutz und eine umfassendere Informationspflicht notwendig macht[32].

## III. Drei spezifische Fälle im Einzelnen

## A. Die Verletzung der Verpflichtung der sachgemässen Beratung und Information

24

Tragweite der Plicht

Portée du devoir

Die Lehre legt dem Immobilienmakler eine Informationsnebenpflicht gegenüber seinem Auftraggeber auf[33]. Diese Informationspflicht beinhaltet erstens die Pflicht des Maklers, seinem Auftraggeber alle ihm bekannten Tatsachen, welche das Geschäft oder einen potentiellen Kunden betreffen, mitzuteilen. Es handelt sich besonderermassen um Tatsachen, welche für die Entscheidung des Auftraggebers, den angezielten Vertrag abzuschliessen oder nicht, entscheidend sind. Für Tatsachen, über deren Bestehen der Makler nichts weiss, hat dieser grundsätzlich keine Nachforschungspflicht. Es genügt, seinen Auftraggeber zu informieren, wenn er über diese oder jene unbekannte Tatsache, welche seinem Auftraggeber einen Schaden zufügen könnte, im Zweifel ist; das Bundesgericht hat das Ausmass dieser Pflicht beim Bestehen von Zweifeln an der Solvenz des Vertragspartners präzisiert[34]. Die Tatsache, dass der Auftraggeber grundsätzlich alleine Partei des Immobiliengeschäfts ist, rechtfertigt diese Lösung: Die Nachforschungen betreffend die Ausführung des Geschäfts selber (Kauf oder Miete) sind in erster Linie Sache der an diesem Vertrag beteiligten Parteien.

---

[32] Vgl. dazu die folgenden Ausführungen betreffend die Informationspflichten, Rz 24 ff.
[33] Zu dieser Pflicht vgl. Art. 412 OR Rz 48 ff.
[34] BGE 110 II 277; vgl. dazu Art. 412 OR Rz 49.

Ebenso besteht eine Informationspflicht in Bezug auf allfällige Risiken, welche mit einem Immobiliengeschäft einhergehen: Derjenige, der weiss, dass eine durch ihn geschaffene Rechtslage unklar ist, muss die Aufmerksamkeit seines Vertragspartners darauf lenken[35]. Die Lehre hat auch das Gewicht dieser Pflicht im Verhältnis zum mehr oder weniger risikoreichen Geschäftscharakter differenziert (so für Finanzinvestitionen)[36]. Wendet man diesen Grundsatz auf die Maklertätigkeit an, bedeutet dies, dass der Makler seine Klienten auf Umstände und Risiken, welche den vorgeschlagenen Vertragspartner oder/und den verhandelten Vertragsinhalt charakterisieren, aufmerksam machen muss.

25
Generelle Geschäftsrisiken
Risques généraux de la transaction

Was die Beratungspflicht betrifft, wird deren Ausmass von der vom Makler erwarteten Tätigkeit abhängen. So wird eine echte Beratung hinsichtlich der Immobilienverwaltung, der Geldanlage oder der steuerrechtlichen Folgen des Immobiliengeschäfts in der Maklerei als eigene Leistung gelten können. Wenn dieser Ratschlag in Verletzung der vom Beauftragten erwarteten Sorgfalt gegeben wird, haftet dieser sogar in den Fällen, in welchen der Ratschlag nur ein Nebenbestandteil der eigentlicher Maklertätigkeit darstellt.

26
Andere Beratung
Les autres conseils

Es bleibt noch darzulegen, dass die Haftung des Maklers für die Verletzung seiner Verpflichtung der sachgemässen Beratung und Information durch das Verhalten anderer Personen herabgesetzt oder sogar wegfallen kann. Die freiberuflichen Notare stehen hier im Zentrum: Als unabhängige Träger eines öffentlichen Amtes haben auch sie eine Verpflichtung zur sachgemässen Beratung und Information[37]; die kantonalen Gesetzgebungen betonen dies in der Regelung des Notarstands als liberalen Beruf ausdrücklich[38]. Vernachlässigen beide der Makler und der Notar ihre Pflichten, so fällt eine Mitverantwortlichkeit in Betracht[39].

27
Beratung des Notars
Les conseils du notaire

Der Auftraggeber kann des Weiteren dem Makler nicht vorwerfen, er habe gewisse Tatsachen nicht gekannt, wenn er es selber unterlassen hatte, sie ihm mitzuteilen, oder wenn er ihm falsche Angaben gemacht hatte. In dieser Hinsicht hat der Makler nur eine Nachprüfungspflicht

28
Nachprüfungspflicht?
Devoir de vérification?

---

35 BGE 83 II 150; BGE 129 III 611.
36 Vgl. dazu Art. 412 OR Rz 49.
37 Zur Rechtsberatungspflicht vgl. u.a. BRÜCKNER, N 1783 ff; RUF Peter, N 931 ff.
38 Vgl. z.B. Art. 30 des Bernischen Notariatsgesetzes vom 28. August 1980 (Berner Gesetzessammlung, 169.11).
39 Zur Prüfung dieser Frage in Bezug auf die Haftung des Notars vgl. MÜLLER L., 275 ff.

betreffend die von seinem Auftraggeber erteilten Angaben, wenn ihm deren Wahrheitsgehalt zweifelhaft erscheinen müsste. Wenn die vom Auftraggeber erteilten Angaben für sich genommen völlig realistisch erscheinen, hat der Makler grundsätzlich keine Pflicht, ihren Wahrheitsgehalt zu überprüfen, und dies auch, wenn er die «professionelle» Vertragspartei darstellt[40].

**29**
Schutz der Öffentlichkeit?
Protection du public?

Wie schon dargelegt, existiert eine Informations- oder sogar eine Beratungspflicht anderen als dem Auftraggeber gegenüber nur in ganz speziellen Fällen[41]. Etwas anderes anzunehmen würde bedeuten, eine Informationspflicht der Öffentlichkeit gegenüber zu verallgemeinern, was im aktuellen schweizerischen Rechtssystem nicht der Fall ist. Es ist jedoch möglich, dass das kantonale Recht oder Standesregeln eine solche allgemeine Pflicht zur Entstehung bringen würden, wie sie für den Makler dem Auftraggeber gegenüber besteht. Dies ist z.B. für die Standesregeln des Verbands der Immobilienmakler von Québec (Association des courtiers et agents immobiliers du Québec) der Fall; Art. 26 dieser Standesordnung legt fest, dass der Makler «seine Klienten und all die von Art. 1 des Gesetzes (Es handelt sich um das Gesetz betreffend die Immobilienmaklerei, Kapitel C-73.1) anvisierten Geschäftsparteien zu beraten und zu informieren. Diese Pflicht bezieht sich auf die Gesamtheit der für das Geschäft und dessen Gegenstand erheblichen Tatsachen und muss ohne Übertreibung, Verschleierung oder Falschdeklaration erfüllt werden.»[42]. Die kanadische Lehre weist auf folgende, aus der Rechtssprechung stammenden Beispiele: Verschleierung von Streitigkeiten um den Zutritt; Unkenntnis des Verkäufers über defekte Holzfundamente doch Kenntnis des Mangels durch den Makler; Unterlassen des Vorschlags eines Tausches anstelle eines Doppelkaufs, welcher eine erhöhte Maklerprovision nach sich zieht; falscher Ratschlag betreffend die Übertragbarkeit eines Milchkontin-

---

[40] Für eine abweichende Meinung siehe BARSALOU, Jurisprudence récente sur l'obligation de vérification, d'information et de conseil du courtier immobilier, 5 (verfügbar unter http:// www.barreau.qc.ca/congres/2001/immobilier.html).
[41] Vgl. dazu Rz 16 ff.
[42] Zit. von BARSALOU, 5; zu dieser Frage siehe ebenfalls die Interpretation des Verwalters der ACAIQ (Association des courtiers et agents immobiliers du Québec) von 1994: «Dispositions en matière de publicité, de sollicitation de clientèle et de représentations par un membre» (http://www.acaiq.com).

gents i.V.m. dem Kauf eines landwirtschaftlichen Betriebs; defekte Klärgrube[43].

## B. Schlechte Vertragsverhandlung

Der Immobilienmakler haftet ebenfalls, wenn er mit der Verhandlung des Verkaufs, respektive der Vermietung, betraut ist, und er seinem Auftraggeber aufgrund eines Sorgfaltsmangels in dieser Verhandlung einen Schaden zufügt. Das Bundesgericht betont, dass von jenem Makler, welcher aktiv an der Vertragsverhandlung, -verfassung und -ausführung mitwirkt, erwartet werden kann, dass seine Handlungen die den Interessen seines Auftraggebers günstigsten sind, und dass er imstande ist, in fachlicher Hinsicht die seinem Kunden vorteilhafteste Lösung zu wählen. Folglich haftet der verhandelnde Makler, der eine Verkaufstechnik wählt, welche ungünstige Steuerfolgen für seinen Auftraggeber nach sich zieht[44].

30
Verhandlungs-Makler
Courtier-négociateur

Was die Bedingungen anbelangt, welche der Makler für den Verkauf der Immobilie vorschlägt, muss festgehalten werden, dass der Makler grundsätzlich ein Interesse daran hat, dass das von ihm vermittelte Geschäft sich verwirklicht; seine Entlöhnung hängt denn auch vom Abschluss des Vertrags ab. Eine schlechte Handhabung des latenten Konflikts zwischen seinen eigenen Interessen und denjenigen seines Auftraggebers könnte in der Folge den Makler dazu führen, seinen Klienten zu überzeugen, ein obwohl für letzteren unvorteilhaftes Geschäft abzuschliessen. Dieses Problem ist insbesondere in Bezug auf den Kaufpreis heikel: Die Treue- und Sorgfaltspflicht des Maklers schliesst mit ein, dass er einen Käufer sucht, der einen möglichst hohen Kaufpreis zu zahlen gewillt ist, oder einen Verkäufer, der zu einem möglichst tiefen Preis zu verkaufen bereit ist, falls der Auftraggeber keine Grenze angegeben hat.

31
Potentieller Interessenkonflikt
Conflit d'intérêts potentiel

Aber in der Praxis stösst der vom Auftraggeber erlittene, wirtschaftliche Schaden jedoch auf ein Beweisproblem, da sich die verschiedenen Transaktionen stark voneinander unterscheiden. Weiter ist der Markt intransparent und regional sowie in den verschiedenen Segmenten sehr

32
Umstände des Einzelfalls und Beweis
Circonstances du cas et preuve

---

[43] BARSALOU, 6 ff.
[44] Entscheid des Bundesgerichtes vom 31. Januar 1984, SemJud 1985, 69.

heterogen. Konkret müssten die Parteien auf eine oder mehrere Gutachten zurückgreifen, um den objektiven Wert des Gutes festzustellen. Sieht sich der Richter mit einer Schadensersatzklage konfrontiert, sollte er die verschiedenen Umstände des Einzelfalls in Betracht ziehen. Einer dieser Umstände scheint unseres Erachtens die Erfahrung des Auftraggebers hinsichtlich des Immobiliengeschäftes und seiner Kenntnisse des Marktes zu sein. Es versteht sich von selbst, dass ein von einem unerfahrenen Auftraggeber beauftragter Makler mit besonderer Sorgfalt seine Ratschläge erteilen sollte und die Verkaufsverhandlung mit der nötigen Vorbereitung und dem erforderlichen Geschick führen sollte.

## C. Schlechte Schätzung einer Immobilie

33
Schätzung durch den Makler
Estimation par un courtier

Der als Gutachter tätige Makler, welcher im Rahmen seines Auftrags eine Immobilie falsch schätzt, kann auch für dieses angefertigte Gutachten haftbar werden. Dies könnte vor allem der Fall sein, wenn der vom Makler gefundene Schätzwert tiefer als jener Preis liegt, welcher der Markt für die in Frage stehende Immobilie zu zahlen bereit gewesen wäre, und daher der Klient in Bezug auf den abgeschlossenen Kaufvertrag ein entgangener Gewinn ausweist.

34
Deutsche Rechtsprechung
Jurisprudence allemande

In der Praxis wird der Beweis dieses Schadens und des Kausalzusammenhangs eine schwierige Aufgabe für den Klienten darstellen, doch folgender deutsche Fall belegt, dass diese nicht unüberwindbar ist, sobald ein späterer Wiederverkauf den wahren Verkehrswert des Objekts feststellt.

> «Der beklagte Makler wird verurteilt, an den Verkäufer (Kläger) 45'000 DM nebst 4%-Zinsen während circa einem Jahr zu zahlen [...]
>
> Die Angabe des Maklers über einen Verkehrswert von 260'000 bis 270'000 DM war falsch. Das ergibt sich aus dem überzeugenden Verkehrswertgutachten des Sachverständigen. Der Sachverständige hat danach den Verkehrwert mit 305'000 DM bemessen, wobei die vom Makler dagegen erhobenen Bedenken schon deshalb nicht durchgreifen, weil der Zweitkäufer sogar 20'000 DM mehr für das Objekt zu zahlen bereit war, ohne dass es Anhaltspunkte dafür gibt, dass in der Zwischenzeit der Verkehrwert wesentlich gestiegen sein könnte. Dabei ist unerheblich, wie der genaue Zustand des Objekts zum Zeitpunkt des Verkaufs war. [...] Denn selbst die geschilderten Mängel waren jeden-

falls nicht so, dass sie geeignet sein konnten, einen erheblichen Einfluss auf den Verkehrswert in der Weise auszuüben, dass der vom sachverständigen ermittelte Verkehrswert fehlerhaft sein könnte. Denn der Zweitkäufer war bereit, die als Kaufpreis vereinbarten 325'000 DM trotz der auch von ihm beanstandeten Mängel zu zahlen. [...] Dass bei einem so ermittelten Verkehrwert im Verkaufsfall mit einer Spanne von +/– 10% beim Kaufpreis zu rechnen wäre, wie dies der Sachverständige zutreffend ausgeführt hat, ist mit den Händen zu greifen, weil der Verkaufspreis, auf den sich die Vertragsbeteiligten letztlich einigen von so vielen Imponderabilien abhängig ist, dass er nicht allein von dem objektiv anzunehmenden Verkehrswert bestimmt wird.

Das ändert nichts daran, dass der vom Makler dem Verkäufer genannte Spielraum von 260'000 bis 270'000 DM von der möglichen Spanne wesentlich abwich und nicht im Lichte des einem Makler zustehenden Beurteilungsspielraums gesehen werden kann. [...] Die Pflichtverletzung des Maklers ist danach auch schuldhaft erfolgt. Dass der Verkauf vom Verkäufer als besonders eilbedürftig dargestellt wurde, hat der Makler nicht substantiiert. [...] Der falsche Hinweis des Maklers über den Verkehrswert von 260'000 bis 270'000 DM war ursächlich für den Abschluss des Kaufvertrags durch den Verkäufer. Denn die Entscheidung, das ererbte Grundstück für 260'000 DM zu verkaufen, war von der falschen Auskunft beeinflusst worden, dass der Verkaufserlös von 260'000 bis 270'000 realistisch sei.

[...] Der Verkäufer kann nicht verlangen, so gestellt zu werden, wie er gestanden hätte, wenn er das Hausgrundstück an den Zweitkäufer für 325'000 DM weiterverkauft hätte. Denn durch den Verkauf an den Zweitverkäufer wurde der Ursachenzusammenhang unterbrochen. [...] Nach allem steht dem Verkäufer gegen den Makler die Differenz zwischen dem Kaufpreis von 260'000 DM und dem ermittelten Verkehrswert von 305'000 DM in Höhe von 45'000 DM ungeschmälert zu.»[45]

---

[45] Oberlandesgericht Schleswig-Holstein, Urteil 14 U 136/99 vom 2. Juni 1999 (www.jurawelt.com).

## IV. Die Prozessordnung

**35**
Verweise
Renvois

Das vorliegende Werk behandelt ausführlich die Ausführungsfragen betreffend den Gerichtsstand[46], die Schiedsgerichtsbarkeit[47] und die internationalprivatrechtlichen Aspekte[48] in den Fällen, in welchen der Maklervertrag ein Streitfall auslöst.

**36**
Zivilrechtliche
Streitigkeit
Contestation
civile

Ansonsten stellt die gegen den Immobilienmakler gerichtete Schadensersatzklage eine zivilrechtliche Streitigkeit dar. Als solche untersteht sie der Zivilgerichtsbarkeit; sie unterscheidet sich in diesem Sinne von der Haftung des unabhängigen Notars, welche entweder eine öffentlichrechtliche oder eine zivilrechtliche Streitigkeit darstellt, je nachdem, ob die schadensauslösende Tätigkeit des Notars eine amtliche war oder nicht. Alsdann steht für solche Streitigkeiten das Rechtsmittel der Berufung ans Bundesgericht zur Verfügung, wenn der Streitwert CHF 8'000 erreicht (Art. 46 OG).

**37**
Dreierprozess
Trois parties
au procès

In Funktion der Zahlungsfähigkeit der Parteien und der Möglichkeit, gegen den Makler eine Rückgriffsklage zu erheben, beteiligen sich am Prozess drei Parteien: der Makler, sein Auftraggeber und der Vertragspartner des Auftraggebers. Auch der unabhängige Notar kann daran beteiligt sein, wenn es gemäss kantonalem Recht möglich ist, gegen ihn einen akzessorischen Prozess zu führen, besonders in jenen Fällen, wo seine Haftung dem öffentlichen Recht untersteht; es wird in der Tat darum gehen, einer zivilrechtlichen Streitigkeit ein öffentlichrechtlicher Streitgrund beizufügen, im Falle der Haftung des Notars für seine amtliche Tätigkeit. Die Rechtsstellung der Parteien wird daher je nach Kanton und anwendbarem Verfahren variieren. In diesem Zusammenhang sind zu erwähnen: die rechtlichen Mittel der Intervention (Art. 65 des Vorentwurfs für eine Schweizerische Zivilprozessordnung)[49], der einfachen Streitverkündung (Art. 69 f.) und der Streitverkündung mit Klage (Art. 71 f.) sowie der «Drittintervention», welche je nach kanto-

---

[46] Vgl. dazu C § 5.
[47] Vgl. dazu C § 7.
[48] Vgl. dazu C § 6.
[49] Vorentwurf der Expertenkommission und Begleitbericht für eine Schweizerische Zivilprozessordnung. Die Vernehmlassung dauerte vom 8. Juli bis zum 31. Dezember 2003 (BBl 2003 4844 – Text verfügbar auf der Internetseite des Bundesamts für Justiz).

naler Rechtsordnung existieren, um dem Dritten zu erlauben oder ihn zu zwingen, sich am Prozess zu beteiligen.

In Bezug auf die Haftungsansprüche des Auftraggebers dem Makler gegenüber kann der dem Makler geschuldete Lohn mit dem Schadensersatzanspruch, welcher der Auftraggeber gegen ihn hat, verrechnet werden. Auf der Basis von Art. 415 OR anerkennt die Lehre denn auch, dass die Lohnforderung nicht schon auf der alleinigen Tatsache, dass der Beauftragte seine Vertragspflichten verletzt hat, verloren geht, vorbehalten bleiben die in Art. 415 OR explizit genannten Fälle[50]. Da die Parteien ja dieselben sind, könnte die Verrechnung nach Art. 120 OR geltend gemacht werden. Es muss jedoch auf die Tatsache geachtet werden, dass einerseits die Verrechnung durch Vertrag wegbedungen werden kann, und dass andererseits die Existenz einer Schiedsklausel betreffend der eine oder andere Anspruch die Verrechnungsmöglichkeit ausschliessen könnte[51].

38
Verrechnung
Compensation

## V. Fazit

Für sich genommen ist die Tätigkeit des Immobilienmaklers aus schadenersatzrechtlicher Sichtweise Dritten gegenüber nicht risikobeladen: Der Makler schuldet keinen Erfolg, und das einzige Risiko, welches er eingeht, ist vor allem ein wirtschaftliches, und zwar jenes, für die Ausgaben und die investierte Zeit für die Suche von Vertragspartner für seinen Klienten nicht bezahlt zu werden. Im Übrigen kann er dieses Risiko mit verschiedenen Mitteln verringern, wie z.B. Exklusivklauseln, Rückvergütungsgarantie der Auslagen oder Provisionsvorauszahlungen.

39
Wenige typische Risiken
Peu de risques typiques

Das Problem ist jedoch dies, dass für die Zufriedenstellung einer immer anspruchsvoller werdenden und teilweise älteren Klientel und gegenüber komplexen, immobilienbezogenen Fragen und oft abwesenden oder geografisch weit entfernten Kunden die Makler für andere, auftragsbezogene Tätigkeiten herbeigezogen werden, wie die Schätzung

40
Risikoreiche Nebentätigkeiten
Activités annexes à risque

---

[50] Vgl. dazu Art. 415 OR Rz 2 und die dortigen Hinweise.
[51] GAUCH/SCHLUEP/SCHMID/REY, N 3348.

einer Immobilie, die (Geld)Anlageberatung oder die Stellvertretung der Geschäftsparteien. Als Vermögensverwalter, Berater, Gutachter oder Organ einer juristischen Person agierend haftet der Makler somit wie ein gewöhnlicher Beauftragter für Informationslücken, falsche Auskünfte, enttäuschtes Vertrauen oder unangemessene Ratschläge.

<small>41
Praktische Ratschläge
Conseils pratiques</small>

Den Maklern sind mehrere Möglichkeiten bekannt, um sich vor allfälligen Haftungsklagen zu schützen. Zur ersteren zählen die regelmässige Aus- und Weiterbildung. Die zweite stellt die Ausübung einer gewissen Zurückhaltung dar in den fachlichen oder rechtlichen Bereichen, besonders wenn sie der Makler nicht gut kennt. Falls nötig, wird er auf die Dienstleistungen eines Experten in dem in Frage stehenden Bereich greifen. Die dritte Möglichkeit ist jene, mit dem Auftraggeber die Vertragspflichten zu formulieren, damit der Makler genaustens über die durch seinen Auftraggeber festgelegten Grenzen seiner Tätigkeit Bescheid weiss. Endlich muss der Makler sehr auf gegenwärtige und potentielle Interessenkonflikte achten, damit jeder Klient, welcher sich an einen Makler wendet, unabhängige Dienstleistungen und Ratschläge erhalten kann; die Berufsstandards im Dienstleistungssektor setzen inskünftig eine erhöhte Wichtigkeit auf Interessenkonflikte wie die Art. 4 und 8 der Standesregeln des SVIT belegen. Die Unabhängigkeit stellt immer eine unverzichtbare Voraussetzung für eine qualitativ hochstehende Beratung dar.

# § 3 Die Sorgfaltspflichten des Maklers unter dem Bundesgesetz zur Bekämpfung der Geldwäscherei im Finanzsektor (GwG)

## Inhaltsverzeichnis                                                                 Rz

| | |
|---|---|
| **I. Der Geltungsbereich des GwG** | 1 |
| A. Einleitung | 1 |
| B. Personeller und sachlicher Geltungsbereich des GwG | 2 |
| C. Die Unterstellung des Maklers unter das GwG | 6 |
|     1. Allgemeine Bemerkungen | 6 |
|     2. Spezifische Maklertätigkeiten | 9 |
| **II. Die Sorgfaltspflichten des Maklers nach dem GwG** | 12 |
| A. Übersicht | 12 |
| B. Die Sorgfaltspflichten im Einzelnen | 16 |
|     1. Die Pflicht zur Identifizierung der Vertragspartei | 16 |
|     2. Die Pflicht zur Feststellung der wirtschaftlich berechtigten Person | 20 |
|     3. Erneute Identifizierung oder Feststellung der wirtschaftlich berechtigten Person | 24 |
|     4. Besondere Abklärungspflicht | 27 |
|     5. Dokumentationspflicht | 31 |
|     6. Organisatorische Massnahmen | 36 |

## Table des matières                                                                 N°

| | |
|---|---|
| **I. Le champ d'application de la LBA** | 1 |
| A. Introduction | 1 |
| B. Le champ d'application personnel et matériel de la LBA | 2 |
| C. L'assujettissement du courtier à la LBA | 6 |
|     1. Les remarques générales | 6 |
|     2. Les activités spécifiques du courtier | 9 |
| **II. Les devoirs de diligence du courtier d'après la LBA** | 12 |
| A. Un aperçu | 12 |
| B. Les différents devoirs de diligence | 16 |
|     1. Le devoir d'identifier la partie contractante | 16 |
|     2. Le devoir d'identifier l'ayant droit économique | 20 |
|     3. Le renouvellement de l'identification ou de la constatation de l'ayant droit économique | 24 |

4. Les obligations particulières de clarification 27
5. Les devoirs relatifs à la documentation 31
6. Les mesures organisationnelles 36

**Materialienverzeichnis**

Botschaft zum Bundesgesetz zur Bekämpfung der Geldwäscherei im Finanzsektor (Geldwäschereigesetz, GwG), BBl 1996 III 1101 ff.; Richtlinie 2001/97/EG des Europäischen Parlamentes und des Rates vom 04.12.2001 zur Änderung der Richtlinie 91/308/EWG des Rates zur Verhinderung der Nutzung des Finanzsystems zum Zwecke der Geldwäsche, Amtsblatt Nr. L 344 vom 28.12.2002, 76 ff.; Jahresberichte 2002 und 2003 der Kontrollstelle für die Bekämpfung der Geldwäscherei im EFD; Entscheid der Kontrollstelle für die Bekämpfung der Geldwäscherei im EFD betreffend Tätigkeit auf dem Finanzsektor als Voraussetzung einer Unterstellung unter das GwG über die Generalklausel von Art. 2 Abs. 3 GwG vom 4.11.2003 und betreffend die Nichtunterstellung der Inkassotätigkeit vom 22.04.2003; Rundschreiben der EBK vom 01.07.1998: Erläuterungen zum Begriff Effektenhändler.

# I. Der Geltungsbereich des GwG

## A. Einleitung

1
Finanzintermediär
Intermédiaire financier

Der Anwendungsbereich des Maklervertrags ist umfassend. Die Tätigkeit eines Maklers kann sich auf die Vermittlung von Geschäften der verschiedensten Art beziehen[1]. Das GwG hingegen deckt gemäss seinem Titel Tätigkeiten im Finanzsektor ab, die sich überdies, wie sich aus der Interpretation des Gesetzestexts ergibt, als «Finanzintermediation» charakterisieren lassen. Bevor erläutert wird, welche Makler als Finanzintermediäre im Finanzsektor sich an die Bestimmungen des GwG über die Sorgfaltspflichten des Finanzintermediärs zu halten haben, muss deshalb geprüft werden, inwiefern und inwieweit die Tä-

---

[1] BSK-AMMANN, N 4 zu Art. 412 OR.

tigkeit eines Maklers überhaupt als Finanzintermediation im Sinne des GwG bezeichnet werden kann.

## B. Personeller und sachlicher Geltungsbereich des GwG

Das GwG gilt für alle Finanzintermediäre, die Im Sinne von Art. 2 Abs. 2 und 3 im Finanzsektor Schweiz tätig sind[2]. Eine Legaldefinition des Begriffs Finanzintermediär fehlt nun freilich[3]. Diese gesetzgeberische Unschärfe entspricht indessen durchaus dem Willen des Gesetzgebers. In der bundesrätlichen Botschaft wird darauf hingewiesen, dass eine Erweiterung des personellen Geltungsbereichs des GwG durchaus denkbar wäre, wenn sich herausstellen sollte, dass auch in anderen Bereichen des Dienstleistungssektors (sc. ausserhalb des Finanzsektors) Geldwäscherei betrieben wird[4]. Aufgeführt werden als Beispiele der Liegenschaften-, Antiquitäten-, Kunst- und Pferdehandel. Mit dem Einbezug dieser Branchen würde freilich der sachliche Geltungsbereich des GwG erheblich geändert, da nicht mehr von der Bekämpfung der Geldwäscherei im Finanzsektor die Rede sein könnte, sondern wohl jede Tätigkeit in irgendeinem Bereich unseres Wirtschaftslebens einbezogen werden müsste[5]. Geld gewaschen werden kann überall, wo Waren oder Dienstleistungen gegen Entgelt bezogen werden können. Von daher sollte es im Interesse einer vernünftigen und zweckgebundenen Regulierung nahe liegen, das GwG auf Finanzdienstleistungen im Sinne der Mitwirkung an einem Finanzgeschäft im Finanzsektor einzugrenzen. Dies sollte mit Blick auf die jeweilige Tätigkeit nach objektiven Massstäben, nicht aufgrund von Absichten der Beteiligten oder einer wie auch immer gearteten Risikoeignung entschieden werden.

2

Die betroffenen Sektoren
Les secteurs concernés

---

[2] DE CAPITANI, in: SCHMID, N 3. zu Art. 2 GwG.
[3] GRABER, N 2 zu Art. 2 GwG.
[4] BBl 1996 III 1116.
[5] SCHMID, N 70 zu Art. 305ter, FN 204: Würde man von der Eignung einer Geschäftstätigkeit als Geldwascheinrichtung ausgehen, müssten angesichts berühmter Fälle der jüngeren Vergangenheit auch z.B. die Betreiber von Restaurants (etwa die berühmte Pizza-Connection, vgl. BERNASCONI, 30 ff.) als Finanzdienstleister i.S.v. 305 ter gelten StGB.

| | |
|---|---|
| 3<br>Präzisierungen des Gesetzestexts<br>Précisions du texte légal | Das GwG bedient sich zur Erläuterung des Ausdrucks «Finanzintermediär» zweier Methoden[6]. In Art. 2 Abs. 2 GwG werden fünf Berufsgruppen aufgezählt, die aufgrund von Spezialgesetzen behördlicher Aufsicht unterstellt sind. Art. 2 Abs. 3 GwG umschreibt demgegenüber eine Anzahl von Tätigkeiten, die denjenigen, der sie berufsmässig ausübt, zum Finanzintermediär werden lassen, der den Bestimmungen des GwG untersteht. Nach dieser Bestimmung sind Finanzintermediäre Personen, die berufsmässig fremde Vermögenswerte annehmen oder aufbewahren oder helfen, sie anzulegen oder zu übertragen. Es folgt eine beispielhafte Aufzählung verschiedener Tätigkeiten, auf welche diese Kriterien zutreffen. Trotzdem bleibt es schwierig, zu beurteilen, ob jemand dem Gesetz unterstellt ist oder nicht[7]. |
| 4<br>Der Finanzsektor<br>Le secteur financier | Voraussetzung einer Unterstellung unter das GwG nach Art. 2 Abs. 3 des Gesetzes ist grundsätzlich eine Tätigkeit auf dem Finanzsektor[8]. Allerdings wird auch der Begriff des Finanzsektors durch das Gesetz nicht definiert[9], sondern wird nur zur Abgrenzung des sachlichen Geltungsbereichs im Titel des Gesetzes angesprochen. Die in Art. 2 Abs. 3 lit. a bis g exemplifikativ aufgezählten Tätigkeiten vermögen bis zu einem gewissen Grad eine Orientierungshilfe zu bieten. Erwähnt werden das Kreditgeschäft, Dienstleistungen für den Zahlungsverkehr, Handel mit Banknoten, Münzen, Effekten, Devisen, Edelmetallen oder Derivaten, Vertrieb von Anlagefonds, Vermögensverwaltung oder Aufbewahren oder Anbieten von Effekten. Es geht also um banktypische oder doch bankähnliche Tätigkeiten, die jedoch ausserhalb des Bankensektors und damit auch ausserhalb der staatlichen Aufsicht über den Bankensektor erbracht werden können[10]. |
| 5<br>Art. 2 Abs. 3 (Generalklausel)<br>Art. 2 al. 3 (clause générale) | Massgebend für eine Unterstellung unter das GwG ist aber vor allem die Generalklausel von Art. 2 Abs. 3. Wer berufsmässig fremde Vermögenswerte annimmt, aufbewahrt, oder übertragen oder anlegen hilft, ist Finanzintermediär, d.h. dessen Tätigkeit ist als Finanzintermediati- |

---

[6] DE CAPITANI, in: SCHMID, N 22 zu Art. 2 GwG.
[7] THELESKLAF/WYSS/ZOLLINGER, N 12 zu Art. 3 GwG.
[8] DE CAPITANI, in: SCHMID, N 22 zu Art. 2 Abs. 3 GwG; SCHMID, N 69 und 74 zu Art. 305ter StGB.
[9] Informationsschreiben der Kontrollstelle vom 24. November 2003.
[10] GRABER, N 15 zu Art. 2 Abs. 3 GwG.

on zu verstehen. Tut er dies im Finanzsektor, untersteht er dem GwG[11]. Massgebend für die Definition des Finanzsektors müssen die zuvor aufgeführten Tätigkeiten sein, d.h. es muss sich auch bei den Tätigkeiten gemäss Generalklausel um solche handeln, die sich in den Rahmen der in Art. 2 Abs. 3 lit. a bis g GwG aufgeführten Tätigkeiten einordnen lassen.

## C. Die Unterstellung des Maklers unter das GwG

### 1. Allgemeine Bemerkungen

Gemäss Art. 412 OR besteht die Tätigkeit eines Maklers darin, auftragsgemäss gegen Vergütung Gelegenheit zum Abschluss eines Vertrags nachzuweisen oder den Abschluss eines Vertrags zu vermitteln. Es geht, mit anderen Worten, um die Vermittlung oder den Nachweis als tatsächlicher Dienst im Gegensatz zu den Rechtshandlungen der Vertretung oder Geschäftsführung[12]. Nach Abs. 2 von Art. 412 OR und auch nach der systematischen Einordnung im Gesetz zählen die Dienstleistungen des Maklers zu den auftragsrechtlich zu charakterisierenden Dienstleistungen, unabhängig von der Art der Verträge, die nachgewiesen oder vermittelt werden sollen. Das allgemeine Auftragsrecht findet aber nur Anwendung, soweit seine Bestimmungen mit der Natur des Maklervertrags vereinbar sind[13].

6
Ein besonderer Auftrag
Un mandat particulier

Wie zuvor gesagt, kann sich die Tätigkeit eines Maklers auf die Vermittlung und den Nachweis von Geschäften aller Art beziehen. Das OR selber enthält keine Einschränkungen. Weder dieses Gesetz noch das GwG geben indessen Anhaltspunkte dafür, ob und wann ein Makler als Finanzintermediär einzustufen ist und somit die Sorgfaltspflichten des GwG zu erfüllen hat. Das GwG nimmt auch nicht ausdrücklich auf irgendeine spezifische Maklertätigkeit Bezug. Daher

7
Makler und Intermediatiär
Courtier et intermédiaire

---

[11] THELESKLAF/WYSS/ZOLLINGER, N 14 zu Art. 2 GwG: «Letztlich sollen ganz einfach alle Fälle von Intermediation fremder Vermögenswerte im Finanzsektor erfasst werden.».
[12] GAUTSCHI, N 1a zu Art. 412 OR.
[13] GAUTSCHI, N 4a zu Art. 412 OR; BSK-AMMANN, N 16 zu Art. 412 OR.

muss aufgrund der konkreten Tätigkeit von Fall zu Fall bestimmt werden, ob die Tätigkeit des Maklers auf eine Finanzintermediation im Finanzsektor hinausläuft, sich mithin charakterisieren lässt als berufsmässiges Annehmen oder Aufbewahren fremder Vermögenswerte oder als Hilfe bei der Anlage oder Übertragung solcher Vermögenswerte. Für die reine Maklertätigkeit im Sinne des blossen Nachweises oder der Vermittlung von Gelegenheiten zum Geschäftsabschluss wird dies nicht zutreffen. Sind aber mit der Maklertätigkeit Finanzdienstleistungen für den Auftraggeber oder dessen Gegenpartei verbunden, die sich als Tätigkeiten im Sinne von Art. 2 Abs. 3 lit. a bis g GwG definieren lassen, und werden sie ebenso berufsmässig erbracht wie die reine Maklertätigkeit, muss eine Unterstellung unter das GwG zumindest geprüft werden.

*Makler und Intermediatiär / Courtier et intermédiaire*

8  Steht fest, dass der Makler als Finanzintermediär nach dem GwG zu gelten hat, so muss er sich entweder einer Selbstregulierungsorganisation im Sinne von Art. 24 ff. GwG anschliessen oder bei der Kontrollstelle für die Bekämpfung der Geldwäscherei um eine Bewilligung für die Ausübung seiner Tätigkeit nachsuchen (Art. 14 GwG). Eine aktuelle Liste der anerkannten Selbstregulierungsorganisationen wird auf der Homepage der Kontrollstelle nachgeführt[14].

## 2. Spezifische Maklertätigkeiten

*Börsenmakler / Courtier en bourse*

9  Dem Finanzsektor zuzuordnen sind primär Maklertätigkeiten im Banken-, Börsen- und Anlagefondsbereich sowie in der Vermögensverwaltung. Der in Art. 418 OR aufgeführte Börsenmakler freilich ist bedeutungslos, weil der Börsenhandel in der Schweiz keine Makler zulässt[15]. Hingegen hat sich ausserhalb des Börsenhandels die Funktion des Introducing Broker, des einführenden Brokers, aus dem angelsächsischen Raum herkommend, mittlerweile auch in der Schweiz etabliert. Zusammenfassend beurteilt, geht es bei der Tätigkeit des Introducing Broker um die Vermittlung von Effektengeschäften in der Schweiz für ausländische Effektenhändler. Im Einzelnen werden Geschäfte vermittelt und Aufträge weitergeleitet. Für diese Tätigkeit ist nach Art. 39 Abs. 1 Bst. a Ziff. 2 BEHV grundsätzlich eine Bewilligung erforder-

---

[14] http://www.gwg.admin.ch/d/institut/index.htm.
[15] BSK-AMMANN, N 1 zu Art. 418 OR.

## C. § 3. Die Sorgfaltspflichten des Maklers unter dem (GwG)

lich[16], wenn sie sich tatsächlich als Vertretung eines ausländischen Effektenhändlers charakterisieren lässt. Dies ist beispielsweise der Fall, wenn der ausländische Effektenhändler als Auftraggeber mit dem schweizerischen Unternehmen einen Exklusivvertretungsvertrag abschliesst. Tut er dies nicht und ermächtigt das Schweizer Unternehmen auch nicht anderweitig, seine, d.h. des ausländischen Effektenhändlers Firma zu brauchen, kann von einer bewilligungspflichtigen Vertretung nicht gesprochen werden. Dies trifft auch dann zu, wenn zwischen dem ausländischen Effektenhändler und dem Schweizer Unternehmen gar kein Vertrag abgeschlossen wurde. Die EBK kommt in diesem Zusammenhang zum Schluss, Vertretungen ausländischer Banken und Effektenhändler seien in der Schweiz dem GwG und der GwV EBK nicht unterstellt, wenn sich ihre Tätigkeiten auf eine reine Vertretertätigkeit im Sinne von Art. 2 Abs. 1 lit. b der Auslandbankenverordnung oder Art. 39 Abs. 1 lit. a Ziff. 2 der Börsenverordnung beschränken. Nur wenn ein Institut eine oder mehrere Tätigkeiten im Sinne von Art. 2 Abs. 3 GwG ausüben würde, sei es dem GwG unterstellt. Die Bewilligungspflicht allein kann also nicht massgebend sein dafür, die Tätigkeit des Introducing Broker als Finanzintermediation zu charakterisieren und dem GwG zu unterstellen. Bleibt sie auf eine reine Maklertätigkeit beschränkt, wird sie dem GwG nicht unterstehen, auch wenn sie bewilligungspflichtig sein sollte.

Anders verhält es sich bei anderen Vermittlern von Finanzdienstleistungen, beispielsweise Vermittlern von Krediten oder von spezifischen Anlageprodukten. Sieht man einmal vom spezialgesetzlich geregelten gewerbsmässigen Vertrieb von Anlagefonds ab, der gemäss Art. 22 AFG bewilligungspflichtig ist, so besteht in diesen Bereichen grundsätzlich keine spezialgesetzliche Beaufsichtigung. Definiert man Finanzintermediation als berufsmässiges Erbringen von Finanzdienstleistungen, als eigentliches Mitwirken an einem Finanzgeschäft im Gegensatz etwa zur blossen Beratung[17], wie dies die h.L. tut[18], dann fällt die blosse Vermittlertätigkeit gerade nicht darunter. Der Makler wirkt definitionsgemäss am Vertrag selber nicht mit, den er vermittelt oder bei dem er die Gelegenheit zum Abschluss nachgewiesen hat. Unterstützt er indessen die Abwicklung des Vertrags, indem er sich für bestimmte

10
Kredite und Anlagefonds
Crédits et fonds de placement

---

[16] EBK-RS 98/2: Erläuterungen zum Begriff Effektenhändler, vom 1. Juli 1998.
[17] Vgl. etwa den Hinweis in der bundesrätlichen Botschaft zum GwG, BBl 1996 III 1119.
[18] DE CAPITANI, in: SCHMID, N 32 ff. zu Art. 2 GwG; GRABER, N. 2 zu Art. 2 GwG.

Dienstleistungen für seinen Auftraggeber und dessen Gegenpartei zur Verfügung stellt, muss geprüft werden, ob seine Tätigkeit als Finanzintermediation einzustufen ist. Dies wird dann der Fall sein, wenn er Gelder von der einen Partei entgegennimmt und weiterleitet, immer vorausgesetzt, dass er dies berufsmässig tut, d.h. dass die entsprechende Finanzdienstleistung bei der Vertragsabwicklung regelmässig mit der beruflichen Tätigkeit eines Maklers verbunden ist. Stellt sich ein Makler ausnahmsweise für solche Dienstleistungen zur Verfügung, etwa weil er mit der einen Vertragspartei befreundet ist, wird es am Merkmal der Berufsmässigkeit fehlen und es liegt somit keine Finanzintermediation im Sinne des GwG vor[19]. Leitet der Makler Gelder, die er bei Dritten, etwa bei der Gegenpartei seines Auftraggebers, in Empfang nimmt, im Sinne eines Inkassomandats an seinen Auftraggeber weiter, liegt keine Finanzintermediation vor. Nur wenn die Gelder an einen Dritten weitergeleitet werden, handelt es sich nach der Praxis der Kontrollstelle für Geldwäschereibekämpfung um Finanzintermediation im Sinne des GwG[20]. Der Kreditvermittler, der beim Kreditgeber Gelder in Empfang nimmt und dem Kreditnehmer ausbezahlt, besorgt kein Inkassomandat, würde wohl aber nicht unter das GwG fallen, da er keine mit dem Kreditgeschäft verbundenen Risiken übernimmt, somit nicht ein Kreditgeschäft «tätigt».

| 11 Immobiliensektor Secteur immobilier | Immobilienmakler im Sinne von Vermittlern von Immobiliengeschäften sind grundsätzlich keine Finanzintermediäre im Sinne des GwG. Einmal fällt der Handel mit Liegenschaften nicht in den Bereich der Finanzdienstleistungen, wie sie von Art. 305ter StGB und Art. 2 GwG angesprochen werden. Zum Zweiten ist er auch nicht dem Finanzsektor zuzuordnen[21]. Die Kontrollstelle zur Bekämpfung der Geldwäscherei differenziert hier freilich und weist darauf hin, der Immobilienmakler unterstehe nicht dem GwG, solange er nicht ermächtigt sei, |

---

[19] DE CAPITANI, in: SCHMID, N 48 zu Art. 2 GwG: «Berufsmässig bedeutet die mit einer gewissen Regelmässigkeit wiederholte, im Hinblick auf die Erzielung eines Erwerbseinkommens ausgerichtete Tätigkeit», und weiters, in N 49 zu Art 2 GwG: «....dass die Abwicklung einer einmaligen Transaktion, selbst wenn sie bedeutsam ist, eine Person über längere Zeit beschäftigt und ihr ein Einkommen verschafft, keine berufsmässige Haupt- oder Nebentätigkeit im Sinne des GwG bedeutet.».

[20] Entscheid der Kontrollstelle für die Bekämpfung der Geldwäscherei im EFD vom 22. April 2003, Nichtunterstellung der Inkassotätigkeit.

[21] Dies ergibt sich e contrario aus der bundesrätlichen Botschaft zum GwG, BBl 1996 III 1116, wo der Liegenschaftenhandel als Tätigkeitsgebiet ausserhalb des Geltungsbereichs des GwG aufgeführt wird; SCHMID, N 122 zu Art. 305ter; DE CAPITANI, in: SCHMID, N 41 zu Art. 2 GwG.

über fremde Vermögenswerte zu verfügen[22]. Auf dem Hintergrund der heutigen Praxis zum Inkassogeschäft dürfte diese Auslegung wohl zu absolut sein. Besorgt der Immobilienmakler gleichzeitig Forderungsinkassi für seinen Auftraggeber, fällt diese Tätigkeit nicht in den Geltungsbereich des GwG.

## II. Die Sorgfaltspflichten des Maklers nach dem GwG

## A. Übersicht

Zu den Sorgfaltspflichten des Finanzintermediärs zählt das GwG die Pflicht zur Identifizierung der Vertragspartei (Art. 3 GwG), die Pflicht zur Feststellung der wirtschaftlich berechtigten Person (Art. 4 GwG), die Pflicht zur erneuten Identifizierung oder Feststellung der wirtschaftlich berechtigten Person, wenn im Lauf der Geschäftsbeziehung Zweifel entstehen, ob die ursprünglich getroffenen Feststellungen noch zutreffen (Art. 5 GwG), die Pflicht zur Abklärung der wirtschaftlichen Hintergründe ungewöhnlicher Transaktionen oder Auffälligkeiten in einer Geschäftsbeziehung (Art. 6 GwG), die Pflicht, Identifizierungen, Feststellungen und Abklärungen zu dokumentieren (Art. 7 GwG) und schliesslich die Pflicht, im Betrieb organisatorische Massnahmen zu treffen, die zur Verhinderung der Geldwäscherei notwendig sind.

12
Generelle Pflichten
Devoirs généraux

Neben den Sorgfaltspflichten sieht das GwG besondere Pflichten bei Verdacht auf Geldwäscherei vor: die Pflicht, der Meldestelle für Geldwäscherei eine Meldung zu erstatten (Art. 9 GwG)[23], und die Pflicht, anvertraute Vermögenswerte, die mit einer Meldung im Zusammenhang stehen, zu sperren.

13
Verdacht auf Geldwäscherei
Soupçons de blanchiment

Ebenfalls unter dem Kapitel, das die Pflichten bei Verdacht auf Geldwäscherei regelt, wird ein Straf- und Haftungsausschluss für den Fi-

14

---

[22] HUBER/POLLI, 203.
[23] GRABER, N 1 zu Art. 9 GwG, bezeichnet Art. 9 GwG als die für die Bekämpfung der Geldwäscherei zentrale Bestimmung.

nanzintermediär, der Meldung erstattet hat, geregelt. Offenbar war die Absicht des Gesetzgebers, die Bestimmung in dem systematischen Zusammenhang zu belassen, in den sie gehört[24].

15
Verdacht auf Geldwäscherei
Soupçons de blanchiment

Das GwG selber umschreibt die Sorgfaltspflichten in allgemeiner Form[25]. Die Konkretisierung obliegt den jeweiligen Aufsichtsbehörden und den Selbstregulierungsorganisationen. So hat die Kontrollstelle zur Bekämpfung der Geldwäscherei eine Verordnung über die Sorgfaltspflichten der ihr direkt unterstellten Finanzintermediäre erlassen[26] und für die Selbstregulierungsorganisationen eine Wegleitung zu einem Musterreglement erarbeitet.

## B. Die Sorgfaltspflichten im Einzelnen

### 1. Die Pflicht zur Identifizierung der Vertragspartei

16
Identifizierungs-mittel
Moyens d'identification

Der Kerngehalt der Sorgfaltspflichten liegt in der Identifizierung der Vertragspartei und damit in der Vereitelung anonymer Dienstleistungen im Finanzsektor[27]. Art. 3 GwG verlangt die Identifizierung auf der Grundlage eines beweiskräftigen Dokuments. Darunter ist nach der Botschaft[28] bei natürlichen Personen der Pass oder die Identitätskarte und bei juristischen Personen ein Auszug aus dem Handelsregister oder ein gleichwertiges Dokument zu verstehen. Das GwG stellt in diesem Sinne auf die Vereinbarung über die Standesregeln zur Sorgfaltspflicht der Banken (VSB) ab, die auf den gesamten Bereich der spezialgesetzlich beaufsichtigten Finanzintermediäre ausgedehnt werden soll[29]. Differenzen bezüglich zugelassener Identifikationsmittel bestehen indessen zwischen VSB, Verordnung der Kontrollstelle für die ihr direkt unterstellten Finanzintermediäre und den von der Kon-

---

[24] DE CAPITANI, in: SCHMID, N 4 Einleitung zum 2. Kapitel des GwG, der darauf hinweist, dass sich die Bestimmung mit den Folgen pflichtgemässen Handelns befasst, nicht mit einer Pflicht des Finanzintermediärs.
[25] DE CAPITANI, in: SCHMID, N 5 Einleitung zum 2. Kapitel.
[26] SR 955.053.2.
[27] BASSE-SIMONSOHN, 168; GRABER, N 2 zu Art. 3 GwG spricht von der ersten und elementarsten Pflicht des Finanzintermediärs, bei der Aufnahme von Geschäftsbeziehungen seinen Vertragspartner zu identifizieren.
[28] BBl 1996 III 1121.
[29] BBl 1996 III 1139; GRABER, N 3 zu Art. 3 GwG.

## C. § 3. Die Sorgfaltspflichten des Maklers unter dem (GwG)

trollstelle genehmigten Reglementen einzelner Selbstregulierungsorganisationen. Der Finanzintermediär wird gut daran tun, die für seine Tätigkeit massgebenden Regeln zu konsultieren, wenn ihm Identifikationsdokumente unterbreitet werden, die sich nicht in die Kategorien von Pass oder Identitätskarte einreihen lassen.

Vertragspartei ist, wer mit dem Finanzintermediär eine Geschäftsbeziehung anknüpft, die ein Finanzgeschäft zum Gegenstand hat[30]. Keine Vertragspartei ist der Bevollmächtigte. Steht dem Finanzintermediär eine juristische Person gegenüber, ist sie zu identifizieren und nicht etwa die zu ihrer Vertretung berechtigten Personen. Für den Finanzintermediär ist es einzig zivilrechtlich relevant, ob diesen Personen tatsächlich eine Vertretungsbefugnis eingeräumt wurde.

17
Vertragspartner
Le partenaire contractuel

Identifiziert werden muss eine Vertragspartei bei Aufnahme der Geschäftsbeziehung, dann aber auch beim einmaligen Vorgang eines Kassageschäfts mit einer nicht bereits identifizierten Vertragspartei, wenn eine oder mehrere Transaktionen, die miteinander verbunden erscheinen, einen erheblichen Wert erreichen[31]. Liegen Verdachtsmomente für Geldwäscherei vor, muss die Vertragspartei auch dann identifiziert werden, wenn die Transaktionen den Schwellenwert der Erheblichkeit nicht erreichen.

18
Voraussetzungen der Identifizierung
Conditions pour identifier

Ein im Finanzsektor tätiger Makler sieht sich in erster Linie seinem Auftraggeber gegenüber, mit dem ihn ein vertragliches Verhältnis verbindet. Auf der andern Seite vermittelt er Geschäfte, ohne selber in ein Vertragsverhältnis zu Personen einzutreten, die er dem Auftraggeber zuführt[32]. Schaltet er sich in die Vertragsabwicklung zwischen dem Auftraggeber und dessen Gegenpartei ein und erbringt er in diesem Rahmen Finanzdienstleistungen an die Gegenpartei seines Auftraggebers, wird auch diese Gegenpartei zur Vertragspartei des Maklers, die er identifizieren muss, immer vorausgesetzt, diese Dienstleistungen entsprechen einer der in Art. 2 Abs. 3 lit. a bis g GwG aufgeführten Tätigkeiten.

19
Andere zu identifizierende Partei
Autre partie à identifier

---

[30] DE CAPITANI, in: SCHMID, N 23 zu Art. 3 GwG; THELESKLAF/WYSS/ZOLLINGER, N 1 zu Art. 3 GwG: «Unter Geschäftsbeziehungen sind vertragliche Beziehungen zu verstehen (Art. 1 ff. OR), welche Finanzgeschäfte zum Gegenstand haben.».

[31] Art. 3 Abs. 2 GwG; der Schwellenwert für die Erheblichkeit wird in der VSB auf 25'000 CHF angesetzt, die Verordnung der Kontrollstelle setzt ihn bereits bei 15'000 CHF an, für Wechselgeschäfte bereits bei 5'000 CHF.

[32] Vgl. dazu Rz N 5 f.

## 2. Die Pflicht zur Feststellung der wirtschaftlich berechtigten Person

20
Voraussetzungen der Pflicht
Conditions du devoir

Art. 4 GwG verpflichtet den Finanzintermediär, von der Vertragspartei eine schriftliche Erklärung darüber einzuholen, wer die wirtschaftlich berechtigte Person ist, wenn die Vertragspartei nicht selber wirtschaftlich berechtigt ist oder daran Zweifel bestehen, oder wenn die Vertragspartei eine Sitzgesellschaft ist. Bei Kassageschäften von erheblichem Wert muss der wirtschaftlich Berechtigte immer festgestellt werden, ebenso, wenn die Vertragspartei Sammelkonten oder Sammeldepots führen will. Ab welcher Betragshöhe ein Kassageschäft einen erheblichen Wert aufweist, bestimmt sich nach den zu Art. 3 Abs. 2 GwG angestellten Erwägungen[33]. Die Pflicht zur Feststellung des wirtschaftlich Berechtigten ist die einzige Sorgfaltspflicht des GwG, deren Verletzung strafrechtliche Konsequenzen nach sich zieht[34].

21
Ursprung der Pflicht
Origines du devoir

Mit der Rechtsfigur des wirtschaftlich Berechtigten wurde bereits im Jahr 1977, als sich die Banken auf die Vereinbarung über die Standesregeln zur Sorgfalt bei der Entgegennahme von Vermögenswerten (VSB) einigten, eine Erscheinung des angelsächsischen Rechts im Schweizer Recht verankert. Im Kern der Sache geht es darum, jene Fälle zu erfassen, in denen Vermögenswerte nicht dem Vertragspartner gehören, sondern wirtschaftlich dem Vermögen eines anderen zuzurechnen sind[35].

22
Folgen für den Makler
Conséquences pour le courtier

Für einen Makler, der sich zur Verfügung stellt, um Finanzdienstleistungen zu erbringen, die auf Finanzintermediation hinauslaufen, bedeutet dies, dass er sich bei der Entgegennahme von Geldern und Weiterleitung an Destinatäre stets auch überlegen muss, ob seine Vertragspartner diejenigen sind, denen die Gelder auch gehören . Hat der Makler daran Zweifel, etwa, weil er weiss, dass ein Vertragspartner nur als Bevollmächtigter eines Dritten handelt, muss er von diesem Vertragspartner eine entsprechende Erklärung einholen, aus der hervor-

---

[33] Vgl. dazu FN 31.
[34] Art. 305 ter StGB; BASSE-SIMONSOHN, 241 f.
[35] DE CAPITANI, in: SCHMID, N 35 zu Art. 4 GwG und dort zitierte Literatur; THELESKLAF/WYSS/ZOLLINGER, N 2 zu Art. 4 GwG, führt dazu aus: «Nachdem es darum geht, von formellen Verhältnissen abweichende faktische – eben wirtschaftliche – Berechtigungen an Vermögenswerten zu erfassen und diese grundsätzlich nach dem Recht irgendeines Landes dieser Welt bestehen können, wird jede Definition, welche auf formelle Elemente abstellt, von vornherein lückenhaft bleiben.».

geht, wer dieser Dritte ist. Hat der Makler Zweifel daran, dass sein Auftraggeber Gelder auf eigene Rechnung entgegennimmt oder für einen Dritten handelt, muss er ebenfalls eine entsprechende Erklärung von seinem Auftraggeber einholen. Das GwG legt nicht fest, welche Daten über einen wirtschaftlich Berechtigten eingeholt werden müssen. Demgegenüber sieht die VSB ein Formular vor, auf das sich die Banken abstützen können. Darin anzugeben sind Name, Vorname, ev. Firma, Geburtsdatum, Nationalität, Wohnadresse oder Sitz und Staat. In der Verordnung über die Sorgfaltspflichten der ihr direkt unterstellten Finanzintermediäre hat die Kontrollstelle für die Bekämpfung der Geldwäscherei in Art. 19 identische Angaben für wirtschaftlich Berechtigte übernommen.

Ziel der Feststellung des wirtschaftlich Berechtigten ist die Schaffung von Transparenz in Geschäftsbeziehungen[36], dies im Interesse der Bekämpfung der Geldwäscherei. Anonyme Vermögensanlagen oder Transaktionen sollen damit verunmöglicht werden. Das ändert indessen nichts daran, dass der Finanzintermediär normalerweise von der Vermutung ausgehen kann, dass sein Vertragspartner mit dem wirtschaftlich Berechtigten identisch ist[37].

23
Ziel der getroffenen Massnahmen
But des mesures prises

## 3. Erneute Identifizierung oder Feststellung der wirtschaftlich berechtigten Person

Grundsätzlich muss ein Finanzintermediär den Vertragspartner bei Aufnahme einer Geschäftsbeziehung identifizieren und sich Gedanken über eine allenfalls fehlende wirtschaftliche Berechtigung dieses Vertragspartners machen. Entstehen im Lauf der Geschäftsbeziehung Zweifel über die Identität des Vertragspartners oder über die wirtschaftliche Berechtigung, so muss die Identifizierung oder die Feststellung nach den Artikeln 3 und 4 GwG wiederholt werden[38]. Es muss

24
Auftretende Zweifel...
Des doutes surviennent...

---

[36] DE CAPITANI, in: SCHMID, N 7 zu Art. 4 GwG; THELESKLAF/WYSS/ZOLLINGER, N 2 zu Art. 4 GwG.
[37] BBl 1996 III 1124; DE CAPITANI, in: SCHMID, N 2 zu Art. 4 GwG.
[38] Art. 5 GwG; die Botschaft zum GwG weist darauf hin, dass Zweifel an der Identität des Vertragspartners etwa dann auftauchen können, wenn die Kontakte mit ihm nach der ersten Identifizierung nur noch über Dritte laufen, BBl 1996 III 1127.

während der ganzen Dauer der Geschäftsbeziehung feststehen, wer Vertragspartner und wer wirtschaftlich Berechtigter ist[39].

25

...aufgrund von Veränderungen

...suite à des changements

Die Gründe, die zu Zweifeln Anlass geben können, reichen von der Erkenntnis vorsätzlich getäuscht worden zu sein, bis hin zum harmlosen Berichtigungsbedarf, weil die ursprünglich erhobenen Angaben eine Änderung erfahren haben, wie etwa, wenn eine Frau bei der Heirat den Namen des Ehemanns annimmt.

26

Weigerung, sich zu identifizieren

Refus de s'identifier

Wenn eine Vertragspartei sich weigert, sich korrekt zu identifizieren oder Angaben über einen wirtschaftlich Berechtigten zu machen, darf eine Geschäftsbeziehung nicht aufgenommen werden. Weigert sie sich, bei erneuter Identifikation der Feststellung des wirtschaftlich Berechtigten mitzuwirken, muss die Geschäftsbeziehung abgebrochen werden[40].

## 4. Besondere Abklärungspflicht

27

Wirtschaftlicher Hintergrund

Contexte économique

Am meisten Probleme bereitet in der Praxis die in Art. 6 GwG umschriebene Pflicht des Finanzintermediärs, die wirtschaftlichen Hintergründe und den Zweck einer Transaktion oder einer Geschäftsbeziehung abzuklären, wenn sie als ungewöhnlich erscheint und ihre Rechtmässigkeit nicht ohne weiteres ersichtlich ist, oder wenn Anhaltspunkte bestehen, dass Gelder aus einem Verbrechen stammen oder der Verfügungsmacht einer kriminellen Organisation unterliegen. Diese Sorgfaltspflicht ergänzt die vorangehend genannten Pflichten in dem Sinne, dass eine Vertragspartei das ihr entgegengebrachte Vertrauen nicht durch kriminelle Machenschaften missbrauchen soll, etwa indem sie dem Finanzintermediär Gelder aus einem Verbrechen anvertraut oder ihn beauftragt, mit solchen Geldern Transaktionen zu tätigen.

---

[39] GRABER, N 1 zu Art. 5 GwG.
[40] DE CAPITANI, in: SCHMID, N 83 zu Art. 5 GwG; das GwG selber enthält zu dieser Frage keine Bestimmungen, hingegen die Verordnung der Kontrollstelle über die Sorgfaltspflichten der ihr direkt unterstellten Finanzintermediäre (Art. 21 und 22 Abs. 2); BASSE-SIMONSOHN, 315: «Das GwG geht bei der Anwendung von Art. 5 offenbar von einer positiven nachträglichen Umsetzung der Sorgfaltspflichten aus, da die Konsequenzen für den Finanzintermediär bei nicht ausgeräumten Zweifeln im Gesetz nicht genannt werden.».

Die Problematik dieser Abklärungspflicht liegt auf verschiedenen Ebenen. Zuerst muss der Finanzintermediär erkennen, dass er eine ungewöhnliche Transaktion oder kriminell erworbene Gelder vor sich hat. Zweitens muss der Finanzintermediär entscheiden, was abzuklären ist und auf welchem Wege bzw. mit welchen Mitteln er zu den nötigen Informationen kommt[41]. Drittens muss er entscheiden, wann er einen Sachverhalt als hinreichend abgeklärt erachtet. Diese Sorgfaltspflicht lässt sich nicht standardisiert erfüllen. Vielmehr erfordert jeder einzelne relevante Fall ein individuelles Vorgehen[42].

28
Drei Probleme
Trois problèmes

Das Resultat der Abklärungen sollte in einem Bericht festgehalten werden, der es aussenstehenden Dritten, beispielsweise den Revisoren, erlaubt, nachzuvollziehen, was abgeklärt wurde, welche Mittel beigezogen wurden und welches die Gründe dafür waren, dass überhaupt Abklärungen an die Hand genommen wurden[43].

29
Zu erstellender Bericht
Le rapport à établir

Die Abklärungen können entweder ergeben, dass die Transaktion oder die Geschäftsbeziehung rechtmässig sind, oder sie können Anhaltspunkte für Geldwäscherei liefern, oder aber sie können ergebnislos verlaufen. Im letzteren Fall muss der Finanzintermediär entscheiden, ob er die Ausführung einer Transaktion verweigern und die Geschäftsbeziehung abbrechen oder aber eine Transaktion ausführen und eine Geschäftsbeziehung inskünftig intensiv überwachen will. Letztere Frage wird sich beim Makler nicht stellen, wenn sich die Geschäftsbeziehung in einem einzigen Vorgang erschöpft. Bei Verdacht auf Geldwäscherei greift die Meldepflicht nach Art. 9 GwG. Sind die Verdachtsmomente schwach, lässt sich aber der Verdacht auf Geldwäscherei nicht ausräumen, bleibt immer noch die Möglichkeit des Melderechts gemäss Art. 305 ter StGB.

30
Ergebnis der Abklärungen
Résultat des investigations

---

[41] Die EBK hält in ihrer Verordnung zur Verhinderung der Geldwäscherei (SR 955.022) fest, dass der Finanzintermediär selber Kriterien entwickeln muss, welche auf Geschäftsbeziehungen mit erhöhten Rechts- und Reputationsrisiken hinweisen, sowie Kriterien zur Erkennung von Transaktionen mit erhöhten Risiken. Sie liefert in der Folge Anhaltspunkte, welche als Kriterien in Frage kommen. Doch liegt es in der primären Verantwortung des Finanzintermediärs, eine Risikoanalyse zu erstellen; die EBK liefert gleichzeitig mögliche Abklärungselemente und benennt Abklärungsmittel (GWVo EBK Art. 17 und 18).
[42] DE CAPITANI, in: SCHMID, N 16 zu Art. 6 GwG.
[43] Vgl. dazu Rz 31 ff.

## 5. Dokumentationspflicht

31  
Art. 7 GwG  
Art. 7 LBA

Art. 7 GwG verpflichtet den Finanzintermediär zu einer sauberen Buchführung bezüglich Transaktionen und Abklärungen unter dem GwG. Er muss Belege so erstellen, dass fachkundige Dritte sich ein Urteil über Transaktionen, Geschäftsbeziehungen und Abklärungen bilden können, vor allem aber, dass sie sich vergewissern können, dass die Bestimmungen des GwG eingehalten werden. In gleichem Sinne verpflichtet das GwG den Finanzintermediär, Belege so aufzubewahren, dass er Auskunfts- und Beschlagnahmebegehren von Strafverfolgungsbehörden ohne Probleme oder, wie das Gesetz sagt, innert angemessener Frist beantworten kann. Die Frist zur Aufbewahrung von Belegen, Berichten etc. setzt das GwG auf 10 Jahre nach Abschluss der Transaktion oder Beendigung der Geschäftsbeziehung an.

32 Die Dokumentationspflicht wird ausgelöst, wenn der Finanzintermediär eine Geschäftsbeziehung aufnimmt. Lehnt er eine solche zum vornherein ab, braucht er dies nicht zu dokumentieren[44].

33  
Sinn und Zweck der Pflichten  
Sens et but des obligations

Mit der Dokumentationspflicht soll die Tätigkeit des Finanzintermediärs überprüfbar gemacht werden[45]. Die Frage, ob Art. 957 OR nicht ausgereicht hätte, die anvisierten Ziele zu erreichen, muss verneint werden. Art. 7 GwG und Art. 957 OR verfolgen nicht die gleichen Zwecke. Geht es bei Art. 957 OR grundsätzlich um die Darstellung der finanziellen Verhältnisse des Buchführungspflichtigen, so verfolgt Art. 7 GwG aufsichtsrechtliche und strafprozessuale Ziele[46]. Überdies ist der personelle Geltungsbereich von Art. 7 GwG weiter gefasst, da er sich im Gegensatz zu Art. 957 OR nicht nur auf Unternehmen bezieht, die sich ins Handelsregister eintragen lassen müssen. Hingegen wird man sich bezüglich der Frage, was ein Beleg ist, auf Art. 957 OR und die zugehörige Ausführungsverordnung abstützen können[47].

34 Inhalt der Dokumentationspflicht ist das Erstellen von Belegen zu getätigten Transaktionen und über getätigte Abklärungen. Dazu gehören,

---

[44] GRABER, N 3 zu Art. 7 GwG.  
[45] BBl 1996 III, 1128 f.; allerdings weist die Botschaft darauf hin, dass auch dem Schutz des Finanzintermediärs gedient sei, wenn kontrolliert werden könne, ob er die Strafbestimmungen von Art. 305 bis und ter StGB respektiert habe; DE CAPITANI, in: SCHMID, N 9 zu Art. 7 GwG.  
[46] DE CAPITANI, in: SCHMID, N 19 zu Art. 7 GwG und dort aufgeführte Zitate.  
[47] SR 221.431, die auch Bestimmungen über die Form der Aufbewahrung enthält.

ohne dass das Gesetz dies ausdrücklich sagt, auch Identifikationsdokumente und Dokumente, die sich auf die Feststellung des wirtschaftlich Berechtigten beziehen. Das ergibt sich implizit aus der Forderung, dass fachkundige Dritte sich ein zuverlässiges Urteil ganz allgemein über die Einhaltung der Bestimmungen des GwG sollen bilden können[48].

Art. 7 Abs. 2 GwG statuiert nicht nur eine Aufbewahrungspflicht, sondern auch eine Pflicht, die Dokumentation so zu organisieren, dass Auskunfts- und Beschlagnahmebegehren der Strafverfolgungsbehörden fristgerecht beantwortet werden können. Das Gesetz sagt nicht, was unter einer angemessenen Frist zu verstehen ist, doch ist darunter wohl die Frist zu verstehen, die von einer Strafverfolgungsbehörde im konkreten Fall angesetzt wird[49]. Sollte ein Finanzintermediär diese als unangemessen empfinden, müsste er ein Rechtsmittel ergreifen oder zumindest mit der Strafverfolgungsbehörde Kontakt aufnehmen.

35
Angeordnete Aufbewahrung
Conservation ordonnée

## 6. Organisatorische Massnahmen

Art. 8 GwG verpflichtet den Finanzintermediär, in seinem Bereich die Massnahmen zu treffen, die zur Verhinderung der Geldwäscherei notwendig sind, und insbesondere für genügende Ausbildung des Personals und für Kontrollen zu sorgen. Die Organisation des Finanzintermediärs soll gewährleisten, dass die Sorgfalts- und Verhaltenspflichten nach GwG korrekt wahrgenommen werden, dass insbesondere die Sorgfalt bei der Abwicklung von Finanzdienstleistungen gewährleistet ist[50].

36
Geldwäscherei verhindern
Empêcher le blanchiment

---

48   THELESKLAF/WYSS/ZOLLINGER, N 3 zu Art. 7 GwG.
49   DE CAPITANI, in: SCHMID, N 108 zu Art. 7 GwG.
50   DE CAPITANI, in: SCHMID, N 3 und 2 zu Art. 8 GwG; anderer Meinung THELESKLAF/WYSS/ZOLLINGER, N 2 zu Art. 8 GwG, der zum Schluss gelangt, Sorgfaltspflicht des Finanzintermediärs sei es, in seinem Bereich Geldwäscherei zu verhindern. WYSS führt indessen nicht aus, wie dies über die im GwG festgelegten Sorgfalts- und Verhaltenspflichten hinaus zu geschehen hätte. Eine Forderung des Gesetzgebers an den Adressaten des Gesetzes, alle Massnahmen zur Verhinderung der Geldwäscherei zu treffen, wäre rechtsstaatlich wohl kaum haltbar. Da das Gesetz die Verpflichtung zu organisatorischen Vorkehren unter die Sorgfaltspflichten einreiht, bliebe wohl stets Raum, dem Finanzintermediär eine wie auch immer geartete Sorgfaltspflichtverletzung vorzuwerfen. Dass der Gesetzgeber dies angestrebt hätte, behauptet auch WYSS nicht.

**37** Zu einer entsprechenden Organisation gehören eine klare Aufgaben- und Funktionenzuordnung und -aufteilung sowie der Erlass von Weisungen. Tragende Säule im Abwehrdispositiv gegen Geldwäscherei ist aber vor allem die Schulung des Personals. Dabei genügt es nicht, Mitarbeiterinnen und Mitarbeiter für das Thema Geldwäscherei zu sensibilisieren[51]. Vielmehr sollen die konkreten Sorgfalts- und Verhaltenspflichten in Weisungen festgelegt und anhand konkreter Beispiele eingeübt werden, damit das abstrakte Thema Geldwäschereibekämpfung mit Vorstellungsinhalten verbunden werden kann.

*Geldwäscherei verhindern*
*Empêcher le blanchiment*

---

[51] GRABER, N 2 zu Art. 8 GwG.

# § 4 Die strafrechtliche Relevanz der Maklertätigkeit

**Inhaltsverzeichnis**      Rz

I. Vorbemerkung      1
II. Veruntreuung von Vermögenswerten      4
III. Betrug      12
IV. Ungetreue Geschäftsbesorgung      17
V. Erschleichung einer Falschbeurkundung      24

**Table des matières**      N°

I. Remarques préliminaires      1
II. L'abus de valeurs patrimoniales confiées      4
III. L'escroquerie      12
IV. La gestion déloyale      17
V. L'obtention frauduleuse d'une constatation fausse      24

## I. Vorbemerkung

Der Makler vermittelt den Abschluss von Verträgen aller Art gegen Belohnung. Dass er seine Tätigkeit wie jedermann nur in den Schranken der Rechtsordnung ausüben darf, bedarf keiner besonderen Erörterungen. Die Bestimmungen des Strafgesetzbuches gelten auch für ihn. Im Falle unerlaubter Handlungen oder von Pflichtverletzungen seitens des Maklers stehen in erster Linie die Rechtsbehelfe des Zivilrechts zur Verfügung. Der Schutz der Gläubiger ist grundsätzlich Aufgabe des Privatrechts. Das Strafrecht kommt erst zum Zug, wenn der Normverstoss hinreichend gewichtig ist. Die Vertragsverletzung allein ist kein Strafgrund.

1
Subsidiarität des Strafrechts
Subsidiarité du droit pénal

| | |
|---|---|
| 2 | Das entspricht der subsidiären Natur des Strafrechts[1]. Die Strafdrohung ist der schwerste Eingriff in die Freiheit. Sie ist daher letztes Mittel[2] aller in Betracht kommenden Schutzmassnahmen und mithin nur gerechtfertigt, wo die anderen Rechtsbehelfe zivil- oder verwaltungsrechtlicher Natur versagen[3]. |
| 3<br>Wenige erfasste Straftaten<br>Peu d'infractions recensées | Der nachfolgende kurze Überblick stellt die wichtigsten Tatbestände des Vermögensstrafrechts vor, welche für die Maklertätigkeit Bedeutung erlangen können. Die strafrechtliche Gerichtspraxis hat sich bislang, soweit ersichtlich, nur in wenigen Fällen mit der Tätigkeit des Maklers befasst. |

## II. Veruntreuung von Vermögenswerten

| | |
|---|---|
| 4 | A. Der Veruntreuung gemäss Art. 138 Ziff. 1 Abs. 2 StGB macht sich schuldig, wer ihm anvertraute Vermögenswerte[4] unrechtmässig in seinem oder eines anderen Nutzen verwendet[5]. |
| 5<br>Anvertraute Sache und Schaden<br>Chose confiée et dommage | Nach der Rechtsprechung ist anvertraut, was mit der Verpflichtung empfangen wird, es in bestimmter Weise im Interesse eines andern zu |

---

[1]  Man spricht auch vom «fragmentarischen Charakter des Strafrechts»; vgl. JESCHECK/WEIGEND, 52 f.; ROXIN, § 2 N 38.
[2]  JESCHECK/WEIGEND, 53 FN 10: «ultima ratio der sozialen Kontrolle».
[3]  TRECHSEL/NOLL, 27 f.; STRATENWERTH, § 3 N 12; ROXIN, § 2 N 38 f.; vgl. BGE 118 IV 173 f. E. 3b; BGE 115 IV 211 E. 1b/aa. So ist grundsätzlich strafrechtlich nicht relevant, wenn der Borger das ihm gewährte Darlehen nicht zurückbezahlt. Anders liegt es nur, wenn das Darlehen für einen bestimmten Zweck ausgerichtet wurde. Hieraus kann sich für den Borger unter Umständen eine Pflicht zur ständigen Werterhaltung ergeben, so dass die Annahme einer Veruntreuung von Vermögenswerten gemäss Art.138 Ziff. 1 Abs. 2 StGB in Betracht fällt; BGE 129 IV 259 f. E. 2.2.2, BGE 124 IV 11 E. 1a und 12 E. 1d, BGE 120 IV 121 f. E. 2f. Desgleichen ist die Erschleichung eines Darlehens unter falschen Angaben grundsätzlich ebenfalls straflos. Täuscht der Borger indes arglistig und bietet er entgegen den beim Darleiher geweckten Erwartungen von Anfang an derart wenig Gewähr für eine vertragsgemässe Rückzahlung des Geldes, dass die Darlehensforderung erheblich gefährdet und infolgedessen in ihrem Wert wesentlich herabgesetzt ist, ist er wegen Betruges nach Art. 146 Abs. 1 StGB strafbar; BGE 102 IV 88 E. 4, 82 IV 82 f.
[4]  Nach der früheren Fassung des Gesetzes von Art. 140 Ziff. 1 Abs. 2 aStGB: «anvertrautes Gut, namentlich Geld».
[5]  Art. 138 Ziff. 1 Abs. 1 StGB betrifft die Veruntreuung fremder beweglicher Sachen.

verwenden, insbesondere zu verwahren, zu verwalten oder abzuliefern[6]. Die Tatvariante des Anvertrauens von Vermögenswerten nach Art. 138 Ziff. 1 Abs. 2 StGB bezieht sich auf vertretbare Gegenstände und unkörperliche Werte, an denen der Täter Eigentum, mithin nicht nur eine tatsächliche, sondern eine rechtliche Verfügungsmacht erlangt[7]. Voraussetzung für eine Veruntreuung von Vermögenswerten ist, dass diese dem Treuhänder mit der Verpflichtung übertragen werden, dem Treugeber den Wert des Empfangenen ständig zu erhalten (Werterhaltungspflicht). Die Werte können auch (mittelbar) von einem Dritten anvertraut sein[8]. In diesem Sinne sind die Vermögenswerte wirtschaftlich fremd[9].

Grundlage für das Anvertraut-Sein bildet in der Regel ein ausdrücklich oder stillschweigend geschlossener zivilrechtlicher Vertrag[10]. Tatbestandsmässige Handlung ist die Aneignung der anvertrauten Vermögenswerte. Diese liegt bei der Tatvariante gemäss Ziff. 1 Abs. 2 in einem Verhalten des Täters, durch welches er eindeutig den Willen bekundet, den obligatorischen Anspruch des Treugebers zu vereiteln[11]. Dies ist nach der Rechtsprechung etwa der Fall bei einem Notar und Grundbuchverwalter, der die Einnahmen von Steuergeldern gegenüber dem Steuerhoheitsträger mittels unwahrer Belege verschleiert. Es wird aber auch schon bejaht bei der blossen Verheimlichung eines Inkassos[12]. Die Erfüllung des Tatbestandes setzt einen Vermögensschaden voraus[13]. 6

Der Tatbestand der Veruntreuung von Vermögenswerten erfordert in subjektiver Hinsicht, obwohl im Gesetz nicht ausdrücklich erwähnt, neben dem Vorsatz wie die Veruntreuung anvertrauter Sachen gemäss Art. 138 Ziff. 1 Abs. 1 StGB ein Handeln in der Absicht unrechtmässi- 7

Vorsatz und Bereicherung

Intention et enrichissement

---

[6] BGE 129 IV 257 E. 2.2.2; BGE 120 IV 276 E. 2; kritisch zur bundesgerichtlichen Formel BSK StGB II-NIGGLI/RIEDO, Art. 138 N 36 ff., 41.

[7] Eine Forderung ist dem Bevollmächtigten anvertraut, wenn er ohne Mitwirkung des Treugebers über die Werte verfügen kann, BGE 117 IV 434 E. 3 b/aa, BGE 109 IV 32 E. 3 (Verfügung über ein Guthaben des Treugebers); kritisch hiezu JENNY, 403 ff.; STRATENWERTH/JENNY, § 13 N 57; SCHUBARTH/ALBRECHT, Art. 140 N 24/45.

[8] BGE 101 IV 163 E. 2a; BSK StGB II-NIGGLI/RIEDO, Art. 138 N 85; TRECHSEL, Art. 138 N 12.

[9] BGE 124 IV 10 f. E. 1a; BGE 120 IV 120 E. 2e.

[10] Auch wenn er zivilrechtlich ungültig ist; BGE 118 IV 32 E. 2a und 239 E. 2b mit Hinweisen; Urteil des Kassationshofs 6S.205/2002 vom 6.1.2004 E. 1.1.2.

[11] BGE 121 IV 25 E. 1c mit Hinweisen.

[12] BGE 121 IV 25 E. 1c mit Hinweisen.

[13] BSK StGB II-NIGGLI/RIEDO, Art. 138 N 35/103 f.; vgl. BGE 111 IV 23 E. 5.

ger[14] Bereicherung[15]. Nach der Rechtsprechung bereichert sich unrechtmässig, wer anvertraute Vermögenswerte, die er dem Berechtigten ständig zur Verfügung zu halten hat, in seinem Nutzen verwendet, ohne fähig und gewillt zu sein, sie jederzeit sofort zu ersetzen. Der Treunehmer ist nur ersatzfähig, wenn er das Geld griffbereit hat, mithin aus eigenen Mitteln leisten kann, nicht aber, wenn er es erst noch bei Dritten, die ihm gegenüber zu keiner Leistung verpflichtet sind, beschaffen muss[16].

**8**
*Dem Treuhänder geschuldetes Geld*
*Argent dû au fiduciaire*

Grundsätzlich gilt, dass, was der Treuhänder nicht für einen Dritten, sondern für sich erhält, wie etwa Provisionen, Trinkgelder oder Tantiemen, wirtschaftlich nicht fremd und damit nicht anvertraut ist. Die Verletzung gesetzlicher oder vertraglicher Ablieferungspflichten ist keine Veruntreuung von Vermögenswerten[17].

**9**
*Vermögensverwaltung*
*Administration de fortune*

Anvertraut sind demgegenüber z.B. Geldbeträge demjenigen, der mit ihrer Verwaltung beauftragt ist. Das ist nach der Rechtsprechung nicht der Fall bei einem Organ der Leitung eines Anlagefonds, das einen Teil der als Kaufpreis für eine Liegenschaft bezahlten Fondszertifikate als Provision entgegennimmt[18].

**10**
*Für den Makler*
*Pour le courtier*

**B.** Im Bereich der Maklertätigkeit fällt Veruntreuung von Vermögenswerten in Betracht, wenn dem Makler im Rahmen eines erweiterten Auftrags Vermögenswerte anvertraut werden. Das hat die Rechtsprechung etwa angenommen bei einem Immobilienmakler und Liegenschaftsverwalter, der u.a. über eine gewisse Zeitdauer die Kaufsummen verwaltete, welche die Käufer der von ihm vermittelten Liegenschaften an ihn[19] zuhanden der Verkäufer einbezahlt hatten[20]. Eine

---

[14] Unrechtmässig ist die Bereicherung, wenn die Vermögensverschiebung vom Recht missbilligt wird, was nicht der Fall ist, wenn der Täter lediglich etwas erlangen will, worauf er Anspruch hat oder zu haben glaubt, BGE 105 IV 35 E. 3a; vgl. BSK StGB II-Niggli, N 61 ff. vor Art. 137; Trechsel, N 9 ff. vor Art. 137.
[15] BGE 118 IV 33 E. 2a mit Hinweisen.
[16] BGE 118 IV 29 f. E. 3a und b mit Hinweisen.
[17] BGE 118 IV 241 E. 2b; BGE 117 IV 257 E. 1a; BSK StGB II-Niggli/Riedo, Art. 138 N 45, vgl. auch Kasuistik N 46 ff.; Stratenwerth/Jenny, § 13 N 56; Trechsel, Art. 138 N 13 je mit weiteren Hinweisen.
[18] BGE 103 IV 238; vgl. auch BGE 80 IV 55 f.; BSK StGB II-Niggli/Riedo, Art. 138 N 50. Der Bezug vertragswidriger Provisionen gilt aber gegebenenfalls als pflichtwidrig im Sinne von Art. 158 Ziff. 1 StGB, BSK StGB II-Niggli/Riedo, Art. 158 N 69.
[19] Bzw. die von ihm beherrschte Gesellschaft.
[20] Urteil des Kassationshofs 6S.287/2003 vom 17.10.2003; der Täter wurde hier als berufsmässiger Vermögensverwalter im Sinne von Art. 138 Ziff. 2 StGB qualifiziert. Vgl. auch Kantonsgericht Wallis, 5.10.1989, RVJ/ZWR 1990, 191 ff.

Veruntreuung nahm das Bundesgericht ferner in einem Fall an, in welchem ein mit der Vermittlung des Verkaufs eines Einfamilienhauses betrauter Makler die vom Kaufinteressenten[21] mit der Verpflichtung zur Weiterleitung geleistete Anzahlung für eigene Zwecke verwendet und, nachdem der Interessent vom Vorvertrag zurückgetreten war, diesem nicht zurückbezahlt hatte[22]. Dem Makler, der mit der Vermittlung des Kaufs einer Liegenschaft betraut ist, gelten als anvertraut auch vom Auftraggeber geleistete Anzahlungen auf den künftigen Kaufpreis sowie weitere Beträge für anfallende Gebühren[23]. Der Verbrauch für eigene Zwecke ohne Ersatzfähigkeit erfüllt den Tatbestand der Veruntreuung.

Nicht anvertraut ist demgegenüber die (teilweise) vorbezogene Provision. Diese empfängt der Makler für sich selbst. Entfällt der Anspruch, kann die bereits bezahlte Provision kondiziert werden[24]. Hat der Makler die Provision verbraucht und kann er sie nicht zurückzahlen, macht er sich nicht der Veruntreuung schuldig[25]. 11

## III. Betrug

A. Des Betrugs gemäss Art. 146 Abs. 1 StGB macht sich schuldig, wer in der Absicht, sich oder einen andern unrechtmässig zu bereichern[26], jemanden durch Vorspiegelung oder Unterdrückung von Tatsachen arglistig irreführt oder ihn in einem Irrtum arglistig bestärkt und so den Irrenden[27] zu einem Verhalten bestimmt, wodurch dieser sich selbst oder einen andern am Vermögen schädigt[28]. 12 Definition Définition

---

21 Oder «Kaufliebhaber», BGE 40 II 525; BGE 84 II 527.
22 Urteil des Kassationshofs 6S.137/2002 vom 25.6.2002.
23 Für das deutsche Recht OLG Stuttgart, 21.2.1968, NJW 1968, 1340.
24 BGE 87 II 141 E. 7d.
25 BGE 80 IV 55 f.
26 Zur Absicht unrechtmässiger Bereicherung vgl. Rz 7.
27 Vgl. zum Tatbestandsmerkmal des Irrtums BGE 118 IV 38 E. 2c.
28 Zu den Merkmalen der Vermögensverfügung und der Vermögenschädigung vgl. statt vieler STRATENWERTH/JENNY, § 15 N 30 ff. und 47 ff.; BSK StGB II-ARZT, Art. 146 N 77 ff., 86 ff.; ferner BGE 120 IV 134 E. 6 b/bb; BGE 122 IV 281 E. 2a; BGE 129 IV 125 f. E. 3.1.

| | |
|---|---|
| 13<br>Arglistige<br>Täuschung<br>Tromperie<br>astucieuse | Den Tatbestand erfüllt nur die arglistige Täuschung[29]. Wer sich mit einem Mindestmass an Aufmerksamkeit[30] selbst hätte schützen bzw. wer den Irrtum durch ein Minimum zumutbarer Vorsicht[31] hätte vermeiden können, wird strafrechtlich nicht geschützt. Arglist scheidet aber lediglich aus, wenn der Getäuschte die grundlegendsten Vorsichtsmassnahmen nicht beachtet und mithin leichtfertig gehandelt hat[32]. |
| 14 | Nach der Rechtsprechung ist die Täuschung arglistig, wenn der Täter ein ganzes Lügengebäude[33] errichtet oder sich besonderer Machenschaften oder Kniffe[34] bedient. Arglistig können unter Umständen auch einfache falsche Angaben sein, so wenn deren Überprüfung nicht oder nur mit besonderer Mühe möglich oder nicht zumutbar ist, sowie dann, wenn der Täter den Getäuschten von einer Überprüfung abhält oder er voraussieht, dass jener davon aufgrund eines zwischen ihnen bestehenden besonderen Vertrauensverhältnisses absehen wird[35]. Ist die Täuschung nicht arglistig, bleibt sie strafrechtlich irrelevant, auch wenn sie einen Irrtum bewirkt hat. |
| 15<br>Für den<br>Makler im<br>Allgemeinen<br>Pour le courtier en général | **B.** Der Tatbestand des Betrugs wird immer bedeutsam, wenn der Makler dem Umstand, dass seine «Müh' oft umsonst» ist, mit unlauteren Machenschaften abhelfen oder auf diese Weise eine Provision erlangen will, auf die er keinen Anspruch hat[36]. Alle denkbaren Konstellationen aufzulisten, kann hier nicht der Ort sein. Es sei lediglich erwähnt, dass Betrug etwa dann in Frage kommt, wenn der Makler – soweit er Aufwendungsersatz überhaupt ausbedungen hat – arglistig über das Ausmass seines Aufwandes täuscht[37]. Dies ist etwa der Fall, |

---

[29] Zum Tatbestandsmerkmal der Täuschung vgl. statt vieler STRATENWERTH/JENNY, § 15 N 6 ff.; BSK StGB II-ARZT, Art. 146 N 32 ff.
[30] BGE 72 IV 128; zuletzt BGE 126 IV 171 f. E. 2a; BGE 128 IV 20 f. E. 3a.
[31] BGE 99 IV 88 E. 4; BGE 100 IV 274; zuletzt BGE 126 IV 171 f. E. 2a; BGE 128 IV 20 f. E. 3a.
[32] BGE 126 IV 172 E. 2a mit Hinweis.
[33] BGE 119 IV 35 f. E. 3b und c; BGE 126 IV 171 f. E. 2a.
[34] BGE 122 IV 205 f. E. 3d; zuletzt BGE 126 IV 171 f. E. 2a; BGE 128 IV 20 E. 3a.
[35] BGE 107 IV 171 E. c; zuletzt BGE 126 IV 171 f. E. 2a; BGE 128 IV 20 E. 3a.
[36] Wer sich als Makler eine Provision auszahlen lässt, die zur Leistung wirtschaftlich in einem offenbaren Missverhältnis steht (was etwa bei einem Mehrfachen der üblichen Provision der Fall ist), und dadurch die Zwangslage, die Unerfahrenheit oder die Schwäche im Urteilsvermögen des Auftraggebers ausbeutet, macht sich des Wuchers im Sinne von Art. 159 Ziff. 1 Abs. 1 StGB schuldig.
[37] Ob den falschen Unterlagen Urkundenqualität im Sinne der Falschbeurkundung zukommt, ist in diesem Zusammenhang ohne Bedeutung, BGE 120 IV 16 E. 2b.

wenn er in seiner Aufstellung Auslagen in Rechnung stellt, die ihm gar nicht erwachsen sind bzw. die nach Vertrag oder Übung als in der Provision inbegriffen gelten. Ferner dürfte Betrug in Betracht fallen, wenn der Makler seine Provision beansprucht, obwohl er selber in den Vertrag eingetreten ist und er den Auftraggeber hierüber arglistig täuscht[38]. Dasselbe wird schliesslich für die Konstellationen gelten, in denen der Makler den Auftraggeber – sei es allein, sei es unter Mitwirkung des Dritten – über die Höhe des effektiven Kauf- oder Verkaufspreises täuscht und den Mehrerlös als zusätzliche Provision für sich abzweigt. So etwa wenn der mit dem Verkauf einer Liegenschaft betraute Makler dem Auftraggeber und dem Notar einen tieferen Preis vortäuscht, als der Käufer in Wirklichkeit versprochen hat, und die Kaufpreisdifferenz für sich behält[39].

Bei der Vermittlung von Versicherungsverträgen kommt Betrug in Betracht, wenn der Makler den Versicherungsnehmer mit falschen Angaben zum Abschluss eines für ihn ungünstigen Vertrags verleitet, um auf diese Weise die Provision, die ihm hier von der Versicherung ausgerichtet wird[40], zu erlangen. Dem Charakter des Betrugs als Vermögensverschiebungsdelikt entsprechend muss sich der Vermögensvorteil als Kehrseite des Schadens darstellen[41]. Dies ist bei dieser Konstellation nicht ohne weiteres der Fall, da der Vorteil des Vermittlers nicht unmittelbar aus dem Schaden des Versicherungsnehmers, sondern aus dem Vermögen der Versicherung herrührt[42].

16
Für den Versicherungsmakler
Pour le courtier en assurances

---

[38] Vgl. BGE 83 II 147. Vgl. auch die Konstellation, bei welcher Makler und Dritter als juristische Personen wirtschaftlich identisch sind und die Maklergesellschaft nur vorgeschoben wird, um die Provision zu kassieren; zivilrechtlich entfällt hier jedenfalls der Anspruch auf Provision; BGH, 24.4.1985, NJW 1985, 2473.

[39] Vgl. den Sachverhalt bei BGH, 8.5.1984, wistra 1984, 225: Der geschäftsunerfahrenen Verkäuferin einer Liegenschaft wurde vom beauftragten Makler vorgegaukelt, aus steuerlichen Gründen müsse ein höherer Kaufpreis als der angebotene verbrieft werden. In Wahrheit bezahlte der Käufer den offerierten Preis, der Makler behielt die Differenz für sich. Der deutsche BGH schützte eine Verurteilung des Maklers wegen Betrugs und Untreue gemäss § 263 und § 266 Abs. 1 2. Alternative (Treubruch) dStGB. Vgl. auch BGH 25.6.1969, NJW 1969, 1628, in welchem der Makler sowohl dem Auftraggeber als auch dem Notar verheimlichte, dass er sich einen über das ihm gesetzte Limit ausgehandelten Überpreis als Sonderprovision hat versprechen lassen.

[40] Vgl. BGE 124 III 483 E. 3b.

[41] Erfordernis der Stoffgleichheit; vgl. STRATENWERTH/JENNY, § 15 N 60; BSK StGB II-ARZT, Art. 146 N 119; ferner BGE 122 II 430 f.

[42] Die deutsche Rechtsprechung nimmt hier Betrug zugunsten des Geschäftsherrn an, da der Täter die erstrebte Provision nur dadurch erlangt, dass seinem Auftraggeber ein aus dem Vermögen des Kunden stammender Vorteil zufliesst, BGHSt 21, 384.

## IV. Ungetreue Geschäftsbesorgung

17
Definition
Définition

**A.** Gemäss Art. 158 Ziff. 1 Abs. 1 StGB macht sich der ungetreuen Geschäftsbesorgung[43] strafbar, wer aufgrund des Gesetzes, eines behördlichen Auftrags oder eines Rechtsgeschäfts mit der Verwaltung des Vermögens eines anderen betraut ist und dabei unter Verletzung seiner Pflichten bewirkt, dass der andere am Vermögen geschädigt wird (Treubruchtatbestand). Der Tatbestand ist erfüllt, wenn der Täter in der Stellung eines Geschäftsführers treuwidrig eine Schutzpflicht zur Wahrung fremder Vermögensinteressen verletzt und dadurch eine Schädigung des anvertrauten Vermögens[44] bewirkt hat[45].

18
Geschäftsführer
Gérant d'affaires

Geschäftsführer ist, wer in tatsächlich oder formell selbstständiger und verantwortlicher Stellung im fremden Interesse für einen nicht unerheblichen Vermögenskomplex zu sorgen hat[46]. Die Stellung als Geschäftsführer erfordert ein hinreichendes Mass an Selbstständigkeit. Es genügt, wenn ihm die Stellung nur faktisch zukommt[47]. Wer in untergeordneter Stellung bei der Betreuung von Vermögensinteressen mitwirkt oder lediglich als Berater für die Verwaltung beigezogen wird, ist nicht Geschäftsführer[48]. Nur der selbstständigen Stellung eines Verwalters entspricht die besondere Treuepflicht zur Wahrung fremder Vermögensinteressen, deren Verletzung das strafrechtlich relevante Unrecht ausmacht[49].

---

[43] Nach dem früheren Art. 159 Abs. 1 aStGB: «ungetreue Geschäftsführung».
[44] Zum Vermögensschaden vgl. BGE 121 IV 107 f. E. 2c; BGE 122 IV 281 E. 2a; BGE 123 IV 22 E. 3d; BGE 129 IV 125 f. E. 3.1 je mit Hinweisen. Der Schaden kann auch im Ausbleiben einer Vermögensvermehrung liegen, so bei einem Makler, der Immobilien im Ausland als Kapitalanlage vermittelte und sich dadurch erhebliche zusätzliche Einnahmen verschaffte, dass er die Verkaufspreise der ausländischen Verkäufer durch verschleierte Aufschläge erhöhte, die er in der Folge durch Zwischengeschäfte für sich abschöpfte; BGH, 20.1.1984, wistra 1984, 109 f.
[45] BGE 129 IV 126 E. 3.1 mit Hinweisen.
[46] Vermögensfürsorgepflicht.
[47] BGE 129 IV 126 E. 3.1; BGE 120 IV 92 E. 2b je mit Hinweisen; vgl. ferner Urteil des Kassationshofs 6S.711/2000 vom 8.1.2003 E. 4.3; BSK StGB II-NIGGLI, Art. 158 N 10 f., Kasuistik N 21 ff.
[48] BGE 105 IV 311 E. 2a.
[49] STRATENWERTH/JENNY, § 19 N 5.

## C. § 4. Die strafrechtliche Relevanz der Maklertätigkeit

Der Inhalt der Treuepflicht bestimmt sich für den konkreten Fall nach dem jeweiligen Grundgeschäft[50]. Art. 158 Ziff. 1 Abs. 1 StGB nennt als Rechtsgrund Gesetz, behördlichen Auftrag oder Rechtsgeschäft. Die Pflichten des Geschäftsführers müssen auf die Wahrnehmung fremder Vermögensinteressen gerichtet sein. Blosse Übergabe-, Aufbewahrungs- und Aufklärungspflichten genügen nicht[51]. — 19 *Dem Klienten geschuldete Treue / Fidélité due au client*

Der subjektive Tatbestand erfordert lediglich Vorsatz. Handeln in der Absicht unrechtmässiger Bereicherung führt zu einer Strafschärfung[52]. — 20

**B.** Der Makler ist Geschäftsvermittler. Er schliesst nicht Rechtsgeschäfte in fremdem Interesse ab, sondern vermittelt abschlusswillige Vertragsinteressenten, mit denen der Auftraggeber selbst abschliesst, bzw. Vertragsabschlüsse, die der Auftraggeber selbst vornimmt. Seine Tätigkeit ist mithin auf eine tatsächliche Dienstleistung gerichtet[53]. Insofern kommt dem Makler keine Geschäftsführerstellung im Sinne von Art. 158 Abs. 1 StGB zu[54]. Das ergibt sich auch daraus, dass den Makler, soweit er jedenfalls nicht Exklusivmakler ist, keine Pflicht trifft, tätig zu werden[55]. — 21 *Für den Makler im Allgemeinen / Pour le courtier en général*

Anders liegt es, wenn der Makler nicht als blosse Mittelsperson zwischen den Vertragsparteien steht, sondern sich sein Auftrag aufgrund besonderer vertraglicher Übereinkunft auf einen weiteren Aufgabenbereich, namentlich auf die Vorbereitung und vollständige Abwicklung — 22 *Der Makler-Stellvertreter / Le courtier-représentant*

---

[50] TRECHSEL, Art. 158 N 9; STRATENWERTH/JENNY, § 19 N 12; BSK StGB II-NIGGLI, Art. 158 N 57, Kasuistik N 59 ff.; keine Treuepflichtverletzung ist die Entgegennahme einer nachträglich vom Verkäufer geleisteten Zahlung als Schenkung durch den Geschäftsführer, soweit diese sich auf den Gang der Kaufverhandlungen nicht ausgewirkt hat, Urteil des Kassationshofs 6S.711/2000 vom 8.1.2003 mit Hinweisen. Zur Annahme von privaten Bestechungs- oder Schmiergeldern vgl. BGE 129 IV 126 ff. E. 4. Nach POP, 297, ist die Treuepflicht des Maklers ohne weiteres zu bejahen.
[51] STRATENWERTH/JENNY, § 19 N 7.
[52] Art. 158 Ziff. 1 Abs. 3 StGB.
[53] BSK-AMMANN, N 1 zu Art. 412 OR; GAUTSCHI, Vorbemerkungen N 2b und N 1a zu Art. 412 OR.
[54] Dementsprechend hat die Praxis beim Vermittler von Immobilien in Spanien an schweizerische Interessenten die Stellung als Geschäftsführer verneint; Kantonsgericht Wallis, 5.10.1989, RVJ/ZWR 1990, 194. Nach der Rechtsprechung kann beim Treubruchtatbestand die Fürsorge für ein fremdes Vermögen allerdings auch tatsächlicher Natur sein, so bei einem Täter, der in leitender Stellung über die Betriebsmittel und das Personal eines Unternehmens verfügt, vgl. BGE 81 IV 279 f.
[55] BSK-AMMANN, N 7 und 13 zu Art. 412 OR; BGE 103 II 133.

von Kaufs- oder Verkaufsgeschäften erstreckt[56], oder wenn er als Liegenschaftsverwalter neben dem Verwaltungsauftrag den Auftrag erhält, dem Eigentümer Kaufinteressenten zu nennen. Insofern trifft ihn eine Treuepflicht wie den Beauftragten nach Auftragsrecht[57]. Allerdings kommt Art. 158 Ziff. 1 StGB nur zur Anwendung, wenn die verwalteten Vermögensinteressen von einigem Gewicht sind. Das ist nicht der Fall, wenn sich der Auftrag auf die Ausführung eines einzelnen Geschäfts beschränkt[58].

23 Soweit dem Makler die Stellung als Geschäftsführer zukommt und er als Vermittlungsmakler den Abschluss des Vertrags aktiv fördert, kann gegebenenfalls auch die Doppeltätigkeit[59] strafrechtlich relevant werden, wenn sie nicht offen gelegt wird und dem Auftraggeber daraus ein Schaden erwächst[60].

Doppelmandat
Double mandat

## V. Erschleichung einer Falschbeurkundung

24 **A.** Gemäss Art. 253 Abs. 1 StGB macht sich der Erschleichung einer falschen Beurkundung schuldig, wer durch Täuschung bewirkt, dass ein Beamter oder eine Person öffentlichen Glaubens eine rechtlich

Definition
Définition

---

[56] BGE 110 II 278 E. 2a; GAUTSCHI, Vorbemerkungen N 2d. Oder wenn mit dem Maklervertrag eine Vermögensbetreuung und eine Anlageberatung verbunden ist; BGH, 11.8.1993, NStZ 1994, 35.
[57] Art. 398 OR. Das gilt auch für den Versicherungsmakler, dessen Tätigkeit in der Regel über die blosse Vermittlung von Versicherungsverträgen auch die Optimierung und Verwaltung des Versicherungsportefeuilles umfasst. Weiters hat der deutsche BGH, 8.5.1984, wistra 1984, 225 im Sinne der Bejahung einer Treuepflicht ein strafrechtlich relevantes Treueverhältnis im Sinne von 1 266 dStGB in einem Fall angenommen, in dem der Makler mit der Gestaltung und der Abwicklung des Grundstücksverkaufs eine über den ursprünglich in Aussicht gestellten Interessentennachweis hinausgehende selbständige Arbeit übernommen hat. Ebenso BGH, 11.8.1970, GA 1971, 209 f. für den Vermittlungsmakler aufgrund eines Alleinauftrags.
[58] Appellationsgericht Basel-Stadt, 11.3.1970, BJM 1970, 297, Verwertung eines einzigen Vermögensstücks; hier kommt allenfalls Art. 158 Ziff. 2 StGB zum Zug, vgl. BSK StGB II-NIGGLI, Art. 158 N 47, 122.
[59] Die Doppeltätigkeit des Vermittlungsmaklers ist wegen der wohl zwingenden Interessenkollision auch zivilrechtlich nicht erlaubt; BGE 35 II 66; 110 II 277 E. 2a kontr.; vgl. auch 111 II 368 E.1b; BSK-AMMANN, N 4 zu Art. 415 OR.
[60] Etwa wenn er sich auch vom Verkäufer eine Provision versprechen lässt und auf diese Weise den Kaufpreis erhöht; vgl. BGE 26 II 402.

erhebliche Tatsache unrichtig beurkundet. Die Bestimmung regelt einen Spezialfall der mittelbaren Falschbeurkundung[61]. Die Täuschung muss den Vorsatz der Urkundsperson ausschliessen.

Die Falschbeurkundung betrifft die Errichtung einer echten[62], aber unwahren[63] Urkunde[64]. Die Tatbestände des Urkundenstrafrechts schützen das Vertrauen, welches im Rechtsverkehr einer Urkunde als einem Beweismittel entgegengebracht wird. Die schriftliche Fixierung einer unwahren Erklärung ist nur dann eine strafbare Falschbeurkundung, wenn der Urkunde eine erhöhte Glaubwürdigkeit zukommt und der Adressat ihr ein besonderes Vertrauen entgegenbringt[65]. Andernfalls ist sie lediglich eine einfache schriftliche Lüge. Eine allgemeingültige objektive Garantie für die Wahrheit der Erklärung liegt etwa in der öffentlichen Urkunde gemäss Art. 9 Abs. 1 ZGB. Diese beglaubigt nicht nur die Abgabe der Erklärung, sondern leistet Gewähr auch für deren Wahrheit[66].

25
Falschbeurkundung
Fausse constatation dans un titre

**B.** Ist der Makler auch mit der Vertretung des Auftraggebers bei der Beurkundung betraut und täuscht er dem Notar einen tieferen als den tatsächlich versprochenen Kaufpreis vor, bewirkt er eine falsche Beurkundung des Grundstückkaufvertrags. Nach ständiger Rechtsprechung erfüllt er damit den Tatbestand der Erschleichung einer falschen Beurkundung gemäss Art. 253 StGB[67].

26
Für den Makler
Pour le courtier

---

[61] Art. 251 Ziff 1 StGB: «... eine rechtlich erhebliche Tatsache unrichtig beurkundet oder beurkunden lässt ...».
[62] Der tatsächliche Urheber und der aus der Urkunde ersichtliche Aussteller sind identisch.
[63] Der wirkliche und der in der Urkunde enthaltene Sachverhalt stimmen nicht überein.
[64] Zum Urkundenbegriff vgl. Art. 110 Ziff. 5 StGB.
[65] BGE 117 IV 35; zuletzt BGE 129 IV 133 E. 2.1. Andernfalls liegt bloss eine unbeachtliche schriftliche Lüge vor.
[66] BGE 113 IV 80 f. E. 3b; BGE 100 IV 242 f. E. 4; BGE 84 IV 164; vgl. auch die Urteile des Kassationshofs vom 6S.213/1998 vom 19.6.2000 E. 5b/aa, ZBGR 83/2002, 290, sowie 6S.30/2002 vom 6.3.2003 E. 2.3.3.
[67] BGE 78 IV 110 ff. E. 2; BGE 84 IV 164; Urteil des Kassationshofs 6S.30/2002 vom 6.3.2003 E. 2.3 und 6S.163/2000 vom 10.5.2000 E. 3c.

# § 5 Maklervertrag und Gerichtsstandsgesetz

## Inhaltsverzeichnis                                                    Rz

I. **Einleitung**                                                         1

II. **Klagen aus Maklervertrag**                                          5
  A. Maklervertrag als Konsumentenvertrag                       5
    1. Anwendungsbereich des Konsumentenvertrags      5
    2. Tatbestandselemente des Konsumentenvertrags im Einzelnen    10
    3. Rechtsfolgen des Konsumentenvertrags           11
        a. Unmittelbare Rechtsfolgen aus Art. 22 GestG    11
        b. Mittelbare Rechtsfolgen aus Art. 22 GestG      12
        c. Zusammenfassung                                16
  B. Maklervertrag als «Nichtkonsumentenvertrag»                17
    1. Ordentlicher Gerichtsstand                     17
    2. Gerichtsstandsvereinbarungen                   19
    3. Einlassung                                     25
    4. Internationale Zuständigkeit                   27
        a. Lugano-Übereinkommen                           27
        b. IPRG                                           28

III. **Schlusswort**                                                     29


## Table des matières                                                    N°

I. **Introduction**                                                       1

II. **Les demandes fondées sur le contrat de courtage**                   5
  A. Le contrat de courtage qualifié comme contrat de consommation    5
    1. Le champ d'application du contrat de consommation    5
    2. Le détail des éléments constitutifs du contrat de consommation    10
    3. Les conséquences juridiques de cette qualification   11
        a. Les conséquences directes de l'art. 22 LFors    11
        b. Les conséquences indirectes de l'art. 22 LFors  12
        c. En résumé                                      16
  B. Le contrat de courtage différent du contrat de consommation    17
    1. Le for ordinaire                               17
    2. Les élections de for                            19
    3. L'acceptation tacite du for                     25

4. La compétence internationale 27
   a. La Convention de Lugano 27
   b. La LDIP 28

**III. Conclusion** 29

# I. Einleitung

Die nachfolgenden Ausführungen zielen darauf ab, den Konnex zwischen Maklervertrag und Gerichtsstandsgesetz herzustellen und insbesondere dem Makler aufzuzeigen, wo er Klage erheben muss und wo er selbst eingeklagt werden kann. Das neue Gerichtsstandsgesetz sieht dabei je nach Sachlage verschiedene Gerichtsstände vor[1]. Anknüpfungspunkt ist dabei die Differenzierung zwischen Maklervertrag als Konsumentenvertrag und Maklervertrag als «gewöhnlicher» Vertrag bzw. als «Nichtkonsumentenvertrag» (d.h. als Vertrag, der die Tatbestandsmerkmale des Konsumentenvertrags nicht erfüllt). Die Gerichtsstände beider Vertragstypen werden in der Folge im Einzelnen erläutert.

1

Der Maklervertrag tritt in verschiedenen Anwendungsformen auf. Als vom Makler vermittelte Geschäfte kommen z.B. in Frage[2]: Grundstückkauf, Kauf/Verkauf eines Unternehmens, Miet- und Pachtverträge, Arbeitsverträge, Kreditverträge aller Art (z.B. Darlehen), Handelsgeschäfte jeglicher Art, Börsengeschäfte sowie die Vermittlung von Eheschliessungen. Unter welche Norm des Gerichtsstandsgesetzes ein konkreter Maklervertrag zu subsumieren ist, muss aufgrund der vielfältigen Erscheinungsformen des Maklervertrags anhand des konkreten Vertrags beurteilt werden. Entscheidend ist dabei regelmässig die Frage, ob ein Konsumentenvertrag vorliegt oder nicht, wobei die Unterscheidung im einzelnen Fall nicht immer einfach ist. Die Annahme eines Konsumentenvertrags kann aber z.B. per se für den Kauf/Verkauf eines Unternehmens verneint werden, da der Käufer diesfalls nicht in privater, sondern in geschäftlicher Absicht handelt.

2
Die verschiedenen Maklereien
Les différents courtages

---

[1] Art. 1 ff. GestG.
[2] Vgl. dazu BK-AMMANN, N 1 zu Art. 412 OR.

**3**
Qualifikation des Vertrags
Qualification du contrat

Das Gerichtsstandsgesetz bietet dem Kläger im nationalen Verhältnis[3] je nach Qualifikation des Vertrags unterschiedliche Gerichtsstände an[4]. Der in Art. 3 GestG statuierte Gerichtsstand am Wohnsitz oder Sitz des Beklagten gilt dabei als ordentlicher Gerichtsstand. Hat der Beklagte keinen Wohnsitz, so ist dessen Aufenthaltsort massgebend (Art. 4 Abs. 1 GestG)[5]. Für Klagen aus dem Betrieb einer geschäftlichen oder beruflichen Niederlassung oder einer Zweigniederlassung kann neben dem ordentlichen Gerichtsstand auch der Ort der Niederlassung gewählt werden (Art. 5 GestG). Das Gerichtsstandsgesetz sieht sodann in Art. 21 ff. GestG Gerichtsstände für Klagen aus besonderen Verträgen vor, welche den Gerichtsständen gemäss Art. 3 ff. GestG vorgehen. Der Konsumentenvertrag (Art. 22 GestG) ist ein solcher besonderer Vertrag im Sinne des Gerichtsstandsgesetzes. Liegt ein Konsumentenvertrag vor, so steht dem Konsumenten nicht nur der ordentliche Gerichtsstand am Wohnsitz oder Sitz des Anbieters/Maklers zur Verfügung. Der Konsument hat vielmehr auch die Möglichkeit, an seinem eigenen Wohnsitz zu klagen (Art. 22 Abs. 1 lit. a GestG). Damit privilegiert das Gerichtsstandsgesetz den Konsumenten, indem es diesem die Möglichkeit bietet, den Makler auch an seinem eigenen Wohnsitz – d.h. am Wohnsitz des Konsumenten – einzuklagen, währenddem der Makler den Konsumenten stets am Wohnsitz des Konsumenten einklagen muss (Art. 22 Abs. 1 lit. b GestG).

**4**
Konsum oder nicht?
Consommation ou non?

In einem ersten Schritt ist demnach der zu beurteilende Maklervertrag zu qualifizieren. Der Vertrag kann entweder als Konsumentenvertrag oder als «Nichtkonsumentenvertrag» qualifiziert werden. In einem zweiten Schritt ist/sind der Gerichtsstand bzw. die Gerichtsstände zu bestimmen.

---

[3] Für internationale Verhältnisse ist das IPRG massgebend, währenddem das eurointernationale Verhältnis durch das LugÜ normiert wird. Vgl. dazu Rz 27 f.
[4] Art. 1 Abs. 1 GestG.
[5] Als Aufenthaltsort gilt der Ort, an dem der Beklagte während längerer Zeit lebt, auch wenn diese Zeit zum vornherein befristet ist (Art. 4 Abs. 2 GestG).

## II. Klagen aus Maklervertrag

## A. Maklervertrag als Konsumentenvertrag

### 1. Anwendungsbereich des Konsumentenvertrags

Zunächst ist festzulegen, unter welchen Voraussetzungen ein Maklervertrag als Konsumentenvertrag qualifiziert werden muss. Zur Beantwortung dieser Frage ist auf Art. 22 Abs. 2 GestG abzustellen. Nach dieser Bestimmung gelten als Konsumentenverträge «Verträge über Leistungen des üblichen Verbrauchs (Tatbestandsmerkmal 1), die für die persönlichen oder familiären Bedürfnisse des Konsumenten oder der Konsumentin bestimmt sind (Tatbestandsmerkmal 2) und von der anderen Partei im Rahmen ihrer beruflichen oder gewerblichen Tätigkeit angeboten werden (Tatbestandsmerkmal 3)». Ein Konsumentenvertrag liegt nur dann vor, wenn diese drei Tatbestandsmerkmale kumulativ erfüllt sind. Da der Anwendungsbereich von Art. 22 Abs. 2 GestG nicht beschränkt ist – neben Sachleistungen werden auch Dienstleistungen erfasst –[6], fällt auch der Maklervertrag ohne weiteres unter Art. 22 GestG[7]. Massgebendes Kriterium für die Unterstellung eines Vertrags unter Art. 22 GestG ist – generell gesagt – die Schutzbedürftigkeit der schwächeren Partei (Konsument)[8].

5
Art. 22 Abs. 2 GestG
Art. 22 al. 2 LFors

Vertragsparteien des Konsumentenvertrags sind der Anbieter/Makler und der Konsument. Der Anbieter kann entweder eine juristische oder eine natürliche Person sein, währenddem es sich beim Konsumenten immer um eine natürliche Person handeln muss[9].

6
Vertragsparteien
Parties au contrat

---

[6] BRUNNER, AJP, 595.
[7] Gl.M. BRUNNER, N 16 zu Art. 22 GestG; DONZALLAZ, N 44 zu Art. 22 GestG; GROSS, N 168 zu Art. 22 GestG; WALTHER, in: KELLERHALS/VON WERDT/GÜNGERICH, N 35 zu Art. 22 GestG.
[8] Vgl. dazu Urteil des Einzelrichters in Zivilsachen des Bezirksgerichtes Zürich vom 30. Juni 1988, ZR 1989, Nr. 27.
[9] Art. 22 Abs. 1 lit. b GestG bestimmt klar, dass nur das Gericht am Wohnsitz (nicht Sitz) der beklagten Partei zuständig ist; kritisch dazu DONZALLAZ, N 26 zu Art. 22 GestG.

**7**
Der Konsument
Le consommateur

Als Konsument fällt die jeweils schwächere Partei in Betracht, welche gerade nicht geschäftlich handelt. Der Konsument ist Bezüger der Ware oder Dienstleistung[10]. Umgekehrt handelt der Anbieter im Rahmen seiner beruflichen oder gewerblichen Tätigkeit (Art. 22 Abs. 2 GestG). Der Anbieter ist derjenige, der die charakteristische vertragliche Leistung erbringt[11]. Nicht als Konsumentenvertrag zu qualifizieren sind folgerichtig sowohl Verträge unter Privaten als auch Verträge unter Geschäftsleuten[12].

**8**
Forderungszession
Cession de créance

Zediert der Konsument seine Forderung aus Konsumentenvertrag, erlischt der zusätzliche Klageort am Wohnsitz des Klägers bzw. Konsumenten[13]. Übrig bleibt der ordentliche Klageort am Wohnsitz oder Sitz des Beklagten[14]. Ein Teil der Lehre befürwortet hingegen die Akzessorietät des Kläger- bzw. Konsumentengerichtsstands[15]. Dieser Interpretation ist nicht zuzustimmen. Erstens widerspricht diese Auslegung dem Wortlaut von Art. 22 Abs. 1 lit. a GestG, zweitens dem Grundsatz der restriktiven Auslegung des Anwendungsbereichs von Art. 22 GestG[16] und drittens der geltenden Rechtssprechung zu Art. 13 LugÜ[17].

**9**
Restriktive Auslegung
Interprétation restrictive

Der exorbitante Klägergerichtsstand stellt einen Eingriff in die Privatautonomie, in Art. 27 BV (Wirtschaftsfreiheit[18]) und in Art. 30 Abs. 2 BV dar. Wie bereits der Gesetzgeber tendiert daher auch die Lehre richtigerweise zu einer restriktiven Auslegung des Anwendungsbereichs von Art. 22 GestG[19].

---

[10] BGE 121 III 342, E. 5.e.dd.
[11] BGE 121 III 342, E. 5.e.dd.
[12] BRUNNER, N 14 zu Art. 22 GestG; GROSS, Konsumentenverträge, 106 f.; VOCK, 39; WALTHER, in: KELLERHALS/VON WERDT/GÜNGERICH, N 25 f. zu Art. 22 GestG.
[13] GROSS, N 82 zu Art. 22 GestG.
[14] Art. 3 ff. GestG.
[15] Vgl. dazu DONZALLAZ, N 28 f. zu Art. 22 GestG; STAEHELIN, 130.
[16] Vgl. dazu Rz 9.
[17] EuGH, 19.1.1993, Rs C-89/91, Shearson Lehman Hutton Inc. c. TVB Treuhandgesellschaft für Vermögensverwaltung und Beteiligung mbH, Slg. 1993, I-188, Rz 22 ff.
[18] GROSS, N 21 zu Art. 21 GestG.
[19] M.w.H. GROSS, N 27 ff. zu Art. 22 GestG; WALTHER, in: KELLERHALS/VON WERDT/ GÜNGERICH, N 13 ff. zu Art. 22 GestG.

## 2. Tatbestandselemente des Konsumentenvertrags im Einzelnen

Art. 22 Abs. 2 GestG definiert den Begriff des Konsumentenvertrags positiv. Die Leistung muss wie erwähnt (Rz 5) für den üblichen Gebrauch des Konsumenten bestimmt sein, den persönlichen oder familiären Bedürfnissen des Konsumenten dienen, und der Anbieter/Makler muss die Leistung im Rahmen seiner beruflichen oder gewerblichen Tätigkeit anbieten. Es handelt sich dabei um eine Legaldefinition[20]. Nebst den genannten Kriterien erweitert die herrschende Lehre den Tatbestand in Anlehnung an die bundesgerichtliche Rechtssprechung zu Art. 13 LugÜ[21] um ein weiteres (negatives) Element, das sog. «besondere Treueverhältnis zwischen den Parteien»[22]. Besteht ein besonderes Treueverhältnis zwischen den Parteien, so liegt kein Konsumentenvertrag vor. Im Einzelnen:

– Eine Leistung ist für den üblichen Verbrauch des Konsumenten bestimmt, wenn er damit seine regelmässigen Grundbedürfnisse abdeckt. Bei der Beurteilung der Üblichkeit ist auf die Verkehrsauffassung abzustellen[23]. Luxusgüter und ausserordentliche (einmalige) Rechtsgeschäfte wie namentlich der Kauf von Immobilien fallen nicht unter Art. 22 GestG. Eine «wertmässige Obergrenze» kann indessen nicht festgelegt werden[24].

– Persönliche oder familiäre Bedürfnisse werden unmittelbar durch den Erwerb einer Sache bzw. den Bezug einer Dienstleistung befriedigt. Dient die erworbene Sache oder Dienstleistung sowohl für den privaten als auch für den geschäftlichen Gebrauch, liegt kein Konsumentenvertrag mehr vor. Nicht unter Art. 22 Abs. 2 GestG fallen daher alle Vertragsleistungen, die nicht ausschliesslich für die persönlichen oder familiären Bedürfnisse des Konsumenten bestimmt sind[25].

---

[20] BRUNNER, N 11 zu Art. 22 GestG.
[21] BGE 121 III 340, E. 5.e.bb.
[22] Ablehnend WALTHER, in: KELLERHALS/VON WERDT/GÜNGERICH, N 29 zu Art. 22 GestG; befürwortend DONZALLAZ, N 52 zu Art. 22 GestG; GROSS, N 130 ff. zu Art. 22 GestG; STAEHELIN, 131.
[23] GROSS, N 124 zu Art. 22 GestG.
[24] BRUNNER, N 15 zu Art. 22 GestG; DONZALLAZ, N 48 ff. zu Art. 22 GestG.
[25] GROSS, N 88 zu Art. 22 GestG; WALTHER, in: KELLERHALS/VON WERDT/GÜNGERICH, N 12 zu Art. 22 GestG.

– Die anbietende Partei handelt dann im Rahmen ihrer beruflichen oder gewerblichen Tätigkeit, wenn diese dauerhaft und mit Absicht auf Umsatzerzielung erfolgt. Zudem hat der eingegangene Vertrag im Zusammenhang mit dieser Erwerbstätigkeit zu stehen[26]. Der Anbieter kann haupt- oder nebenberuflich handeln[27]. Irrelevant für die Beurteilung ist, ob sich der Anbieter tatsächlich in einer vorteilhafteren Lage (z.B. bzgl. wirtschaftlicher Potenz oder Wissensvorsprung) als der Konsument befindet[28]. Demnach ist es ausnahmsweise möglich, dass der geschützte Konsument – paradoxerweise – zusätzlich auch die routiniertere und erfahrenere Partei ist.

– Ein besonderes Treueverhältnis liegt vor, wenn die zwischen den Vertragsparteien vorliegende enge persönliche Beziehung ausschlaggebend für das Eingehen des Vertrags ist. Bejaht man ein besonderes Treueverhältnis – es handelt sich hierbei um ein negatives Tatbestandsmerkmal, welches das Vorliegen eines Konsumentenvertrags ausschliesst –, so entfällt das «strukturelle Ungleichgewicht zwischen Anbieter und Konsument» und dadurch auch die Schutzbedürftigkeit des Konsumenten[29]. Art. 22 Abs. 2 GestG ist demzufolge nicht anwendbar. Ein Treueverhältnis ist typischerweise bei Arzt- oder Anwaltsverträgen zu bejahen. Beim Maklervertrag ist indessen in der Regel nicht vom Vorliegen eines besonderen Treueverhältnisses auszugehen. Konsequenz daraus ist die (durchaus mögliche) Unterstellung des Maklervertrags unter die Konsumentenschutznorm von Art. 22 GestG, sofern die übrigen Tatbestandsmerkmale erfüllt sind.

## 3. Rechtsfolgen des Konsumentenvertrags

### a. Unmittelbare Rechtsfolgen aus Art. 22 GestG

11
Zwei Gerichtsstände zur Wahl
Deux fors au choix

Unmittelbare Rechtsfolge bei erfülltem Tatbestand bzw. bei Vorliegen eines Konsumentenvertrags ist die Möglichkeit des Konsumenten, zwischen zwei Gerichtsständen auszuwählen: Dem Gerichtsstand an seinem eigenen (Konsumenten-)wohnsitz und dem Gerichtsstand am

---

[26] GROSS, N 96 ff. zu Art. 22 GestG.
[27] KREN KOSTKIEWICZ, 136.
[28] DONZALLAZ, N 6 zu Art. 22 GestG; GROSS, N 67 zu Art. 22 GestG.
[29] GROSS, N 132 f. zu Art. 22 GestG.

Wohnsitz bzw. Sitz des Anbieters/Maklers (Art. 22 Abs. 1 lit. a GestG). Dem Makler eröffnet eine solche Konstellation keine neuen Klageorte. Ihm verbleibt für seine Klage lediglich der Gerichtsstand am Wohnsitz des Beklagten, d.h. am Wohnsitz des Konsumenten (Art. 22 Abs. 1 lit. b GestG).

#### b. Mittelbare Rechtsfolgen aus Art. 22 GestG

Die Qualifikation eines Maklervertrags als Konsumentenvertrag hat sodann weitere Auswirkungen. Die wichtigste ist, dass autonome Parteivereinbarungen stark eingeschränkt werden (vgl. Art. 21 GestG): So kann der Konsument auf die Gerichtsstände, die ihm gemäss Art. 22 GestG offen stehen, weder zum Voraus (durch eine Gerichtsstandsvereinbarung[30]) noch durch Einlassung[31] verzichten (Art. 21 Abs. 1 lit. a GestG). Der in Art. 21 GestG definierte Terminus des sog. teilzwingenden Gerichtstands besagt, dass Abweichungen von einem teilzwingenden Gerichtstand lediglich nach Entstehung der Streitigkeit und nur durch Abschluss einer ausdrücklichen Gerichtsstandsvereinbarung möglich sind (Art. 21 Abs. 2 GestG). Demgegenüber besagt die Relativität des teilzwingenden Gerichtsstands, dass nur eine Partei – regelmässig die schwächere (d.h. in casu der Konsument) – nicht zum Voraus oder durch Einlassung auf die teilzwingenden Gerichtsstände verzichten kann (Art. 21 Abs. 1 lit. a GestG). E contrario bedeutet dies, dass die andere – regelmässig stärkere – Partei (d.h. in casu der Makler) sowohl zum Voraus als auch durch Einlassung auf die teilzwingenden Gerichtsstände gemäss Art. 22 GestG verzichten kann.

12
Wahl des Gerichtsstands
Election de for

Von der vorstehend skizzierten Rechtslage abweichende vertragliche bzw. in den allgemeinen Geschäftsbedingungen enthaltene Bestimmungen sind demnach teilweise nichtig (Art. 20 Abs. 2 OR)[32]. Im Ergebnis bedeutet dies, dass eine vor Entstehung der Streitigkeit getroffene Gerichtsstandsvereinbarung (etwa in allgemeinen Geschäftsbedingungen) bloss insofern nichtig ist, als dadurch der Konsument auf einen teilzwingenden Gerichtsstand verzichtet. Insofern, als der Anbieter/Makler auf einen teilzwingenden Gerichtsstand verzichtet, ist die Gerichtsstandsvereinbarung dagegen gültig, da dies nach der Auf-

13
Schicksal der widerrechtlichen Klauseln
Sort des clauses illégales

---

[30] Vgl. zum Begriff der Gerichtsstandsvereinbarung Rz 19 ff.
[31] Vgl. zum Begriff der Einlassung Rz 25 f.
[32] Gl.M. VALLONI/BARTHOLD, 36; vgl. dazu GAUCH/SCHLUEP/SCHMID/REY, N 689 ff.

listung in Art. 21 Abs. 1 lit. a-d GestG keinen widerrechtlichen Vertragsinhalt i.S.v. Art. 20 Abs. 1 OR darstellt. Als Fazit folgt daraus, dass bei vertraglich und vor Entstehung der Streitigkeit vereinbartem Gerichtsstand zwar der Konsument den Anbieter (auch) am vereinbarten (und vom teilzwingenden Gerichtsstand verschiedenen) Gerichtsstand einklagen kann – nicht aber umgekehrt[33]. Dem Konsumenten stehen – nebst dem vereinbarten Gerichtsstand – nach wie vor und überdies die Gerichtsstände gemäss Art. 22 Abs. 1 lit. a GestG offen (Gerichtsstand am Wohnsitz des Konsumenten und am Wohnsitz/Sitz des Anbieters/Maklers). Der Anbieter/Makler muss dagegen den Konsumenten am Wohnsitz des Konsumenten einklagen (Art. 22 Abs. 1 lit. b GestG) – er kann sich nicht auf die vor Entstehung der Streitigkeit getroffene Gerichtsstandsvereinbarung berufen, da der Konsument durch diese nicht gebunden wird (Art. 21 Abs. 1 lit. a GestG). Eine vor Entstehung der Streitigkeit getroffene Gerichtsstandsvereinbarung (etwa in Allgemeinen Geschäftsbedingungen) bringt daher dem Anbieter/Makler im Ergebnis keine Vorteile – vielmehr nur Nachteile, sofern ein Konsumentenvertrag vorliegt.

14
Prüfung der Zuständigkeit von Amtes wegen
Examen d'office de la compétence

Nach Art. 34 Abs. 1 GestG hat das Gericht auch bei teilzwingenden Gerichtsständen die örtliche Zuständigkeit – teilweise – von Amtes wegen zu prüfen. Im Einzelnen:

– Wird nach Entstehung der Streitigkeit eine formgültige Gerichtsstandsvereinbarung i.S.v. Art. 21 Abs. 2 GestG i.V.m. Art. 9 GestG getroffen, kann trotzdem von irgendeiner Partei am teilzwingenden Gerichtsstand geklagt werden. Das angerufene Gericht hat dann jedoch abzuwarten, ob die beklagte Partei nach kantonalem Prozessrecht rechtzeitig die Unzuständigkeitseinrede erhebt[34]. Ist dies nicht der Fall, so wird es kraft Einlassung i.S.v. Art. 10 GestG zur Behandlung zuständig[35]. Das Gericht am Ort der Gerichtsstandsvereinbarung hat demgegenüber eine allfällig erhobene Unzuständigkeitseinrede der beklagten Partei abzuweisen und auf die Klage einzutreten, wenn es angerufen wird.

---

[33] M.w.H. REETZ, 65 f.
[34] Vgl. dazu Art. 75 FR ZPO: «Die Unzuständigkeitseinrede wird von den Parteien erhoben, sobald die Unzuständigkeit bekannt ist.».
[35] Die «Ausschliesslichkeit» der Gerichtsstandsvereinbarung i.S.v. Art. 9 Abs. 1 Satz 2 GestG bedeutet nicht, dass sich der Beklagte nicht dennoch an einem anderen Ort als dem durch die Gerichtsstandsvereinbarung bestimmten auf die Klage einlassen kann.

– Eine vor Entstehung der Streitigkeit abgeschlossene Gerichtsstandsvereinbarung ist grundsätzlich (teilweise) nichtig. Der Konsument kann sich dennoch mit einer nach Entstehung der Streitigkeit aber vor Prozessbeginn abgegebenen Consentment-Erklärung[36] an die Gerichtsstandsvereinbarung binden. Liegt keine Consentment-Erklärung vor, kann der Konsument nur am teilzwingenden Gerichtstand (Wohnsitz des Konsumenten) eingeklagt werden; eine Einlassung des Konsumenten an einem anderen Gerichtsstand ist nicht möglich (Art. 21 Abs. 1 lit. a GestG). Der Anbieter hingegen kann sowohl am Wohnsitz des Konsumenten als auch am eigenen Wohnsitz/Sitz sowie auch am vereinbarten Gerichtsstand eingeklagt werden.

– Wurde weder vor noch nach Entstehung der Streitigkeit eine Gerichtsstandsvereinbarung getroffen, ist das Gericht am Ort des teilzwingenden Gerichtsstands gemäss Art. 22 Abs. 1 GestG zuständig. Klagt der Konsument an einem Drittort, bleibt abzuwarten, ob der Anbieter eine Unzuständigkeitseinrede erhebt. Unterlässt er diese, ist das Gericht am Drittort kraft Einlassung (Art. 10 GestG) zuständig. Wird die Unzuständigkeitseinrede dagegen erhoben, hat das Gericht diese gutzuheissen. Klagt der Anbieter an einem Drittort, darf das Gericht nicht auf die Klage eintreten und zwar unabhängig davon, ob der Konsument eine Unzuständigkeitseinrede erhebt oder nicht (Art. 21 Abs. 1 lit. a GestG).

Weiter wirkt sich Art. 22 GestG auf die Art des Verfahrens aus. Konsumentenstreitigkeiten müssen bis zu einem Streitwert von 20 000 Franken in einem Schlichtungsverfahren oder einem einfachen und raschen Verfahren behandelt werden[37]. Das einfache und rasche Verfahren kommt aber nicht nur dem Konsumenten zugute. Auch der Anbieter profitiert, indem er mit wenig Aufwand ein materiell rechtskräftiges Urteil erlangen kann. Ein solches ist Voraussetzung, um im

15
Einfaches und rasches Verfahren

Procédure simple et rapide

---

[36] Eine Consentment-Erklärung des Konsumenten kommt im Ergebnis einer ausdrücklichen Gerichtsstandsvereinbarung nach Entstehung der Streitigkeit i.S.v. Art. 21 Abs. 2 GestG gleich. Bzgl. der gerichtlichen Zuständigkeitsprüfung kann auf diese Ausführungen (Rz 14) verwiesen werden. Vgl. zum Begriff der Consentment-Erklärung REETZ, 68.

[37] Art. 1 Verordnung über die Streitwertgrenze in Verfahren des Konsumentenschutzes und des unlauteren Wettbewerbs vom 7. März 2003 (SR 944.8). Der Streitwert bemisst sich nur nach der eingeklagten Forderung, eine allfällige Widerklage bleibt bei der Bemessung unberücksichtigt. Vgl. dazu Art. 382 ff. FR ZPO, nach welchen der Richter in der Regel Fristen von zehn Tagen festlegt.

Schuldbetreibungs- und Konkursverfahren definitive Rechtsöffnung zu erhalten (vgl. dazu Art. 80 f. SchKG). Liegt der Streitwert über der angegebenen Grenze, ist das ordentliche Verfahren vorgesehen[38].

### c. Zusammenfassung

16 Zusammenfassend ergibt sich für den Anbieter/Makler im Konsumentenvertrag folgende Situation: Der Anbieter hat damit zu rechnen, entweder am eigenen Wohnsitz oder Sitz, am Wohnsitz des Konsumenten (Art. 22 Abs. 1 lit. a GestG) oder am vereinbarten Gerichtsstand eingeklagt zu werden (vgl. Art. 21 Abs. 1 lit. a GestG e contrario). Tritt der Anbieter selbst als klagende Partei auf, steht ihm grundsätzlich nur die Klage am Wohnsitz des Konsumenten offen (Art. 22 Abs. 1 lit. b GestG i.V.m. Art 21 Abs. 1 lit. a GestG). Wurde jedoch nach Entstehung der Streitigkeit eine Gerichtsstandsvereinbarung geschlossen oder bindet sich der Konsument mit einer Consentment-Erklärung an eine (eigentlich teilweise ungültige) vor Entstehung der Streitigkeit eingegangene Gerichtsstandsvereinbarung, steht dem Anbieter ausschliesslich der vereinbarte Gerichtsstand als Klageort zur Verfügung (Art. 21 Abs. 2 GestG i.V.m. Art. 9 Abs. 1 Satz 2 GestG), wobei eine Klage am ordentlichen Gerichtsstand (Wohnsitz des Konsumenten) bei Unterlassen der Unzuständigkeitseinrede auch möglich wäre.

## B. Maklervertrag als «Nichtkonsumentenvertrag»

### 1. Ordentlicher Gerichtsstand

17 Qualifiziert man den Maklervertrag nicht als Konsumentenvertrag –
Beklagten-  liegt also z.B. ein Vertrag zwischen Geschäftsleuten oder ein Vertrag
gerichtsstand  zwischen Privatpersonen vor –, ist der ordentliche Gerichtsstand nach
For du  Art. 3 ff. GestG massgebend[39]. Im Gegensatz zum teilzwingenden Ge-
défendeur  richtsstand von Art. 22 GestG spricht man hier von einem dispositiven Gerichtsstand. Dieser kann sowohl durch eine Gerichtsstandsvereinba-

---

[38] BRUNNER, N 28 zu Art. 22 GestG.
[39] GROSS, N 30 ff. zu Art. 21 GestG.

rung (Art. 9 GestG) als auch durch eine Einlassung (Art. 10 GestG) abgeändert werden.

Art. 3 Abs. 1 GestG regelt im Einklang mit Art. 30 Abs. 2 BV den Klageort am Wohnsitz bzw. Sitz des Beklagten. Haben die Parteien keine abweichende Vereinbarung getroffen, ist die beklagte Partei am eigenen Wohnsitz bzw. Sitz einzuklagen. Hat eine natürliche Person keinen feststellbaren Wohnsitz, ist sie subsidiär an ihrem Aufenthaltsort (Art. 4 GestG) – Art. 24 ZGB ist gemäss Art. 3 Abs. 2 GestG nicht anwendbar – einzuklagen. Für Klagen aus dem Betrieb einer geschäftlichen oder beruflichen Niederlassung oder einer Zweigniederlassung kann sowohl am Wohnsitz oder Sitz der beklagten Partei als auch am Ort der Niederlassung geklagt werden (Art. 5 GestG).

18
Wohnsitz oder Sitz
Domicile ou siège

## 2. Gerichtsstandsvereinbarungen

Von den dispositiven Gerichtsständen kann mittels Gerichtsstandsvereinbarung abgewichen werden, wenn sich die Abmachung auf «einen bestehenden oder ... einen künftigen Rechtsstreit über Ansprüche aus einem bestimmten Rechtsverhältnis» bezieht (Art. 9 Abs. 1 Satz 1 Halbsatz 2 GestG).

19
Allgemeine Gültigkeit
Validité générale

Die Zulässigkeit einer Gerichtsstandsvereinbarung setzt voraus, dass das Rechtsverhältnis, für das die Gerichtsstandsvereinbarung gelten soll, hinreichend bestimmt ist. Irrelevant ist dagegen, ob der Rechtsstreit aus diesem Rechtsverhältnis bereits besteht oder ob die Parteien die Gerichtsstandsvereinbarung lediglich für künftig mögliche Rechtsstreitigkeiten treffen wollen.

20
Ein bestimmtes Rechtsverhältnis
Une relation déterminée

Ein genau bestimmtes Rechtsverhältnis liegt dann vor, wenn nicht nur die Parteien, sonder auch Dritte (namentlich der Richter) aufgrund des Wortlauts der Gerichtsstandsvereinbarung ohne weiteres erkennen können, welches Rechtsverhältnis bzw. welche Rechtsverhältnisse von der Gerichtsstandsvereinbarung erfasst werden. Die Rechtsverhältnisse, für welche die Gerichtsstandsvereinbarung gelten soll, müssen im Zeitpunkt des Abschlusses der Gerichtsstandsvereinbarung bestimmt oder zumindest bestimmbar sein; es muss in diesem Zeitpunkt mit der Entstehung dieser Rechtsverhältnisse nach dem gewöhnlichen Lauf der Dinge gerechnet werden können. Nicht erforderlich ist dagegen, dass

21
Einem Dritten erkennbar
Reconnaissable par un tiers

**22**
Einem Dritten erkennbar
Reconnaissable par un tiers

auch die Ansprüche aus den bestimmten oder bestimmbaren Rechtsverhältnissen bereits bestimmt oder bestimmbar sind.

Keine Bestimmbarkeit ist gegeben, wenn die Parteien für sämtliche Streitigkeiten aus ihren gegenseitigen Geschäftsbeziehungen einen Gerichtsstand vereinbaren, da zu keinem Zeitpunkt Gewissheit über sämtliche Geschäfte steht, welche die Parteien in der Zukunft abschliessen werden[40]. Diesfalls läge eine übermässige Bindung i.S.v. Art. 27 ZGB vor[41]. Die Auslegung dürfte regelmässig zum Ergebnis der Teilnichtigkeit i.S.v. Art. 20 Abs. 2 OR als Rechtsfolge führen. Streitigkeiten aus denjenigen Geschäftsbeziehungen, welche schon zum Zeitpunkt des Abschlusses der Gerichtsstandsvereinbarung bestimmt waren oder bestimmbar waren, werden dennoch von der Gerichtsstandsvereinbarung erfasst. Für die übrigen Streitigkeiten bestimmt sich der Gerichtsstand nach den Art. 3 ff. GestG.

**23**
Form der Vereinbarung
Forme de l'élection

Nach Art. 9 Abs. 2 Satz 1 GestG muss die Gerichtsstandsvereinbarung grundsätzlich in schriftlicher Form erfolgen. Formen der Übermittlung, welche den Nachweis durch Text ermöglichen sowie mündliche Vereinbarungen mit schriftlicher Bestätigung der Parteien werden der Schriftform allerdings gleichgestellt. In Abweichung von Art. 13 OR ist die schriftliche Erklärung beider Parteien unentbehrlich[42]. Es reicht hingegen aus, wenn die Parteien übereinstimmende Willenserklärungen i.S.v. Art. 1 Abs. 1 OR ausgetauscht haben und sich diese Willenserklärungen im schriftlichen Text manifestieren und dementsprechend durch Urkundenbeweis nachgewiesen werden können. Die Unterschrift der Parteien ist in solchen Konstellationen unnötig[43].

**24** Geht aus der Gerichtsstandsvereinbarung nichts anderes hervor, so kann die Klage nur am vereinbarten Gerichtsstand erhoben werden (Art. 9 Abs. 1 Satz 2 GestG).

---

[40] SPÜHLER/VOCK, N 2 zu Art. 9 GestG.
[41] GAUCH/SCHLUEP/SCHMID/REY, N 661, mit zahlreichen Hinweisen.
[42] BGE 119 II 394, E. 3.a.
[43] BSK-HESS, N 84 zu Art. 5 IPRG; m.w.H. REETZ, 147 ff.

## 3. Einlassung

Nach der bundesgerichtlichen Rechtsprechung[44] ist Einlassung der Verzicht auf den gesetzlichen oder den ausschliesslich prorogierten Gerichtsstand durch konkludentes Handeln in einem bereits rechtshängigen Prozess und daher eine Sonderform der Gerichtsstandsvereinbarung. Die Einlassung erfolgt durch die unzweideutige Bekundung des Beklagten, vor dem durch den Kläger angerufenen Gericht vorbehaltlos – ohne Erheben der Unzuständigkeitseinrede[45] – zur Hauptsache zu verhandeln[46].

Die Einlassung – vom Gesetzgeber in Art. 10 Abs. 1 GestG als (vorbehaltlose) Äusserung zur Sache ohne Erheben der Unzuständigkeitseinrede definiert – begründet die örtliche Zuständigkeit des vom Kläger angerufenen (eigentlich unzuständigen) Gerichtes, ohne dass es dabei auf den Willen der Parteien ankommt[47].

## 4. Internationale Zuständigkeit

### a. Lugano-Übereinkommen

Fällt ein Sachverhalt in den Anwendungsbereich des LugÜ, ist für den Maklervertrag Art. 13 Abs.1 Nr. 3 des Übereinkommens zu beachten, sofern der Tatbestand von Art. 13 LugÜ erfüllt ist. Obwohl der Tatbestand mit demjenigen von Art. 22 GestG nicht ganz identisch ist, sind seine Rechtsfolgen dieselben: Art. 14 LugÜ eröffnet dem Konsumenten wie Art. 22 GestG einen Gerichtsstand im Staat des eigenen Wohnsitzes. Der Makler hat wiederum nur die Möglichkeit, im Vertragsstaat des Konsumenten zu klagen (die örtliche Zuständigkeit regelt das jeweilige nationale IPRG)[48]. Gerichtsstandsvereinbarungen sind nur nach Entstehen der Streitigkeit gültig (Art. 15 Nr. 1 LugÜ). Liegt kein Konsumentenvertrag vor, so bestimmt sich die Zuständigkeit nach Art. 2 LugÜ und Art. 5 Nr. 1 LugÜ.

---

[44] BGE 123 III 45 f., E. 3.b.
[45] BGE 67 I 109.
[46] BGE 87 I 58, E. 4; präzisierend dazu REETZ, 189 f.
[47] LEUCH/MARBACH/KELLERHALS/STERCHI, N 2b zu Art. 28 ZPO BE.
[48] KREN KOSTKIEWICZ, 150.

### b. IPRG

28 Fällt ein Sachverhalt in den Anwendungsbereich des IPRG, so sind die Art. 112 ff. IPRG massgebend. Erneut hat der Konsument – sofern ein Konsumentenvertrag i.S.v. Art. 120 Abs. 1 IPRG vorliegt – nebst dem ordentlichen Gerichtsstand die Option, am eigenen Wohnsitz – und subsidiär im Gegensatz zum rein nationalen Sachverhalt auch am eigenen Aufenthaltsort – zu klagen (Art. 114 Abs. 1 lit. a und lit. b IPRG). Der Makler kann wiederum nur am ordentlichen Gerichtsstand des Konsumenten klagen (Art. 112 IPRG)[49]. Ob ihm auch eine Klage am Erfüllungsort offen steht, ist kontrovers[50]. Will man dem Zweck von Art. 22 GestG – nämlich dem Schutz des Konsumenten – Rechnung tragen, so ist dem Anbieter diese Möglichkeit zu verbieten (sofern ein Konsumentenvertrag vorliegt). Bezüglich Gerichtsstandsvereinbarungen ist Art. 114 Abs. 2 IPRG zu beachten, soweit es um Konsumentenverträge geht, sonst ist hiefür Art. 5 IPRG massgebend.

## III. Schlusswort

29 Trotz der signifikanten Bevorzugung des Konsumenten sind die Folgen für den Makler weit weniger schwerwiegend als es auf den ersten Blick den Anschein macht. Häufig ist bei Klagen aus Konsumentenverträgen das Verhältnis zwischen Aufwand und Ertrag derart unangemessen, dass ein Konsument schon aus diesem Grund oftmals von einer Klage absieht. Kommt es dennoch zu einer Klage gegen den Makler, bleibt diesem immerhin noch die Möglichkeit zu versuchen, eine Gerichtsstandsvereinbarung zu treffen oder eine Consentment-Erklärung zu erwirken, um so dem (oftmals ungünstigen) Klägergerichtsstand am Wohnsitz des Konsumenten auszuweichen. Dies bedarf allerdings des Einverständnisses des Konsumenten.

---

[49] Art. 112 IPRG gilt für den Makler unabhängig davon, ob ein Konsumentenvertrag vorliegt oder nicht.
[50] Art. 113 IPRG; vgl. dazu GROSS, N 194 zu Art. 22 GestG.

Handelt es sich dagegen nicht um einen Konsumentenvertrag, so ist 30
dem Makler zu empfehlen, eine Gerichtsstandsvereinbarung abzuschliessen.

# § 6 Maklerverträge im internationalen Privatrecht

## Inhaltsverzeichnis                                     Rz

I.   **Grundlagen**                                       1

II.  **Zuständigkeit**                                    6
  A. Ordentlicher Gerichtsstand                           7
  B. Gerichtsstandsvereinbarung/Einlassung               10
  C. Besondere Gerichtsstände                            16
     1. Gewöhnlicher Aufenthalt                          18
     2. Niederlassung                                    21
     3. Erfüllungsort                                    22
     4. Konsumentenverträge                              29
        a. Die Regelung des IPRG                         30
        b. Die Regelung des LugÜ                         35
     5. Grundstücksmaklerei: forum rei sitae?            42

III. **Anwendbares Recht**                               43
  A. Rechtswahl                                          44
  B. Fehlen einer Rechtswahl                             45
  C. Konsumentenverträge                                 48

IV.  **Anerkennung ausländischer Urteile**               50
  A. Die Regelung des IPRG                               51
  B. Die Regelung des LugÜ                               53

V.   **Fazit**                                           57


## Table des matières                                    N°

I.   **Les fondements**                                   1

II.  **La compétence**                                    6
  A. Le for ordinaire                                     7
  B. L'élection/acceptation tacite de for                10
  C. Les fors spéciaux                                   16
     1. La résidence habituelle                          18
     2. L'établissement                                  21
     3. Le lieu d'exécution                              22
     4. Les contrats de consommation                     29
        a. La réglementation de la LDIP                  30
        b. La réglementation de la CLug                  35

| | |
|---|---|
| 5. Le courtage d'immeubles : forum rei sitae? | 42 |
| **III. Le droit applicable** | **43** |
| A. L'élection de droit | 44 |
| B. L'absence d'élection de droit | 45 |
| C. Les contrats de consommation | 48 |
| **IV. La reconnaissance des jugements étrangers** | **50** |
| A. La réglementation de la LDIP | 51 |
| B. La réglementation de la CLug | 53 |
| **V. Conclusion** | **57** |

# I. Grundlagen

Ein internationaler Sachverhalt liegt im Bereich des Vertragsrechts vor, wenn mindestens eine Partei Wohnsitz im Ausland hat[1]. Maklerverträge beziehen sich demgemäss verhältnismässig oft auf internationale Sachverhalte. Gerade im Grundstücksverkehr ist es etwa üblich, dass ein mit den örtlichen Begebenheiten vertrauter, einheimischer Makler beigezogen wird, der dem Auftraggeber einerseits verschiedene Liegenschaften andient, häufig aber auch die Verhandlungen mit der Verkäuferschaft vor Ort betreut.

1 «Internationaler» Sachverhalt Etat de fait «international»

Bei Streitigkeiten aus solchen grenzüberschreitenden Sachverhalten stellt sich jeweils die Frage nach dem zuständigen Gericht (nachfolgend unter Ziff. II), nach dem anwendbaren Recht (Ziff. III) und nach der Anerkennung allfälliger im Ausland ergangener Urteile in der Schweiz (Ziff. IV).

2 Die sich stellenden Fragen Les questions qui se posent

Für die Schweiz findet sich die Regelung dieser Aspekte ‚internationaler Verhältnisse' im Bundesgesetz über das Internationale Privatrecht (IPRG) vom 18. Dezember 1987[2]. Völkerrechtliche Verträge bleiben dabei ausdrücklich vorbehalten[3], wobei im hier interessierenden Bereich insbesondere das Übereinkommen über die gerichtliche Zuständigkeit und die Vollstreckung gerichtlicher Entscheidungen in Zivil-

3 IPRG und andere Staatsverträge LDIP et autres traités

---

1   BSK-AMSTUTZ/VOGT/WANG, N 6 zu Art. 112 IPRG.
2   Art. 1 Abs. 1 IPRG.
3   Art. 1 Abs. 2 IPRG.

und Handelssachen (Lugano-Übereinkommen; LugÜ) vom 16. September 1988 zu beachten ist.

<small>Lugano-Übereinkommen
Convention de Lugano</small>

4 Das LugÜ findet Anwendung in Zivil- und Handelssachen; insbesondere also auch auf das hier behandelte Maklervertragsrecht[4]. Es regelt einerseits die direkte Zuständigkeit der Vertragsstaaten-Gerichte, andererseits die Anerkennung und Vollstreckung von Urteilen aus anderen Vertragsstaaten. Das LugÜ befindet sich momentan in Revision, wobei der Zeitpunkt des Inkrafttretens der revidierten Fassung aufgrund eines Streits über die Kompetenz zum Abschluss des revidierten Vertrags innerhalb der EU noch unklar ist[5].

5 Dem LugÜ gehörten am 31. April 2004 die damaligen 15 EU-Staaten[6], die EFTA-Staaten[7] sowie Polen an. Die Osterweiterung der EU dürfte in absehbarer Zukunft eine Erweiterung des Geltungsbereichs mit sich bringen.

## II. Zuständigkeit

6 Vorliegend wird nur die Zuständigkeit von schweizerischen Gerichten zum Entscheid über Streitigkeiten aus grenzüberschreitenden Maklerverträgen untersucht. Diese bestimmt sich einerseits nach dem IPRG[8], andererseits nach dem LugÜ[9].

---

[4] Art. 1 LugÜ. Vgl. dazu CZERNICH/TIEFENTHALER/KODEK, N 7 ff. zu Art. 1 EuGVO; GEIMER/SCHÜTZE, N 1 ff. zu Art. 1 LugÜ; KROPHOLLER, N 1 ff. zu Art. 1 ff. EuGVO.
[5] FURRER/SCHRAMM, 106.
[6] Belgien, Dänemark, Deutschland, Finnland, Frankreich, Griechenland, Grossbritannien, Irland, Italien, Luxemburg, Niederlande, Österreich, Portugal, Schweden, Spanien.
[7] Island, Norwegen, Schweiz.
[8] Massgeblich sind in Bezug auf Maklerverträge insbesondere die Art. 2 – 10 IPRG sowie die Art. 112 – 114 IPRG.
[9] Massgeblich sind in Bezug auf Maklerverträge insbesondere Art. 2, Art. 5 Nr. 1, Art. 5 Nr. 5, Art. 13 ff. sowie Art. 17 und Art. 18 LugÜ.

## A. Ordentlicher Gerichtsstand

Sowohl das IPRG als auch das LugÜ sehen in Anwendung des Grundsatzes ‚actor sequitur forum rei' als ordentlichen Gerichtsstand den Wohnsitz des Beklagten vor[10].

7

Der Wohnsitz einer natürlichen Person liegt dabei im Staat, in dem sie sich mit der Absicht dauernden Verbleibens aufhält, also dort, wo sie sich aufhält und der Mittelpunkt ihrer Lebensinteressen liegt[11]. Unter den Begriff Wohnsitz wird ebenfalls der Sitz von juristischen Personen subsumiert[12].

8

Wohnsitz oder Sitz

Domicile ou siège

Von der Gerichtsbarkeit am Wohnsitz des Beklagten kann einerseits durch Vereinbarung oder durch rügelose Einlassung vor dem unzuständigen Gericht abgewichen werden (nachfolgend unter B.), andererseits sehen aber auch Vorschriften im besonderen Teil des IPRG und des LugÜ weitere, besondere Gerichtsstände vor (nachfolgend unter C.).

9

---

[10] Art. 2 und Art. 112 Abs. 1 IPRG; Art. 2 Abs. 1 LugÜ. Zu beachten ist, dass das IPRG auch die innerstaatliche Zuständigkeit regelt. Demgegenüber bezeichnet Art. 2 Abs. 1 LugÜ nur die internationale Zuständigkeit, die örtliche Zuständigkeit innerhalb der Vertragsstaaten bleibt demgegenüber diesen überlassen (SCHWANDER, Lugano-Übereinkommen, 67).

[11] Art. 20 Abs. 1 lit. a IPRG. Der zweite Absatz dieses Artikels schliesst sodann die Anwendung der Bestimmungen des ZGB über Wohnsitz und Aufenthalt aus. Das IPRG kennt damit insbesondere keinen fiktiven, abgeleiteten oder aus dem Aufenthalt in einer Anstalt hergeleiteten Wohnsitz (Art. 24 – 26 ZGB). Vgl. zum Wohnsitzbegriff: ZK IPRG-KELLER/KREN KOSTKIEWICZ, N 16 ff. zu Art. 20 IPRG; BSK-CHRISTEN-WESTENBERG, N. 8 ff. zu Art. 20 IPRG.
Das LugÜ definiert den Wohnsitz im Gegensatz zum IPRG nicht eigenständig. Es verweist zu dessen Bestimmung auf das Recht des Staates, in dem die Partei vermeintlich Wohnsitz hat (Art. 52 LugÜ). Dabei ist der Verweis primär als solcher auf das örtliche IZPR aufzufassen, in Bezug auf einen strittigen schweizerischen Wohnsitz also auf Art. 20 IPRG (nicht auf Art. 23 ff. ZGB). Vgl. zum Ganzen: SCHWANDER, Lugano-Übereinkommen, 66 f.

[12] Art. 21 Abs. 1 IPRG; Art. 53 Abs. 1 LugÜ.

## B. Gerichtsstandsvereinbarung/Einlassung

10 Das IPRG und das LugÜ anerkennen beide sowohl das Instrument der Gerichtsstandsvereinbarung als auch dasjenige der Einlassung, um die Zuständigkeit eines Gerichtes zu begründen.

11
Gerichtsstandsvereinbarung
Election de for

Eine Gerichtsstandsvereinbarung ist eine vertragliche Absprache zwischen den Parteien, dass für die Streitigkeiten aus einem bestimmten Verhältnis ein bestimmtes Gericht zuständig sein soll. Eine solche Vereinbarung kann sowohl vor als auch nach Entstehung des Rechtsstreits abgeschlossen werden[13].

12 Gerichtsstandsvereinbarungen sind gerade im internationalen Verhältnis sehr beliebt, da sie die zentrale Frage nach dem massgeblichen Forum bestimmbar machen. Ein Forum-Shopping oder Forum-Running wird durch die Vereinbarung ausgeschlossen; für beide Parteien wird Rechtssicherheit erreicht.

13
Stillschweigende Annahme
Acceptation tacite

Eine Einlassung liegt dagegen vor, wenn die beklagte Partei sich, ohne dass eine besondere Absprache besteht, vor einem unzuständigen Gericht vorbehaltlos auf ein Verfahren einlässt, d.h. vor dem angerufenen Gericht materiell zur Hauptsache verhandelt[14].

14
Gültigkeit
Validité

Insbesondere die Gültigkeit einer Gerichtsstandsvereinbarung, aber auch diejenige einer Einlassung hängt dabei je nach gesetzlicher Grundlage (IPRG oder LugÜ)[15] von der Einhaltung bestimmter Voraussetzungen und Formen ab[16]. Da sich für diese Voraussetzungen in Bezug auf Maklerverträge keine Besonderheiten ergeben, sei für eine detaillierte Darstellung der jeweiligen Gültigkeitsanforderungen auf die entsprechende Spezialliteratur verwiesen[17].

---

[13] Art. 5 IPRG und Art. 17 LugÜ.
[14] Art. 6 IPRG und Art. 18 LugÜ.
[15] Zum Verhältnis der Gültigkeitsvorschriften des IPRG zu denjenigen des LugÜ: BSK-HESS, N 1 ff. zu Art. 5 IPRG.
[16] Etwa bezüglich der Schriftform der Vereinbarung, des Inhalts der zugrundeliegenden Streitigkeit oder des Wohnsitzes der Parteien.
[17] Zum IPRG statt vieler: BSK-HESS, N 34 ff. zu Art. 5 IPRG; ZK IPRG-VOLKEN, N 13 ff. zu Art. 5 IPRG; PATOCCHI/GEISINGER, Ziff. 4 ff. zu Art. 5 IPRG; BSK-HESS, N 14 ff. zu Art. 6 IPRG; ZK IPRG-VOLKEN, N 8 ff. zu Art. 6 IPRG; PATOCCHI/GEISINGER, Ziff. 4 ff. zu Art. 6 IPRG.
Zum LugÜ statt vieler: PATOCCHI/GEISINGER, Ziff. 1 ff. zu Art. 17 LugÜ; CZERNICH/TIEFENTHALER/KODEK, N 25 ff. zu Art. 23 EuGVO; GEIMER/SCHÜTZE, N 75 ff.

Vorbehalten bleiben jedenfalls zwingende sowie nicht derogierbare 15
Gerichtsstände, von denen durch vorgängige, allenfalls auch durch
nachträgliche Vereinbarung oder durch Einlassung nicht abgewichen
werden kann[18].

## C. Besondere Gerichtsstände

Nebst dem ordentlichen Gerichtsstand des Beklagtenwohnsitzes kennt 16
das internationale Zivilprozessrecht weitere, besondere Gerichtsstände.
Diese können in verschiedenen Verhältnissen zum ordentlichen Gerichtsstand stehen:

Sie können neben ihn treten, so dass der Kläger die Wahl des Forums 17
hat (alternative Gerichtsstände). Sie können den ordentlichen Gerichtsstand verdrängen (ausschliessliche Gerichtsstände) und darüber hinaus
sogar abweichende Gerichtsstandsvereinbarungen oder eine Einlassung
ausschliessen (zwingende Gerichtsstände). Schliesslich können sie
auch als subsidiäre Gerichtsstände ausgestaltet werden, die erst zum
Tragen kommen, wenn nicht bereits aufgrund eines anderen (meist des
ordentlichen) Gerichtsstands die Zuständigkeit der nationalen Gerichte
gegeben ist[19].

### 1. Gewöhnlicher Aufenthalt

Gemäss Art. 112 Abs. 1 IPRG sind die schweizerischen Gerichte am 18
gewöhnlichen Aufenthalt des Beklagten zuständig, wenn dieser keinen
Wohnsitz in der Schweiz hat. Es handelt sich also um einen zum ordentlichen Forum subsidiären Gerichtsstand[20].

---

zu Art. 17 LugÜ; CZERNICH/TIEFENTHALER/KODEK, N 7 ff. zu Art. 24 EuGVO;
GEIMER/SCHÜTZE, N 21 ff. zu Art. 18 LugÜ.
[18] Vgl. dazu Rz 29 ff.
[19] Vgl. zu der Einteilung der Gerichtsstandsklauseln statt vieler: SCHWANDER, 293 ff.
[20] Besteht demnach ein Gerichtsstand am Wohnsitz in der Schweiz (z.B. Zürich) kann
nicht am gewöhnlichen Aufenthalt in einem anderen Kanton geklagt werden. Gegenüber ausländischen Gerichtsständen besteht demgegenüber Alternativität. Statt vieler:
GEHRI, 27 f.; BSK-AMSTUTZ/VOGT/WANG, N 9 zu Art. 112 IPRG.

19 Gewöhnlichen Aufenthalt hat eine Partei in dem Staat, in dem sie während längerer Zeit lebt, selbst wenn diese Zeit von vornherein befristet ist[21]. Beim gewöhnlichen Aufenthalt werden also die objektiven Umstände, d.h. die physische Präsenz stärker bewertet als beim Wohnsitz[22].

20 Das LugÜ kennt keine analoge Zuständigkeit am Aufenthaltsort[23].

## 2. Niederlassung

21 Sowohl das IPRG als auch das LugÜ sehen für Klagen gegen juristische Personen nebst der ordentlichen Zuständigkeit an deren Sitz auch eine alternative Zuständigkeit am Ort einer Niederlassung vor, soweit es sich um Klagen aus der Tätigkeit ebendieser Niederlassung handelt[24].

## 3. Erfüllungsort

22 Im Bereich des Vertragsrechts zentral ist sowohl im IPRG, als auch im LugÜ der Gerichtsstand am Ort der Erfüllung.

23 Das IPRG bestimmt in Artikel 113, dass bei Fehlen eines Anknüpfungspunktes nach Art. 112 IPRG (Wohnsitz, Aufenthalt, Niederlassung des Beklagten) das Gericht am schweizerischen Erfüllungsort zur Beurteilung zuständig ist. Es handelt sich demnach um einen subsidiären Gerichtsstand gegenüber dem Wohnsitz, dem Aufenthalt und der Niederlassung des Beklagten in der Schweiz[25].

*Ein «subsidiärer» Gerichtsstand*
*Un for «subsidiaire»*

---

[21] Art. 20 Abs. 1 lit. b IPRG.
[22] ZK IPRG-KELLER/KREN KOSTKIEWICZ, N 40 ff. zu Art. 20 IPRG; BSK-CHRISTEN-WESTENBERG, N 22 ff. zu Art. 20 IPRG.
[23] SCHWANDER, Lugano-Übereinkommen, 65.
[24] Art. 112 Abs. 2 IPRG; Art. 5 Nr. 5 LugÜ.
Der Begriff der Niederlassung wird für natürliche Personen in Art. 20 Abs. 1 lit. c IPRG und für Gesellschaften in Art. 21 Abs. 3 IPRG definiert. Für den Anwendungsbereich des LugÜ wird er vertragsautonom umschrieben (vgl. dazu statt aller: GEIMER/SCHÜTZE, N 229 ff. zu Art. 5 LugÜ).
[25] Gegenüber ausländischen Gerichtsständen besteht Alternativität: BSK-AMSTUTZ/VOGT/WANG, N 1 zu Art. 113 IPRG; GEHRI, 29; ZK IPRG-KELLER/KREN KOSTKIEWICZ, N 6 zu Art. 113 IPRG.

Eine analoge Bestimmung findet sich in Art. 5 Nr. 1 LugÜ, der bestimmt, dass eine Person, die Wohnsitz in einem anderen Vertragsstaat hat, auch vor dem Gericht des Ortes verklagt werden kann, an dem die Verpflichtung erfüllt worden ist oder zu erfüllen wäre[26]. Im Gegensatz zur Regelung des IPRG ist dieser Gerichtsstand alternativ und tritt zusätzlich neben den ordentlichen Gerichtsstand des Beklagtenwohnsitzes[27].

24
Art. 5 LugÜ
Art. 5 CLug

Massgebend ist dabei sowohl gemäss IPRG als auch gemäss LugÜ der Erfüllungsort der strittigen Leistung, d.h. «der Verpflichtung, (...) die dem vertraglichen Anspruch entspricht, auf den der Kläger seine Klage stützt»[28]. Es ist also auf die Hauptleistungspflichten innerhalb des Synallagmas abzustellen. Blosse Nebenpflichten, welche nicht selbständig einklagbar sind, sowie Sekundärpflichten (z.B. Schadenersatzansprüche) werden akzessorisch an den Erfüllungsort der Hauptleistung angeknüpft[29].

25
Den Anspruch begründende Leistung
Prestation fondant la prétention

---

[26] Die Schweiz hatte hierzu einen Vorbehalt abgegeben, dass sie ausländische Entscheidungen nicht anerkennen werde, wenn sich die Zuständigkeit nur auf Art. 5 Nr. 1 stützt, der Beklagte Wohnsitz in der Schweiz hat und der Beklagte sich der Anerkennung der Entscheidung widersetzt. Dieser Vorbehalt, der die Gerichtsstandsgarantie von Art. 59 der damaligen Bundesverfassung verwirklichen sollte, war befristet und ist am 31.12.1999 unwirksam geworden (Art. Ia Protokoll 1 zum LugÜ).

[27] Art. 5 Nr. 1 LugÜ regelt direkt die örtliche, innerstaatliche Zuständigkeit und verweist nicht bloss auf den zuständigen Staat (statt aller: PATOCCHI/GEISINGER, Ziff. 1 zu Art. 5 LugÜ).

[28] BGE 124 III 189, Erw. 4.a. BGE 122 III 299 f., Erw. 3.a. Vgl. auch: BSK-AMSTUTZ/VOGT/WANG, N 7 zu Art. 113 IPRG; FURRER/SCHRAMM, 108 f.; BRANDENBERG BRANDL, 222 f.; PATOCCHI/GEISINGER, Ziff. 6.1 zu Art. 5 LugÜ; KROPHOLLER, N 23 ff. zu Art. 5 EuGVO; CZERNICH/TIEFENTHALER/KODEK, N 45 zu Art. 5 EuGVO; GEIMER/ SCHÜTZE, N 55 ff. zu Art. 5 LugÜ.

[29] So auch: BRANDENBERG BRANDL, 272; DUTOIT, N 1 zu Art. 113 IPRG; GEHRI, 102; BROGGINI, in: SCHWANDER, Lugano-Übereinkommen, 120; GEIMER/SCHÜTZE, N 59 ff. zu Art. 5 LugÜ; KROPHOLLER, N 26 zu Art. 5 EuGVO. Die Diskussion, ob auch selbsständig einklagbare Nebenleistungspflichten (sog. primäre Nebenpflichten) eine eigene Zuständigkeit an ihrem jeweiligen Erfüllungsort begründen können (so etwa: BSK-AMSTUTZ/VOGT/WANG, N 8 zu Art. 113 IPRG; ZK IPRG-KELLER/KREN KOSTKIEWICZ, N 17 zu Art. 113 IPRG; FURRER/SCHRAMM, 109), geht m.E. auf ein blosses Definitionsproblem zurück. Sobald die Erfüllung einer Verpflichtung gestützt auf den Vertrag selbsständig und in natura eingeklagt werden kann, begründet sie einen Erfüllungsort, unabhängig davon, ob man sie als Hauptpflicht oder als primäre Nebenpflicht bezeichnet.

| | |
|---|---|
| 26<br>Für den Makler<br>Pour le courtier | Bei Klagen aus Maklerverträgen ist somit im Normalfall bei der Klage des Maklers der Ort der Leistung des Entgelts, bei der Klage des Auftraggebers demgegenüber derjenige der Dienstleistung des Maklers für die Bestimmung des Erfüllungsorts massgeblich[30]. |
| 27<br>Lex causae oder lex fori?<br>Lex causae ou lex fori? | Noch nicht restlos geklärt ist für den Geltungsbereich des IPRG, nach welchem Recht sich der Erfüllungsort der eingeklagten Leistung bestimmt: nach der lex fori (also nach Schweizer Recht) oder nach der lex causae (also dem auf den Vertrag anwendbaren materiellen Recht). Im Anwendungsbereich des LugÜ haben sich die Gerichte in konstanter Rechtssprechung zur Qualifikation lege causae bekannt[31]. Für eine Qualifikation lege fori spräche die Praktikabilität, da nicht vorfrageweise zur Bestimmung der Zuständigkeit bereits das hypothetisch anwendbare Recht bestimmt werden müsste[32]. Für die Qualifikation lege causae dagegen spricht einerseits die Übereinstimmung mit der Praxis zum LugÜ[33], andererseits, dass dadurch die Bestimmung des Erfüllungsorts nicht von der materiellrechtlichen Situation getrennt, sondern im Einklang mit derselben angeknüpft wird. Vorzug verdient m.E. die Qualifikation lege causae, welche bereits von der Expertenkommission |

---

[30] Nach der anstehenden Revision des LugÜ wird für Dienstleistungsverträge nur noch der Erfüllungsort der vertragscharakteristischen Hauptleistung, bei Maklerverträgen also der Dienstleistung des Maklers, massgeblich sein. Vgl. hierzu: KROPHOLLER, N 21 sowie N 30 ff. zu Art. 5 EuGVO; FURRER/SCHRAMM, 109; GEHRI, 196 ff.

[31] Ständige Rechtssprechung des EuGH seit: EuGH, 6.10.1976, Rs 12/76, Tessili c. Dunlop, Slg. 1976, 1473 (insbes. Rz 13). BGE 124 III 189, E. 4; BGE 122 III 300, E. 3.a; BGE 122 III 45, E. 3.b. Vgl. statt vieler auch: BROGGINI, in: SCHWANDER, Lugano-Übereinkommen, 126 f.; ZK IPRG-KELLER/KREN KOSTKIEWICZ, N 23 f. zu Art. 113 IPRG; KROPHOLLER, N 16 ff. zu Art. 5 EuGVO; CZERNICH/TIEFENTHALER/KODEK, N 46 zu Art. 5 EuGVO; BRANDENBERG BRANDL, 224. Ausführlich: DONZALLAZ, Convention de Lugano, N 4661 ff.
Im Gegensatz zur Auffassung von FURRER/SCHRAMM, 111, wurde diese Ansicht zuletzt bestätigt in EuGH, 19.2.2002, Rs C-256/00, Besix c. WABAG, Slg. 2002, I-1699, Rz 33 und 36. Der EuGH spricht in Rz 33 zwar, wie FURRER/SCHRAMM herausstreichen, von einer «überkommenen» Rechtssprechung, dies aber nicht im Sinne einer überholten, sondern einer traditionellen Rechtssprechung. Dies geht klar aus der französischen Originalfassung des Urteils hervor, welche in Rz 33 ausdrücklich von einer «jurisprudence traditionnelle» spricht.

[32] Für eine Qualifikation lege fori: ZK IPRG-KELLER/KREN KOSTKIEWICZ, N 9 ff. zu Art. 113 IPRG; PATOCCHI/GEISINGER, Ziff. 3 zu Art. 113 IPRG (mit Verweisen auf die kantonale Rechtssprechung); GEHRI, 30; BROGGINI, in: SCHWANDER, Lugano-Übereinkommen, 120 f.

[33] Diesen Aspekt der Harmonisierung der Auslegung des IPRG und des LugÜ hat das Bundesgericht etwa in BGE 126 III 336, E. 3.b hervorgehoben.

zur Ausarbeitung des IPRG vorgesehen war, und für die sich auch die neuere Lehre überwiegend ausspricht[34].

Die Bestimmung des Erfüllungsorts setzt demnach sowohl im Geltungsbereich des LugÜ als auch in demjenigen des IPRG voraus, dass zunächst das durch das angerufene Gericht anwendbare Recht bestimmt wird, damit in Anwendung desselben auf den Erfüllungsort und damit auf die tatsächliche Zuständigkeit des angerufenen Gerichtes geschlossen werden kann[35]. Ist auf den Vertrag etwa Schweizer Recht anwendbar, bestimmt sich der Erfüllungsort nach Art. 74 OR. Demnach ist primär auf eine allfällige Vereinbarung über den Erfüllungsort abzustellen. Fehlt eine solche, liegt der Erfüllungsort bei Geldleistungen am Domizil des Gläubigers, bei anderen Leistungen an demjenigen des Schuldners. Bezogen auf die Hauptpflichten des Maklervertrags bedeutet dies, dass der Erfüllungsort nach Schweizer Recht stets am Domizil des Maklers liegt, da dieser sowohl Gläubiger des Entgelts, als auch Schuldner der zu erbringenden Dienstleistung ist (vgl. zu den Konsequenzen insbesondere unter V. Fazit).

28 Welcher Erfüllungsort? Quel lieu d'exécution?

## 4. Konsumentenverträge

Sowohl das IPRG als auch das LugÜ kennen zwingende Bestimmungen zu den Konsumenten- resp. Verbraucherverträgen.

29

### a. Die Regelung des IPRG

Das IPRG statuiert für Klagen eines Konsumenten wahlweise einen Gerichtsstand am Wohnsitz oder gewöhnlichen Aufenthalt des Konsumenten, am Wohnsitz des Anbieters oder, wenn ein solcher fehlt, an dessen gewöhnlichem Aufenthalt[36]. Der Konsument kann nicht zum Voraus auf den Gerichtsstand an seinem Wohnsitz oder an seinem ge-

30 Zwingender alternativer Gerichtsstand For alternatif impératif

---

[34] DUTOIT, N 2 zu Art. 113 IPRG; BSK-AMSTUTZ/VOGT/WANG, N 13 zu Art. 113 IPRG; BRANDENBERG BRANDL, 272 f. Weitere Hinweise bei GEHRI, 30.
[35] Zur Bestimmung des anwendbaren Rechts vgl. unten Ziff. III.
Für eine gute Übersicht über die nationalen Regelungen der einzelnen LugÜ-Vertragsstaaten zur Bestimmung des Erfüllungsorts: CZERNICH/TIEFENTHALER/KODEK, N 48 ff. zu Art. 5 EuGVO.
[36] Art. 114 Abs. 1 IPRG.

wöhnlichen Aufenthalt verzichten[37], die Regelung führt also zu einem zwingenden Klägergerichtsstand.

31 Konsumentenvertrag
Contrat de consommation

Unter einem Konsumentenvertrag versteht das IPRG gemäss Art. 120 Abs. 1 einen Vertrag «über Leistungen des üblichen Verbrauchs, die für den persönlichen oder familiären Gebrauch des Konsumenten bestimmt sind und nicht im Zusammenhang mit der beruflichen oder gewerblichen Tätigkeit des Konsumenten stehen». Richtigerweise ist aus der ratio legis zusätzlich zu fordern, dass die andere Vertragspartei ihre Leistung gewerbsmässig erbringt und sich nicht zwei Konsumenten gegenüberstehen[38]. Weiter müssen m.E. aufgrund des globalen Verweises von Art. 114 Abs. 1 IPRG auf Art. 120 Abs. 1 IPRG auch die zusätzlichen Vorschriften dieses Artikels betreffend des Zustandekommens des Vertrags erfüllt sein, damit die Regelungen über Konsumentenverträge greifen[39]. Für eine Zuständigkeit der Schweizer Gerichte am Wohnsitz oder Aufenthalt des Konsumenten muss also entweder der Anbieter die Bestellung in der Schweiz entgegengenommen haben (Art. 120 Abs. 1 lit. a IPRG), der Anbieter in der Schweiz ein Angebot unterbreitet oder eine Werbung geschaltet und der Konsument die zum Vertragsschluss notwendigen Rechtshandlungen in der Schweiz vorgenommen haben (Art. 120 Abs. 1 lit. b IPRG), oder aber der Anbieter den Konsumenten veranlasst haben, sich ins Ausland zu begeben und seine Bestellung dort abzugeben (Art. 120 Abs. 1 lit. c IPRG)[40].

32 Üblicher Verbrauch
Consommation courante

Unter Leistungen des «üblichen Verbrauchs» sind insbesondere die täglichen Kleingeschäfte, aber auch nicht alltägliche aber dennoch übliche Geschäfte zu verstehen[41]. Die Üblichkeit spiegelt sich auch in

---

[37] Art. 114 Abs. 2 IPRG.
[38] BSK-BRUNNER, N 6 f. zu Art. 114 IPRG; DUTOIT, N 3 zu Art. 120 IPRG; PATOCCHI/GEISINGER, Ziff. 1.1 zu Art. 120 IPRG; ZK IPRG-KELLER/KREN KOSTKIEWICZ, N 13 zu Art. 120 IPRG.
[39] Dies ergibt sich einerseits bereits aus der Parallelität zur Regelung des LugÜ (vgl. sogleich unter b.), andererseits wird der Konsumentenschutzgedanke m.E. überspannt, wenn etwa ein Schweizer, der in New York in einer kleinen Boutique eine Lederjacke kauft, den amerikanischen Verkäufer aus Mängeln an der Jacke vor schweizerischen Gerichten belangen kann. Eine minimale Aktivität des Verkäufers in der Schweiz i.S.v. Art. 120 IPRG ist hierfür zu fordern. Wie hier: BSK-BRUNNER, N 26 zu Art. 114 IPRG; ZK IPRG-KELLER/KREN KOSTKIEWICZ, N 20 zu Art. 114 IPRG. A.M. wohl GESTG-GROSS, N 192 zu Art. 22 GestG.
[40] Vgl. hierzu statt aller: ZK IPRG-KELLER/KREN KOSTKIEWICZ, N 33 ff. zu Art. 120 IPRG.
[41] BRANDENBERG BRANDL, 278.

einer wertmässigen Schranke wieder, bei deren Übersteigung die Annahme eines Konsumentenvertrags abgelehnt wird; diese Grenze ist von Fall zu Fall zu bestimmen[42], wobei für einfache Transaktionen als Anhaltspunkt etwa die Schwelle von CHF 20'000.-- beigezogen werden kann, die der Bundesrat in Anwendung von Art. 97 BV für das einfache und rasche Verfahren festgesetzt hat[43].

Als Beispiele solcher Konsumentenverträge nennt die Lehre etwa: Fahrniskaufverträge, Abzahlungsverträge, Kleinkreditgeschäfte, Versicherungsverträge, Pauschalreiseverträge, Kleiderreinigungsverträge und Sprachkurse[44].

33
Beispiele
Exemples

Unter diese Definition können ohne weiteres auch Maklerverträge[45] fallen, wenn sie privaten Zwecken dienen, wie etwa die Wohnungs- und Kreditvermittlung für persönliche Zwecke[46]. Die z.T. als klassisches Beispiel eines Konsumentenvertrags genannte Heiratsvermittlung[47] dürfte heute in der Schweiz m.E. kaum zu den Leistungen des ‚üblichen Verbrauchs' gehören[48]. Das Gleiche gilt m.E. in Bezug auf die Liegenschaftsmaklerei; der Kauf eines Grundstücks gehört nicht unter diese alltäglichen Geschäfte und die entsprechende Maklertätigkeit wird auch in Bezug auf das Entgelt die Grenze des Üblichen im Normalfall weit überschreiten.

34
Und die Maklerverträge?
Et les courtages?

### b. Die Regelung des LugÜ

Die Regelungen zu den Verbraucherverträgen finden sich im 4. Abschnitt des Lugano-Übereinkommens (Art. 13–15 LugÜ). Die Zuständigkeitsordnung ist abschliessender Natur, die Art. 2 bis 6 LugÜ kommen nur zur Anwendung, wenn ausdrücklich auf sie verwiesen wird.

35

---

42 GESTG-GROSS, N 126 zu Art. 22 GestG.
43 Art. 1 Verordnung über die Streitwertgrenze in Verfahren des Konsumentenschutzes und des unlauteren Wettbewerbs vom 7. März 2003 (SR 944.8). So auch: GESTG-GROSS, N 128 zu Art. 22 GestG, wobei damals noch eine Grenze von CHF 8'000.– galt.
44 Diese und weitere Beispiele bei: PATOCCHI/GEISINGER, Ziff. 1.3 zu Art. 120 IPRG; BRANDENBERG BRANDL, 278; BSK-BRUNNER, N 26 zu Art. 120 IPRG.
45 Vgl. C § 5 Rz 5 ff.
46 GESTG-GROSS, N 168 zu Art. 22 GestG.
47 So etwa: PATOCCHI/GEISINGER, Ziff. 1.3 zu Art. 120 IPRG; ZK IPRG-KELLER/KREN KOSTKIEWICZ, N 21 zu Art. 120 IPRG.
48 Gleich: GESTG-GROSS, N 168 zu Art. 22 GestG.

36  Art. 13 Abs. 1 LugÜ definiert die Verbraucherverträge als Verträge, die eine Person (Verbraucher) zu einem Zweck abgeschlossen hat, der nicht der beruflichen oder gewerblichen Tätigkeit derselben zugerechnet werden kann. Liegt ein solcher Vertrag vor und handelt es sich um einen der in Art. 13 Abs. 1 Nr. 1–3 beschriebenen Vertragstypen, kommen die besonderen Bestimmungen der Art. 14 (Zuständigkeit) und Art. 15 LugÜ (Gerichtsstandsvereinbarung) zur Anwendung. Der Begriff des Verbrauchervertrags ist nach h.L. vertragsautonom[49] und eng[50] auszulegen.

37  Für den Bereich der Maklerverträge von Interesse ist dabei lediglich Nr. 3 von Art. 13 Abs. 1 LugÜ, welche insbesondere die Dienstleistungsverträge regelt. Die Anwendbarkeit wird diesfalls davon abhängig gemacht, dass dem Vertragsabschluss ein ausdrückliches Angebot oder eine Werbung im Wohnsitzstaat des Verbrauchers vorausgegangen ist und der Verbraucher die Abschlusshandlungen zum Vertragsschluss ebenda vorgenommen hat[51].

*Dienstleistungen des Maklers*
*Les services du courtier*

38  Im Gegensatz zum schweizerischen Recht fehlt demnach zunächst das Kriterium der «Üblichkeit» des Vertragsschlusses, womit der Anwendungsbereich weiter gefasst wird und – bei Erfüllung der restlichen Voraussetzungen – grundsätzlich auch sämtliche Maklerverträge zu persönlichen Zwecken erfasst[52], d.h. also auch die Heiratsvermittlung und die Liegenschaftsmaklerei an Private[53].

39  In Übereinstimmung mit der Lehre zum schweizerischen Recht wird über den Wortlaut des Art. 13 LugÜ hinausgehend gefordert, dass der

---

[49] GEHRI, 134; KROPHOLLER, N 4 zu Art. 15 EuGVO; GEIMER/SCHÜTZE, N 13 zu Art. 13 LugÜ.
[50] GEHRI, 134; KROPHOLLER, N 6 zu Art. 15 EuGVO.
[51] Art. 13 Abs. 1 LugÜ. Vgl. zur Auslegung dieser Bestimmungen insbesondere: GEIMER/SCHÜTZE, N 32 ff. zu Art. 13 LugÜ.
Die Revision des LugÜ soll hier eine Erweiterung des Geltungsbereichs bringen, indem die Bestimmungen zu den Verbrauchersachen neu in allen Fällen Anwendung finden, «wenn der andere Vertragspartner in dem Staat, in dem der Verbraucher seinen Wohnsitz hat, eine berufliche oder gewerbliche Tätigkeit betreibt oder eine solche auf irgendeinem Wege auf diesen Staat oder auf mehrere Staaten, einschliesslich dieses Staates, ausrichtet und der Vertrag in den Bereich dieser Tätigkeit fällt» (GEHRI, 217). Vgl. zu dieser Bestimmung: KROPHOLLER, N 20 ff. zu Art. 15 EuGVO; GEHRI, 201 ff.
[52] GEIMER/SCHÜTZE nennen etwa ausdrücklich den Ferienhausvermittlungsvertrag (GEIMER/SCHÜTZE, N 30 zu Art. 13 LugÜ).
[53] In Bezug auf Wohneigentumserwerb für private Zwecke: KLINGMANN, 108 f.

Vertragspartner des Verbrauchers gewerbsmässig handeln muss und nicht auch ein ‚Verbraucher' sein darf[54].

Sind die Voraussetzungen von Art. 13 LugÜ erfüllt, kommen die besonderen, zwingenden Gerichtsstände von Art. 14 LugÜ zum Tragen. Diese sehen vor, dass der Verbraucher seine Klage entweder vor den Gerichten seines Wohnsitzstaats, oder vor den Gerichten des Wohnsitzstaats des Beklagten anheben kann[55]. Sofern es sich um Streitigkeiten aus dem Betrieb einer Niederlassung handelt, kann er unter den Voraussetzungen von Art. 5 Nr. 5 LugÜ zudem am Ort der Niederlassung klagen[56]. Der andere Vertragspartner kann – im Gegensatz zur Regelung des IPRG – gegen den Verbraucher nur vor den Gerichten des Staates klagen, in dessen Hoheitsgebiet der Verbraucher Wohnsitz hat[57].

40
Rechtliche Folgen
Conséquences juridiques

Von diesen Vorschriften kann vorgängig nur zum Vorteil des Verbrauchers abgewichen werden, oder wenn die Parteien im Zeitpunkt des Vertragsschlusses Wohnsitz oder gewöhnlichen Aufenthalt im gleichen Staat hatten und die Gerichte dieses Staates als zuständig erklärt werden[58].

41
Abweichende Vereinbarung
Convention dérogatoire

## 5. Grundstücksmaklerei: forum rei sitae?

Eine Anknüpfung an das forum rei sitae (Ort der gelegenen Sache) wird nur bei Klagen angenommen, die direkt auf ein dingliches Recht an einer unbeweglichen Sache gerichtet sind (oder im Bereich des LugÜ Ansprüche aus Miete oder Pacht betreffen)[59]. Bei (anderen) obligatorischen Ansprüchen, etwa aus Liegenschaftsmaklerei, kommt sie nicht zur Anwendung.

42

---

[54] BGE 121 III 341 f., E. 5.e; GEHRI, 135; DONZALLAZ, Convention de Lugano, N 6004 f.; CZERNICH/TIEFENTHALER/KODEK, N 13 zu Art. 15 EuGVO; SCHLOSSER, N 3 zu Art. 15 EuGVO. Anders, allerdings kritisch: GEIMER/SCHÜTZE, N 20 zu Art. 13 LugÜ.
[55] Art. 14 Abs. 1 LugÜ.
[56] Art. 5 Nr. 5 i.V.m. Art. 13 Abs. 1 (Ingress) LugÜ.
[57] Art. 14 Abs. 2 LugÜ.
[58] Art. 15 LugÜ.
[59] Zu Art. 97 IPRG: BSK-FISCH, Kommentierung zu Art. 97 IPRG.
Zu Art. 16 Nr. 1 LugÜ: GEIMER/SCHÜTZE, N 48 ff. zu Art. 16 LugÜ.

## III. Anwendbares Recht

43 Das durch schweizerische Gerichte auf Maklerverträge anwendbare Recht bestimmt sich insbesondere nach den Art. 116 ff. IPRG. Die zusätzlich beizuziehenden allgemeinen Bestimmungen dazu finden sich in Art. 13 ff. IPRG.

### A. Rechtswahl

44 Gemäss Art. 116 Abs. 1 IPRG bestimmt sich bei Streitigkeiten aus Verträgen das anwendbare Recht primär nach einer allfälligen Rechtswahl der Parteien[60]. Die Rechtswahl kann jederzeit getroffen oder geändert werden, sie muss aber eindeutig ausgestaltet sein[61]. Eingeschränkt wird die Möglichkeit der Rechtswahl insbesondere durch zwingende Bestimmungen zum anwendbaren Recht, im Bereich der Maklerverträge also insbesondere durch Art. 120 Abs. 2 IPRG, wenn es sich beim konkreten Maklervertrag um einen Konsumentenvertrag handelt.

### B. Fehlen einer Rechtswahl

45
Engster Zusammenhang
Les liens les plus étroit

Bei Fehlen einer Rechtswahl sieht Art. 117 Abs. 1 IPRG vor, dass der Vertrag demjenigen Recht untersteht, mit dem er am engsten zusammenhängt. Dieser Zusammenhang wird in den Absätzen 2 und 3 des Artikels näher umschrieben, wobei der engste Zusammenhang vermutungsweise zu demjenigen Staat besteht, «in dem die Partei, welche die charakteristische Leistung erbringen soll, ihren gewöhnlichen Aufenthalt hat oder, wenn sie den Vertrag aufgrund einer beruflichen oder gewerblichen Tätigkeit geschlossen hat, in dem sich ihre Niederlassung befindet»[62]. Als charakteristische Leistung gilt bei Auftrag,

---

[60] Vgl. zur Rechtswahl (Wesen, Inhalt, Schranken) im Bereich des Vertragsrechts ausführlich: BSK-AMSTUTZ/VOGT/WANG, Kommentierung zu Art. 116 IPRG.
[61] Art. 116 Abs. 2 und 3 IPRG.
[62] Art. 117 Abs. 2 IPRG.

Werkvertrag und ähnlichen Dienstleistungsverträgen die zu erbringende Dienstleistung[63], beim Maklervertrag also die Tätigkeit des Maklers[64]. Das auf Maklerverträge anwendbare Recht bestimmt sich damit nach dem gewöhnlichen Aufenthalt des Maklers resp. nach dem Ort der Niederlassung des beruflich tätigen Maklers[65].

Die Anknüpfung an den Aufenthalt resp. die Niederlassung des Maklers gilt insbesondere auch bei der Liegenschaftsmaklerei. Eine Anknüpfung an die lex rei sitae gemäss Art. 119 IPRG wird nur bei Verträgen angenommen, die entweder direkt ein dingliches Recht an einem Grundstück, oder aber die Nutzung an einem solchen zum Gegenstand haben[66]. Maklerverträge beziehen sich demgegenüber bloss mittelbar auf die Liegenschaft; der Makler hat lediglich die Möglichkeit eines Immobilienkaufvertrags nachzuweisen resp. zu vermitteln, weshalb Art. 119 IPRG nicht zur Anwendung kommt[67].

46
Immobilienmakler
Courtier en immeubles

In Bezug auf Verträge mit Börsenmaklern ist gemäss h.L. das Recht am Börsenort massgebend, das meist aber ohnehin mit der Niederlassung des Maklers zusammenfallen wird[68]. Allerdings muss es sich dabei um ausländische Börsen handeln, da das schweizerische Recht den Börsenhandel durch Makler nicht zulässt[69].

47
Börsenmakler
Courtier en bourse

---

63 Art. 117 Abs. 3 lit. c IPRG.
64 BSK-AMSTUTZ/VOGT/WANG, N 36 zu Art. 117 IPRG; ZK IPRG-KELLER/KREN KOSTKIEWICZ, N 107 zu Art. 117 IPRG; DUTOIT, N 19 zu Art. 117 IPRG; Zivilgericht des Kantons Basel-Stadt, 19.2.1990, SZIER 1991, 268 E. 2.b; PATOCCHI/GEISINGER, Ziff. 17.1 zu Art. 117 IPRG.
65 BGE 122 III 300, Erw. 3.a; BSK-AMMANN, N 21 zu Art. 413 OR.
66 BSK-KNELLER, N 3 ff. zu Art. 119 IPRG.
67 BSK-AMSTUTZ/VOGT/WANG, N 36 zu Art. 117 IPRG; ZK IPRG-KELLER/KREN KOSTKIEWICZ, N 108 zu Art. 117 IPRG.
Der z.T. als Beispiel für eine Anknüpfung an die lex rei sitae zitierte (unter altem Recht ergangene) BGE 62 II 108 nahm die Anknüpfung an die Schweiz ohne jegliche Begründung vor. Immerhin ging es damals aber nicht nur um ein Grundstück in der Schweiz, sondern um den Verkauf eines solchen unter Schweizern; lediglich die beiden Makler waren deutsche Staatsangehörige, welche allerdings ihre Geschäftstätigkeit in der Schweiz entwickelten. Es ging also nicht vordergründig um die lex rei sitae, sondern um eine Anknüpfung an den engsten (damals noch ‚räumlichen') Zusammenhang. Gleich auch: ZK IPRG-KELLER/KREN KOSTKIEWICZ, N 107 zu Art. 117 IPRG.
68 BSK-AMSTUTZ/VOGT/WANG, N 36 zu Art. 117 IPRG; ZK IPRG-KELLER/KREN KOSTKIEWICZ, N 109 zu Art. 117 IPRG.
69 BSK-AMMANN, N 1 zu Art. 418 OR. Vgl. dazu auch B Art. 418 Rz 1 ff.

## C. Konsumentenverträge

**48**
Aufenthalt des Konsumenten
Résidence du consommateur

Auf den Begriff des Konsumentenvertrags nach IPRG wurde bereits bei der Behandlung der Zuständigkeit im Detail eingegangen[70]. Art. 120 IPRG erklärt für solche Verträge des üblichen Privatgebrauchs das Recht des Staates für anwendbar, in welchem der Konsument seinen gewöhnlichen Aufenthalt hat. Auch hier schreibt Art. 120 Abs. 1 IPRG zudem vor, dass der Anbieter seine Aktivitäten auf den Aufenthaltsort des Konsumenten ausgedehnt oder diesen veranlasst haben muss, sich ins Ausland zu begeben und seine Bestellung dort vorzunehmen.

**49**
Keine Rechtswahl
Pas d'élection de droit

Auf Maklerverträge, welche die Voraussetzungen eines Konsumentenvertrags erfüllen, ist gemäss Art. 120 Abs. 1 IPRG das Recht des Staates anwendbar, in dem der Konsument seinen gewöhnlichen Aufenthalt hat. Diesfalls wäre also das ausländische Recht des privaten Auftraggebers anwendbar, wenn dieser dort seinen gewöhnlichen Aufenthalt hat. Gemäss Art. 120 Abs. 2 IPRG ist in Konsumentenstreitigkeiten eine Rechtswahl ausgeschlossen; die Bestimmung ist demnach zwingend.

## IV. Anerkennung ausländischer Urteile

**50** Die Anerkennung ausländischer Urteile im Bereich des Vertragsrechts wird im IPRG und – bei dessen Anwendbarkeit – im LugÜ geregelt. Daneben hat die Schweiz auch mehrere bilaterale Vollstreckungsabkommen abgeschlossen[71].

---

[70] Vgl. dazu Rz 30 ff. und C § 5 Rz 5 ff.
[71] Solche Abkommen bestehen mit den umliegenden Staaten (ausser Frankreich) sowie mit Belgien, Schweden, Spanien, Tschechien und der Slowakei. Im Folgenden wird auf diese Abkommen nicht näher eingegangen, da ihnen das LugÜ in seinem Anwendungsbereich ohnehin vorgeht (Art. 55 LugÜ). Vgl. zu den bilateralen Verträgen insbesondere: BSK-BERTI/SCHNYDER, N 18 ff. zu Art. 25 IPRG.

## A. Die Regelung des IPRG

Die Grundsätze der Anerkennung ausländischer Entscheidungen finden sich in den Art. 25–27 IPRG. Für eine Anerkennung eines ausländischen Entscheids wird demnach verlangt, dass die Zuständigkeit des urteilenden Gerichtes gegeben war, dass der anzuerkennende Entscheid rechtskräftig ist, und dass kein Verweigerungsgrund i.S.v. Art. 27 IPRG (offensichtliche Verletzung des ordre public durch die Anerkennung des Entscheids; nicht gehörige Ladung des Beklagten; Nichtgewährung des rechtlichen Gehörs; Verletzung des Grundsatzes ne bis in idem) gegeben ist.

Die in der Schweiz anerkannte Zuständigkeit des ausländischen Gerichtes wird in Art. 26 und insbesondere in Art. 149 IPRG umschrieben. Gemäss Art. 149 IPRG werden ausländische Urteile in obligationenrechtlichen Streitigkeiten anerkannt, wenn sie im Wohnsitzstaat des Beklagten oder – wenn die Ansprüche mit einer Tätigkeit vor Ort zusammenhängen – im Staat des gewöhnlichen Aufenthalts des Beklagten ergangen sind. Weiter werden ausländische Urteile insbesondere anerkannt, wenn sie am Erfüllungsort ergangen sind und der Beklagte seinen Wohnsitz nicht in der Schweiz hatte (Art. 149 Abs. 2 lit. a IPRG), wenn sie Ansprüche aus Konsumentenverträgen i.S.v. Art. 120 Abs. 1 IPRG betreffen und am Wohnsitz oder gewöhnlichen Aufenthalt des Konsumenten ergangen sind (Art. 149 Abs. 2 lit. b IPRG) und, wenn sie Ansprüche aus dem Betrieb einer Niederlassung betreffen und am Sitz der Niederlassung ergangen sind (Art. 149 Abs. 2 lit. d IPRG)[72]. Weiter sind ausländische Urteile anzuerkennen, wenn das Gericht aufgrund einer Gerichtsstandsvereinbarung (Art. 26 lit. b IPRG) oder einer Einlassung (Art. 26 lit. c IPRG) zuständig war, sowie wenn es für die Hauptsache zuständig war und ebenfalls über eine konnexe Widerklage entschieden hat (Art. 26 lit. d IPRG).

51  Art. 25 bis 27 IPRG
Art. 25 à 27 LDIP

52  Art. 149 IPRG
Art. 149 LDIP

---

[72] Die weiteren Buchstaben von Art. 149 Abs. 2 IPRG haben keine direkten Auswirkungen auf die Anerkennung von vertraglichen Ansprüchen aus Maklerverhältnissen. Vgl. zu Art. 149 IPRG statt vieler: BSK-BERTI/SCHNYDER, Kommentierung zu Art. 149 IPRG; ZK IPRG-VOLKEN, Kommentierung zu Art. 149 IPRG; DUTOIT, Kommentierung zu Art. 149 IPRG.

## B. Die Regelung des LugÜ

**53**
Anerkennung ohne Verfahren
Reconnaissance sans procédure

Die gegenseitige Anerkennung von Entscheidungen unter den LugÜ-Vertragsstaaten geht sehr weit. Grundsätzlich werden sämtliche Entscheidungen[73] in den übrigen Vertragsstaaten ipso iure (etwa gegenüber Verwaltungsbehörden) resp. in weiteren Prozessen im Rahmen der Vorfragen inzident anerkannt. Eines besonderen Anerkennungsverfahrens bedarf es nicht[74].

**54**
Ausnahme des Art. 27...
Exceptions de l'art. 27...

Die Anerkennung kann nur unter sehr eingeschränkten Voraussetzungen verweigert werden, insbesondere wenn sie der öffentlichen Ordnung zuwiderlaufen würde[75], wenn sie mit bestimmten, zwischen denselben Parteien ergangenen Entscheidungen unvereinbar wäre[76], wenn dem Beklagten das verfahrenseinleitende Schriftstück nicht gehörig zugestellt wurde[77] oder wenn im anzuerkennenden Verfahren Vorfragen – welche nicht unter das LugÜ fallen – in Widerspruch zum internationalen Privatrecht des Anerkennungsstaats beurteilt wurden[78].

---

[73] Der Begriff der Entscheidung ist definiert in Art. 25 LugÜ. Vgl. hierzu: WALDER, in: SCHWANDER, Lugano-Übereinkommen, 135 f.; KROPHOLLER, N 8 ff. zu Art. 32 EuGVO; GEIMER/SCHÜTZE, N 16 ff. und N 27 ff. zu Art. 25 LugÜ.

[74] Art. 26 Abs. 1 und Abs. 3 LugÜ. WALDER, in: SCHWANDER, Lugano-Übereinkommen, 136 ff.; KROPHOLLER, N 1 und N 10 f. zu Art. 33 EuGVO. Vgl. zum Umfang der Anerkennung, insbesondere zur sogenannten Wirkungserstreckung: GEIMER/SCHÜTZE, N 1 ff. zu Art. 26 LugÜ.

[75] Art. 27 Nr. 1 LugÜ. Nach grammatikalischer Auslegung wäre diese Verweigerungsmöglichkeit der Anerkennung weiter gefasst als diejenige des IPRG, welche nur «offensichtliche» Verstösse gegen den ordre public erfasst. Eine solche Auslegung des LugÜ wäre jedoch sinnwidrig, da dieses Abkommen die Anerkennung gerade fördern soll (WALDER, in: SCHWANDER, Lugano-Übereinkommen, 138 f.). Eine zurückhaltende Auslegung des Begriffs der öffentlichen Ordnung ist daher angebracht (WALDER, in: SCHWANDER, Lugano-Übereinkommen, 138 f.; GEIMER/SCHÜTZE, N 14 f. zu Art. 27 LugÜ; CZERNICH/TIEFENTHALER/KODEK, N 6 zu Art. 34 EuGVO). In der EuGVO sowie im revidierten LugÜ hat sich diese Auslegung manifestiert, indem Art. 34 Nr. 1 EuGVO resp. Art. 27 Nr. 1 revLugÜ nun ebenfalls von «offensichtlichem» Widerspruch zum ordre public sprechen (vgl. dazu: KROPHOLLER, N 3 f. zu Art. 34 EuGVO; GEHRI, 223).

[76] Art. 27 Nr. 3 und Nr. 5 LugÜ. WALDER, in: SCHWANDER, Lugano-Übereinkommen, 144 f.; GEIMER/SCHÜTZE, N 129 ff. und N 156 ff. zu Art. 27 LugÜ.

[77] Art. 27 Nr. 2 LugÜ. WALDER, in: SCHWANDER, Lugano-Übereinkommen, 143; KROPHOLLER, N 22 ff. zu Art. 34 EuGVO; GEIMER/SCHÜTZE, N 66 ff. zu Art. 27 LugÜ.

[78] Art. 27 Nr. 4 LugÜ. WALDER, in: SCHWANDER, Lugano-Übereinkommen, 143 f.; GEIMER/SCHÜTZE, N 151 ff. zu Art. 27 LugÜ.

Die Zuständigkeit des ausländischen Gerichtes ist bis auf wenige, in Art. 28 Abs. 1 und 2 LugÜ aufgezählte Ausnahmen nicht nachprüfbar. In Bezug auf Maklerverträge von Interesse ist dabei einzig der Vorbehalt zu Gunsten der Bestimmungen über die Verbraucherverträge[79]: Urteilen aus LugÜ-Staaten kann die Anerkennung demnach verweigert werden, wenn die zwingenden Zuständigkeiten für Verbrauchersachen verletzt wurden.

55 ...und Art. 28
...et de l'art. 28

Eine Überprüfung des ausländischen Urteils in der Sache ist im Geltungsbereich des LugÜ in allen Fällen ausgeschlossen[80].

56

## V. Fazit

Zusammenfassend lässt sich festhalten, dass eine schweizerische Zuständigkeit zur Beurteilung von Streitigkeiten aus Maklerverträgen immer dann besteht, wenn eine rechtsgültige Vereinbarung Gerichtsstand Schweiz festlegt, oder wenn der Beklagte in der Schweiz Wohnsitz oder eine Niederlassung hat (sofern die Klage die Niederlassung betrifft). Ausserhalb des LugÜ genügt sodann auch der einfache Aufenthalt des Beklagten.

57 Schweizerische Zuständigkeit
Compétence suisse

Weiter liegt ein Schweizer Gerichtsstand – mit Ausnahme der Verbraucherstreitigkeiten im Geltungsbereich des LugÜ oder wenn eine abweichende Erfüllungsortsvereinbarung besteht – immer dann vor, wenn der Makler Wohnsitz in der Schweiz hat. Da dieser nämlich die charakteristische Leistung i.S.v. Art. 117 IPRG erbringt, bestimmt sich der Erfüllungsort (auch bei der hier vertretenen Qualifikation des Erfüllungsorts lege causae) nach Schweizer Recht, d.h. nach Art. 74 OR. Demnach liegt der Erfüllungsort am Domizil des Maklers.

58

Handelt es sich beim zugrunde liegenden Verhältnis um einen Konsumentenvertrag, so steht dem schweizerischen Verbraucher sodann gegenüber dem ausländischen Makler ein Klägergerichtsstand zur Verfügung.

59

---

[79] Art. 28 Abs. 1 LugÜ. Vgl. dazu: WALDER, in: SCHWANDER, Lugano-Übereinkommen, 140; KROPHOLLER, N 7 ff. zu Art. 35 EuGVO.
[80] Art. 29 LugÜ.

60 Nach dem Gesagten sind – abgesehen von anders lautenden Gerichtsstands- und Erfüllungsortsvereinbarungen – die einzigen beiden Konstellationen bei internationalen Maklerverträgen mit Schweizer Beteiligung, für welche kein Schweizer Gericht angerufen werden kann, die Klage des gewerbsmässigen, schweizerischen Maklers gegen einen Verbraucher i.S.v. Art. 13 LugÜ mit Wohnsitz in einem LugÜ-Vertragsstaat und die Klage eines Schweizer Auftraggebers, welcher nicht als Konsument/Verbraucher agiert, gegen einen ausländischen Makler, sofern nach der lex causae der Erfüllungsort der Dienstleistung nicht in der Schweiz liegt. In allen übrigen Fällen ist ein angerufenes Schweizer Gericht zur Beurteilung zuständig.

61 **Anwendbares Recht / Droit applicable** Die Bestimmung des anwendbaren Rechts gestaltet sich demgegenüber einfacher; sie richtet sich nach Parteivereinbarung und bei Fehlen einer solchen entweder nach dem gewöhnlichen Aufenthalt resp. der Niederlassung des Maklers oder – bei Konsumentenverträgen und zusätzlichem Vorliegen der gesetzlich geforderten Beziehung zum ausländischen Staat – nach dem gewöhnlichen Aufenthalt des Konsumenten.

62 **Anerkennung / Reconnaissance** Zur Anerkennung eines ausländischen Urteils wird im Rahmen des IPRG verlangt, dass das ausländische Gericht zum Entscheid zuständig war[81], dass der anzuerkennende Entscheid rechtskräftig ist, und dass die Anerkennung den ordre public nicht verletzt. Im Geltungsbereich des LugÜ werden grob gesagt sämtliche Urteile aus Maklerverhältnissen anerkannt, die nicht gegen die zwingenden Bestimmungen des Verbrauchergerichtsstandes verstossen und deren Anerkennung nicht der öffentlichen Ordnung zuwider läuft.

---

[81] Die Voraussetzungen entsprechen fast genau den Vorschriften zur direkten Zuständigkeit. Einzig die Zuständigkeit des Gerichtes am Erfüllungsort wird im Rahmen der Anerkennung nur akzeptiert, wenn der Beklagte nicht Wohnsitz in der Schweiz hatte.

# § 7 Schiedsgerichtsbarkeit im Maklerrecht

## Inhaltsverzeichnis

| | Rz |
|---|---|
| **I. Einleitung** | 1 |
| **II. Begriff und Rechtsnatur der Schiedsgerichtsbarkeit** | 2 |
| A. Wesen der Schiedsgerichtsbarkeit | 2 |
| B. Abgrenzungen | 3 |
| C. Rechtliche Grundlagen der Schiedsgerichtsbarkeit | 5 |
|    1. Zulässigkeit der Schiedsgerichtsbarkeit | 5 |
|    2. Gesetzliche Grundlagen | 6 |
| D. Binnenschiedsgerichtsbarkeit und Internationale Schiedsgerichtsbarkeit | 8 |
|    1. Binnenschiedsgerichtsbarkeit | 8 |
|    2. Internationale Schiedsgerichtsbarkeit | 9 |
| **III. Die Schiedsabrede** | 13 |
| **IV. Die Schiedsfähigkeit** | 16 |
| **V. Das schiedsgerichtliche Verfahren** | 21 |
| A. Einleitung und Ablauf des Verfahrens | 21 |
| B. Schiedsspruch und Streiterledigung ohne Urteil | 27 |
|    1. Schiedsspruch | 27 |
|    2. Schiedsvergleich | 31 |
|    3. Abstand | 32 |
| C. Rechtsmittel gegen den Schiedsspruch | 33 |
|    1. Endgültigkeit des Schiedsspruchs | 33 |
|    2. Beschwerde | 34 |
|    3. Revision | 39 |
| D. Die Vollstreckung des Schiedsspruchs | 40 |
|    1. Vollstreckbarkeitsbescheinigung | 40 |
|    2. Vollstreckung | 41 |
| **VI. Besonderheiten der Verbandsschiedsgerichtsbarkeit** | 42 |
| A. Verbandsschiedsgerichte und richterliche Unabhängigkeit | 42 |
| B. Anforderungen an die Unabhängigkeit der Verbandsschiedsgerichte | 43 |
|    1. Streitigkeiten zwischen Berufsverband und Mitglied | 43 |
|    2. Streitigkeiten zwischen Verbandsmitglied und Nichtmitglied | 44 |
|    3. Streitigkeiten zwischen Verbandsmitgliedern | 45 |
|    4. Streitigkeiten zwischen Nichtmitgliedern | 46 |

**Table des matières** N°

**I. Introduction** 1

**II. L'arbitrage : notion et nature juridique** 2
  A. L'essence de l'arbitrage 2
  B. Les délimitations 3
  C. Les fondements juridiques de l'arbitrage 5
    1. L'admissibilité de l'arbitrage 5
    2. Les bases légales 6
  D. L'arbitrage interne et international 8
    1. L'arbitrage interne 8
    2. L'arbitrage international 9

**III. La convention d'arbitrage** 13

**IV. La capacité des parties** 16

**V. La procédure arbitrale** 21
  A. L'introduction et le déroulement de la procédure 21
  B. La sentence arbitrale et la fin du litige sans jugement 27
    1. La sentence arbitrale 27
    2. L'accord des parties 31
    3. Le désistement 32
  C. Les moyens de droit contre la sentence arbitrale 33
    1. Le caractère définitif de la sentence 33
    2. Le recours 34
    3. La révision 39
  D. L'exécution de la sentence arbitrale 40
    1. La déclaration de force exécutoire 40
    2. L'exécution 41

**VI. Les particularités de l'arbitrage associatif** 42
  A. L'arbitrage associatif et l'indépendance des juges 42
  B. Les exigences afférentes à l'indépendance des tribunaux associatifs 43
    1. Les litiges entre l'association professionnelle et le membre 43
    2. Les litiges entre le membre de l'association et le non membre 44
    3. Les litiges entre les membres de l'association 45
    4. Les litiges entre les non membres de l'association 46

## I. Einleitung

Die Streiterledigung durch Schiedsgerichte erfreut sich immer grösserer Beliebtheit. Ihre Vorteile sind zahlreich[1]: Erfordert die Beurteilung einer Streitigkeit besondere Fachkenntnisse, so kann das Schiedsgericht aus Personen mit der gewünschten Fachkompetenz zusammengesetzt werden. Indem die Parteien eine der Streitigkeit angepasste Verfahrensordnung aufstellen können, wird eine effiziente Streiterledigung zusätzlich gefördert. Da der Schiedsspruch endgültig ist und nur noch mit ausserordentlichen Rechtsmitteln angefochten werden kann, kann zudem ein bedeutender Aufwand an Zeit und Kosten eingespart werden. Im Folgenden sollen die Grundlinien der Schiedsgerichtsbarkeit in der Schweiz mit Bezug auf das Maklerrecht aufgezeichnet werden.

1
Vorteile der Schiedsgerichtsbarkeit
Avantages de l'arbitrage

## II. Begriff und Rechtsnatur der Schiedsgerichtsbarkeit

### A. Wesen der Schiedsgerichtsbarkeit

Unter Schiedsgerichtsbarkeit wird die rechtsverbindliche Streiterledigung durch private Gerichte verstanden. Schiedsgerichte sind entsprechend von den Parteien eingesetzte private Gerichte, die Rechtsstreitigkeiten durch rechtsverbindliche Entscheidung beenden, die wie Urteile staatlicher Gerichte der Rechtskraft sowie der Zwangsvollstreckung zugänglich ist[2]. Grundlage für ihre Zuständigkeit bildet die Schiedsabrede, mit der die Parteien erklären, die Beurteilung der Streitigkeit einem Schiedsgericht übertragen zu wollen. Wo die Parteien die Streiterledigung durch ein Schiedsgericht vereinbart haben, ist die Zuständigkeit der staatlichen Gerichte – unter Vorbehalt zwingender Zuständigkeiten – ausgeschlossen.

2
Das private Gericht der Parteien
Le tribunal privé des parties

---

[1] Vgl. WALTER, 508 ff.
[2] BUCHER, Rz 33; BSK-EHRAT, N 9 zu Art. 176 IPRG; RÜEDE/HADENFELDT, 3.

## B. Abgrenzungen

**3**
Gesetzliche Schiedsgerichtsbarkeit, Gutachten
Arbitrages légaux, expertise

Keine echten Schiedsgerichte sind die auf Gesetz beruhenden Schiedsgerichte[3]; trotz ihrer Bezeichnung handelt es sich um staatliche Gerichte, denen von Gesetzes wegen bestimmte Streitigkeiten zur Beurteilung zugewiesen sind. Ebenfalls keine schiedsrichterliche Tätigkeit üben Schiedsgutachter aus[4], die im Auftrag der Parteien eine bestimmte Sachfrage verbindlich zu entscheiden haben. Wer zum Beispiel einen Schaden oder den Wert einer Liegenschaft schätzt, fällt keinen Schiedsspruch, auch wenn das Ergebnis der Schätzung für die Parteien verbindlich ist.

**4**
Voraussetzung einer Streitigkeit
L'exigence d'une contestation

Schiedsgerichte entscheiden Rechtsstreitigkeiten im Einzelfall. Keine Rechtsstreitigkeit liegt vor, wenn es darum geht, den Inhalt eines bestimmten Vertrags zu ergänzen, z.B. aufgrund veränderter Verhältnisse[5]. Zwar wird auch hier eine zwischen den Parteien streitige Rechtsfrage entschieden, jedoch nicht in einem konkreten Streitfall. Die Vertragsanpassung dient gerade dazu, Streitigkeiten in der Zukunft zu vermeiden.

## C. Rechtliche Grundlagen der Schiedsgerichtsbarkeit

### 1. Zulässigkeit der Schiedsgerichtsbarkeit

**5**
Freiheit der Parteien
Liberté des parties

Die Zulässigkeit der Schiedsgerichtsbarkeit folgt aus der Privatautonomie[6], die ihre Grundlage in Art. 26 und 27 BV hat[7]. Unmittelbar ergibt sie sich aus ihrer gesetzlichen Regelung im Konkordat über die Schiedsgerichtsbarkeit (KSG) sowie im Bundesgesetz über das Internationale Privatrecht (IPRG)[8], in denen die Binnenschiedsgerichtsbar-

---

[3] RÜEDE/HADENFELDT, 21.
[4] BUCHER, Rz 35; BSK-EHRAT, N 12 zu Art. 176 IPRG; RÜEDE/HADENFELDT, 21.
[5] BSK-EHRAT, N 12 zu Art. 176 IPRG; JOLIDON, 37 ff.; RÜEDE/HADENFELDT, 24.
[6] RÜEDE/HADENFELDT, 5.
[7] Vgl. MÜLLER, 645 FN 67.
[8] RÜEDE/HADENFELDT, 4.

keit sowie die internationale Schiedsgerichtsbarkeit der Schweiz eine eingehende Regelung erfahren haben.

## 2. Gesetzliche Grundlagen

Die schweizerische Schiedsgerichtsbarkeit, d.h. die Gerichtsbarkeit von Schiedsgerichten mit Sitz in der Schweiz ist in zwei Erlassen geregelt. Die Binnenschiedsgerichtsbarkeit, d.h. die inner-schweizerische Schiedsgerichtsbarkeit ohne relevanten Auslandsbezug ist im Konkordat über die Schiedsgerichtsbarkeit geregelt, während für die internationale Schiedsgerichtsbarkeit, die schweizerische Schiedsgerichtsbarkeit mit Auslandsbezug, das 12. Kapitel des IPRG gilt.

6
Konkordat und IPRG
Concordat et LDIP

Für die Vollstreckung ausländischer Schiedssprüche in der Schweiz gelten ferner staatsvertragliche Bestimmungen. Nach Art. 194 IPRG ist hiefür das New Yorker Übereinkommen über die Anerkennung und Vollstreckung ausländischer Schiedssprüche (NYÜ)[9] massgebend. Das ältere Genfer Abkommen zur Vollstreckung der Schiedssprüche[10] hat aufgrund dieser Regelung an Bedeutung verloren. Daneben bestehen einige bilaterale Verträge über die Vollstreckung von Zivilurteilen, welche ebenfalls für die Vollstreckung von ausländischen Schiedssprüchen gelten können, sofern sie günstiger sind als die Regelung im NYÜ[11].

7
Schiedsspruch-Vollstreckung
Exécution des sentences

## D. Binnenschiedsgerichtsbarkeit und Internationale Schiedsgerichtsbarkeit

### 1. Binnenschiedsgerichtsbarkeit

Gemäss Art. 1 Abs. 1 KSG findet das Konkordat auf jedes Verfahren vor einem Schiedsgericht Anwendung, das seinen Sitz in einem Kon-

8

---

[9] Übereinkommen vom 10. Juni 1958 über die Anerkennung und Vollstreckung ausländischer Schiedssprüche, SR 0.277.12.
[10] Abkommen vom 26. September 1927 zur Vollstreckung ausländischer Schiedssprüche, SR 0.277.111.
[11] Vgl. Art. VII NYÜ.

kordatskanton hat. Mittlerweile sind dem Konkordat sämtliche Kantone beigetreten, so dass für die Binnenschiedsgerichtsbarkeit eine einheitliche gesetzliche Ordnung besteht. Den Sitz des Schiedsgerichtes können die Parteien gemäss Art. 2 Abs. 1 KSG innerhalb der Schweiz frei vereinbaren.

## 2. Internationale Schiedsgerichtsbarkeit

9
Eine Partei im Ausland
Une partie à l'étranger

Im Bereich der Schiedsgerichtsbarkeit mit internationalem Bezug wird das Konkordat vom 12. Kapitel des IPRG verdrängt; es ist auch nicht subsidiär anwendbar[12]. Die Bestimmungen dieses Kapitels gelten gemäss Art. 176 Abs. 1 IPRG für Schiedsgerichte mit Sitz in der Schweiz, sofern beim Abschluss der Schiedsvereinbarung wenigstens eine Partei ihren Wohnsitz oder ihren gewöhnlichen Aufenthalt nicht in der Schweiz hatte. Der internationale Bezug wird demnach allein durch den Wohnsitz mindestens einer Partei im Ausland beim Abschluss der Schiedsvereinbarung bestimmt[13].

10
Beispiel mit einem Makler
Exemple avec un courtier

Mit schweizerischer Schiedsgerichtsbarkeit hat man es somit in all jenen Fällen zu tun, in denen der Sitz des Schiedsgerichtes in der Schweiz liegt. Nicht von Belang ist demgegenüber die Nationalität der Parteien oder ob Schweizer Recht zur Anwendung kommt; nicht verlangt ist weiter, dass die Streitsache einen Binnenbezug aufweise[14]. Wenn ein Makler mit Wohnsitz in Frankreich und ein Auftraggeber mit Wohnsitz in Rom einen Maklervertrag betreffend eine Liegenschaft in Spanien abschliessen und in einer Schiedsabrede für Streitigkeiten aus dem Maklervertrag ein Schiedsgericht mit Sitz in Genf vereinbaren, so unterliegt das Schiedsverfahren aus schweizerischer Sicht den Bestimmungen des 12. Kapitels des IPRG.

11
Sitz des Gerichtes
Siège du tribunal

Der Sitz des Schiedsgerichtes wird gemäss Art. 176 Abs. 3 IPRG primär durch Parteivereinbarung bestimmt. Für die Bestimmung des Sitzes ist es dagegen unerheblich, wo das Schiedsgericht tatsächlich seine

---

[12] BSK-EHRAT, N 2 zu Art. 176 IPRG; LALIVE/POUDRET/REYMOND, 291; RÜEDE/HADENFELDT, 10 f.
[13] Vgl. insbesondere das Urteil des Bundesgerichtes 4P.54/2002 vom 24. Juni 2002; WALTER/BOSCH/BRÖNNIMANN, 35.
[14] JOLIDON, 58 f.; RÜEDE/HADENFELDT, 111.

Sitzungen abhält[15] oder seine Verfügungen trifft. Mit der Vereinbarung eines Sitzes treffen die Parteien zugleich eine Rechtswahl hinsichtlich des Schiedsverfassungsrechts, d.h. der Bestimmungen, welche das Schiedsverfahren regeln[16].

Zu beachten ist, dass ausländische Rechtsordnungen die Frage nach der Nationalität des Schiedsgerichtes zum Teil nicht an den Sitz des Schiedsgerichtes knüpfen, sondern beispielsweise an den Tagungsort oder an das anwendbare Recht[17]. Es kann also durchaus vorkommen, dass ein schweizerischer Schiedsspruch im Ausland als inländischer Schiedsspruch betrachtet wird und nach den Vorschriften für inländische Schiedssprüche vollstreckt wird. Es gilt deshalb schon beim Abschluss der Schiedsvereinbarung den allfälligen Besonderheiten des Schiedsverfassungsrechts am mutmasslichen Vollstreckungsort im Ausland Rechnung zu tragen.

12
Nationalität des Gerichtes
Nationalité du tribunal

## III. Die Schiedsabrede

Grundlage für die Tätigkeit des Schiedsgerichtes bildet die Schiedsabrede. Begrifflich werden die Schiedsklausel, die in einem Vertrag im Hinblick auf eine künftige Streitigkeit vereinbart worden ist, und die erst nach Entstehen eines Rechtsstreits abgeschlossene Schiedsvereinbarung unterschieden[18]. Die Schiedsklausel muss sich auf künftige Streitigkeiten aus einem bestimmten Rechtsverhältnis beziehen. Dieses Rechtsverhältnis muss in der Schiedsklausel genau bezeichnet werden. Nicht ausreichend ist die Bezugnahme auf «alle Rechtsstreitigkeiten, die aus der gegenwärtigen oder künftigen Geschäftsbeziehung zwischen den Parteien entstehen können»[19]. Ungenügend ist ebenfalls die Bestimmung in Verbandsstatuten, wonach Streitigkeiten von Ver-

13
Die zukünftige Streitigkeit
Le litige futur

---

15  BSK-EHRAT, N 18 zu Art. 176 IPRG.; JOLIDON, 84; ZK-VISCHER, N 6 zu Art. 176 IPRG.
16  BSK-EHRAT, N 17 zu Art. 176 IPRG; JOLIDON, 85 f.; RÜEDE/HADENFELDT, 116.
17  Vgl. dazu ZK-VISCHER, N 6 zu Art. 176 IPRG m.w.H.
18  Vgl. Art. 4 KSG.
19  BSK-WENGER, N 32 zu Art. 178 IPRG; vgl. auch RÜEDE/HADENFELDT, 68; WALTER/BOSCH/BRÖNNIMANN, 71.

14 Das Konkordat verlangt für das Zustandekommen der Schiedsabrede
Schriftform gemäss Art. 6 Abs. 1 KSG die Schriftform. Diese hat den Anforderun-
Forme écrite gen von Art. 13 OR zu genügen; das Dokument muss also von beiden
Parteien eigenhändig unterzeichnet werden[21]. Nach Art. 6 Abs. 2 KSG
kann sie sich auch aus der schriftlichen Erklärung des Beitritts zu einer
juristischen Person ergeben, sofern diese Erklärung ausdrücklich auf
die in den Statuten oder in einem sich darauf stützenden Reglement
enthaltene Schiedsklausel Bezug nimmt.

15 Demgegenüber lässt das IPRG neben der Schriftform im engeren Sinne
jede Form der Übermittlung genügen, die den Nachweis der Vereinbarung durch Text ermöglicht. Diese Anforderungen sind erfüllt, wenn
aus der Gesamtheit der in Textform nachgewiesenen Äusserungen aller
Vertragspartner die Zustimmung zur Schiedsvereinbarung hervorgeht[22]. Diese vergleichsweise grosszügige Ausgestaltung des Schrift-
formerfordernisses darf aber nicht darüber hinwegtäuschen, dass für
die Vollstreckung eines Schiedsspruchs im Ausland strengere Anforderungen an die Form der Schiedsabrede gestellt werden können. Das
NYÜ, das in vielen Staaten für die Vollstreckung ausländischer
Schiedssprüche massgebend ist, versteht gemäss seinem Art. II Ziff. 2
unter einer schriftlichen Vereinbarung eine Schiedsklausel in einem
Vertrag oder eine Schiedsabrede, sofern diese von den Parteien unterzeichnet oder in Briefen oder Telegrammen enthalten ist, die sie ge-
wechselt haben. Erforderlich ist also entweder eine beidseitig unterzeichnete schriftliche Vereinbarung oder eine Vereinbarung, die durch
den Austausch von Texten abgeschlossen worden ist; in letzterem Falle
brauchen die ausgetauschten Texte nicht unterschrieben zu sein[23].
Während unter der Herrschaft des IPRG ein einziges Dokument genügen kann, sofern daraus die Zustimmung aller Parteien zur Schiedsabrede hervorgeht, verlangt Art. II Ziff. 2 NYÜ zwei Dokumente, die
zwischen den Vertragsparteien ausgetauscht worden sind[24]. So würde
z.B. ein von der einen Partei erstelltes, nicht unterzeichnetes schriftli-
ches Protokoll, das die mündlich getroffenen Vereinbarungen wieder-

---

[20] RÜEDE/HADENFELDT, 68.
[21] JOLIDON, 169; LALIVE/POUDRET/REYMOND, 56 f.; RÜEDE/HADENFELDT, 63.
[22] BSK-WENGER, N 15 zu Art. 178 IPRG.
[23] BGE 121 III 45, E. 3.
[24] LALIVE/POUDRET/REYMOND, 318; POUDRET/COTTIER, 390.

gibt und eine Schiedsklausel enthält, den Anforderungen des NYÜ nicht genügen. Obwohl das Bundesgericht die Auslegung von Art. II NYÜ derjenigen von Art. 178 Abs. 1 IPRG angenähert hat und nach seiner Auffassung eine Verhaltensweise nach Treu und Glauben unter Umständen die Einhaltung der Form ersetzen kann[25], muss bei der Vollstreckung eines schweizerischen Schiedsspruchs im Ausland damit gerechnet werden, dass die Gerichte das Erfordernis des Austausches von Texten restriktiver auslegen und einem schweizerischen Schiedsspruch allenfalls die Vollstreckung versagen, wenn sich die Schiedsabrede allein «durch Text», und nicht durch einen Austausch von Texten nachweisen lässt[26].

## IV. Die Schiedsfähigkeit

Schiedsfähigkeit bedeutet zunächst die subjektive Fähigkeit einer Partei, eine Schiedsvereinbarung abzuschliessen. Sie fällt zusammen mit der Rechts- und Handlungsfähigkeit einer Person. In diesem Zusammenhang spricht man von subjektiver Schiedsfähigkeit[27]. Demgegenüber bezeichnet die objektive Schiedsfähigkeit die Fähigkeit einer Streitigkeit, Gegenstand eines Schiedsverfahrens zu sein[28]. In bestimmten Rechtsbereichen ist die Beurteilung von Streitigkeiten zwingend staatlichen Gerichten vorbehalten, weshalb die Streiterledigung im Schiedsverfahren ausgeschlossen ist[29]. Subjektive und objektive Schiedsfähigkeit sind Gültigkeitsvoraussetzungen für die Schiedsabrede[30].

<small>16 Begriff Notion</small>

Hinsichtlich der objektiven Schiedsfähigkeit bestehen für die Binnenschiedsgerichtsbarkeit und die internationale Schiedsgerichtsbarkeit unterschiedliche Regelungen. Nach Art. 5 KSG kann Gegenstand eines Schiedsverfahrens jeder Anspruch sein, welcher der freien Verfügung

<small>17 Binnen- oder Internationale Schiedsgerichtsbarkeit Arbitrage interne ou international</small>

---

[25] Vgl. insbesondere BGE 121 III 44, E. 2.b und E. 3; BGE 111 Ib 253; BGE 110 II 54; YCA 1990, 305 sowie die Kritik bei POUDRET/COTTIER, 389 ff.
[26] LALIVE/POUDRET/REYMOND, 317; RÜEDE/HADENFELDT, 66.
[27] WALTER/BOSCH/BRÖNNIMANN, 62.
[28] BUCHER, Rz 86; BSK-BRINER, N 2 zu Art. 177 IPRG.
[29] Vgl. dazu RÜEDE/HADENFELDT, 47 ff.
[30] BGE 118 II 355, E. 3.a.; BGE 117 II 98, E. 5.b.

der Parteien unterliegt, sofern nicht ein staatliches Gericht in der Sache ausschliesslich zuständig ist. Grosszügiger bestimmt Art. 177 Abs. 1 IPRG für internationale Schiedsfälle, dass Gegenstand eines Schiedsverfahrens jeder vermögensrechtliche Anspruch sein kann.

**18**
Maklerverträge
Les courtages

Für Schiedsverfahren, die Streitigkeiten aus Maklerrecht zum Gegenstand haben, ergeben sich aus der Umschreibung des zulässigen Gegenstands keine besonderen Probleme. Ansprüche aus Maklervertrag sind nicht nur frei verfügbar, sondern auch vermögensrechtlicher Natur.

**19**
Schiedsgerichtsbarkeit zulässig?
Arbitrage Possible?

Schwieriger zu beurteilen ist der in Art. 5 KSG statuierte Vorbehalt zugunsten der ausschliesslichen Zuständigkeit staatlicher Gerichte. Dieser bezieht sich an sich einzig auf die sachliche Zuständigkeit staatlicher Gerichte. Dennoch ist umstritten, ob Gerichtsstandsbestimmungen, die – wie zum Beispiel bei Konsumentenverträgen – eine teilzwingende Zuständigkeit eines Gerichtes schaffen, einer Schiedsabrede entgegenstehen. Zum Teil wird die Auffassung vertreten, die im GestG und IPRG enthaltenen Bestimmungen über zwingende Gerichtsstände schlössen die Schiedsfähigkeit aus[31] oder liessen nur eine Schiedsvereinbarung nach Entstehen der Streitigkeit zu[32]. Nach herrschender und zutreffender Auffassung sagen jedoch zwingende Bestimmungen über die örtliche Zuständigkeit nichts darüber aus, ob die sachliche Zuständigkeit der staatlichen Gerichte durch eine Schiedsabrede ausgeschlossen werden kann[33]. Dies gilt auch für die zwingenden Gerichtsstände des Lugano-Übereinkommens, da dieses gemäss Art. I Abs. 2 Nr. 4 LugÜ von vornherein keine Anwendung auf Schiedsgerichte findet. Selbst wenn im Einzelfall ein Maklervertrag als Konsumentenvertrag zu qualifizieren wäre, und der Auftraggeber nicht zum voraus auf den Gerichtsstand an seinem Wohnsitz verzichten könnte, schlösse dies nicht aus, die Beurteilung von Streitigkeiten einem Schiedsgericht am Wohnsitz oder Sitz des Maklers zuzuweisen.

**20**
Kantonales Recht
Droit cantonal

Zu beachten sind hingegen im Rahmen von Art. 6 Abs. 2 ZGB kantonale Vorschriften, die bestimmte Aspekte der Maklertätigkeit regeln.

---

[31] BUCHER, Rz 94 betreffend zwingende Gerichtsstände des IPRG; STAEHELIN, in: GAUCH/SCHMID, N 4 zu Art. 343 OR.
[32] WALTHER, in: KELLERHALS/VON WERDT/GÜNGERICH, N 19 zu Art. 21 GestG in Bezug auf Konsumentenverträge.
[33] GASSER, in: KELLERHALS/VON WERDT/GÜNGERICH, N 42 f. zu Art. 1 GestG; GESTG-MEYER, N 20 zu Art. 1 GestG; GESTG-WIRTH, N 2 zu Art. 9 GestG.

Soweit in kantonalen Erlassen Streitigkeiten zwischen Auftraggeber und Makler zwingend einem staatlichen Gericht oder einer Behörde zugewiesen wären, ist die Schiedsgerichtsbarkeit ausgeschlossen. Dies gilt jedoch nicht im Bereich der internationalen Schiedsgerichtsbarkeit, da hier Art. 177 Abs. 1 IPRG anders lautendem kantonalen Recht vorgeht[34]. Die Frage hat jedoch keine praktische Bedeutung, da die Schiedsgerichtsbarkeit bisher in keinem der kantonalen Spezialerlasse über bestimmte Maklertätigkeiten ausgeschlossen ist.

## V. Das schiedsgerichtliche Verfahren

## A. Einleitung und Ablauf des Verfahrens

Das Schiedsverfahren wird gemäss Art. 13 KSG und Art. 181 IPRG rechtshängig, sobald eine Partei das Schiedsgericht anruft oder, wenn der oder die Schiedsrichter noch nicht bezeichnet sind, sobald eine Partei das Verfahren zur Bildung des Schiedsgerichtes einleitet. Können sich die Parteien im Rahmen dieses Verfahrens auf die Zusammensetzung des Schiedsgerichtes nicht einigen oder kommt eine Partei ihrer Pflicht zur Ernennung ihres Schiedsrichters nicht nach, so ist jede von ihnen befugt, den staatlichen Richter anzurufen, damit dieser den oder die Schiedsrichter an ihrer Stelle ernennt. Zugleich ist das staatliche Gericht zur Beurteilung von Ablehnungsgesuchen gegen Schiedsrichter zuständig. Generell kann das Schiedsgericht das staatliche Gericht am Sitz des Schiedsgerichtes zur Mitwirkung anrufen, sofern sich die Parteien oder ein Dritter seinen Anordnungen nicht freiwillig unterziehen[35].

21
Einleitung und Wahl der Schiedsrichter
Début et choix des arbitres

Das Verfahren selber folgt gemäss Art. 24 Abs. 1 KSG und Art. 182 Abs. 1 IPRG in erster Linie der Vereinbarung der Parteien oder, falls die Parteien hierüber nichts vereinbart haben, der Anordnung des Schiedsgerichtes. Hinsichtlich der Verfahrensgestaltung schreiben Art. 25 KSG und Art. 182 Abs. 3 IPRG einzig vor, dass das Schiedsge-

22
Angewendetes Verfahren
Procédure utilisée

---
[34] BUCHER, Rz 95; RÜEDE/HADENFELDT, 56.
[35] Vgl. allgemein Art. 185 IPRG.

richt in allen Fällen die Gleichbehandlung der Parteien sowie ihren Anspruch auf rechtliches Gehör in einem kontradiktorischen Verfahren gewährleisten muss. Die Parteien können das Verfahren auch einer schiedsgerichtlichen Verfahrensordnung oder einem Verfahrensrecht ihrer Wahl unterstellen. Zum Beispiel können sie vereinbaren, dass eine kantonale Zivilprozessordnung oder die Verfahrensordnung einer Handelskammer anwendbar sein solle, allenfalls mit bestimmten Änderungen oder Ergänzungen.

23
Vorsorgliche Massnahmen
Mesures provisionnelles

Zur Anordnung vorsorglicher Massnahmen sind in der Binnenschiedsgerichtsbarkeit gemäss Art. 26 KSG einzig die staatlichen Gerichte zuständig, wobei sich die Parteien freiwillig den vom Schiedsgericht vorgeschlagenen vorsorglichen Massnahmen unterziehen können. Demgegenüber kann das Schiedsgericht in internationalen Schiedsverfahren gemäss Art. 183 Abs. 1 IPRG auf Antrag einer Partei vorsorgliche Massnahmen selber anordnen und den staatlichen Richter um Mitwirkung ersuchen, falls sich der Betroffene nicht freiwillig unterzieht.

24
Beweiserhebung
Administration des preuves

Das Schiedsgericht nimmt die Beweise selber ab. Ist zur Beweiserhebung staatlicher Zwang notwendig, etwa wenn ein Zeuge sich weigert, der Vorladung des Schiedsgerichtes Folge zu leisten, kann dieses gestützt auf Art. 27 Abs. 2 KSG und Art. 184 Abs. 2 IPRG die Rechtshilfe des staatlichen Richters in Anspruch nehmen.

25
Anwendbares materielles Recht
Droit de fond applicable

Das Schiedsgericht entscheidet die Streitsache gemäss Art. 31 Abs. 3 KSG entweder nach dem anwendbaren Recht oder, sofern es dazu von den Parteien ermächtigt ist, nach Billigkeit. Das anwendbare Recht bestimmt sich entweder nach einer Rechtswahl der Parteien oder nach dem auf die betreffende Streitsache anwendbaren schweizerischen Recht oder, falls ein Auslandsbezug vorliegt, nach dem vom schweizerischen Kollisionsrecht bestimmten ausländischen Recht[36].

26
nternationale Schiedsfälle
Arbitrages internationaux

Eine besondere Regelung trifft Art. 187 Abs. 1 IPRG für internationale Schiedsfälle: Wird keine Rechtswahl getroffen, ist das Schiedsgericht befugt, die Streitsache nach dem Recht zu entscheiden, mit dem die Sache am engsten zusammenhängt. Die Bestimmung lässt dem Schiedsgericht grosse Freiheit, wie es das auf die Sache anwendbare Recht bestimmt; einzige Schranke bildet das Erfordernis des engsten

---

[36] LALIVE/POUDRET/REYMOND, 163; JOLIDON, 454; RÜEDE/HADENFELDT, 276; vgl dazu C § 6.

Zusammenhangs mit der Streitsache[37]. Dabei muss allenfalls dem ordre public am Vollstreckungsort Rechnung getragen werden, wenn der Schiedsspruch im Ausland vollstreckt werden soll[38]. Ebenfalls zu beachten ist, dass ein Schiedsspruch, der dem schweizerischen ordre public widerspricht, gemäss Art. 190 Abs. 2 lit. e IPRG mit Beschwerde an das Bundesgericht angefochten werden kann.

## B. Schiedsspruch und Streiterledigung ohne Urteil

### 1. Schiedsspruch

Das Schiedsgericht fällt den Schiedsspruch gemäss Art. 31 Abs. 2 KSG und Art. 189 Abs. 1 IPRG nach dem Verfahren, welches die Parteien vereinbart haben, ansonsten mit Stimmenmehrheit oder nötigenfalls mit dem Stichentscheid des Präsidenten.

27
Schiedsverfahren
Mode de décision

Der Schiedsspruch ist stets schriftlich abzufassen. Nach dem Wortlaut von Art. 189 Abs. 1 IPRG wäre zwar ein nur mündlicher Schiedsspruch nicht ausgeschlossen[39], könnte aber nicht vollstreckt werden[40]. Im Übrigen ist der Schiedsspruch nach Art. 189 Abs. 2 IPRG zu begründen, zu datieren und zu unterzeichnen, wobei die Unterschrift des Präsidenten genügt.

28
Grundsätzlich schriftlicher Schiedsspruch
Décision écrite en principe

Zusätzlich verlangt Art. 33 Abs. 1 und 2 KSG für Binnenschiedssprüche die Angabe der Namen der Schiedsrichter, die Bezeichnung der Parteien, die Angabe des Sitzes des Schiedsgerichtes, die Anträge der Parteien, oder in Ermangelung von Anträgen, eine Umschreibung der Streitfrage, die Spruchformel über die Sache selbst sowie über die Höhe und die Verlegung der Verfahrenskosten und der Parteientschädigung. Der Schiedsspruch ist grundsätzlich von allen Schiedsrichtern zu unterzeichnen, es sei denn, eine Minderheit verweigere die Unterschrift und dies werde im Schiedsspruch vermerkt.

29
Andere Formerfordernisse
Autres exigences de forme

---

[37] WALTER/BOSCH/BRÖNNIMANN, 192.
[38] Vgl. BSK-KARRER, N 138 zu Art. 187 IPRG; WALTER/BOSCH/BRÖNNIMANN, 194.
[39] LALIVE/POUDRET/REYMOND, 414; a.M. ZK-HEINI, N 19 zu Art. 189 IPRG; RÜEDE/HADENFELDT, 298; WALTER/BOSCH/BRÖNNIMANN, 201.
[40] Vgl. BSK-WIRTH, N 25 zu Art. 189 IPRG.

| | |
|---|---|
| 30 | Die Weglassung einzelner dieser Punkte kann zwar gestützt auf Art. 36 lit. h KSG mit der Nichtigkeitsbeschwerde gerügt werden, bewirkt jedoch nicht die absolute Nichtigkeit des Schiedsspruchs[41]. Begriffsnotwendig sind lediglich die Angabe der Parteien, die Spruchformel sowie die Unterzeichnung des Schiedsspruchs[42] durch mindestens den Präsidenten. Der Spruchformel muss zudem klar entnommen werden können, welches Verhalten welcher Partei auferlegt wird. |
| Beschwerde und Aufhebung | |
| Recours et annulation | |

## 2. Schiedsvergleich

31 Schliessen die Parteien einen Vergleich, so ist dieser gemäss Art. 34 KSG in der Form eines Schiedsspruchs festzuhalten. Im IPRG findet sich für Schiedsvergleiche in internationalen Schiedsverfahren keine entsprechende Regelung. Im Hinblick auf die Vollstreckung empfiehlt sich aber auch hier die Aufnahme des Vergleichs in einen Schiedsspruch[43]. In der Schweiz wird man zwar den Vergleich zusammen mit der ihm angefügten Verfügung des Schiedsgerichtes, dass damit das Verfahren vor dem Schiedsgericht zum Abschluss gebracht worden ist, genügen lassen[44]. Dies gilt jedoch nicht für die Vollstreckung im Ausland, da das NYÜ den Schiedsvergleich als Vollstreckungstitel nicht ausdrücklich nennt. Es ist daher in jedem Fall von Vorteil, den Vergleich in einen Schiedsspruch zu überführen[45], z.B. mit der Formulierung: «A. wird gestützt auf den vor dem Schiedsgericht abgeschlossenen Vergleich verurteilt, dem B. Fr. 100'000.– zu bezahlen»[46]. Auf diese Weise ist für den ausländischen Vollstreckungsrichter von vornherein klar, dass der Schiedsvergleich nach schweizerischem Recht einem Schiedsspruch gleichgestellt und als solcher vollstreckbar ist.

---

[41] HINDERLING, 322 FN 9; RÜEDE/HADENFELDT, 332.
[42] JOLIDON, 190 f.
[43] BSK-WIRTH, N 41 zu Art. 189 IPRG; WALTER/BOSCH/BRÖNNIMANN, 206.
[44] A.M. JOLIDON, 486, der eine «véritable sentence» fordert, da ein Abschreibungsbeschluss nicht der Rechtskraft und der Vollstreckbarkeitsbescheinigung zugänglich sei.
[45] BSK-WIRTH, N 41 zu Art. 189 IPRG.
[46] Vgl. RÜEDE/HADENFELDT, 270.

## 3. Abstand

Das für den Schiedsvergleich Gesagte gilt auch für die Klageanerkennung und den Klagerückzug[47]. Das Schiedsgericht hat in einer Erledigungsverfügung in Form eines Schiedsspruchs festzuhalten, welche Partei der anderen gestützt auf ihren Abstand was zu leisten hat[48]. Für die Vollstreckung in der Schweiz wird es ebenfalls genügen, die ursprünglichen Rechtsbegehren anzugeben und das Schiedsverfahren gestützt auf den Abstand der betreffenden Partei als erledigt abzuschreiben. Im Hinblick auf eine allfällige Vollstreckung im Ausland empfiehlt sich aber auch hier eine Formulierung in Urteilsform: «Gestützt auf den Abstand der Beklagten wird diese verurteilt, der Klägerin Fr. 100'000.-- zu bezahlen.»

32

# C. Rechtsmittel gegen den Schiedsspruch

## 1. Endgültigkeit des Schiedsspruchs

Mit der Eröffnung ist der Schiedsspruch endgültig, wie Art. 190 Abs. 1 IPRG ausdrücklich festhält. Sowohl Binnenschiedssprüche als auch internationale Schiedssprüche können nur mit ausserordentlichen Rechtsmitteln angefochten werden. Vorbehalten bleibt der Weiterzug an eine allfällige schiedsgerichtliche Rechtsmittelinstanz. In diesem Fall ist aber das Schiedsverfahren erst mit dem oberinstanzlichen Schiedsspruch abgeschlossen[49].

33

## 2. Beschwerde

Gegen einen Binnenschiedsspruch kann gemäss Art. 36 i.V.m. Art. 3 Abs. 1 KSG Nichtigkeitsbeschwerde beim oberen ordentlichen Zivilgericht des Sitzkantons erhoben werden. Gegen den Beschwerdeent-

34
Nichtigkeitsbeschwerde
Recours en nullité

---

[47] RÜEDE/HADENFELDT, 272.
[48] BSK-WIRTH, N 45 zu Art. 189 IPRG.
[49] RÜEDE/HADENFELDT, 338.

scheid ist nur noch die staatsrechtliche Beschwerde wegen Verletzung von Konkordatsrecht oder verfassungsmässiger Rechte zulässig[50].

**35 Beschwerde ans Bundesgericht** / *Recours au Tribunal fédéral*

Internationale Schiedssprüche können gemäss Art. 190 Abs. 2 und Art. 191 Abs. 1 IPRG i.V.m. Art. 89 OG innert 30 Tagen mit Beschwerde angefochten werden. Einzige Beschwerdeinstanz ist das schweizerische Bundesgericht. Die Parteien können vereinbaren, dass anstelle des Bundesgerichtes als einzige Beschwerdeinstanz die zuständige kantonale Instanz entscheiden solle. Sofern keine der Parteien ihren Wohnsitz, gewöhnlichen Aufenthalt oder eine Niederlassung in der Schweiz haben, können sie ferner durch ausdrückliche Erklärung in einer schriftlichen Vereinbarung die Anfechtung des Schiedsspruchs ganz oder teilweise ausschliessen. In diesem Fall sind jedoch nach Art. 192 Abs. 2 IPRG im Vollstreckungsverfahren die Versagungsgründe des NYÜ sinngemäss anwendbar.

**36 Beschwerdegründe** / *Motifs de recours*

Die Beschwerdegründe sind in beiden Fällen weitgehend identisch. Gerügt werden können die vorschriftswidrige Zusammensetzung des Schiedsgerichtes, die fehlende Zuständigkeit, die Verletzung des rechtlichen Gehörs und des Gleichbehandlungsgebots sowie die Verletzung der Dispositionsmaxime. Binnenschiedssprüche können zudem wegen Verletzung der Formvorschriften von Art. 33 KSG angefochten werden.

**37**

Während bei internationalen Schiedssprüchen die Rechtsanwendung in materieller Hinsicht nur auf ordre public-Widrigkeit überprüft werden kann, können Binnenschiedssprüche bereits erfolgreich angefochten werden, wenn sie willkürlich sind, weil sie auf offensichtlich aktenwidrigen tatsächlichen Feststellungen beruhen oder weil sie eine offenbare Verletzung des Rechtes oder der Billigkeit enthalten (Art. 36 lit. f KSG). Kein Verstoss gegen den ordre public liegt in der Zusprechung einer Maklerprovision trotz erfolgloser Bemühungen, da Art. 413 Abs. 1 OR nicht zwingend ist und kein fundamentales Prinzip der schweizerischen Rechtsordnung verkörpert[51].

**38 Beschwerdeentscheid** / *Décision sur recours*

Bei Gutheissung der Nichtigkeitsbeschwerde oder Beschwerde wird der Schiedsspruch ganz oder teilweise aufgehoben[52]. Statt den Schieds-

---

[50] RÜEDE/HADENFELDT, 328 f.; vgl. Art. 84 Abs. 1 lit. a und b OG.
[51] BJM 1973, 202 f. E. 6; vgl. auch PATOCCHI/GEISINGER, 1440.
[52] BGE 117 II 95, E. 4 in Bezug auf die Beschwerde gemäss Art. 190 Abs. IPRG; ZK-HEINI, N 15 zu Art. 190 IPRG; zum KSG vgl. Art. 40 Abs. 1 KSG.

spruch aufzuheben, kann die Beschwerdeinstanz ihn nach Art. 39 KSG stattdessen aber auch an das Schiedsgericht zurückweisen und ihm eine Frist zur Berichtigung und Ergänzung ansetzen.

### 3. Revision

Binnenschiedssprüche unterliegen gemäss Art. 41 KSG der Revision. Das Revisionsgesuch ist gemäss Art. 42 KSG innert 60 Tagen seit Kenntnis des Revisionsgrundes einzureichen. Obwohl das IPRG die Revision nicht ausdrücklich vorsieht, hat das Bundesgericht entschieden, dass diese auch in der internationalen Schiedsgerichtsbarkeit möglich sein müsse[53].

39

## D. Die Vollstreckung des Schiedsspruchs

### 1. Vollstreckbarkeitsbescheinigung

Gemäss Art. 44 Abs. 1 KSG bescheinigt die zuständige kantonale richterliche Behörde, dass ein Schiedsspruch gleich einem richterlichen Urteil vollstreckbar ist. Die gleiche Möglichkeit sieht auch Art. 193 Abs. 2 IPRG vor. Die Vollstreckbarkeitsbescheinigung ist nicht Voraussetzung für die Vollstreckung des Schiedsspruchs in der Schweiz[54], dient aber der Vollstreckung insofern, als sie den Nachweis erleichtert, dass ein Schiedsspruch vorliegt und keine Gründe gegeben sind, die der Vollstreckung des Schiedsspruchs entgegenstehen, wie z.B. eine hängige Beschwerde, der die aufschiebende Wirkung gewährt worden ist[55]. Für die Vollstreckung im Ausland erleichtert sie den Nachweis des Vorliegens eines schweizerischen Schiedsspruchs und dessen Verbindlichkeit[56].

40

---

[53] BGE 118 II 199; BGE 122 III 492; vgl. auch BGE 129 III 127; a.M. RÜEDE/HADENFELDT, 365.
[54] BGE 107 Ia 320, E. 4; RÜEDE/HADENFELDT, 323; WALTER/BOSCH/BRÖNNIMANN, 267.
[55] BGE 130 III 129, E. 2.1.1; BGE 117 III 59, E. 4.a; BGE 107 Ia 320, E. 4; RÜEDE/HADENFELDT, 323; vgl. Art. 44 KSG.
[56] BSK-BERTI, N 15 zu Art. 193 IPRG; ZK IPRG-SIEHR, N 10 zu Art. 193 IPRG.

## 2. Vollstreckung

41 Schweizerische Schiedssprüche sind hinsichtlich der Vollstreckung Urteilen staatlicher Gerichte gleichgestellt[57]. Das gilt sowohl für Binnenschiedssprüche als auch für internationale Schiedssprüche. Die Vollstreckung in Geldforderungen geschieht im Rahmen des Betreibungsverfahrens, wobei gestützt auf den Schiedsspruch die definitive Rechtsöffnung erlangt werden kann[58]. Die Vollstreckung anderer Ansprüche als auf Geld- oder Sicherheitsleistung erfolgt nach den Bestimmungen der kantonalen Prozessordnungen über die Realvollstreckung[59]. Im Vollstreckungsverfahren kann nicht mehr die Einrede erhoben werden, der Schiedsspruch leide an einem Mangel, der zur Nichtigkeitsbeschwerde gemäss Art. 36 KSG oder Art. 190 Abs. 2 IPRG berechtigen würde. Es kann lediglich vorgebracht werden, der Schiedsspruch sei absolut nichtig, etwa weil er in einer nicht schiedsfähigen Sache ergangen sei oder es sich in Wirklichkeit um ein Schiedsgutachten handle[60].

# VI. Besonderheiten der Verbandsschiedsgerichtsbarkeit

## A. Verbandsschiedsgerichte und richterliche Unabhängigkeit

42 Viele Schiedsverfahren laufen in einem institutionalisierten Rahmen ab, d.h. werden vor Schiedsgerichten von Berufsverbänden oder Handelskammern geführt. Diese bieten den Vorteil, dass sie über den Streitigkeiten angepasste Verfahrensordnungen verfügen und sich der Kreis der Schiedsrichter aus fachkundigen Personen zusammensetzt. Gerade bei Berufsverbänden besteht aber die Gefahr, dass solche

---

[57] BGE 97 I 488; BGE 80 I 336; BGE 76 I 87; RÜEDE/HADENFELDT, 315.
[58] Vgl. zuletzt BGE 130 III 125; BUCHER, Rz 413.
[59] WALTER/BOSCH/BRÖNNIMANN, 265.
[60] RÜEDE/HADENFELDT, 316.

Schiedsgerichte die Anforderungen an die Unabhängigkeit eines Gerichtes nicht erfüllen. Das Bundesgericht hat Voraussetzungen herausgearbeitet, die erfüllt sein müssen, damit ein Schiedsgericht als genügend unabhängig erachtet werden kann. Schiedssprüche, die in Verletzung des Grundsatzes der Parität bei der Besetzung des Schiedsgerichtes zustande gekommen sind, sind nicht vollstreckbar[61].

## B. Anforderungen an die Unabhängigkeit der Verbandsschiedsgerichte

### 1. Streitigkeiten zwischen Berufsverband und Mitglied

Ein Verbandsorgan, das in Streitigkeiten zwischen dem Verband selber und einem Verbandsmitglied urteilt, ist Richter in eigener Sache und verfügt daher nicht über die erforderliche Unabhängigkeit[62]. Keine Rolle spielt dabei, ob das Schiedsgericht formell ein Verbandsorgan ist. Abzustellen ist vielmehr allgemein darauf, ob dem Verband bei dessen Einsetzung und bei der Wahl der Mitglieder grössere Befugnisse zukamen als dem Verbandsmitglied. Dem Schiedsgericht fehlt die erforderliche Unabhängigkeit, wenn es in seiner persönlichen Zusammensetzung überwiegend von einem Verband bestimmt ist oder von diesem Instruktionen empfängt, auch wenn die Schiedsrichter nicht Verbandsmitglieder sind[63].

---

[61] BGE 107 Ia 162, E. 4 m.w.H.
[62] Pra 2000, Nr. 4, 18 f. E. 4.a; Pra 1995, Nr. 227, 756 f. E. 3.b = BGE 119 II 271; BGE 97 I 490, E. 1; BGE 81 I 327 f., E. 3; BGE 80 I 341 ff., E. 4; BGE 78 I 112 ff., E. 4; BGE 76 I 92 f., E. 4; BGE 72 I 89 f, E. 2; BGE 67 I 214, E. 3; BGE 57 I 205 f., E. 4; BGE 52 I 75; ZR 86 (1987) Nr. 39, 88 E. 3; RVJ (1991), 353f. E. 4.c; HEINI, 228; SCHERRER, 159.
[63] Umgekehrt bietet ein in den Statuten eines Verbands unter anderem für die Beilegung verbandsinterner Streitigkeiten zwischen Verband und Mitglied vorgesehenes Schiedsgericht, das sich aus drei von einem staatlichen Gericht zu ernennenden Berufsrichtern und weiteren drei von diesen Berufsrichtern zu ernennenden Vertretern der Industrie zusammensetzt, hinreichende Gewähr für eine unabhängige Rechtsprechung (BGE 81 I 327 f., E. 3).

## 2. Streitigkeiten zwischen Verbandsmitglied und Nichtmitglied

44 Gleich ist die Situation zu beurteilen, wenn die Parteien, von denen nur die eine Mitglied des Verbands ist, ihren Rechtsstreit vor einem Verbandsschiedsgericht austragen[64]. Auch hier ist die Gefahr offensichtlich, dass das Verbandsgericht die Verbandsinteressen oder die Interessen des Mitglieds voranstellt. Da das Nichtmitglied keinen Einfluss auf die Bestellung des Schiedsgerichtes hat, fehlt grundsätzlich auch einem solchen Schiedsgericht die erforderliche Unabhängigkeit. Wenn aber weder das Verbandsmitglied noch der Verband selber einen grösseren Einfluss auf die Bestellung des Schiedsgerichtes hatte als das Nichtmitglied, kann auch ein von einem Verband geschaffenes Schiedsgericht genügend unabhängig sein. Das Bundesgericht stellt primär auf den Grad der Unabhängigkeit des Schiedsgerichtes ab[65]. In dieser Hinsicht unterscheidet es zwischen Schiedsgerichten von Berufsverbänden und solchen von Handelskammern[66]. Letztere wachen nicht über die Einhaltung verbandsinternen Rechtes, sondern dienen im Interesse des gesamten Handels der raschen und sachverständigen Erledigung handelsrechtlicher Streitigkeiten[67], so dass weniger hohe Anforderungen an deren Unabhängigkeit gestellt werden als bei Schiedsgerichten von Berufsverbänden. Erschöpft sich z.B. der Einfluss einer Partei darin, dass diese Mitglied eines Verbands ist, dessen Delegierte indirekt an der Wahl des Präsidenten der Schiedsgerichtsorganisation des Dachverbands beteiligt sind, so ist die Unabhängigkeit des Schiedsgerichtes nicht derart beeinträchtigt, dass die Vollstreckung seiner Entscheide ausgeschlossen wäre[68].

---

[64] BGE 107 Ia 160, E. 3.c; BGE 97 I 490, E. 1; BGE 81 I 327 f., E. 3; BGE 80 I 341 ff., E. 4; BGE 78 I 112 ff., E. 4; BGE 76 I 92 f., E. 4; BGE 72 I 89 f, E. 2.

[65] BGE 93 I 58 f., E. 4.a; vgl. auch BGE 73 I 186, wo eine vom Verwaltungsrat des Wirtevereins gewählte Treuhandstelle als Schiedsgericht amtete. Das Bundesgericht hielt den Leiter der Treuhandstelle für unabhängig genug, da dieser zwar vom Wirteverband angestellt, aber nicht dessen Mitglied war, die eine Partei, obwohl Mitglied des Wirtevereins, keinen grösseren Einfluss auf die Bestellung des Schiedsrichtes hatte als die andere, die Nichtmitglied war. Vgl. dazu kritisch HUBER, 50 f. Ähnlich einzelfallbezogen BJM 1978, 315 ff.

[66] BGE 93 I 58 f., E. 4.a; BGE 84 I 48 f., E. 5.b; vgl. auch BGE 107 Ia 160 f., E. 3.c; HINDERLING, 324.

[67] HINDERLING, 324.

[68] BGE 84 I 59 f., E. 4.b: In diesem Fall wurden fünf Mitglieder eines oberen Schiedsrichtes vom Präsidenten der Chambre Arbitrale de Paris ernannt. Dieser wurde vom

## 3. Streitigkeiten zwischen Verbandsmitgliedern

Spielt sich der Rechtsstreit zwischen zwei Verbandsmitgliedern ab, so ist ein als Schiedsgericht amtendes Verbandsorgan oder ein vom Verband eingesetztes Schiedsgericht in der Regel genügend unabhängig[69]. Hier besteht keine Gefahr, dass die Schiedsrichter einseitig die Interessen der einen Partei berücksichtigen.

45

## 4. Streitigkeiten zwischen Nichtmitgliedern

Handelskammern sind in der Regel als Vereine oder Genossenschaften organisiert. Die Tatsache, dass diese Schiedsgerichte institutionalisierte Einrichtungen sind, verbietet keineswegs, sie als echte Schiedsgerichte zu betrachten[70]. In Streitigkeiten zwischen Nichtmitgliedern bieten solche Verbandsgerichte genügend Gewähr für eine unabhängige Rechtsprechung, selbst wenn die Prozessparteien keinen Einfluss auf deren Zusammensetzung haben.

46

---

Comité gewählt, das sich aus Präsidenten der Sektionen zusammensetzte, welche aus den Delegierten der angeschlossenen Verbände gebildet wurden. Die eine Partei war Mitglied eines solchen angeschlossenen Verbands.

[69] BGE 78 I 112 ff., E. 4; Urteil des Appellationshofs des Kantons Bern vom 14. November 1977, zitiert bei JOLIDON, Arbitrage et sport, 638 f.; SCHERRER, 158.

[70] Pra 1995, Nr. 227, 760 E. 3.b. = BGE 119 II 271.

# § 8 Der Immobilienmakler im Vergaberecht*

## Inhaltsverzeichnis                                                    Rz

**I.  Das Vergaberecht im Überblick**                                     1
A.  Begriff und Rechtsquellen                                             1
B.  Inhalt der Gesetzgebung                                               4

**II. Das Vergaberecht in der Immobilienwirtschaft**                      8
A.  Bau und Unterhalt von öffentlichen Immobilien                         8
B.  Kauf und Verkauf einer Immobilie durch den Staat                     12
C.  Die weiteren Immobilien-Dienstleistungen                             15

**III. Die Leistungen des Maklers**                                      17
A.  Der Nachweismakler                                                   17
B.  Der Vermittlungsmakler                                               20

**IV. Einige praktische Schlussfolgerungen**                             24


## Table des matières                                                    N°

**I.  Le droit des marchés publics en résumé**                            1
A.  La notion et les sources                                              1
B.  Le contenu de la législation                                          4

**II. Le droit des marchés publics dans l'économie immobilière**          8
A.  Les services de vente – Le courtier représentant du vendeur           8
B.  L'achat et la vente d'un immeuble par l'Etat                         12
C.  Les autres services immobiliers                                      15

**III. Les prestations du courtier**                                     17
A.  Le courtier d'indication                                             17
B.  Le courtier de négociation                                           20

**IV. Quelques conséquences pratiques**                                  24

---

\*  Die Autoren danken Herrn Christof BURRI für die Übersetzung dieses Textes aus dem Französischen.

# I. Das Vergaberecht im Überblick

## A. Begriff und Rechtsquellen

Öffentliches Beschaffungswesen ist die Beschaffung von Gütern, Bauarbeiten und Dienstleistungen durch den Staat und seine dezentralisierten Einheiten, die sie benötigen. Diese Beschaffung besteht in einem Austausch von Leistungen zwischen dem Staat, welcher Lieferungen, Arbeiten oder Dienstleistungen erwirbt und dem Anbieter, welcher die erforderten Leistungen erbringt und als Gegenleistung ein Entgelt erhält[1].

1
Öffentliches Beschaffungswesen
Les marchés publics

In der Schweiz hat das Vergaberecht seit dem Inkrafttreten am 1. Januar 1996 des GATT/WTO-Übereinkommens zum öffentlichen Beschaffungswesen (GATT Government Procurement Agreement, GPA)[2] eine aussergewöhnliche Entwicklung erfahren. Materiell aus dem Recht der Europäischen Gemeinschaft hervorgehend, wurde das GPA durch das Gesetz über das öffentliche Beschaffungswesen (BoeB)[3] und die Verordnung über das öffentliche Beschaffungswesen (VoeB)[4] ins Bundesrecht übernommen. Auf Kantons- und Gemeindeebene wurde das internationale Recht Gegenstand eines interkantonalen Abkommens über das öffentliche Beschaffungswesen (IVöB), revidiert im Jahr 2001[5]. Daraufhin erliess jeder Kanton gestützt auf dieses interkantonale Modell seine interne Gesetzgebung und kamen damit den Anforderungen an das höherstehende Recht auf unterschiedliche Art und Weise nach[6].

2
Wichtigste Gesetzestexte
Principaux textes légaux

Zusätzlich bestehen weitere Rechtsquellen, die die Vergabe von gewissen öffentlichen Beschaffungen beeinflussen. Das bilaterale Abkommen zwischen der Schweizerischen Eidgenossenschaft und der Europäischen Gemeinschaft über bestimmte Aspekte des öffentlichen Be-

3
Andere Rechtsquellen
Autres sources

---

[1] GALLI/MOSER/LANG, N 96; ZUFFEREY/MAILLARD/MICHEL, 58.
[2] Übereinkommen über das öffentliche Beschaffungswesen vom 15. April 1994 (GPA) (SR 0.632.231.422).
[3] BG über das öffentliche Beschaffungswesen vom 16. Dezember 1994 (BoeB) (SR 172.056.1).
[4] VO über das öffentliche Beschaffungswesen vom 11. Dezember 1995 (SR 172.056.11).
[5] Interkantonale Vereinbarung über das öffentliche Beschaffungswesen vom 25. November 1994/15. März 2001 (IVöB) (SR 172.056.5).
[6] Für eine Liste der kantonalen Gesetze siehe STÖCKLI, Vergaberecht, 291 ff.

schaffungswesens setzt z.B. weitere Aufträge dem Wettbewerb der Anbieter der Europäischen Union in den Bereichen Wasser/Elektrizität/Telekommunikation/Transporte aus[7]. Auch das BGBM[8] verfolgt den Zweck, den schweizerischen Binnenmarkt dem Wettbewerb auszusetzen, und übernimmt das Recht der verfassungsmässigen Wirtschaftsfreiheit (Art. 27 und 94 BV); im Wesentlichen finden seine Art. 3 und 5 im öffentlichen Beschaffungswesen Anwendung[9]. Mit gemeinsamen Zielsetzungen der Öffnung und des Wettbewerbs findet das schweizerische Wettbewerbsrecht auf kumulative Weise Anwendung auf die Regeln der Vergabe öffentlicher Aufträge; von Fall zu Fall betrifft das KG[10] auch die Vergabe öffentlicher Aufträge[11]. Schliesslich reglementieren weitere Bundesrechtsquellen den besonderen Bereich der Nationalstrassen (Art. 41 NSG[12] und 44 ff. NSV[13]) oder der neuen Alpen-Eisenbahnlinien (Art. 13 Alpentransit-Beschluss[14]).

## B. Inhalt der Gesetzgebung

4

Die Auftraggeber

Les adjudicateurs

Die Gesetzgebung behandelt zuerst ihre Anwendung[15]. Im Kreis der relevanten Anwendungsbereiche stellt sich die Frage, ob die betreffende Auftraggeberin dem Vergaberecht untersteht. So unterstehen den Vergaberegeln die Eidgenossenschaft, die Kantone und die Gemeinden aber auch gewisse andere öffentlich-rechtliche Körperschaften und Anstalten wie die Bezirke, Bürgergemeinden, anerkannte Kirchge-

---

[7] Abkommen zwischen der Schweizerischen Eidgenossenschaft und der Europäischen Gemeinschaft über bestimmte Aspekte des öffentlichen Beschaffungswesens (mit Anhängen und Schlussakte) vom 21. Juni 1999 (SR 0.172.052.68).
[8] BG über den Binnenmarkt vom 6. Oktober 1995 (Binnenmarktgesetz, BGBM) (SR 943.02).
[9] ZUFFEREY/MAILLARD/MICHEL, 43.
[10] BG über Kartelle und andere Wettbewerbsbeschränkungen vom 6. Oktober 1995 (Kartellgesetz, KG) (SR 251).
[11] Über die Anwendung des KG auf das öffentliche Beschaffungswesen siehe ZUFFEREY/MAILLARD/MICHEL, 52 ff.
[12] BG über die Nationalstrassen vom 8 März 1960 (NSG) (SR 725.11).
[13] VO über die Nationalstrassen vom 18. Dezember 1995 (NSV) (SR 725.111).
[14] Bundesbeschluss über den Bau der schweizerischen Eisenbahn-Alpentransversale vom 4. Oktober 1991 (Alpentransit-Beschluss) (SR 742.104).
[15] Für eine Gesamtübersicht der sich zu stellenden Fragen hinsichtlich der Anwendung der Gesetzgebung siehe ZUFFEREY/MAILLARD/MICHEL, 57.

meinden und in der Wasser- und Elektrizitätsversorgung sowie in den Bereichen Transport oder Telekommunikation mittels eines vom Staat eingeräumten, exklusiven Rechts tätige Unternehmen (öffentliche oder private). In letzterer Kategorie finden sich z.b. die SBB und andere konzessionierte Eisenbahngesellschaften, die Schweizerische Post, die Elektrizitätsgesellschaften (Verteilung, Transport und Herstellung von Strom) und gewisse öffentliche Pensionskassen (jedenfalls für Immobilien, die dem Verwaltunfsvermögen zuzuweisen sind). Ausnahmsweise kann die Gesetzgebung ein Unternehmen vom Anwendungsbereich ausschliessen, welches dennoch in den Händen des Staates ist: Dies gilt für die Kantonalbanken, deren Unterwerfung durch die IVöB ausgeschlossen wurde[16].

Die Gesetzgebung präzisiert auch den Typ und den Betrag der betroffenen Aufträgen. So sind seit der Revision der IVöB alle Dienstleistungsaufträge von ihr betroffen. Für jeden Auftragstyp (Lieferungen, Bauarbeiten und Dienstleistungen) enthält das Vergaberecht auch einen Schwellenwert, bei dessen Überschreitung der Zuschlag in einem besonderen Verfahren erfolgen muss. Dieses Vorgehen schliesst in der Praxis die kleinen Aufträge, deren Wichtigkeit keine öffentliche Ausschreibung rechtfertigt, vom Wettbewerb aus.

5
Die Aufträge
Les marchés

Wenn der in Frage stehende Auftrag in den Zuständigkeitsbereich des Gesetzes fällt, ist es ebendieses Gesetz, welches das anzuwendende Verfahren bestimmt. In der Praxis sind hauptsächlich vier Verfahren bekannt: das offene Verfahren (Vergabe im Leistungswettbewerb nach öffentlicher Ausschreibung ohne Einschränkung), das selektive Verfahren (welches eine Auswahl an zum Vorlegen eines Angebots fähigen Kandidaten voraussetzt), das Verfahren auf Einladung (bei welchem die Auftraggeberin selbst drei oder mehr Kandidaten wählt, welche er einlädt, ein Angebot zu unterbreiten) und das freihändige Verfahren (freie Auftragsvergabe).

6
Die Verfahren
Les procédures

Ist das Verfahren einmal gewählt, legt die Gesetzgebung die Modalitäten der Wahl durch die Auftraggeberin fest, um den Staat zu verpflichten, das im Hinblick auf das Preis-Leistungs-Verhältnis günstigste Angebot zu berücksichtigen und eine möglichst wirtschaftliche Benutzung der Staatsgelder zu garantieren. Oft präzisiert das Gesetz die

7
Die Wahl des Anbieters
Le choix de l'adjudicataire

---

[16] Die kantonalen Rechte vertreten den Standpunkt, dass die Kantonalbanken nicht eine öffentliche Aufgabe erfüllen, sondern eine übliche, kommerzielle Tätigkeit ausüben (ZUFFEREY/MAILLARD/MICHEL, 75).

Kriterien, welche es erlauben, die Eignung der Submittenten und die Qualität der eingereichten Angebote abzuschätzen, um die Gleichbehandlung zwischen den Submittenten zu respektieren und den Auftrag in völliger Transparenz zu vergeben. Schliesslich sichert das Gesetz den Submittenten, deren Rechte im Verfahren verletzt worden sind, die Möglichkeit zu, ein Gericht anzurufen, damit sie die Aufhebung der gegen sie ergangenen Verfügung und allenfalls die Ersetzung des durch die Auftraggeberin zugefügten Schadens beantragen kann.

## II. Das Vergaberecht in der Immobilienwirtschaft

## A. Bau und Unterhalt von öffentlichen Immobilien

| | |
|---|---|
| 8<br>Die öffentliche Beschaffung par excellence<br>Le marché public par excellence | Bau und Entwicklung von Immobilien sind ein Kernbereich des Vergaberechts, im Besonderen der Bau und die Ausbesserung von Gebäuden und öffentlichen Einrichtungen. Es handelt sich um Bau- und Lieferaufträge, welche zum Abschluss von Kauf- oder Werkverträgen zwischen dem Staat (beziehungsweise den anderen Auftraggeberinnen) und den leistungserbringenden Anbietern führen. Die zentrale Gütersystematik (CPC) gibt 8 Beispiele von öffentlichen Bauaufträgen an (Referenznummer 511 bis 518: Geländevorbereitung und Baustelleneinrichtung; Hochbauten; Tiefbauten; Zusammenfügen und Fertigbau; Leistungen von spezialisierten Bauunternehmen; Installationseinrichtung, Zweitbau und Gebäudefertigstellung; Miete oder Leasing von Bau- oder Abreissgeräten, inklusive Personal). |
| 9<br>Partnerschaften und Konzessionen<br>Partenariats et concessions | Zusätzlich zu den Bauarbeiten wirft die Entwicklung der Partnerschaften zwischen dem öffentlichen Sektor und einem Unternehmen (Public Private Partnerships) die Frage auf, ob auch diese andersartigen Zusammenarbeiten dem Vergaberecht unterstellt werden sollten, insofern, als sie wirtschaftlich gesehen auf den Bau einer öffentlichen Einrichtung durch eine Privatperson hinauslaufen. In diesem Zusammenhang stellt sich z.B. die Frage der Unterwerfung der Konzessionen |

von öffentlichen Bauarbeiten bei welchen der Konzessionsnehmer gegen Bezahlung durch die Benutzer den Bau und die Nutzung einer für die Öffentlichkeit bestimmten Infrastruktur gewährleistet[17]. Zusammenfassend lässt sich sagen, dass das schweizerische Vergaberecht auf die Konzessionen von öffentlichen Bauarbeiten keine Anwendung findet; was die Partnerschaften anbelangt ist die Antwort differenzierter: die Unterwerfung hängt besonders davon ab, wer die Risiken und die Verantwortung des gebauten Werkes trägt[18].

Zusätzlich zu den Bau- und Lieferaufträgen im Baubereich unterstehen auch die Aufträge des Staats an die Immobilienwirtschaft der Pflicht, öffentliche Dienstleistungsaufträge auszuschreiben[19]. Bekannterweise geben die Architekten- oder Ingenieurdienstleistungen und -projekte Anlass zum üblichen Vergabeverfahren (Zuschlag eines Ingenieurauftrags als Folge eines Leistungswettbewerbs nach öffentlicher Ausschreibung) oder zu Architektenwettbewerben[20].

10
Bau-Dienstleistungen
Services de construction

Zusätzlich zu den Bauaufträgen im eigentlichen Sinne unterstehen auch die Unterhaltungsaufträge dem Vergaberecht. Z.B. muss der Staat, welcher einem externen Unternehmen die Reinigung einer Schule übertragen möchte, dies mittels eines Vergabeverfahrens tun. Dem ist nicht so, wenn der Staat eine(n) Hausmeister(in) oder eine(n) Informatiker(in) für die in Frage stehende Tätigkeit einstellt, und sei es auch zu Teilzeit; die Einstellung einer Person durch den Staat (Arbeitsvertrag oder Beamtenrecht) stellt keine öffentliche Beschaffung dar.

11
Unterhaltsaufträge
Marchés d'entretien

---

[17] Z.B. die gebührenpflichtigen Autobahnen; vgl. zu diesem Thema im Europarecht den Art. 3 der konsolidierten Richtlinie 93/37/EWG des Rates zur Koordinierung der Verfahren zur Vergabe öffentlicher Bauaufträge vom 14. Juni 1993 (ABl. L 199 09.08.93, 1) welcher die Konzessionen der Bauaufträge bestimmten Publizitätsregeln unterwirft und einem gewissen Wettbewerb aussetzt.
[18] Vgl. namentlich die Beurteilung von ZUFFEREY/MAILLARD/MICHEL, 65.
[19] Für eine Erläuterung der Rechtsprechung betreffend die Dienstleistungen (von welchen viele mit dem Baugewerbe oder der Raumplanung zusammenhängen) siehe GALLI/MOSER/LANG, N 120.
[20] Vgl. die Art. 40 ff. VoeB für die gesetzliche Regelung des Auswahlverfahrens (concours) auf Bundesebene.

## B. Kauf und Verkauf einer Immobilie durch den Staat

**12**
Verkauf durch den Staat
Vente par l'Etat

Grundsätzlich untersteht der Verkauf einer Immobilie nicht dem Vergaberecht: Wenn der staatliche Auftraggeber der Erbringer der charakteristischen Leistung ist (d.h. die Übertragung des Eigentums an der Sache), untersteht die Verkaufstransaktion nicht der gesetzlichen Regelung, da der Verkauf das Gegenteil einer öffentlichen Beschaffung darstellt. Dasselbe gilt für die Vermietung einer Immobilie, das Leasing oder die Einräumung eines Nutzniessungs- oder Baurechts an eine Privatperson. Auch die Erteilung einer Konzession zur ausschliesslichen Nutzung einer Immobilie, die dem Staat gehört, ist keine öffentliche Beschaffung, auch wenn gewisse Gesetzgebungen Mechanismen zur Wettbewerbseinsetzung oder zur Wahl der Kandidaten für die Konzession vorsehen[21].

**13**
Kauf durch den Staat
Achat par l'Etat

Während der Verkauf klarerweise keine öffentliche Beschaffung darstellt, verlangt der Kauf einer Immobilie eine differenziertere Antwort. Grundsätzlich untersteht dieser Vorgang nicht dem Vergaberecht: Es handelt sich weder um einen Liefer- oder Bauauftrag, noch um einen Dienstleistungsauftrag. Vorbehalten bleibt jedoch der Fall, bei welchem der Verkäufer des Grundstücks sich darüber hinaus noch verpflichtet, einen Bau nach den Bedürfnissen des Käufer-Auftraggebers, welcher der zukünftige Benutzer ist, zu erstellen, und dass das Finanzierungsrisiko von letzterem getragen wird[22].

**14**
Besondere Fälle
Cas particuliers

Es kommt vor, dass die Immobilientransaktionen mit einer «Architektenklausel» oder einer «Unternehmerklausel» kombiniert werden[23]. Eine solche Klausel bedeutet, dass der Verkäufer beabsichtigt, mit dem Erwerb seiner Immobilie den Abschluss eines auf die in Frage stehende Immobilie gerichteten Architekten- oder Werkvertrags zu verbinden. Diesfalls kann der Kauf der Immobilie dem Bedürfnis der Auftraggeberin entsprechen, ein unter ihrer alleinigen Verantwortung stehendes Gebäude bauen zu lassen; in diesem Fall ist von einem öffentlichen Bauauftrag auszugehen. Dasselbe gilt, wenn die Immobilie in Immobilienleasing gegeben wird, handelt es sich nun um den Teil der

---

[21] Zur Erläuterung der Beispiele des Gesetzgebers siehe ZUFFEREY, 20 f.
[22] Vgl. dazu ESSEIVA, 137.
[23] Vgl. dazu STÖCKLI, 137.

Finanzierung oder des Baus[24]. Diese beiden letzten Fälle führen zur Anwendung des Vergaberechts.

## C. Die weiteren Immobilien-Dienstleistungen

Die weiteren Dienstleistungen in Zusammenhang mit dem Immobilienhandel unterstehen im Allgemeinen weitgehend dem Abgaberecht, besonders der IVöB. Die zentrale Gütersystematik (CPC) – Division 82, welche den Immobilien gewidmet ist – nennt zahlreiche Beispiele dazu[25]. Insoweit, als der auf die in Frage stehende Dienstleistung anwendbare Schwellenwert erreicht ist, reglementiert das Vergaberecht z.B. die geleistete Beratung hinsichtlich der Verwaltung der öffentlichen Immobilien, die bestellten Gutachten für die Wertschätzung einer öffentlichen Immobilie oder die Aufträge zur Grundstückvermessung. Die integrierten Dienstleistungen des Typs Facility Management unterstehen ebenfalls dem Vergaberecht: In dieser Art von Verträgen sind die Anbieter angehalten, verschiedene Dienstleistungen rund um die Immobilien, in unabhängiger Stellung und auf eine im Allgemeinen längeren Dauer hinaus als jene für eine übliche Leistung, zu erbringen[26].

15
Einige Beispiele
Quelques exemples

Andererseits findet das Vergaberecht keine Anwendung auf die Wahl eines (unabhängigen) Notars durch eine Körperschaft des öffentlichen Rechts um einen schriftlichen Kaufvertrag oder einen Schuldbrief öffentlich beurkunden zu lassen. Die amtlichen Tätigkeiten des Notars bilden nämlich eine öffentlich-rechtliche Marktordnung, welche vom Wettbewerb ausgenommen ist (Art. 3 Abs. 1 KG) und das Gesetz setzt zwingende Honoraransätze des Notars fest. Eine öffentliche Beschaffung liegt nur vor, wenn ein Notar ausserhalb seiner ministeriellen Tätigkeit vom Staat beauftragt wird, seine Meinung als Gutachter zu von der öffentlichen Beurkundung eines Dokuments unabhängigen, grundbuch- oder steuerrechtlichen Fragen abzugeben.

16
Die Wahl des Notars
Le choix du notaire

---

24 ZUFFEREY/MAILLARD/MICHEL, 61.
25 Veröffentlicht in STÖCKLI, Vergaberecht, 340.
26 Zur Qualifikation eines solchen Vertrags siehe BURKHALTER, 40 f.

## III. Die Leistungen des Maklers

## A. Der Nachweismakler

**17**
Keine Rechtsprechung
Pas de jurisprudence

Die grundsätzliche Unterwerfung der Immobilien-Dienstleistungen wirft die Frage auf, welche Maklertätigkeiten öffentliche Beschaffungen darstellen. Unseres Wissens hat sich die (schweizerische oder internationale) Rechtsprechung noch nicht mit dieser Frage auseinander gesetzt. Die einzigen Makler, deren Tätigkeitsunterstellung Gegenstand von Beiträgen und Gesetzestexten war, sind die Versicherungsmakler, für welche Leistungen zugunsten des Staates grundsätzlich öffentliche Beschaffungen darstellen[27].

**18**
Nebendienstleistungen des Maklers
Services annexes du courtier

Für den Immobilienmakler ist die Rechtslage anders. Sicherlich werden die «Dienstleistungen der Eigentumsverwaltung» ausdrücklich dem Vergaberecht unterstellt (CPC-Einteilung 82201 bis 82206). Insofern, als der Immobilienmakler als Gutachter (Schätzung einer Immobilie), Berater (Immobilienprüfer) oder Erbringer anderer Leistungen betreffend die Verwaltung von Immobilien tätig ist, stellen seine Leistungen dem GPA und der Bundes- oder kantonalen Gesetzgebung unterstehende, öffentliche Beschaffungen dar, wenn die entsprechenden Schwellenwerte erreicht werden. Eine Art der dem Vergabeverfahren unterstehenden Leistungen scheinen uns die Dienstleistungen im Rahmen des «Facility Management» zu sein; globale Dienstleistungen in Verbindung mit dem Bau, der Nutzung und der Verwaltung einer Immobilie oder eines gesamten Immobilienbestands. Der Leistungsaustausch und die Dauer dieser Verträge erscheinen beträchtlich genug, um die Schwellenwerte für Dienstleistungen zu überschreiten.

**19**
Nachweismakler
Courtier d'indication

Der Art. 412 Abs. 1 OR definiert indessen den Maklervertrag als den «Auftrag [des Maklers], gegen eine Vergütung Gelegenheit zum Abschlusse eines Vertrages nachzuweisen oder den Abschluss eines Vertrages zu vermitteln». Die charakteristische Leistung des Immobilienmaklers ist es also, potentielle Vertragspartner miteinander in Verbindung zu setzen, die geeignet wären, einen Miet- oder Kaufvertrag über die Immobilie abzuschliessen. Unter dem Aspekt des Vergaberechts muss zwischen dem Vorweisen potentieller Klienten und der Vermitt-

---

[27] ESSEIVA, Assurance, 257 ff.; LANTER, 3 f.

lung des Vertragsabschlusses unterschieden werden. Das Vorweisen von Klienten ist dem Vergaberecht nicht unterstellt, denn der Auftraggeber ist nie verpflichtet, abzuschliessen, und in der Folge den Makler zu bezahlen. Der Rückgriff auf die Dienste eines Nachweismaklers ist demgemäss keine geeignete Tätigkeit, Gegenstand eines Vergabeverfahrens zu sein. Im Übrigen kann der Staat in Abwesenheit einer vereinbarten Exklusivklausel zugunsten des Maklers gleichzeitig mehrere Nachweismakler beauftragen und nur denjenigen entlöhnen, dessen Aktivität entscheidend war.

## B. Der Vermittlungsmakler

Die Vermittlung des Kauf-/Mietvertragsabschlusses kann in einer entlöhnten Dienstleistungstätigkeit bestehen. Die Beauftragung eines Immobilienmaklers, den Abschluss des Kaufvertrags über eine Immobilie zu vermitteln, kann somit eine unabhängig vom erzielten Erfolg zu entlöhnende Dienstleistung darstellen. Diesfalls übt der bezahlte Vermittler eine dem Vergaberecht unterstehende Dienstleistungstätigkeit aus. Ein zusätzliches Problem liegt jedoch in der Tatsache, dass der Anhang 4 der GPA, in welchem die der GPA unterstehenden Dienstleistungen aufgezählt werden, diejenigen Dienstleistungsaufträge explizit ausschliesst, welche den Kauf oder die Miete (zu welchen Finanzierungsmodalitäten auch immer) von Grundstücken, bestehenden Gebäuden oder anderen unbeweglichen Sachen oder Rechten auf diese Sachen betreffen. Untersteht die Vermittlung eines Kauf- oder Mietvertragsabschlusses durch einen Makler dieser Bestimmung?

20
Vom GPA Ausgeschlossen?
Non soumis à l'AMP?

Die Frage ist zu bejahen. Erstens findet der Ausschluss nicht auf den Verkauf der Immobilien als solchen Anwendung: Die Vertragsstaaten des GPA beziehen sich ausdrücklich auf den Begriff der Dienstleistung. Hätten sie den Ausschluss der Immobilienverkäufe gewollt, wäre gerade der Text der Bestimmung wie für die Lieferaufträge anders, und die Anschaffung von Immobilien wäre ausgeschlossen[28]. Zweitens verstärkt die CPC-Einteilung diese Meinung: Das GPA erfasst die erwähnten Dienstleistungen unter den Ziffern 82201 bis 82206 (Dienstleistungen in Zusammenhang mit der Verwaltung von Eigentum) und

21

---

[28] Zum Vergleich siehe die Definition der Lieferaufträge des Art. 5 Abs. 1 lit. a BoeB.

| | nicht unter den Ziffern 82101 à 82106 (Exakt die in Kauf- und Mietsachen von Immobilien erbrachten Dienstleistungen). |
|---|---|
| 22<br>Folgen des Ausschlusses<br>Conséquences de l'exclusion | Alle durch den Immobilienmakler in Kauf- und Mietsachen von Immobilien erbrachten Dienstleistungen sind demzufolge vom Anwendungsbereich des GPA ausgenommen. Die Vermittlung des Kauf- oder Mietvertragsabschlusses bleibt dem Vergaberecht also nur unterstellt, sofern der Anwendungsbereich der Gesetzgebung (BGBM, kantonale Gesetze über das öffentliche Beschaffungswesen) alle Dienstleistungsaufträge ohne expliziten oder impliziten Bezug auf die «GPA-Dienstleistungen» erfasst[29]. |
| 23<br>Zusammenfassung<br>En résumé | Zusammenfassend lässt sich sagen, dass die Verwaltung von Immobilien im weiteren Sinne (Verwaltung, Gutachten, Marktforschung und Beratung) für eine öffentliche Auftraggeberin eine öffentliche Beschaffung darstellt. Der Auftrag, potentielle Klienten zu suchen und nachzuweisen stellt keine öffentliche Beschaffung dar, besonders dann nicht, wenn im Maklervertrag eine Exklusivklausel fehlt. Nur der an einen Makler gegen Entlöhnung erteilte Auftrag, einen Vertragsabschluss zu vermitteln, stellt ein öffentlicher Dienstleistungsauftrag dar; diese Dienstleistung ist indessen vom GPA ausgeschlossen, wenn sie darin besteht, den Kauf-/Mietvertragsabschluss über eine Immobilie zu vermitteln. Sie ist hingegen nicht vom Anwendungsbereich der kantonalen Gesetze über das öffentliche Beschaffungswesen ausgeschlossen. |

## IV. Einige praktische Schlussfolgerungen

| 24<br>Dauer-Beschaffungen<br>Les marchés de longue durée | Der Wert der Dienstleistungen der Beschaffung ruht auf einer Schätzung der dem Makler geschuldeten Honorar- oder der Provisionshöhe und nicht auf dem Wert der betroffenen Immobilien. Soll der Vertrag fortdauern (z.B. die Verwaltung einer Immobilie durch einen Immobiliendienstleister über mehrere Jahre hinweg), muss für die Berechnung des Schwellenwerts der Beschaffungsbetrag für dessen ganze Dauer berücksichtigt werden, und wenn die Beschaffung zeitlich unbegrenzt |
|---|---|

---

[29] Vgl. z.B. Art. 6 Abs. 2 IVöB welcher auf alle Dienstleistungen Anwendung findet, ob es sich um Dienstleistungen des UeöB/bilaterales Abkommen (Anhang 1) oder andere Dienstleistungen (Anhang 2) handelt.

ist, wird eine Grundlage von 48 Monaten berücksichtigt[30]. Hingegen stellt die (auch stillschweigende) Weiterführung von alten Verträgen, welche vor dem Inkrafttreten des kantonalen Rechts oder Bundesrechts über das öffentliche Beschaffungswesenabgeschlossen wurden keine neue, freihändige Zuschlagserteilung dar[31].

Insofern, als die Schätzung des Dienstleistungsauftrags dazu verpflichtet, ein offenes oder selektives Verfahren zu führen, könnte die Auftraggeberin die Absicht haben, sich einen Makler-Berater zu Hilfe zu nehmen, um die Ausschreibung mit ihm vorzubereiten. Z.B. wird die Auftraggeberin bereitwillig auf die Dienstleistungen eines Experten zurückgreifen, um die Vergabe einer «Facility Management»-Beschaffung vorzubereiten. Wenn letzterer bei der Ausarbeitung der Vergabe mitwirkt, kann er sich anschliessend nicht mehr um die Vergabe der zum Wettbewerb ausgeschriebenen Dienstleistungsaufträgen bewerben[32]. Eine andere Sichtweise würde den Berater der Auftraggeberin in eine für den Zuschlag allzu günstige Lage rücken und den zu respektierenden Gleichbehandlungsgrundsatz zwischen den Submittenten verletzen.

25 Vergabevorbereitung / Préparation de l'appel d'offres

Um den anbietenden Makler zu wählen, existieren drei Kriterien: Seine Gebührenordnung, seine persönlichen Fähigkeiten und die technische Qualität der erbrachten Leistungen. Im Zusammenhang mit diesem letzten Kriterium wird man auf Zeugnisse oder anerkannte Ausbildungen greifen können, insofern, als eine offizielle Anerkennung für die Tätigkeit der Beschaffung existiert. Hingegen erscheint es übertrieben, den Anschluss an einen Berufsverband zu verlangen, insofern, als diese Anforderung den Wettbewerb einschränkt (besonders der Anschluss an einen kantonalen Verband) und der Submittent unter gleichen Voraussetzungen den Beweis seiner Professionalität erbringen können muss[33].

16 Die Wahl eines Maklers / Le choix d'un courtier

Schliesslich kann der von einem Immobilien-Dienstleistunsauftrag verdrängte, submittierende Makler gegen eine ihm zugestellte Verfügung Rekurs einlegen. Dieser Rekurs muss entweder innerhalb von 10

27 Rekurs / Recours

---

[30] Art. II Abs. 5 lit. b UeöB übernommen im § 4 Abs. 3 lit. b der IVöB-Direktiven.
[31] GALLI/MOSER/LANG, N 530.
[32] GALLI/MOSER/LANG, N 517; Für den Versicherungsmakler und gl.M. LANTER, 4.
[33] Zu diesem Punkt hinsichtlich des Versicherungsmaklers (französisches Recht) siehe PARDESSUS/GUÉGAN/FÉRON, Intégration de l'assurance dans le Code des Marchés Publics, septembre 1998 (verfügbar unter www.marsh.fr/marshr2/conseils.nsf).

Tagen beim zuständigen kantonalen Gericht (für die kantonalen Beschaffungen) oder innerhalb von 20 Tagen bei der Eidgenössischen Rekurskommission für das öffentliche Beschaffungswesen des Bundes (für die Beschaffungen des Bundes) eingereicht werden[34]. Gegen dieses Urteil ist betreffend die kantonalen Entscheide nur die staatsrechtliche Beschwerde ans Bundesgericht zulässig; dasjenige der Eidgenössischen Rekurskommission für das öffentliche Beschaffungswesen ist endgültig.

---

[34] Art. 30 BoeB und Art. 15 Abs. 2 IVöB.

# D.

## Steuern

## *La fiscalité*

# Grundzüge des harmonisierten Grundstückgewinnsteuerrechts

| Inhaltsübersicht | | | Rz |
|---|---|---|---|
| **Vorwort** | | | |
| **I.** | **Einleitung** | | 1 |
| A. | Rechtsnatur der Grundstückgewinnsteuer | | 1 |
| B. | Dualistisches und monistisches System | | 3 |
| C. | Begriff des Grundstücks | | 10 |
| D. | Unterscheidung zwischen Privat- und Geschäftsvermögen | | 16 |
| E. | Gewerbsmässiger Liegenschaftshandel (Bund und Kantone) | | 18 |
| | 1. Gewerbsmässiger Liegenschaftshandel gemäss Bundesrecht | | 18 |
| | 2. Gewerbsmässiger Liegenschaftshandel nach kantonalem Recht | | 23 |
| | | a. Kantone mit dualistischem System | 23 |
| | | b. Kantone mit monistischem System | 25 |
| | | c. Interkantonaler gewerbsmässiger Liegenschaftshandel | 28 |
| | | ca. Liegenschaftshändler mit ausserkantonalen Liegenschaften (ohne Betriebsstättecharakter) | 29 |
| | | cb. Liegenschaftshändler mit ausserkantonalen Betriebsstätten | 30 |
| | 3. Realisationszeitpunkt beim gewerbsmässigen Liegenschaftshandel | | 31 |
| **II.** | **Steuerhoheit bei der Grundstückgewinnsteuer** | | 32 |
| **III.** | **Steuersubjekt bei der Grundstückgewinnsteuer** | | 33 |
| **IV.** | **Steuerobjekt bei der Grundstückgewinnsteuer** | | 37 |
| A. | Allgemeines | | 37 |
| B. | Entgeltliche Veräusserungen | | 43 |
| | 1. Kauf und Tausch | | 43 |
| | 2. Gemischte Rechtsgeschäfte | | 47 |
| | 3. Änderungen im Gesellschafterbestand von Personengesellschaften | | 50 |
| | 4. Realteilung | | 52 |
| | 5. Sacheinlage, Sachübernahme, Sachentnahme | | 55 |
| | | a. Juristische Personen | 55 |
| | | b. Personengesellschaften | 59 |
| | | ba. Personengesellschaften im monistischen System | 60 |
| | | bb. Personengesellschaften im dualistischen System | 64 |
| | 6. Enteignung und Zwangsvollstreckung | | 67 |
| C. | Der Veräusserung gleichgestellte Tatbestände | | 73 |
| | 1. Wirtschaftliche Handänderungen | | 74 |
| | | a. Begriff der wirtschaftlichen Handänderung | 74 |
| | | b. Kettengeschäfte | 79 |
| | | ba. Zürcherische Praxis bei Kettengeschäften | 79 |

|   |   |   | bb. Bernische Praxis bei Kettengeschäften | 86 |
|---|---|---|---|---|
|   |   | c. | Übertragung von Mehrheitsbeteiligungen an Immobiliengesellschaften | 90 |
|   |   |   | ca. Abgrenzung der Immobiliengesellschaft von der Betriebsgesellschaft | 90 |
|   |   |   | cb. Übertragung einer Mehrheitsbeteiligung | 95 |
|   | 2. | Überführung von Grundstücken vom Privat- ins Geschäftsvermögen | | 100 |
|   | 3. | Belastung mit Dienstbarkeiten und Eigentumsbeschränkungen | | 102 |
|   |   | a. | Allgemeines | 102 |
|   |   | b. | Belastung mit privatrechtlichen Dienstbarkeiten | 106 |
|   |   |   | ba. Baurecht | 111 |
|   |   |   | bb. Rechte auf Ausbeutung | 116 |
|   |   | c. | Belastung mit öffentlich-rechtlichen Eigentumsbeschränkungen | 117 |
|   | 4. | Übertragung von Beteiligungsrechten an Immobiliengesellschaften | | 121 |
|   | 5. | Ohne Veräusserung erzielte Planungsmehrwerte | | 122 |
| **V.** | **Steueraufschubstatbestände** | | | **124** |
| A. | Allgemeines | | | 124 |
| B. | Unentgeltliche Handänderungen | | | 126 |
|   | 1. | Rechtliche Grundlage im StHG | | 126 |
|   | 2. | Erbgang | | 127 |
|   | 3. | Erbteilung | | 128 |
|   | 4. | Erbvorbezug | | 129 |
|   | 5. | Schenkung | | 131 |
|   | 6. | Latente Steuerlast | | 134 |
| C. | Eigentumswechsel unter Ehegatten | | | 136 |
|   | 1. | Rechtliche Grundlage im StHG | | 136 |
|   | 2. | Allgemeine Voraussetzungen | | 137 |
|   | 3. | Besondere Voraussetzungen | | 140 |
|   |   | a. | Güterrechtliche Ansprüche | 140 |
|   |   | b. | Scheidungsrechtliche Ansprüche | 141 |
|   |   | c. | Ausserordentliche Beiträge im Sinne von Art. 165 ZGB | 142 |
| D. | Landumlegung | | | 143 |
|   | 1. | Rechtliche Grundlage im StHG | | 143 |
|   | 2. | Landumlegung zwecks Güterzusammenlegung | | 146 |
|   | 3. | Landumlegung zwecks Arrondierung landwirtschaftlicher Heimwesen | | 147 |
|   | 4. | Landumlegung zwecks Quartierplanung | | 148 |
|   | 5. | Landumlegung zwecks Grenzbereinigung | | 150 |
|   | 6. | Landumlegungen im Enteignungsverfahren oder bei drohender Enteignung | | 152 |
| E. | Ersatzbeschaffungen | | | 154 |
|   | 1. | Rechtliche Grundlage im StHG | | 154 |
|   | 2. | Ersatzbeschaffung von land- und forstwirtschaftlichen Grundstücken | | 158 |
|   | 3. | Ersatzbeschaffung von selbstbewohntem Grundeigentum | | 163 |
|   | 4. | Ersatzbeschaffung bei nur teilweiser Reinvestition | | 171 |
|   |   | a. | Allgemeines | 171 |
|   |   | b. | Proportionale Methode | 173 |
|   |   | c. | Absolute Methode | 176 |

|   |   | 5. | Nachbesteuerung von aufgeschobenen Grundstückgewinnen bei interkantonalen Ersatzbeschaffungen | 179 |
|---|---|---|---|---|
|   | F. | Zusätzliche Aufschubstatbestände in Kantonen mit monistischem System | | 184 |
|   |   | 1. | Ersatzbeschaffung von Betriebsgrundstücken | 184 |
|   |   |   | a. Rechtliche Grundlage im StHG | 184 |
|   |   |   | b. Voraussetzungen einer steuerneutralen Ersatzbeschaffung von Betriebsgrundstücken | 186 |
|   |   | 2. | Umstrukturierungen | 193 |
|   |   |   | a. Zivilrechtliche Grundlagen bei Umstrukturierungen | 193 |
|   |   |   | b. Rechtliche Grundlage im StHG | 198 |
|   |   |   | c. Voraussetzungen einer steuerneutralen Umstrukturierung | 201 |
|   |   |   | d. Einzelne Umstrukturierungstatbestände nach Fusionsgesetz | 208 |
|   |   |   |     da. Fusion | 208 |
|   |   |   |     db. Spaltung | 214 |
|   |   |   |     dc. Unternehmensumwandlung | 219 |
|   |   |   |     dd. Vermögensübertragung | 224 |
|   |   |   | e. Sonderfälle bei Umstrukturierungen hinsichtlich der Grundstückgewinnsteuer | 227 |
|   |   |   |     ea. Umstrukturierung von Immobiliengesellschaften | 227 |
|   |   |   |     eb. Ersatzbeschaffungen von Beteiligungen an Immobiliengesellschaften | 232 |
|   |   |   |     ec. Umstrukturierung von Personalvorsorgestiftungen | 233 |
| VI. | **Berechnung des Grundstückgewinns** | | | 234 |
|   | A. | Grundregeln der Gewinnermittlung | | 234 |
|   |   | 1. | Grundsatz der gesonderten Gewinnermittlung | 236 |
|   |   | 2. | Kongruenzprinzip | 237 |
|   |   |   | a. Grundsatz | 237 |
|   |   |   | b. Substanzvermehrung | 238 |
|   |   |   | c. Substanzverminderung | 239 |
|   | B. | Erlös | | 245 |
|   |   | 1. | Allgemeines | 245 |
|   |   | 2. | Zusätzliche Erlösbestandteile | 247 |
|   |   | 3. | Erlösminderungen | 248 |
|   |   | 4. | Erlösbestimmung | 250 |
|   |   |   | a. Verkehrswert als Ersatzwert | 250 |
|   |   |   | b. Erlösbestimmung bei wiederkehrenden Leistungen | 254 |
|   |   |   | c. Sonderfälle der Erlösbestimmung im monistischen System | 255 |
|   |   |   |     ca. Geldwerte Leistung (verdeckte Gewinnausschüttung) | 255 |
|   |   |   |     cb. Unterpreisliche Einbringung (verdeckte Kapitaleinlage) | 257 |
|   |   |   |     cc. Immobilien-Finanzierungsleasing | 258 |
|   |   | 5. | Erlösverwendung | 260 |
|   | C. | Anlagekosten | | 261 |
|   |   | 1. | Allgemeines | 261 |
|   |   | 2. | Erwerbspreis | 262 |
|   |   |   | a. Erwerbspreis bei entgeltlichem Erwerb | 263 |
|   |   |   | b. Erwerbspreis bei Weiterveräusserung nach Steueraufschub | 265 |
|   |   |   | c. Erwerbspreisbestimmung bei Teilveräusserung | 268 |

|     |     | d. Erwerbspreiskorrektur bei tatsächlichen oder rechtlichen Verschlechterungen | 270 |
| --- | --- | --- | --- |
|     | 3. Aufwendungen | | 274 |
|     |     | a. Wertvermehrende Aufwendungen | 274 |
|     |     | b. Maklerprovisionen | 281 |
|     |     | c. Berücksichtigung der Mehrwertsteuer bei den Anlagekosten | 285 |
|     |     | ca. Allgemeines | 285 |
|     |     | cb. Berücksichtigung der MWST als Umsatzsteuer | 287 |
|     |     | cc. Berücksichtigung der MWST als Eigenverbrauchssteuer | 289 |
|     |     | d. Anrechenbare Anlagekosten beim Immobilien-Finanzierungsleasing | 290 |
|     |     | e. Weitere anrechenbare Aufwendungen | 291 |
| D.  | Verlustanrechnung | | 292 |
| E.  | Besitzesdauerabzug im Rahmen der Gewinnberechnung | | 293 |
| F.  | Zusammenrechnung von Gewinnen | | 294 |
| **VII.** | **Steuerberechnung bei der Grundstückgewinnsteuer** | | 296 |
| A. | Allgemeines | | 296 |
| B. | Besitzesdauerabzug im Rahmen der Steuerberechnung | | 298 |
| C. | Zuschlag bei kurzer Besitzesdauer | | 300 |
| D. | Geldentwertung | | 301 |
| **VIII.** | **Ausnahmen von der Steuerpflicht bei der Grundstückgewinnsteuer** | | 304 |
| A. | Subjektive Ausnahmen | | 304 |
|     | 1. Befreiung kraft Bundesrecht: Garantiegesetz | | 304 |
|     | 2. Befreiung nach kantonalem Recht | | 308 |
| B. | Objektive Ausnahmen | | 309 |
| **IX.** | **Sicherung der Grundstückgewinnsteuer** | | 310 |
| **X.** | **Übergangsrecht** | | 314 |

## Tables des matières                                                   N°

**Avant-propos**

| | | | |
| --- | --- | --- | --- |
| **I.** | **Introduction** | | 1 |
| A. | La nature juridique de l'impôt sur les gains immobiliers | | 1 |
| B. | Les systèmes dualiste et moniste | | 3 |
| C. | La notion d'immeuble | | 10 |
| D. | La distinction entre la fortune privée et la fortune commerciale | | 16 |
| E. | Le commerce professionnel d'immeubles (Confédération et cantons) | | 18 |
|     | 1. Le commerce professionnel d'immeubles d'après le droit fédéral | | 18 |
|     | 2. Le commerce professionnel d'immeubles d'après le droit cantonal | | 23 |
|     |     | a. Les cantons à système dualiste | 23 |
|     |     | b. Les cantons à système moniste | 25 |
|     |     | c. Le commerce professionnel d'immeubles intercantonal | 28 |
|     |     | ca. Le commerce d'immeubles hors du canton (sans caractère d'établissement stable) | 29 |

|      |      | cb. Le commerce d'immeubles au moyen d'établissements stables situés hors du canton | 30 |
|------|------|---|---|
|      | 3. | Le moment de la réalisation en matière de commerce professionnel d'immeubles | 31 |
| II.  | \multicolumn{2}{l|}{**La souveraineté fiscale dans l'impôt sur les gains immobiliers**} | 32 |
| III. | \multicolumn{2}{l|}{**Le sujet de l'impôt sur les gains immobiliers**} | 33 |
| IV.  | \multicolumn{2}{l|}{**L'objet de l'impôt sur les gains immobiliers**} | 37 |

- II. **La souveraineté fiscale dans l'impôt sur les gains immobiliers** — 32
- III. **Le sujet de l'impôt sur les gains immobiliers** — 33
- IV. **L'objet de l'impôt sur les gains immobiliers** — 37
  - A. En général — 37
  - B. Les aliénations à titre onéreux — 43
    1. L'achat et l'échange — 43
    2. Les affaires mixtes — 47
    3. Les changements de membres qui composent une société de personnes — 50
    4. Le partage en nature — 52
    5. Les apports, les reprises de biens et les prélèvements — 55
       a. Les personnes morales — 55
       b. Les sociétés de personnes — 59
          ba. Les sociétés de personnes dans le système moniste — 60
          bb. Les sociétés de personnes dans le système dualiste — 64
    6. L'expropriation et la réalisation forcée — 67
  - C. Les états de fait assimilés à une aliénation — 73
    1. Les changements de mains économiques — 74
       a. La notion du changement de mains économique — 74
       b. Les opérations en chaîne — 79
          ba. La pratique zurichoise des opérations en chaîne — 79
          bb. La pratique bernoise des opérations en chaîne — 86
       c. Le transfert des participations majoritaires dans des sociétés immobilières — 90
          ca. La société immobilière et la société d'exploitation : délimitation — 90
          cb. Le transfert d'une participation majoritaire — 95
    2. Le transfert d'immeubles de la fortune privée dans la fortune commerciale — 100
    3. Grever d'une servitude ou d'une restriction de propriété — 102
       a. En général — 102
       b. Grever au moyen d'une servitude privée — 106
          ba. Le droit de superficie — 111
          bb. Le droit d'extraire des matériaux — 116
       c. Grever au moyen de restrictions de droit public à la propriété — 117
    4. Le transfert de droits de participation dans des sociétés immobilières — 121
    5. Les plus-values sans aliénation issues de la planification — 122
- V. **Les états de fait donnant lieu à une imposition différée** — 124
  - A. En général — 124
  - B. Les changements de mains à titre gratuit — 126
    1. La base légale de la LHID — 126
    2. La dévolution successorale — 127
    3. Le partage successoral — 128

269

|     |     | 4. L'avancement d'hoirie | 129 |
|---|---|---|---|
|     |     | 5. La donation | 131 |
|     |     | 6. La charge d'impôt latente | 134 |

C. Le transfert de propriété entre époux — 136
  1. La base légale de la LHID — 136
  2. Les conditions générales — 137
  3. Les conditions spécifiques — 140
     a. Les droits liés au régime matrimonial — 140
     b. Les droits liés au divorce — 141
     c. Les contributions extraordinaires au sens de l'art. 165 CC — 142
D. Le remembrement — 143
  1. La base légale de la LHID — 143
  2. Le remembrement opéré pour un remaniement parcellaire — 146
  3. Le remembrement opéré afin d'arrondir une aire agricole — 147
  4. Le remembrement opéré afin d'établir un plan de quartier — 148
  5. Le remembrement opéré afin de rectifier une limite — 150
  6. Les remembrements opérés dans une procédure d'expropriation ou en vue d'une expropriation imminente — 152
E. Les acquisitions comme remplacement — 154
  1. La base légale de la LHID — 154
  2. L'acquisition comme remplacement d'immeubles agricoles ou sylvicoles — 158
  3. L'acquisition comme remplacement d'une habitation servant au propre usage — 163
  4. L'acquisition de remplacement lors d'un réinvestissement partiel — 171
     a. En général — 171
     b. La méthode proportionnelle — 173
     c. La méthode absolue — 176
  5. L'imposition ultérieure des gains immobiliers lors d'acquisitions intercantonales à titre de remplacement — 179
F. Les autres cas d'imposition différée des cantons à système moniste — 184
  1. L'acquisition comme remplacement d'immeubles au service de l'exploitation — 184
     a. La base légale de la LHID — 184
     b. Les conditions d'une acquisition fiscalement neutre — 186
  2. Les restructurations — 193
     a. Les fondements juridiques civils des restructurations — 193
     b. La base légale de la LHID — 198
     c. Les conditions d'une restructuration fiscalement neutre — 201
     d. Les cas de restructuration d'après la loi sur les fusions — 208
        da. La fusion — 208
        db. La scission — 214
        dc. La transformation d'entreprise — 219
        dd. Le transfert de patrimoine — 224
     e. Les spécificités concernant l'impôt sur les gains immobiliers — 227
        ea. La restructuration des sociétés immobilières — 227

|  |  |  |  |
|---|---|---|---|
|  |  | eb. L'acquisition comme remplacement de participations à des sociétés immobilières | 232 |
|  |  | ec. La restructuration d'une fondation de prévoyance du personnel | 233 |
| VI. | **Le calcul du gain immobilier** | | 234 |
| A. | Les règles de base pour constater le gain | | 234 |
|  | 1. Le principe de la constatation spéciale du gain | | 236 |
|  | 2. Le principe de la congruence | | 237 |
|  |  | a. Le principe | 237 |
|  |  | b. L'accroissement de la substance | 238 |
|  |  | c. La réduction de la substance | 239 |
| B. | Le produit | | 245 |
|  | 1. En général | | 245 |
|  | 2. Les autres éléments faisant partie du produit | | 247 |
|  | 3. Les réductions du produit | | 248 |
|  | 4. La détermination du produit | | 250 |
|  |  | a. La valeur d'échange comme valeur de remplacement | 250 |
|  |  | b. La détermination du produit lors de prestations répétées | 254 |
|  |  | c. Les cas particuliers de détermination du produit dans le système moniste | 255 |
|  |  | ca. La prestation appréciable en argent (distribution dissimulée de bénéfice) | 255 |
|  |  | cb. La reprise d'un bien à une valeur réduite (apport de capital dissimulé) | 257 |
|  |  | cc. Le leasing financier immobilier | 258 |
|  | 5. L'affectation du produit | | 260 |
| C. | Les dépenses d'investissement | | 261 |
|  | 1. En général | | 261 |
|  | 2. Le prix d'acquisition | | 262 |
|  |  | a. Le prix d'acquisition lors d'une acquisition à titre onéreux | 263 |
|  |  | b. Le prix d'acquisition lors d'une réactivation après un report d'imposition | 265 |
|  |  | c. La détermination du prix d'acquisition lors d'une aliénation partielle | 268 |
|  |  | d. La correction du prix d'acquisition lors d'altérations (de fait ou juridiques) | 270 |
|  | 3. Les impenses | | 274 |
|  |  | a. Les impenses génératrices de plus-value | 274 |
|  |  | b. Les provisions du courtier | 281 |
|  |  | c. La prise en considération de la TVA dans les dépenses d'investissement | 285 |
|  |  | ca. En général | 285 |
|  |  | cb. La prise en considération de la TVA à titre d'impôt sur le chiffre d'affaires | 287 |
|  |  | cc. La prise en considération de la TVA à titre d'impôt sur sa propre consommation | 289 |
|  |  | d. Les dépenses d'investissement déductibles dans le cas du leasing financier immobilier | 290 |
|  |  | e. Les autres dépenses déductibles | 291 |

| | | |
|---|---|---|
| D. | La déduction des pertes | 292 |
| E. | L'abattement en fonction de la durée de possession dans le calcul du gain | 293 |
| F. | Le cumul des gains | 294 |
| **VII.** | **Le calcul de l'impôt sur les gains immobiliers** | **296** |
| A. | En général | 296 |
| B. | L'abattement en fonction de la durée de possession dans le calcul de l'impôt | 298 |
| C. | La majoration en cas de brève possession | 300 |
| D. | La dévaluation monétaire | 301 |
| **VIII.** | **Les exceptions à l'assujettissement en matière d'impôt sur les gains immobiliers** | **304** |
| A. | Les exceptions subjectives | 304 |
| | 1. La libération de l'impôt de par le droit fédéral : la loi sur les garanties politiques | 304 |
| | 2. La libération de l'impôt de par le droit cantonal | 308 |
| B. | Les exceptions objectives | 309 |
| **IX.** | **Les sûretés garantissant l'impôt sur les gains immobiliers** | **310** |
| **X.** | **Le droit transitoire** | **314** |

## Materialienverzeichnis

Botschaft zum Bundesgesetz über die Harmonisierung der direkten Steuern der Kantone und Gemeinden (Steuerharmonisierungsgesetz; StHG), BBl 1983 III 1 ff.; Botschaft zum Bundesgesetz über Fusion, Spaltung, Umwandlung und Vermögensübertragung (Fusionsgesetz; FusG), BBl 2000 4337 ff.

# Vorwort

Die vorliegende Darstellung zum harmonisierten Grundstückgewinnsteuerrecht erhebt nicht den Anspruch darauf, eine erschöpfende gesamtschweizerische Übersicht zu den kantonalen Regelungen im Bereich der Grundstückgewinnsteuer zu liefern. Dieses Unterfangen würde wohl an der unvermindert hohen Zahl an nicht harmonisierten kantonalen Regelungen scheitern. Zumindest aber würde dies den Rahmen einer Übersicht zur Grundstückgewinnsteuer sprengen. Wer sich vertieft mit dem Grundstückgewinnsteuerrecht befassen will, kommt nicht umhin, die Spezialliteratur zu konsultieren, die zu einzelnen kantonalen Steuererlassen existiert. Die vorliegende Darstellung vermittelt deshalb bloss einen ersten Überblick zum Grundstückgewinnsteuerrecht aus der Optik des harmonisierten Grundstückgewinnsteuerrechts.

Bedauerlicherweise vermochte der Bundesgesetzgeber mit der Einführung des Steuerharmonisierungsgesetzes (StHG)[1] keine umfassende Harmonisierung des Grundstückgewinnsteuerrechts herbeizuführen. Immerhin werden im StHG einige grundsätzliche Regelungen getroffen, auf die sich der Bundesgesetzgeber unter Rücksichtnahme auf die bestehenden kantonalen Regelungen festlegen konnte.

Zur Veranschaulichung des Grundstückgewinnsteuerrechts beinhaltet die vorliegende Übersicht nebst den Regelungen des StHG auch Einzelheiten aus den Steuerordnungen und der Praxis der Kantone Zürich und Bern sowie teilweise auch aus anderen Kantonen. Steuererlasse, Judikatur und Literatur wurden auf dem Stand von Dezember 2004 in die vorliegende Darstellung eingearbeitet.

---

[1] Bundesgesetz über die Harmonisierung der direkten Steuern der Kantone und Gemeinden (StHG) vom 14. Dezember 1990 (SR 642.14), in Kraft seit 1. Januar 1993.

## I. Einleitung

### A. Rechtsnatur der Grundstückgewinnsteuer

1
Realisierte Wertzuwachsgewinne
Les plus-values réalisées

Die Grundstückgewinnsteuer erfasst realisierte Wertzuwachsgewinne auf Grundstücken oder Grundstücksteilen. Diese Wertzuwachsgewinne bilden die Berechnungsgrundlage für die Grundstückgewinnsteuer. Nach wohl überwiegender Auffassung in Lehre und Rechtsprechung zählt die Grundstückgewinnsteuer zu den direkten Steuern[2]. Da die Grundstückgewinnsteuer aber bloss einen Teil des Einkommens erfasst, wird sie deshalb auch als Spezialeinkommenssteuer[3] bezeichnet. Da der Bundesgesetzgeber private Kapitalgewinne seit jeher von der Besteuerung durch die direkte Bundessteuer ausnimmt, konnte sich die Grundstückgewinnsteuer als rein kantonale Steuer etablieren. Aufgrund der unterschiedlichen kantonalen Ausprägungen der Grundstückgewinnsteuer, bleibt es nach wie vor anspruchsvoll, sich einen schweizerischen Gesamtüberblick zu den kantonalen Grundstückgewinnsteuern zu verschaffen. Selbst das Bundesgesetz über die Harmonisierung der direkten Steuern der Kantone und Gemeinden (Steuerharmonisierungsgesetz; StHG[4]) hat nur in Teilen zu einer Harmonisierung der Grundstückgewinnsteuer geführt. So bleibt es z.B. weiterhin den Kantonen überlassen, ob sie Wertzuwachsgewinne auf Grundstücken des Geschäftsvermögens der Grundstückgewinnsteuer oder der periodischen Besteuerung (Einkommens- oder Gewinnsteuer) unterwerfen wollen.

2
Grundsätzlich als Objektsteuer
Impôt réel en principe

In den meisten Kantonen ist die Grundstückgewinnsteuer als Objektsteuer ausgestaltet, da sie die wirtschaftliche Leistungsfähigkeit des Steuersubjekts unberücksichtigt lässt. Allerdings gibt es einige Kantone, welche bei der Besteuerung von Grundstückgewinnen insbesondere die Anrechnung von Grundstücksverlusten oder je nachdem sogar von Betriebsverlusten zulassen, womit in diesen Fällen nicht mehr von einer Objektsteuer im engeren Sinne die Rede sein kann[5]. Eine Objekt-

---

[2] BUSSMANN, 5 mit weiteren Hinweisen.
[3] HÖHN/WALDBURGER, § 22 Rz 7.
[4] SR 642.14.
[5] Zur Illustration sei insbesondere auf die Regelungen der Kantone Bern und Nidwalden hingewiesen, welche eine Berücksichtigung von Verlusten aus anderen Grund-

steuer mit Komponenten einer Subjektsteuer lässt sich allenfalls noch als modifizierte Objektsteuer qualifizieren[6].

## B. Dualistisches und monistisches System

Der Bundesgesetzgeber hat im Rahmen des StHG bewusst auf eine Vereinheitlichung des Besteuerungsmodells bei der Grundstückgewinnsteuer verzichtet[7]. Das StHG überlässt es damit den Kantonen, ob sie sämtliche Grundstückgewinne mit einer Sondersteuer abschöpfen (monistisches System) oder aber die Grundstückgewinne des Geschäftsvermögens mit der ordentlichen Einkommens- oder Gewinnsteuer und die Grundstückgewinne des Privatvermögens mit einer Sondersteuer erfassen wollen (dualistisches System).

3
Keine Vereinheitlichung
Pas d'harmonisation

Für eine einheitliche Erfassung der Grundstückgewinne mit einer Sondersteuer spricht vor allem die gleichmässige und rechtsgleiche Besteuerung der Gewinne auf Grundstücken des Privat- und Geschäftsvermögens. Darin liegt letztlich der grosse Vorteil des monistischen Systems. Das dualistische System hingegen führt bei Grundstückgewinnen auf Geschäftsvermögen durch die Zusammenrechnung mit anderen Einkünften zu einer höheren Steuerprogression für die steuerpflichtige Person auf sämtlichen Einkünften. Die Besteuerung mit einer Sondersteuer verhindert diese «künstliche» Progressionswirkung und trägt dadurch der Ausserordentlichkeit von Grundstücksveräusserungen besser Rechnung.

4
Vorteile des Monismus
Avantages du monisme

Für das dualistische System spricht insbesondere, dass es eine vertikale Steuerharmonisierung begünstigt und bei der Unterscheidung von Wertzuwachs- und Abschreibungsquote weniger Probleme auftreten als beim monistischen System[8].

5
Vorteile des Dualismus
Avantages du dualisme

---

    stücksveräusserungen vorsehen (Art. 143 Abs. 1 StG BE; Art. 150 Abs. 2 StG NW). In beiden Kantonen sind darüber hinaus auch Betriebsverluste an einen realisierten Grundstückgewinn anrechenbar (Art. 143 Abs. 2 StG BE; Art. 150 Abs. 3 StG NW).

[6] Subjektsteuern berücksichtigen bei der Steuerveranlagung die gesamte persönliche Leistungsfähigkeit der steuerpflichtigen Person.
[7] Amtl.Bull.NR 1989, 46.
[8] ZUPPINGER/BÖCKLI/LOCHER/REICH, 126 ff.

| | |
|---|---|
| 6 | Eine Mehrheit von 15 Kantonen hat sich für das dualistische System entschieden. Es sind dies im Einzelnen folgende Kantone[9]: LU, OW, GL, ZG, FR, SO, SH, AR, AI, SG, GR, AG, VD, VS, NE. |
| 7 | Demgegenüber erfasst eine Minderheit der Kantone, namentlich ZH, BE, UR, SZ, NW, BS, BL, TG, TI und JU in der Regel alle Grundstückgewinne mit einer Sondersteuer (monistisches System)[10]. Einzig der Kanton Genf kann nicht ohne weiteres einem der beiden Systeme zugeordnet werden[11]. |
| 8 Bevorzugter Dualismus Dualisme privilégié | Da die Mehrheit der Kantone das erwähnte dualistische System kennt, wurde bei der Ausarbeitung des StHG dieser Variante der Vorzug gegeben. Das StHG sieht in Art. 12 Abs. 1 vor, dass die Kantone bei Veräusserungen von Grundstücken des Privatvermögens oder von land- oder forstwirtschaftlichen Grundstücken eine als Objektsteuer ausgestaltete Grundstückgewinnsteuer zu erheben haben. |
| 9 Kein vorgeschriebenes System Pas de système imposé | Der Bundesgesetzgeber hat allerdings die Kantone nicht dazu gezwungen das dualistische System zu übernehmen. Das StHG berücksichtigt deshalb in Art. 12 Abs. 4, dass die Kantone die Gewinne aus der Veräusserung von Grundstücken des Geschäftsvermögens auch mit einer als Sondersteuer ausgestalteten Grundstückgewinnsteuer erfassen dürfen. Allerdings müssen die Kantone mit monistischem System dafür sorgen, dass sie diese Gewinne von der Einkommens- und Gewinnsteuer ausnehmen oder die Grundstückgewinnsteuer auf die Einkommens- und Gewinnsteuer anrechnen. |

## C. Begriff des Grundstücks

| | |
|---|---|
| 10 Definition des ZGB Définition du CC | Sowohl im StHG wie auch in praktisch allen kantonalen Steuergesetzen deckt sich der Begriff des Grundstücks mit der Umschreibung in Art. 655 ZGB. Nach Art. 655 ZGB gehören zum Begriff der Grundstücke<br>– die Liegenschaften, |

---

[9] STEUERINFORMATIONEN, 6.
[10] STEUERINFORMATIONEN, 4.
[11] Vgl. dazu FN 18.

- die in das Grundbuch aufgenommenen selbstständigen und dauernden Rechte,
- die Bergwerke sowie
- die Miteigentumsanteile an Grundstücken.

Die Grundstückgewinnsteuerpflicht erstreckt sich dabei nicht nur auf Grund und Boden, sondern auf alles, was sachenrechtlich als Bestandteil zum Grundstück gehört. Bestandteil an einer Sache ist alles, was nach der am Orte üblichen Auffassung zu ihrem Bestande gehört und ohne ihre Zerstörung, Beschädigung oder Veränderung nicht abgetrennt werden kann (Art. 642 Abs. 2 ZGB).

11
Bestandteile
Parties intégrantes

Demgegenüber dürfte die Zugehör wohl in fast allen Kantonen ausdrücklich von der Grundstückgewinnsteuerpflicht ausgenommen sein. Rein sachenrechtlich betrachtet ist Zugehör eine selbstständige, bewegliche Sache, welche aufgrund des Ortsgebrauchs oder durch Widmung des Eigentümers eine äussere oder innere Beziehung zur Hauptsache aufweist (Art. 644 Abs. 2 ZGB)[12]. Der steuerrechtliche Zugehörbegriff vieler Kantone ist demgegenüber oftmals nicht derart umfassend wie ihn das ZGB umschreibt, womit z.B. bei Veräusserung einer Wohnliegenschaft die mitveräusserten Haushaltgeräte (Waschmaschinen, Kochherde, Kühlschränke) bei der Grundstückgewinnsteuer nicht ausgesondert werden[13].

12
Zugehör
Accessoires

Zu klären bleibt sodann der Begriff der selbstständigen und dauernden Rechte. Unter selbstständigen und dauernden Rechten sind dingliche Rechte zu verstehen, die als Dienstbarkeiten an einem Grundstück bestehen. «Selbstständig» im Sinne von Art. 655 Abs. 2 Ziff. 2 ZGB ist ein Recht, wenn es für sich übertragbar ist und somit nicht zugunsten des jeweiligen Eigentümers eines bestimmten Grundstücks oder zugunsten einer bestimmten Person begründet wird (Art. 7 Abs. 2 Ziff. 1 Grundbuchverordnung). Als «dauernd» gilt ein derartiges Recht, wenn es für mindestens 30 Jahre eingeräumt wird (Art. 7 Abs. 2 Ziff. 2 Grundbuchverordnung). Zu den selbstständigen und dauernden Rechten gehören insbesondere das Baurecht (Art. 779 Abs. 3 ZGB), das Quellenrecht (Art. 780 Abs. 3 ZGB) sowie die Wasserkonzession an öffentlichen Gewässern. Mit der Eintragung im Grundbuch und der damit verbundenen Eröffnung eines eigenen Grundbuchblatts gelten

13
Selbstständige und dauernde Rechte
Droits distincts et permanents

---

[12] LIVER, 37 ff.
[13] RICHNER/FREI/KAUFMANN, § 207 Rz 16.

diese selbstständigen und dauernden Rechte als Grundstücke im Sinne des ZGB.

| | |
|---|---|
| 14 Miteigentum Copropriétés | Gleichermassen werden Miteigentumsanteile an Grundstücken gemäss Art. 655 Abs. 2 Ziff. 4 i.V.m. Art. 943 Abs. 1 Ziff. 4 ZGB als Grundstücke behandelt. Dies gilt sowohl für gewöhnliches Miteigentum wie auch für Stockwerkeigentum. |
| 15 Bergwerke Mines | Demgegenüber sind Bergwerke in der grundstückgewinnsteuerlichen Praxis kaum von Bedeutung. Unter einem Bergwerk ist das Recht zur bergbautechnischen Ausbeutung von im Erdinnern lagernden Rohstoffen und somit die Bergbauberechtigung zu verstehen[14]. Bergwerke können ebenfalls als Grundstücke in das Grundbuch aufgenommen werden (Art. 10 Grundbuchverordnung). |

## D. Unterscheidung zwischen Privat- und Geschäftsvermögen

| | |
|---|---|
| 16 Präponderanzmethode Fonction prépondérante | Bei der direkten Bundessteuer gelangt zur Unterscheidung von Privat- und Geschäftsvermögen die sog. Präponderanzmethode zur Anwendung (Art. 18 Abs. 2 DBG). Nach dieser Methode gelten als Geschäftsvermögen alle Vermögenswerte, die ganz oder vorwiegend der geschäftlichen Tätigkeit dienen. Auf die Darstellung der Problematik im Zusammenhang mit der Unterscheidung von Privat- und Geschäftsvermögen wird an dieser Stelle unter Hinweis auf die einschlägige Fachliteratur verzichtet[15]. Immerhin sei aber erwähnt, dass das StHG im Vergleich zum Bundesgesetz über die direkte Bundessteuer (DBG) keine neuen Abgrenzungsmerkmale zwischen Privat- und Geschäftsvermögen statuiert. Damit ist davon auszugehen, dass grundsätzlich die kantonalen Steuergesetze die bundessteuerrechtliche Praxis zur Präponderanzmethode (weitgehend) übernehmen werden (Art. 8 Abs. 2 StHG). |
| 17 Bedeutung der Unterscheidung Enjeu de la distinction | Die Unterscheidung zwischen Privat- und Geschäftsvermögen ist im Bereich der Grundstückgewinnsteuer insofern von besonderer Bedeutung, als in Kantonen mit dualistischem System erst nach Zuordnung |

---

[14] BSK-LAIM, N 21 zu Art. 655.
[15] Vgl. statt vieler: LOCHER, DBG, Rz 119 zu Art. 18 DBG.

eines Grundstücks zum Privat- oder Geschäftsvermögen fest steht, ob die Grundstückgewinnsteuer oder die ordentliche Einkommens- resp. Gewinnsteuer zur Anwendung gelangt.

# E. Gewerbsmässiger Liegenschaftshandel (Bund und Kantone)

## 1. Gewerbsmässiger Liegenschaftshandel gemäss Bundesrecht

Gestützt auf das Bundesgesetz über die direkte Bundessteuer (DBG) besteuert der Bund weder Gewinne auf privaten Grundstücken noch solche auf beweglichem Privatvermögen (Art. 16 Abs. 3 DBG). Einzig Gewinne auf Grundstücken des Geschäftsvermögens sowie Gewinne aus gewerbsmässigem Liegenschaftshandel unterliegen auf Bundesebene der ordentlichen Einkommens- oder Gewinnsteuer (Art. 18 Abs. 2 und Art. 58 Abs. 1 Bst. c DBG).

18 Besteuerung nach DBG Imposition selon la LIFD

Betreibt eine steuerpflichtige Person gewerbsmässigen Liegenschaftshandel, sind die entsprechenden Grundstücke dem Geschäftsvermögen zuzuweisen und es erfolgt eine Besteuerung im Rahmen der ordentlichen Einkommens- oder Gewinnsteuer. Dabei haben die Liegenschaftshändler die zum Handel bestimmten Grundstücke wie Handelsware im Umlaufvermögen einzubuchen.

19 Liegenschaftshandel Commerce d'immeubles

Gemäss Rechtsprechung des Bundesgerichtes liegt gewerbsmässiger Liegenschaftshandel vor, wenn eine steuerpflichtige Person Grundstücke nicht bloss im Rahmen der Verwaltung des Vermögens oder unter Ausnützung einer sich zufällig bietenden Gelegenheit veräussert, sondern dies systematisch betreibt, mit der Absicht, einen Gewinn zu erzielen (BGE 125 II 113 = StE 1999 B 23.1 Nr. 41). Auch unter dem Recht des Bundesgesetzes über die direkte Bundessteuer gilt mit BGE 125 II 113 die bisherige Praxis des Bundesgerichtes zur Besteuerung der Liegenschaftshändler weiter, namentlich sind folgende Kriterien massgebend:

20 Kriterien Critères

− systematische oder planmässige Art und Weise des Vorgehens,
− Häufigkeit der Transaktionen,

- enger Zusammenhang der Tätigkeit mit der beruflichen Tätigkeit,
- spezielle Fachkenntnisse,
- kurze Besitzesdauer,
- der Einsatz erheblicher fremder Mittel zur Finanzierung der Geschäfte,
- die Reinvestition der Gewinne in gleichartige Anlagen.

**21** Die Kriterien des Bundesgerichtes werden allerdings nicht kumulativ für die Annahme eines gewerbsmässigen Liegenschaftshandels vorausgesetzt. Das Bundesgericht stellt vielmehr auf die Gesamtheit der Umstände des konkreten Einzelfalls ab.

**22**
*Häufigkeit und Planmässigkeit*
*Fréquence et planification*

Grundsätzlich ergibt sich nach bundesgerichtlicher Auffassung bereits aus der Häufigkeit der Veräusserungshandlungen sowie aufgrund der Planmässigkeit des Vorgehens deren Gewerbsmässigkeit. Die Gewerbsmässigkeit kann allerdings ausnahmsweise schon dann bejaht werden, wenn es sich um einen einmaligen Liegenschaftsverkauf handelt, sofern die getätigte Grundstücksveräusserung über die schlichte Verwaltung von Privatvermögen hinausgeht[16].

## 2. Gewerbsmässiger Liegenschaftshandel nach kantonalem Recht

### a. Kantone mit dualistischem System

**23**
*Periodische Besteuerung*

Ebenso wie im Recht der direkten Bundessteuer unterliegen Kapitalgewinne, die bei der Veräusserung von Grundstücken des Geschäftsvermögens erzielt werden oder aus gewerbsmässigem Liegenschaftshandel stammen in den Kantonen mit dualistischem System, d.h. in den Kantonen LU, OW, GL, ZG, FR, SO, SH, AR, AI, SG, GR, AG, VD, VS und NE, der ordentlichen Einkommens- resp. Gewinnsteuer und werden zum übrigen Einkommen resp. Gewinn hinzugerechnet[17].

**24**
*Einige Besonderheiten*
*Quelques particularités*

Im Sinne einer Sonderregelung[18] kommt in den Kantonen LU, ZG, SO, AI und SG dennoch die Grundstückgewinnsteuer zur Anwendung,

---

[16] BGE 104 Ib 168 ff.
[17] STEUERINFORMATIONEN, 6.
[18] Eine Besonderheit ist im Kanton Genf zu beachten, wonach für jede steuerpflichtige Person eine Sondersteuer (Grundstückgewinnsteuer) zur Anwendung gelangt, die un-

D. Grundzüge des harmonisierten Grundstückgewinnsteuerrechts

sofern im betreffenden Kanton lediglich eine Steuerpflicht für Grundeigentum besteht (beschränkte Steuerpflicht)[19].

**b.    Kantone mit monistischem System**

In den Kantonen mit monistischem System wie ZH[20], BE[21], UR, SZ, NW, BS, BL, TG, TI und JU werden die Gewinne aus der Veräusserung von Grundstücken des Geschäftsvermögens oder aus gewerbsmässigem Liegenschaftshandel grundsätzlich mit der Grundstückgewinnsteuer erfasst.

25 Aperiodische Besteuerung
Imposition apériodique

Erzielte Grundstückgewinne aus gewerbsmässigem Liegenschaftshandel unterliegen im Umfang der wiedereingebrachten Abschreibungen

26

---

mittelbar nach der Handänderung erhoben wird. Zusätzlich versteuern juristische Personen sowie selbstständig Erwerbende die Grundstückgewinne auf Geschäftsvermögen zugleich im Rahmen der ordentlichen Gewinn- resp. Einkommenssteuer. Zwecks Vermeidung einer Doppelbesteuerung wird die erhobene Sondersteuer auf die ordentliche Einkommens- oder Gewinnsteuer angerechnet (vgl. STEUERINFORMATIONEN, 6).

[19]   STEUERINFORMATIONEN, 6.
[20]   Seit dem 1. Januar 1999 gilt z.B. für den Kanton Zürich eine Sonderregel, wonach gewerbsmässige Liegenschaftshändler bei der Grundstückgewinnsteuer weitere mit der Liegenschaft zusammenhängende Aufwendungen geltend machen können, soweit sie auf deren Berücksichtigung bei der Einkommens- oder Gewinnsteuer ausdrücklich verzichtet haben (§ 221 Abs. 2 StG ZH). Der Grund für diese Neuregelung liegt in der Benachteiligung der zürcherischen Liegenschaftshändler gegenüber Liegenschaftshändlern mit ausserkantonalem Wohnsitz oder Sitz begründet. Die ausserkantonalen Liegenschaftshändler konnten in der Regel ihre gesamten Aufwendungen gelten machen, die mit dem Erwerb und der Veräusserung von zürcherischen Grundstücken zusammenhingen, während die zürcherischen gewerbsmässigen Liegenschaftshändler ausschliesslich die in § 221 Abs. 1 StG ZH aufgeführten Aufwendungen in Abzug bringen konnten. In der Vergangenheit führte dies bei zürcherischen Liegenschaftshändlern teilweise dazu, dass diese ständig Betriebsverluste ausweisen mussten, welche nicht mit Grundstückgewinnen zur Verrechnung gebracht werden konnten, weil der Kanton Zürich die Grundstückgewinnsteuer konsequent als Objektsteuer konzipiert hat und gleichzeitig kein Abweichen vom monistischen System für derartige Gewinne zulässt.
[21]   Im Kanton Bern unterliegt gewerbsmässiger Liegenschaftshandel generell der Einkommens- oder Gewinnsteuer, sofern die steuerpflichtige Person gewerbsmässig mit Grundstücken handelt und das zu veräussernde Grundstück im Rahmen der Handelstätigkeit der steuerpflichtigen Person gekauft wurde (sog. Handelsobjekt). Ferner hat die steuerpflichtige Person den Nachweis zu erbringen, dass am Grundstück wertvermehrende Arbeiten im Sinne von Art. 142 StG BE ausgeführt wurden und die Kosten der wertvermehrenden Arbeiten (einschliesslich des Werts der gewerbsmässig erbrachten Eigenleistungen) mindestens einen Viertel (25%) des Erwerbspreises ausmachen (Art. 129 Abs. 1 Bst. a i.V.m. Art. 21 Abs. 3 und 4 sowie Art. 85 Abs. 3 und 4 StG BE).

der ordentlichen Einkommens- oder Gewinnsteuersteuer, während die sog. Wertzuwachsgewinne in der Regel mit der Grundstückgewinnsteuer erfasst werden.

27 Eine praktizierte Besteuerungsalternative zum dargestellten Grundsatz besteht darin, dass ein Kanton mit monistischem System – wie z.B. der Kanton Bern – sämtliche Gewinne aus gewerbsmässigem Liegenschaftshandel gesamthaft der ordentlichen Einkommens- oder Gewinnsteuer unterwirft und somit von der Grundstückgewinnsteuer ausnimmt (Art. 129 Abs. 1 Bst. a StG BE). Diese Durchbrechung des monistischen Systems rechtfertigt sich hauptsächlich aus Gründen der Veranlagungsökonomie.

*Ausnahme vom Grundsatz*
*Exception au principe*

#### c. Interkantonaler gewerbsmässiger Liegenschaftshandel

28 Im interkantonalen Verhältnis gelten besondere Ausscheidungsregeln für die realisierten Veräusserungsgewinne, je nachdem, ob es sich um einen Liegenschaftshändler mit oder ohne Betriebsstätten handelt.

#### ca. *Liegenschaftshändler mit ausserkantonalen Liegenschaften (ohne Betriebsstättecharakter)*

29 Veräusserungsgewinne von interkantonalen Liegenschaftshändlern sind ausschliesslich und in vollem Umfang im Liegenschaftskanton steuerbar, d.h. die Wertzuwachsgewinne sowie auch die wieder eingebrachten Abschreibungen werden objektmässig dem Liegenschaftskanton zugewiesen (BGE 111 Ia 318). Dieser Logik folgend hat der Liegenschaftskanton aber auch sämtliche direkt mit der Veräusserung zusammenhängenden Aufwendungen zu übernehmen. Ferner können Schuldzinsen, die der Finanzierung des Liegenschaftshandels dienen, sowie – mit gewissen Einschränkungen – die geschuldete Grundstückgewinnsteuer vom Veräusserungsgewinn in Abzug gebracht werden[22]. Darüber hinaus muss der Liegenschaftskanton im Sinne einer Faustregel 5% des Veräusserungspreises als allgemeinen Abzug für die Unkosten des Liegenschaftshändlers zum Abzug zulassen. Das Bundesgericht hat interkantonal sogar eine Verrechnung von Verlusten mit im gleichen Jahr angefallenen Gewinnen aus Liegenschaftsverkäufen an-

---

[22] HÖHN/MÄUSLI, § 28 Rz 52.

geordnet, und zwar selbst dann, wenn dies der Liegenschaftskanton im innerkantonalen Recht nicht vorgesehen hat (BGE 92 I 198).

*cb. Liegenschaftshändler mit ausserkantonalen Betriebsstätten*

Veräusserungsgewinne aus gewerbsmässigem Liegenschaftshandel auf Liegenschaften in einem Betriebsstätte- oder Sitzkanton werden quotenmässig auf den Sitz- resp. Geschäftsortskanton und den Betriebsstättekanton aufgeteilt. Dabei wird nicht nur der Buchgewinn, sondern auch der realisierte Wertzuwachsgewinn in die quotenmässige Aufteilung mit einbezogen[23].

## 3. Realisationszeitpunkt beim gewerbsmässigen Liegenschaftshandel

Beim gewerbsmässigen Liegenschaftshandel gilt als Realisationskriterium im Recht der direkten Bundessteuer sowie wohl auch im Recht sämtlicher Kantone, welche die Veräusserungsgewinne der Einkommens- oder Gewinnsteuer unterwerfen, der Zeitpunkt der öffentlichen Beurkundung des Veräusserungsvertrags[24].

## II. Steuerhoheit bei der Grundstückgewinnsteuer

Grundstückgewinne werden in der Regel vom Gemeinwesen am Ort der gelegenen Sache, d.h. am Liegenschaftsort, besteuert. Die Grundstückgewinnsteuer wird in den meisten Kantonen ausschliesslich vom Kanton erhoben, allerdings partizipieren oftmals die Gemeinden in der einen oder anderen Form am Steuerertrag des Kantons[25]. In zwei Kantonen, namentlich in den Kantonen Zürich und Zug, wird die Grund-

---

[23] HÖHN/MÄUSLI, § 28 Rz 59.
[24] KÄNZIG, N 167 zu Art. 21 Abs. 1 lit. d BdBSt.
[25] Über die einzelnen Ausgestaltungen der Steuerhoheiten vermittelt die einschlägige Publikation der STEUERINFORMATIONEN, 14 einen guten Überblick.

stückgewinnsteuer allein von den Gemeinden nach Massgabe des kantonalen Steuergesetzes erhoben.

## III. Steuersubjekt bei der Grundstückgewinnsteuer

33  
Person des Veräusserers  
Personne de l'aliénateur

Steuerpflichtig ist bei der Grundstückgewinnsteuer regelmässig die veräussernde Person. Steuersubjekt ist somit die natürliche oder juristische Person, die das Eigentum an einem Grundstück oder die Verfügungsmacht darüber auf einen anderen Rechtsträger überträgt oder ihr Grundstück mit einer privatrechtlichen Dienstbarkeit oder einer öffentlich-rechtlichen Eigentumsbeschränkung belastet. Diese gesetzliche Steuerpflicht der veräussernden Person kann in der Regel gemäss den kantonalen Steuerordnungen nicht durch Parteivereinbarung abgeändert werden.

34  
Gesamteigentum  
Propriété commune

Wird ein Grundstück durch eine Gesamthandschaft (Erbengemeinschaft, einfache Gesellschaft, Kollektiv- oder Kommanditgesellschaft) veräussert, so gelten alle Gesamthänder als veräussernde Personen und sind somit in das Veranlagungsverfahren einzubeziehen. Je nach kantonalen Steuerordnungen werden Gesamthandschaften (anteilsmässig) gemeinsam veranlagt oder aber es wird für jeden Gesamteigentümer ein separates Veranlagungsverfahren eingeleitet.

35  
Gewinnempfänger  
Bénéficiaire du gain

Keine Bedeutung kommt dabei einer Vereinbarung zu, wonach der Erlös nicht der veräussernden Person zufliessen soll. Besteuert wird wohl durchwegs in fast allen Kantonen die veräussernde Person und nicht etwa diejenige Person, welcher der Gewinn zufliesst[26].

---

[26] Im Kanton Bern besteht eine Sonderregelung für bestimmte Gewinnbeteiligungsfälle. So werden z.B. Personen, die aufgrund einer gesetzlichen Bestimmung gewinnanteilsberechtigt sind, wie z.B. Miterben, denen an einem Grundstück ein gesetzlicher Gewinnanteilsanspruch gestützt auf Art. 28 ff. des Bundesgesetzes über das bäuerliche Bodenrecht (BGBB) zukommt, selbstständig für diesen Gewinnanteil besteuert (Art. 126 Abs. 1 Bst. c StG BE).

Selbst die Übernahme der Grundstückgewinnsteuer durch die erwerbende Person ändert nichts an der Steuerpflicht der veräussernden Person. Vielmehr wird eine derartige Übernahme der Grundstückgewinnsteuer durch die erwerbende Person als zusätzlicher Erlösbestandteil aufgerechnet[27].

36
Übernahme durch den Erwerber
Reprise par l'acquéreur

## IV. Steuerobjekt bei der Grundstückgewinnsteuer

## A. Allgemeines

Das StHG sieht vor, dass von den Gewinnen im Privatvermögen natürlicher Personen nur jene auf Grundstücken zwingend zu besteuern sind (Art. 2 Abs. 1 Bst. d sowie Art. 2 Abs. 2 i.V.m. Art. 12 StHG). Es ist den Kantonen somit nicht freigestellt, ob sie die Wertzuwächse auf Grundstücken besteuern wollen oder nicht. Sie sind durch das StHG verpflichtet eine Grundstückgewinnsteuer zu erheben. Demgegenüber ist die Besteuerung von Kapitalgewinnen auf beweglichem Privatvermögen den Kantonen und Gemeinden untersagt (Art. 7 Abs. 4 Bst. b StHG).

37
Rechtliche Grundlage im StHG
Base légale dans la LHID

Der Bundesgesetzgeber verwendet in Art. 12 Abs. 1 und Abs. 2 StHG den Begriff «Veräusserung», welcher grundsätzlich alle zivilrechtlich vorgesehenen Arten der Eigentumsübertragung sowie die aufgrund des öffentlichen Rechts vorgesehenen Formen des Eigentumsübergangs umfasst[28]. Allerdings enthält die abschliessende Aufzählung der den Veräusserungen gleichgestellten Tatbeständen in Art. 12 Abs. 2 StHG ein neu geschaffenes Steuerobjekt, das als solches nicht dem System der «Veräusserungstatbestände» entspricht und somit in der Literatur zu Recht als atypisches Steuerobjekt bezeichnet wird[29]. Es handelt sich um die in Art. 12 Abs. 2 Bst. e StHG aufgeführten «Planungsmehrwerte» im Sinne des Raumplanungsgesetzes, die ohne Veräusserung

38
Veräusserung...
Aliénation...

---

[27] Vgl. dazu Rz 247.
[28] ZWAHLEN, in: ZWEIFEL/ATHANAS, N 31 zu Art. 12 StHG.
[29] HÖHN/WALDBURGER, § 22 Rz 14.

eines Grundstückes erzielt werden. Es bleibt den Kantonen allerdings frei gestellt, diesen atypischen Tatbestand der Grundstückgewinnsteuer zu unterstellen.

**39** Während das StHG den Begriff «Veräusserung» verwendet, halten die kantonalen Gesetzgeber oftmals noch am Begriff der «Handänderung» fest. Eine Handänderung an einem Grundstück im Sinne des Grundstückgewinnsteuerrechts wird gemeinhin umschrieben als Übertragung von Eigentum oder eigentumsähnlichen Befugnissen an einem Grundstück oder Grundstücksteil vom bisherigen Rechtsträger auf einen anderen[30]. Obwohl im StHG eine andere Terminologie gewählt wurde, werden die beiden Begriffe oftmals sinngleich verwendet. Dabei ist zu beachten, dass der Begriff der Veräusserung, wie ihn das StHG vorsieht, ausdrücklich nur entgeltliche Übertragungen beinhaltet. Demgegenüber umfasst der Begriff der Handänderung grundsätzlich auch unentgeltliche Eigentumsübertragungen und betont daher eher den formalen Vorgang des Eigentumsübergangs und weniger den wirtschaftlichen Gesichtspunkt der Entgeltlichkeit[31].

*...und Handänderung*
*...et mutation*

**40** An dieser Stelle gilt es noch einen weiteren Gesichtspunkt zu klären, nämlich die Bedeutung des Grundbucheintrags. Eine Veräusserung resp. eine zivilrechtliche Handänderung im Sinne des Grundstückgewinnsteuerrechts verlangt in der Regel ein gültiges Rechtsgeschäft (Verpflichtungsgeschäft) sowie den Eintrag im Grundbuch (Verfügungsgeschäft). In der Regel erfordert die Eigentumsübertragung bei Grundstücken den Grundbucheintrag, womit dem Grundbucheintrag in diesen Fällen konstitutive Wirkung zukommt. Dies betrifft Rechtsgeschäfte wie z.B. den Kauf, den Tausch, die Schenkung, den Erbvorbezug, die Erbteilung und das Vermächtnis.

*Grundbucheintrag*
*Inscription au RF*

**41** Auf der anderen Seite gibt es auch Grundstücksübertragungen, die nicht zwingend einen Grundbucheintrag erfordern und der Grundbucheintrag somit bloss deklaratorische Wirkung hat. Der Grundbucheintrag erfolgt in diesen Fällen erst nachträglich. Als Beispiele seien hier genannt der Erbgang, die Begründung und Aufhebung der ehelichen Gütergemeinschaft, einige Arten von Landumlegungen, die Enteignung sowie die Zwangsverwertung.

---

[30] RICHNER/FREI/KAUFMANN, § 216 Rz 7, mit weiteren Hinweisen.
[31] A.M. RICHNER/FREI/KAUFMANN, § 216 Rz 8 sowie Rz 169, wonach bei unentgeltlichen Rechtsgeschäften für das zürcherische Steuerrecht überhaupt keine Handänderung vorliege.

Derartige Eigentumsübergänge, seien sie nun ausserbuchlich oder erst mit Grundbucheintrag erfolgt, können sowohl entgeltliche wie auch unentgeltliche Veräusserungen betreffen.

42

## B. Entgeltliche Veräusserungen

### 1. Kauf und Tausch

Der Kauf ist das weitaus häufigste Rechtsgeschäft zur Übertragung von Grundstücken (Art. 184 Abs. 1 OR). Damit der Kauf eines Grundstücks rechtsgültig zustande kommt, ist die öffentliche Beurkundung des Rechtsgeschäfts notwendig (Art. 216 Abs. 1 OR).

43
Kauf
Achat

Für den Tausch gelten grundsätzlich dieselben Voraussetzungen wie für den Kauf, nur werden hier Grundstücke gegenseitig ausgetauscht, womit zwei steuerpflichtige Handänderungen vorliegen (Art. 237 f. OR). Werden von den Vertragsparteien keine plausiblen «Tauschpreise» festgelegt, stellen die Steuerbehörden in der Regel auf die Verkehrswerte der auszutauschenden Grundstücke ab. Die Gewinnbemessung für jedes der Grundstücke richtet sich jeweils nach dem Verkehrswert der Gegenleistung, d.h. nach dem Wert des empfangenen Grundstücks zuzüglich allfälliger Ausgleichszahlungen.

44
Tausch
Echange

Den Tauschgeschäften liegt oft ein sog. Steueraufschubstatbestand zugrunde, sofern das Tauschgeschäft mit einer Landumlegung oder mit einem Ersatzbeschaffungstatbestand in Zusammenhang steht (hinten Rz 143 ff. sowie Rz 154 ff.).

45

Für die steuerpflichtige Handänderung ist sowohl beim Kauf als auch beim Tausch der Zeitpunkt des Grundbucheintrags (Realisationszeitpunkt) massgebend.

46
Realisation
Réalisation

### 2. Gemischte Rechtsgeschäfte

Bei gemischten Rechtsgeschäften, d.h. bei Übertragung eines Grundstücks unter dem Verkehrswert, ist die kantonale Besteuerungspraxis hinsichtlich der Grundstückgewinnsteuer nicht einheitlich. So wird in manchen Kantonen ein gemischtes Rechtsgeschäft wie z.B. ein teil-

47
Kantonale Praxis
Les pratiques cantonales

weise entgeltlicher Erbvorbezug oder eine gemischte Schenkung, grundsätzlich als Ganzes wie eine steuerpflichtige Handänderung – zum Teil mit Gewährung eines vollständigen Steueraufschubs – beurteilt, während in anderen Kantonen zwischen unentgeltlichem und entgeltlichem Teil des Rechtsgeschäfts differenziert wird. In letzteren Kantonen gelangt für den unentgeltlichen Teil des Geschäfts ein Steueraufschub zur Anwendung, während über den entgeltlichen Teil steuerlich abgerechnet wird (vgl. Art. 12 Abs. 3 Bst. a StHG; zum Steueraufschub bei unentgeltlichen Handänderungen vgl. hinten Rz 126 ff.).

48
Hypothekarschulden
Dettes hypothécaires

Bei sog. «unentgeltlichen» Grundstücksübertragungen sind reine Schenkungen, d.h. Schenkungen ohne jede Gegenleistung, selten. Zumeist werden vom Erwerber eines unentgeltlich zu erwerbenden Grundstücks regelmässig die darauf lastenden Hypothekarschulden übernommen, womit eine gemischte und keine reine Schenkung mehr vorliegt.

49
Realisation
Réalisation

Für die steuerpflichtige Handänderung ist auch bei gemischten Rechtsgeschäften der Zeitpunkt des Grundbucheintrags massgebender Realisationszeitpunkt.

## 3. Änderungen im Gesellschafterbestand von Personengesellschaften

50
Teilweise Besteuerung
Imposition partielle

Bei einer Änderung im Gesellschafterbestand einer Personengesellschaft[32], wenn z.B. ein bisheriger Gesellschafter aus der Gesellschaft austritt oder ein neuer Gesellschafter eintritt, liegt zwar sachenrechtlich keine Handänderung vor, aber die Verschiebung der ideellen Anteile der Beteiligten gilt gemäss StHG als steuerrechtlich relevante Veräusserung[33]. Die Grundstückgewinnsteuerpflicht ist allerdings begrenzt auf die intern die Hand wechselnden Gesellschafteranteile am Grundeigentum der Personengesellschaft (StE 1992 B 42.21 Nr. 6). Soweit es sich um Liegenschaften handelt, die dem Geschäftsvermögen zuzuordnen sind, gelten diese Ausführungen grundsätzlich nur für Kantone mit monistischem System. Die Kantone mit dualistischem System unter-

---

[32] Unter Personengesellschaften sind vorliegend insbesondere die einfache Gesellschaft, die Kollektiv- und die Kommanditgesellschaft zu verstehen.
[33] ZWAHLEN, in: ZWEIFEL/ATHANAS, N 31 zu Art. 12 StHG; für das zürcherische Recht: RICHNER/FREI/KAUFMANN, § 216 Rz 54.

werfen derartige Tatbestände der Einkommenssteuer, sofern eine buchmässige Realisation stiller Reserven vorliegt.

Massgebender Zeitpunkt für die Realisation eines allfälligen Grundstückgewinns ist vorliegend nicht der Grundbucheintrag, sondern der gültige Abschluss der Vereinbarung resp. der Abschluss des Gesellschaftsvertrags.

51
Realisation
Réalisation

## 4. Realteilung

Von einer Realteilung wird gesprochen, wenn Gesamthand- oder Miteigentumsverhältnisse in der Art aufgelöst werden, dass das Grundeigentum entsprechend den Eigentumsquoten auf die Beteiligten aufgeteilt und in deren Alleineigentum überführt wird. Keine Realteilung liegt demgegenüber vor, wenn Gesamteigentum entsprechend der internen Quoten bloss in Miteigentumsanteile umgewandelt wird. Letzteres wird denn auch nicht als Handänderung qualifiziert.

52
Begriff
Notion

Die Frage, ob es sich bei der Realteilung um eine steuerpflichtige Handänderung handelt, wird je nach Kanton unterschiedlich beurteilt.

53
Bern und Zürich
Berne et Zurich

– Gemäss Praxis des Kantons Bern werden Realteilungen nicht als steuerpflichtige Veräusserung betrachtet, sofern die beteiligten Personen an den betroffenen Grundstücken nur entsprechend ihren Eigentumsquoten andere Grundstücke oder Grundstücksteile erhalten[34]. Ferner dürfen grundsätzlich keine Ausgleichszahlungen[35] geleistet werden.

– Anders als im Kanton Bern liegt im Kanton Zürich selbst dann eine steuerpflichtige Realteilung vor, wenn bloss entsprechend den Quoten geteilt wird. «Teilen vier Gesamt- oder Miteigentümer ein Grundstück unter sich zu Alleineigentum auf, so ist diese Realteilung mit vier zivilrechtlichen Handänderungen verbunden, wobei an jedem Grundstücksteil, den ein bisheriger Gesamt- oder Miteigentümer zu Alleineigentum erhält, im Umfang der bisherigen Fremdquote (bei gleich grossen Anteilen jedes Eigentümers somit zu ¾) eine Handänderung stattfindet»[36]. Im Gegensatz zur bernischen Praxis, die von einer «Teilveräusserungskonzeption» ausgeht

---

[34] LANGENEGGER, N 10 zu Art. 126 sowie N 15 zu Art. 130 StG BE.
[35] Geringfügige Ausgleichszahlungen lässt allerdings die bernische Praxis zu.
[36] RICHNER/FREI/KAUFMANN, § 216 Rz 49.

und nur dann eine Besteuerung erfolgt, wenn über die bisherigen Wertquoten hinaus eine Eigentumsverschiebung erfolgt, geht die zürcherische Praxis gewissermassen von einer «Totalveräusserungskonzeption» aus, wonach nicht die Wertquotendifferenz vor und nach der Realteilung Gegenstand der Betrachtung ist, sondern vielmehr das Verhältnis zwischen Eigenquoten- und Fremdquotenanteilen[37]. Steuerpflichtig ist jeweils der Grundstückgewinn auf dem Fremdquotenanteil.

54
Realisation
Réalisation

Realisationszeitpunkt für einen allfälligen Grundstückgewinn ist bei der Realteilung der Zeitpunkt des Grundbucheintrags.

## 5. Sacheinlage, Sachübernahme, Sachentnahme

### a. Juristische Personen

55
Sachübernahme
Reprise de biens

Im Gründungsstadium einer juristischen Person werden oft neben anderen Vermögenswerten auch Grundstücke als Sachübernahme in die Gesellschaft eingebracht. Die Gegenleistung für die eingebrachten Grundstücke besteht im dafür geleisteten Entgelt der juristischen Person an die Gründerin oder den Gründer.

56
Sacheinlage und Sachentnahme
Apports et prélèvements en nature

Vergleichbar ist die Situation bei einer Sacheinlage, wo das Entgelt nicht in Geld geleistet wird, sondern sich nach dem wirklichen Wert der zugeteilten Anteilsrechte bemisst. Auch im umgekehrten Fall der Sachentnahme liegt eine zivilrechtliche Handänderung resp. eine Veräusserung vor. Die Sachentnahme löst allerdings bloss in Kantonen, die das monistische System kennen, eine allfällige Grundstückgewinnsteuer aus.

57
Steueraufschub
Imposition différée

Zu prüfen bleibt in derartigen Fällen insbesondere in den Kantonen mit monistischem System, ob nicht etwa ein Steueraufschubstatbestand wie z.B. eine Fusion, Spaltung oder Unternehmensumwandlung von juristischen Personen vorliegen könnte (hinten Rz 184 ff.).

58
Realisation
Réalisation

Sowohl im Falle einer Sachübernahme als auch bei einer Sacheinlage oder bei einer Sachentnahme ist als Realisationszeitpunkt der Grundbucheintrag massgebend.

---

[37] Zu den Begriffen Teilveräusserungskonzeption und Totalveräusserungskonzeption, vgl. LOCHER, 142 ff.

## b. Personengesellschaften

Im Vergleich zu den juristischen Personen müssen bei den Personengesellschaften Vorgänge wie Sacheinlagen, Sachübernahmen oder Sachentnahmen differenzierter betrachtet werden. Da Personengesellschaften keine eigene Rechtspersönlichkeit besitzen, können sie auch nicht Träger von vermögenswerten Rechten sein. Vielmehr sind die Teilhaber von Personengesellschaften gemeinschaftlich, d.h. in der Regel als Gesamteigentümer oder seltener als Miteigentümer, am Unternehmen beteiligt. Aus diesem Grund muss streng zwischen Kantonen mit monistischem und dualistischem System unterschieden werden. 59

### ba. Personengesellschaften im monistischen System

Das Einbringen eines Grundstücks in eine Personengesellschaft ist in der Regel mit einem Wechsel von Allein- zu Gesamt- oder Miteigentum verbunden. Im Umfang der auf die gemeinschaftlichen Eigentümer entfallenden Anteile (sog. Fremdquote) findet in Kantonen mit monistischem System eine Teilveräusserung statt[38]. Bei der Entnahme eines Grundstücks aus der Personenunternehmung und der Übertragung an einen Teilhaber gelten analoge Überlegungen. Im Rahmen der Eigentumsquote des Teilhabers am Vermögen der Personenunternehmung liegt keine Veräusserung vor, womit ebenfalls nur die Fremdquote im Sinne einer Teilveräusserung die Grundstückgewinnsteuer auslöst. 60 Einbringung oder Entnahme einer Immobilie Apport ou prélèvement d'un immeuble

Einfacher ist der Sachverhalt zu beurteilen, wenn die Personengesellschaft vertreten durch ihre Gesellschafter ein Grundstück an eine Drittperson veräussert. Dort ergeben sich in der Regel keine Probleme. 61

Letztlich bleibt auch bei den vorliegend beschriebenen Sachverhalten in Kantonen mit monistischem System immer zu prüfen, ob nicht etwa ein Steueraufschubstatbestand wie z.B. eine Umwandlung, ein Zusammenschluss oder eine Teilung von Personengesellschaften vorliegen könnte (hinten Rz 184 ff.). 62 Steueraufschub Imposition différée

Da es sich vorliegend um zivilrechtliche Handänderungen handelt, ist als Realisationszeitpunkt der Grundbucheintrag massgebend. 63 Realisation Réalisation

---

[38] LANGENEGGER, N 12 zu Art. 130 StG BE; ebenso RICHNER/FREI/KAUFMANN, § 216 Rz 45.

### bb. Personengesellschaften im dualistischen System

64
Einbringung einer Immobilie
Apport d'un immeuble

In Kantonen mit dualistischem System wird bei der Übertragung von Grundstücken vom Privat- ins Geschäftsvermögen aus steuersystematischen Gründen bei der Grundstückgewinnsteuer eine Realisierung angenommen (vgl. Art. 12 Abs. 2 Bst. b StHG). Im dualistischen System ist damit – anders als im monistischen System – eine Unterscheidung zwischen Fremd- und Eigenquote am Grundstück bei der Einbringung von Grundstücken in Personengesellschaften für die Grundstückgewinnsteuer nicht von Bedeutung, weil sowohl hinsichtlich der Fremd- wie auch der Eigenquote eine «Veräusserung» vorliegt (hinten Rz 100 f.).

65
Einbringung einer Immobilie
Apport d'un immeuble

Dasselbe gilt für die Einbringung einer Liegenschaft in eine Einzelunternehmung, da die Liegenschaft vom Privat- ins Geschäftsvermögen wechselt. In derartigen Fällen unterliegt ein allfälliger Wertzuwachsgewinn aus steuersystematischen Überlegungen der Grundstückgewinnsteuer. Man spricht in diesem Zusammenhang auch von einer steuersystematischen Realisierung.

66

Würde man in diesem Fall keine steuersystematische Realisation annehmen und auf eine Besteuerung verzichten, könnten derartige Wertzuwachsgewinne nie mehr steuerlich erfasst werden, da die Liegenschaften in der Regel zu Verkehrswerten ins Geschäftsvermögen übertragen werden.

## 6. Enteignung und Zwangsvollstreckung

67
Formelle Enteignung
Expropriation formelle

Die formelle Enteignung ist als gewöhnliche Veräusserungshandlung zu qualifizieren. Der Enteignung liegt kein privatrechtlicher Vertrag, sondern eine amtliche Verfügung zugrunde. Gestützt auf das Enteignungsrecht des Bundes geht das Eigentum mit der Schlusszahlung auf den Enteigner über (Art. 91 des BG über die Enteignung, SR 711). In ähnlicher Weise dürfte das Eigentum nach kantonalen Enteignungsordnungen übergehen, wobei zahlreiche kantonale Sonderregelungen existieren.

68

Die Entschädigung entspricht in der Regel dem Verkehrswert des enteigneten Grundstücks. Damit resultiert aus der Differenz zwischen dem Verkehrswert und den Anlagekosten ein allfälliger Grundstückgewinn.

Zumindest im bernischen Steuerrecht werden Entschädigungen, welche einen Minderwert ausgleichen, ebenfalls mit der Grundstückgewinnsteuer erfasst, während sog. Inkonvenienzentschädigungen dem Grundsatz nach steuerbares Einkommen darstellen[39]. Mit Inkonvenienzentschädigungen werden vermögenswerte Nachteile ausgeglichen, die zwar mit der Enteignung in einem Zusammenhang stehen, aber nicht in der Entschädigung für das Grundstück inbegriffen sind[40].

69
Minderwertausgleich
Compensation des moins-values

Ebenfalls als Veräusserungshandlung gilt die materielle Enteignung, wo mit planerischen Massnahmen die rechtmässige Nutzung von Grundstücken mit Eigentumsbeschränkungen belegt wird und die somit einer formellen Enteignung gleichkommen.

70
Materielle Enteignung
Expropriation matérielle

Zu prüfen bleibt auch in diesen Fällen jeweils, ob ein Steueraufschubstatbestand wegen Landumlegung im Enteignungsverfahren oder drohender Enteignung erfüllt sein könnte (Art. 12 Abs. 3 Bst. c StHG).

71

Auch die Zwangsvollstreckung gilt als gewöhnliche Veräusserungshandlung (Art. 133 ff., 151 ff. und 258 SchKG). Die Zwangsvollstreckung ist ein Verwertungsverfahren, welches eine öffentlich-rechtliche Eigentumsübertragung aufgrund einer amtlichen Verfügung beinhaltet[41]. Massgebend für den Eigentumsübergang ist nicht der Grundbucheintrag, sondern der Zuschlag im Zwangsvollstreckungsverfahren.

72
Zwangsvollstreckung
Réalisation forcée

## C. Der Veräusserung gleichgestellte Tatbestände

Das StHG unterscheidet in Art. 12 Abs. 2 zwischen Veräusserungen und Tatbeständen, die den Veräusserungen gleichgestellt sind. Nachfolgend werden entsprechend der Systematik des StHG die sog. «Tatbestände, die den Veräusserungen gleichgestellt sind», dargestellt. Berücksichtigt werden dabei wiederum Besonderheiten einzelner kantonaler Steuerordnungen.

73

---

[39] NStP 1974, 11 ff.
[40] LANGENEGGER, N 7 zu Art. 130 StG BE.
[41] AMONN/GASSER, § 26 N 22.

## 1. Wirtschaftliche Handänderungen

### a. Begriff der wirtschaftlichen Handänderung

74 Bei der wirtschaftlichen Handänderung bleiben im Gegensatz zur zivilrechtlichen Handänderung die zivilrechtlichen Eigentumsverhältnisse am betroffenen Grundstück unverändert. Es werden lediglich die wesentlichen Herrschaftsbefugnisse über ein Grundstück vom bisherigen auf einen andern Rechtsträger übertragen, ohne dass damit ein zivilrechtlicher Eigentumswechsel verbunden wäre.

*Kein neuer Eigentümer / Pas de nouveau propriétaire*

75 Gemäss Art. 12 Abs. 2 Bst. a StHG werden wirtschaftliche Handänderungen als Rechtsgeschäfte bezeichnet, die in Bezug auf die Verfügungsmacht über ein Grundstück wie eine Veräusserung wirken, ohne dass dabei die zivilrechtlichen Eigentumsverhältnisse eine Änderung erfahren.

*Verfügungsmacht / Pouvoir de disposition*

76 Der Begriff der wirtschaftlichen Handänderung umfasst somit zwei Voraussetzungen[42]:
– Die rechtsgeschäftliche Übertragung der wesentlichen Teile der Verfügungsmacht über Grundeigentum sowie
– die fehlende grundbuchliche Mutation.

*Voraussetzungen / Deux conditions*

77 Massgebend für die Annahme einer wirtschaftlichen Handänderung ist jener Zeitpunkt, welcher der erwerbenden Person die wirtschaftliche Verfügungsmacht einräumt. Dabei ist es Sache der Steuerbehörden den Nachweis für das Vorliegen einer wirtschaftlichen Handänderung zu erbringen.

*Realisation / Réalisation*

78 Gesetzgebung und Praxis kennen verschiedenartige Ausprägungen von wirtschaftlichen Handänderungen, wovon die beiden wesentlichsten, nämlich die Kettengeschäfte und die Übertragung einer Mehrheitsbeteiligung an einer Immobiliengesellschaft, nachfolgend dargestellt werden sollen.

*Verschiedenartige Ausprägungen / Des genres variés*

---

[42] RICHNER/FREI/KAUFMANN, § 216 Rz 57.

## b. Kettengeschäfte

### ba. Zürcherische Praxis bei Kettengeschäften

Von einem sog. Kettengeschäft ist gemäss zürcherischer Praxis die Rede, wenn «die Verfügungsgewalt über ein Grundstück ohne Grundbucheintrag vom zivilrechtlichen Eigentümer vorerst auf einen bloss wirtschaftlich Berechtigten (Ersterwerber oder Zwischenerwerber) übergeht»[43]. Die wirtschaftliche Verfügungsmacht wird sodann im Rahmen obligatorischer Berechtigungen, verbunden mit zwei- oder mehrfacher Weiterübertragung der Verfügungsmacht bis zum endgültigen Eigentumswechsel mit Grundbucheintrag weiter gegeben.

79
Kettengeschäft
Opération en chaîne

In der Regel wird die wirtschaftliche Verfügungsmacht in Form von Kauf- oder Kaufsrechtsverträgen mit Substitutionsklausel übertragen. Einer Drittperson wird somit das Recht eingeräumt, in den entsprechenden Vertrag einzutreten, wobei es ihr regelmässig offen steht, das Grundstück vom zivilrechtlichen Veräusserer tatsächlich zu erwerben oder eine weitere Person in den Kauf- oder Kaufrechtsvertrag mit Substitutionsklausel eintreten zu lassen. Schlusspunkt derartiger «Kettenveräusserungen» muss allerdings eine zivilrechtliche Handänderung bilden.

80
Substitutionsklausel
Clause de substitution

Das Kettengeschäft beinhaltet somit zwei Voraussetzungen[44]:
– Mindestens eine zweimalige wirtschaftliche Handänderung sowie
– eine spätere zivilrechtliche Handänderung.

81
Voraussetzungen
Conditions

Verfahrensmässig ist bei Kettengeschäften zu beachten, dass grundsätzlich mindestens zwei Besteuerungen in Folge eintreten. Zunächst wird eine erste wirtschaftliche Handänderung von der (später) zivilrechtlich veräussernden Person auf die als «Zwischenhändlerin» auftretende Person besteuert. Als zweite steuerbare wirtschaftliche Handänderung wird jene von der «Zwischenhändlerin» auf den zivilrechtlichen Enderwerber erfasst. Dabei sind vergleichbar einer «Kette» nicht nur eine, sondern mehrere Personen als Zwischenhändler denkbar, welche die Verfügungsmacht über ein Grundstück jeweils auf den nächsten Zwischenhändler weiter übertragen, ohne dass diese zivilrechtliches Eigentum erwerben. Schliesslich ist wesentlich, dass die (abschliessende) zivilrechtliche Handänderung für die Annahme eines

82
Mehrere Besteuerungen
Plusieurs impositions

---

[43] RICHNER/FREI/KAUFMANN, § 216 Rz 74.
[44] RICHNER/FREI/KAUFMANN, § 216 Rz 74.

Kettengeschäfts zwar vorausgesetzt wird, aber hinsichtlich der Besteuerung nach zürcherischem Steuerrecht gänzlich ausser Betracht fällt[45].

83 Keine Substitutionsklausel
Pas de clause de substitution

Neben den soeben beschriebenen Fällen des Kettengeschäfts sind auch Fälle denkbar, in welchen eine förmliche Substitutionsklausel fehlt. Der Dritte braucht dabei für die Annahme eines steuerbaren Kettengeschäfts nicht formell in den Vertrag einzutreten. Ein blosser Verzicht der berechtigten Person auf die Ausübung eines Kaufsrechts gegen Entgelt kann genügen, falls dadurch dem Dritten zum Grundstückserwerb verholfen wird (StE 1992 B 42.22 Nr. 6).

84 Treuhandverhältnis
Relation fiduciaire

Demgegenüber ist die Annahme einer steuerbaren wirtschaftlichen Handänderung ausgeschlossen, wenn ein Kettengeschäft auf einem Treuhandverhältnis beruht. Ein derartiges Treuhandverhältnis liegt allerdings nur dann vor, wenn sich der Zwischenerwerber als Treuhänder und der spätere Enderwerber als Treugeber gegenseitig rechtlich verpflichtet haben, dass der Treuhänder zwingend die wirtschaftliche Verfügungsmacht dem Treugeber abzutreten hat[46].

85 Vorkaufsrechts-vertrag
Pacte de préemption

Der Abschluss eines Vorkaufsrechtsvertrags mit Substitutionsklausel wird in der Regel nur dann als Kettengeschäft zu qualifizieren sein, wenn die zum Vorkauf berechtigte Person im Vorkaufsfall ihr Recht an eine Drittperson abtritt[47].

### bb. Bernische Praxis bei Kettengeschäften

86

Die bernische Praxis weicht bei der Besteuerung von Kettengeschäften in weiten Teilen von der zürcherischen Praxis ab. Die bernische Praxis kombiniert die zivilrechtliche mit der wirtschaftlichen Betrachtungsweise[48].

87 Andere Voraussetzungen
Autres conditions

Im Gegensatz zur zürcherischen Regelung wird nach bernischer Praxis die zivilrechtliche Handänderung am Ende eines Kettengeschäfts mit der Grundstückgewinnsteuer erfasst, womit bernisch bei Kettengeschäften dem Konstrukt einer «wirtschaftlichen Handänderung» nicht konsequent nachgelebt wird. Sodann ist eine finale zivilrechtliche Eigentumsübertragung für die Annahme eines Kettengeschäfts nicht

---

[45] RICHNER/FREI/KAUFMANN, § 216 Rz 77.
[46] RICHNER/FREI/KAUFMANN, § 216 Rz 85.
[47] RICHNER/FREI/KAUFMANN, § 216 Rz 81.
[48] LOCHER, 201.

zwingend notwendige Voraussetzung. Allein die Übertragung der wirtschaftlichen oder tatsächlichen Verfügungsmacht an einem Grundstück genügt, damit ein allfälliger Kapitalgewinn als «wirtschaftliche Handänderung» durch die Grundstückgewinnsteuer erfasst wird.

Im Sinne einer Sonderregelung gilt jedoch die alleinige Einräumung eines Kaufsrechts des zivilrechtlichen Grundeigentümers an den Kaufsrechtsberechtigten nicht als Veräusserungstatbestand, welcher der Grundstückgewinnsteuer unterliegt. Derartige Entschädigungsgewinne werden grundsätzlich im Rahmen der ordentlichen Einkommens- oder Gewinnsteuer erfasst[49]. Wird das Kaufsrecht durch einen Kaufsrechtserwerber später ausgeübt, muss sodann die Entschädigung aus der Kaufsrechtseinräumung, welche durch die ordentliche Einkommens- oder Gewinnsteuer beim zivilrechtlichen Veräusserer bereits früher erfasst wurde, zurück erstattet werden. Andernfalls käme es zu einer unzulässigen Erfassung desselben Gewinnsubstrats beim zivilrechtlichen Veräusserer (Eigentümer des kaufsrechtsbelasteten Grundstücks) durch verschiedene Steuerarten, da beim Veräusserer nicht nur der Ausübungspreis (für das Kaufsrecht), sondern auch das Entgelt für die Einräumung des Kaufsrechts mit der Grundstückgewinnsteuer erfasst wird. Dabei wird in der Praxis die früher entrichtete Einkommens- oder Gewinnsteuer im Rahmen eines Revisionsverfahrens zurückerstattet und nicht etwa an den Betrag der Grundstückgewinnsteuer des veräussernden Grundeigentümers angerechnet.

88
Kaufsrecht
Droit
d'emption

Der Übertragung der wirtschaftlichen Verfügungsmacht auf eine Drittperson wird nach bernischer Praxis der entgeltliche Verzicht einer kaufsrechtsberechtigten Person gleichgestellt[50]. Der Erlös aus der Abgeltung des Kaufsrechtsverzichts durch den Kaufsrechtsberechtigten unterliegt der Grundstückgewinnsteuer. Ein früher geleistetes Entgelt für die Einräumung des Kaufsrechts könnte aber immerhin als «Anlagekosten» vom Erlös in Abzug gebracht werden.

89
Kaufsrechtsverzicht
Renonciation
à un droit
d'emption

---

[49] BVR 1976, 245 ff.
[50] LOCHER, 202.

c. **Übertragung von Mehrheitsbeteiligungen an Immobiliengesellschaften**

*ca. Abgrenzung der Immobiliengesellschaft von der Betriebsgesellschaft*

90 | Immobiliengesellschaft | Société immobilière

Eine weitere typische Erscheinungsform der wirtschaftlichen Handänderung ist die Übertragung einer Mehrheitsbeteiligung an einer Immobiliengesellschaft. Eine Kapitalgesellschaft oder Genossenschaft gilt nach Lehre und Rechtsprechung[51] dann als Immobiliengesellschaft, wenn die tatsächliche Tätigkeit ausschliesslich oder mindestens zur Hauptsache darin besteht, Grundstücke zu erwerben, zu verwalten, zu nutzen und zu veräussern. Sie hat deshalb in der Regel folgende Bedingungen kumulativ zu erfüllen:

– der Verkehrswert der Liegenschaften hat mindestens zwei Drittel des Verkehrswerts der Gesamtaktiven zu betragen und

– mindestens zwei Drittel des Ertrags müssen aus den oben genannten Tätigkeiten stammen.

91 | Betriebsgesellschaft | Société d'exploitation

Bildet der Grundbesitz bloss die sachliche Grundlage für einen Hotel-, Fabrikations-, Handels- oder sonstigen Geschäftsbetrieb, liegt keine Immobiliengesellschaft, sondern eine Betriebsgesellschaft vor.

92

Sämtliche genannten Kriterien müssen kumulativ erfüllt sein, wobei für die Beurteilung grundsätzlich der Zeitpunkt unmittelbar vor der Veräusserung der Mehrheitsbeteiligung massgebend ist.

93 | Kasuistik | Casuistique

Zur Beurteilung, ob eine Immobiliengesellschaft vorliegt oder nicht, existiert eine reichhaltige Kasuistik. Eine Immobiliengesellschaft wurde z.B. in folgenden Fällen bejaht:

– besteht eine Holdinggesellschaft hauptsächlich aus Tochtergesellschaften, welche steuerlich als Immobiliengesellschaften qualifiziert wurden, gilt dies auch für die Holdinggesellschaft[52];

– eine Gesellschaft, die überwiegend auf eigene Rechnung unüberbaute Grundstücke erwirbt, sie überbaut und danach gesamthaft, parzellenweise oder als Stockwerkeigentum weiter veräussert, gilt als Immobiliengesellschaft, selbst wenn ihre Eigenleistungen, die

---

[51] BGE 104 Ia 253; GÄHWILER, 3 ff.
[52] BGE 103 Ia 159; Pra 1966, Nr. 94.

sie aber nicht gegenüber Dritten als Generalunternehmerin erbringt, mit Bezug auf Projektierung und Bauleitung erheblich sind[53].

Hingegen wurde in folgenden Fällen das Vorliegen einer Immobiliengesellschaft verneint:

- Immobilien-Leasing-Gesellschaften gelten nicht als Immobiliengesellschaften, da das Leasing von Immobilien als blosse Finanzierungstätigkeit zu qualifizieren ist[54];
- ein Unternehmen, welches sein Grundeigentum dazu benutzt, darauf Tankanlagen zu errichten und zu betreiben, ist nicht als Immobiliengesellschaft zu qualifizieren[55].

94

### cb. Übertragung einer Mehrheitsbeteiligung

Eine steuerbare wirtschaftliche Handänderung liegt erst dann vor, wenn eine Mehrheitsbeteiligung an einer Immobiliengesellschaft die Hand wechselt. Denn nur die Übertragung einer Mehrheitsbeteiligung an einer Immobiliengesellschaft verleiht dem Inhaber der Beteiligungsrechte die Verfügungsmacht über die Grundstücke der Gesellschaft.

95
Übertragung einer Mehrheit
Majorité transférée

Die meisten kantonalen Steuerordnungen sehen beim Wechsel einer blossen Minderheitsbeteiligung an einer Immobiliengesellschaft keine Besteuerung durch die Grundstückgewinnsteuer vor. Gestützt auf Art. 12 Abs. 2 Bst. d StHG wäre allerdings eine Besteuerung derartiger Kapitalgewinne durch die Kantone zulässig, sofern diese über eine ausreichende gesetzliche Grundlage verfügen[56]. Massgebend für die Beurteilung, ob eine Mehrheits- oder Minderheitsbeteiligung vorliegt, sind die Stimmrechte, welche mit den Beteiligungsrechten übertragen werden.

96
Übertragung einer Minderheit
Minorité transférée

Ausnahmsweise kann sogar die Übertragung von Minderheitsbeteiligungen an einer Immobiliengesellschaft eine wirtschaftliche Handänderung darstellen. Das ist insbesondere dann der Fall, wenn zwei Personen Minderheitsbeteiligungen halten, die zusammen die Mehrheit an

97
Ausnahmen
Exceptions

---

[53] StE 1995, B 42.23 Nr. 6.
[54] StE 1988, B 73.12 Nr. 5.
[55] BGE 104 Ia 251; Pra 1967, Nr. 212.
[56] Vgl. dazu Rz 121.

einer Immobiliengesellschaft ergibt und die Beteiligungen gesamthaft auf einen Dritten übertragen[57].

98 Generell gilt, dass immer dann eine steuerbare wirtschaftliche Handänderung vorliegt, wenn Gesellschafter bei der Veräusserung von Beteiligungsrechten bewusst zusammenwirken und dadurch gleichzeitig die wirtschaftliche Verfügungsmacht an einer Immobiliengesellschaft auf eine Drittperson übertragen wird.

99 Die steuerlich massgebende Handänderung erfolgt mit der Übertragung des Besitzes an den Beteiligungsrechten auf die erwerbende Person. Wird eine Mehrheitsbeteiligung zeitlich gestaffelt übertragen, ist in der Regel jener Zeitpunkt steuerlich massgebend, in welchem die veräussernde Person der erwerbenden Person zivilrechtlich den Besitz an der Mehrheit der Beteiligungsrechte verschafft.

Realisation
Réalisation

## 2. Überführung von Grundstücken vom Privat- ins Geschäftsvermögen

100 Die Regelung von Art. 12 Abs. 2 Bst. b StHG, wonach die Überführung eines Grundstücks oder eines Grundstückteils vom Privat- ins Geschäftsvermögen als Veräusserung gilt, ist insbesondere für die Kantone mit dualistischem System von Bedeutung. Das StHG sieht für die Überführung von Grundstücken vom Privat- ins Geschäftsvermögen einer Person eine steuersystematische Realisation bei der Grundstückgewinnsteuer vor. Ob schliesslich ein Grundstückgewinn resultiert, hängt nicht zuletzt von der Bewertung des Grundstücks bei der Überführung sowie von den Anlagekosten ab.

Dualistisches System
Système dualiste

101 Für Kantone mit monistischem System sind derartige Realisierungen ausgeschlossen (Art. 12 Abs. 4 Bst. b StHG). Auch der umgekehrte Fall, d.h. die Überführung eines Grundstücks vom Geschäfts- in das Privatvermögen einer als Einzelunternehmerin tätigen Person, gilt in Kantonen mit monistischem System nicht als Veräusserungstatbestand. In letzterem Falle müsste aber über allfällige wiedereingebrachte Abschreibungen im Bereich der Einkommens- und Gewinnsteuer abgerechnet werden.

Monistisches System
Système moniste

---

[57] BGE 97 I 167; BGE 103 Ia 159; Pra 1966, Nr. 94.

## 3. Belastung mit Dienstbarkeiten und Eigentumsbeschränkungen

### a. Allgemeines

Die Regelung von Art. 12 Abs. 2 lit. c StHG sieht vor, dass gewisse Belastungen mit privatrechtlichen Grunddienstbarkeiten oder öffentlich-rechtlichen Eigentumsbeschränkungen einer zivilrechtlichen Handänderung gleich gestellt sind. Damit die Belastung eines Grundstücks mit einer privatrechtlichen Dienstbarkeit oder öffentlich-rechtlichen Eigentumsbeschränkung einer grundstückgewinnsteuerpflichtigen Teilveräusserung gleichkommt, müssen drei Voraussetzungen kumulativ erfüllt sein:

102
Drei Voraussetzungen
Trois conditions

- die Belastung des Grundstücks mit einer privatrechtlichen Dienstbarkeit oder öffentlich-rechtlichen Eigentumsbeschränkung muss dauerhaft sein;
- durch die entsprechende Belastung muss die Bewirtschaftungs- resp. die Veräusserungsmöglichkeit des Grundstücks wesentlich beeinträchtigt werden und
- die Belastung muss gegen Entgelt erfolgen.

Eine Belastung eines Grundstücks mit einer Dienstbarkeit gilt nur dann als Teilveräusserung, wenn diese dauerhaft, d.h. auf unbestimmte Zeit, errichtet wird. Dabei ist zu beachten, dass das Zivilrecht den Begriff der «Dauerhaftigkeit» im Bereich der Dienstbarkeitsrechte zum Teil anders definiert. Als «dauernd» gelten gemäss Art. 7 Abs. 2 Ziff. 2 der Grundbuchverordnung Rechte, wie Baurechte und Quellenrechte, die auf wenigstens dreissig Jahre oder auf unbestimmte Zeit begründet werden. Die Praxis der kantonalen Steuerämter stellt für die Beurteilung der Dauerhaftigkeit einer Dienstbarkeitsbelastung oder einer Eigentumsbeschränkung mehrheitlich nicht auf die erwähnte zivilrechtliche Definition ab. Vielmehr ist aus steuerlicher Optik nur dann von einer Teilveräusserung auszugehen, wenn es sich um die Einräumung einer «ewigen» Dienstbarkeit oder Eigentumsbeschränkung handelt. Bei der Einräumung von Grunddienstbarkeiten, wie z.B. der Einräumung eines Wegrechts, wird denn auch von den Vertragsparteien kaum je im Dienstbarkeitsvertrag eine zeitliche Befristung vereinbart.

103
Dauerhaft
Durable

| | |
|---|---|
| 104 Begründung und Aufhebung Constitution et radiation | Neben der Dauerhaftigkeit ist auch das Ausmass der Belastung eines Grundstücks ein Kriterium für die Beurteilung, ob eine Teilveräusserung vorliegt oder nicht. Dabei ist eine Belastung nur dann «wesentlich», wenn diese das Grundstück in erheblichem Ausmass beeinträchtigt und diese damit einer Teilveräusserung gleichkommt[58]. Für die Beurteilung der Wesentlichkeit spielt insbesondere auch die Höhe des Entgelts eine Rolle. Von Bedeutung ist sodann, dass in der Regel nur die Belastung eines Grundstücks mit einer privatrechtlichen Dienstbarkeit oder öffentlich-rechtlichen Eigentumsbeschränkung eine Grundstückgewinnsteuerpflicht auslöst, während die Ablösung einer derartigen Dienstbarkeit oder Eigentumsbeschränkung wohl in der Mehrheit der kantonalen Regelungen keine Grundstückgewinnsteuerfolgen zeitigt. |
| 105 Zürich und Bern Zurich et Berne | Zur Illustration seien stellvertretend für sämtliche Kantone die Regelungen der Kantone Zürich und Bern angefügt.<br>– Die Aufhebung einer dauernden und wesentlichen Dienstbarkeitslast löst gemäss Praxis des Kantons Zürich keine Grundstückgewinnsteuer aus. Eine entsprechende Entschädigung unterliegt – soweit das Grundstück nicht Bestandteil des Geschäftsvermögens bildet – als steuerfreier privater Kapitalgewinn auch nicht der Einkommenssteuer[59]. Immerhin kann die für die Ablösung getätigte Aufwendung bei der späteren Veräusserung des von der Dienstbarkeit befreiten Grundstücks als Anlagekostenkomponente Berücksichtigung finden. Es handelt sich dabei nach zürcherischer Auffassung um eine rechtliche Verbesserung am zu veräussernden Grundstück, die im Rahmen des Kongruenzprinzips bei der Grundstückgewinnsteuer als Anlagekosten angerechnet werden können[60]. Eine Berücksichtigung der Aufwendungen für die Ablösung ist allerdings dann ausgeschlossen, wenn der spätere Veräusserer das Grundstück nach dem Erwerb rechtlich belastet hat und die Belastung vom selben Veräusserer vor der Veräusserung wieder abgelöst wurde[61].<br>– Im Gegensatz zum Kanton Zürich unterliegt gemäss Praxis des Kantons Bern nicht nur die entgeltliche Einräumung, sondern auch |

---

[58] RICHNER/FREI/KAUFMANN, § 216 Rz 104.
[59] RICHNER/FREI/KAUFMANN, § 216 Rz 105.
[60] Zum Begriff des Kongruenzprinzips vgl. Rz 237.
[61] RICHNER/FREI/KAUFMANN, § 221 Rz 51 mit Hinweis auf VGr, 03.03.1992.

die entgeltliche Ablösung von dauerhaften, wesentlichen Grunddienstbarkeitslasten der Grundstückgewinnsteuer. Was beim belasteten Grundstück bei Einräumung einer dauerhaften und wesentlichen Grunddienstbarkeit eine Teilveräusserung bedeutet, ist auf der anderen Seite für das berechtigte Grundstück ein entsprechender Zuwachs. Wird nunmehr ein derartiger Zuwachs am berechtigten Grundstück abgelöst, ist dies wiederum als Teilveräusserung am berechtigten Grundstück zu qualifizieren. Allerdings resultiert bei Ablösung derartiger Dienstbarkeiten oftmals rechnerisch kein Gewinn, da die Kosten der früheren Dienstbarkeitseinräumung als Anlagekosten geltend gemacht werden können, sofern es sich um dieselbe Person handelt, die bereits die Einräumung finanziert hat.

### b. Belastung mit privatrechtlichen Dienstbarkeiten

Eine privatrechtliche Dienstbarkeit ist ein beschränktes dingliches Recht auf Genuss oder Gebrauch einer Sache. Die Belastung des Grundstücks erfolgt dabei in der Weise, dass einem Berechtigten das Recht auf Genuss oder Gebrauch des belasteten Grundstücks eingeräumt wird. Dabei besteht die Belastung immer in einem Dulden des Grundeigentümers von Eingriffen in sein Grundeigentum.

106
Privatrechtliche Dienstbarkeit
Servitude de droit privé

Im Zivilrecht wird zwischen zwei Arten von Dienstbarkeiten unterschieden:

107
Grund- oder Personaldienstbarkeit
Réelle ou personnelle

– den Grunddienstbarkeiten, wo die Berechtigung zugunsten des jeweiligen Eigentümers eines anderen Grundstücks lautet (Art. 730 Abs. 1 ZGB) sowie

– den Personaldienstbarkeiten (wie z.B. Nutzniessung, Wohnrecht oder Baurecht), wo die Berechtigung zugunsten einer bestimmten Person besteht.

Die Belastung eines Grundstücks mit einer privatrechtlichen Dienstbarkeit kann nur dann eine Grundstückgewinnsteuerpflicht auslösen, wenn sie auf unbegrenzte Dauer errichtet worden ist, was häufig bei Grunddienstbarkeiten zutrifft.

108
Dauer des Rechts
Durée du droit

Ist die Belastung demgegenüber zeitlich beschränkt, wie dies regelmässig bei sog. regulären Personaldienstbarkeiten der Fall ist, so entfällt eine Besteuerung durch die Grundstückgewinnsteuer. Indessen ist eine Steuerpflicht bei übertragbaren und vererblichen, d.h. bei irregulä-

109

ren Personaldienstbarkeiten möglich, sofern diese auf unbeschränkte Dauer eingeräumt wurden.

110 Die entgeltliche Einräumung zeitlich begrenzter Dienstbarkeiten unterliegt nicht der Grundstückgewinnsteuer, löst aber immerhin in der Regel die ordentliche Einkommens- oder Gewinnsteuer aus[62].

### *ba.* *Baurecht*

111 Was für die anderen häufig eingeräumten Personaldienstbarkeiten wie die Nutzniessung und das Wohnrecht gilt, muss in gleicher Weise auch für die Einräumung eines Baurechts gelten. Das Baurecht ist eine Dienstbarkeit, deren gesetzlicher Inhalt in der Befugnis der berechtigten Person besteht, auf oder unter der Bodenfläche des belasteten Grundstücks eine Baute zu errichten oder beizubehalten (Art. 675 Abs. 1 i.V.m. Art. 779 Abs. 1 ZGB)[63].

Das Baurecht
Le droit de superficie

112 Hervorzuheben ist insbesondere das selbstständige und dauernde Baurecht, welches in der Praxis von besonderer Bedeutung ist. «Selbstständig» ist ein Baurecht dann, wenn es für sich übertragbar ist, d.h. nicht zugunsten eines jeweiligen Eigentümers eines Grundstücks oder zugunsten einer bestimmten Person begründet ist. «Dauernd» ist ein Baurecht, wenn es für mindestens dreissig Jahre oder auf unbestimmte Zeit, d.h. maximal für hundert Jahre, begründet ist (Art. 7 Abs. 2 der Grundbuchverordnung). Derartige selbstständige und dauernde Baurechte können als vom belasteten Grundstück (Stammgrundstück) unterscheidbares «Grundstück» in das Grundbuch aufgenommen werden.

Selbstständig und dauernd
Distinct et permanent

---

[62] Als zeitlich beschränkte Dienstbarkeiten gelten insbesondere die Nutzniessung und das Wohnrecht. Beide Personaldienstbarkeiten gelten als rechtliche Verschlechterung des Grundstücks und werden gemäss Praxis des Kantons Zürich als Anlagekosten (Erwerbspreiskorrektur) bei Veräusserung des damit belasteten Grundstücks berücksichtigt (vgl. dazu Rz 271). Eine andere Regelung gilt im Kanton Bern, wo derartige zeitlich beschränkte und unwesentliche Belastungen von Grundstücken mit Dienstbarkeiten oder öffentlich-rechtlichen Eigentumsbeschränkungen beim Empfänger der ordentlichen Einkommens- oder Gewinnsteuer unterliegen und damit von der Grundstückgewinnsteuer ausgenommen sind (Art. 129 Abs. 1 Bst. b StG BE). Der bernische Gesetzgeber hat in Art. 137 Abs. 3 StG BE ausdrücklich festgehalten, dass beschränkte dingliche Rechte wie insbesondere die Nutzniessung und das Wohnrecht bei der Veräusserung des damit belasteten Grundstücks in der Gewinnberechnung nicht berücksichtigt werden, und zwar auch nicht als Anlagekosten bei der späteren Veräusserung des belasteten Grundstücks.

[63] MEIER-HAYOZ, N 8 zu Art. 675 ZGB.

Die Begründung eines Baurechts gilt grundsätzlich nicht als steuerpflichtige Handänderung, da die Begründung einer zeitlich beschränkten Dienstbarkeit – selbst bei einer Dauer von hundert Jahren – grundstückgewinnsteuerlich bedeutungslos ist. Ein geleistetes Entgelt für die Einräumung eines Baurechts unterliegt somit in der Regel der ordentlichen Einkommens- oder Gewinnsteuer[64].

113
Begründung des Rechts
Constitution du droit

Bei der Weiterübertragung des einmal begründeten Baurechts an eine Drittperson ist zu unterscheiden, ob es sich um ein selbstständiges und dauerndes Baurecht handelt, welches als «Grundstück» in das Grundbuch aufgenommen wurde, oder ob es als unselbstständiges Baurecht nicht den Charakter eines selbstständig übertragbaren Grundstücks aufweist. Während die Weiterübertragung des letzteren in der Regel keine Grundstückgewinnsteuer auslöst, dürfte die Übertragung eines selbstständigen und dauernden Baurechts wohl in der Mehrzahl der Kantone eine steuerpflichtige Handänderung darstellen.

114
Übertragung des Rechts
Transfert du droit

Der Untergang resp. der Heimfall nach Zeitablauf eines selbstständigen und dauernden Baurechts führt allerdings je nach Kanton zu unterschiedlichen steuerlichen Beurteilungen.

115
Untergang und Heimfall
Fin et retour

– Gemäss Praxis des Kantons Zürich wird durch den späteren Heimfall oder die Löschung des selbstständigen und dauernden Baurechts keine Grundstückgewinnsteuer ausgelöst[65].

– Demgegenüber wird im Kanton Bern bei Heimfall des selbstständigen und dauernden Baurechts dann grundstückgewinnsteuerlich abgerechnet, wenn die Heimfallsentschädigung die Anlagekosten übersteigt[66].

---

[64] Im Sinne einer Sonderregelung wird im Kanton Bern die Grundstückgewinnsteuer dann ausgelöst, wenn ein Baurecht an einem bereits überbauten Grundstück einer Drittperson eingeräumt wird. Hierbei ist zu differenzieren zwischen dem Entgelt für die Baute und der zusätzlichen Entschädigung für die Dienstbarkeitseinräumung am Land (Baurechtszins). Während das Entgelt für die Baute der Grundstückgewinnsteuer unterliegt, wird der Baurechtszins für das Land der Einkommens- oder Gewinnsteuer unterworfen. Wird aber nur ein Baurechtszins bei einem überbauten Grundstück vereinbart, so scheidet die Steuerbehörde eine sog. Amortisationskomponente für die Baute aus, die mit ihrem Kapitalwert als Erlösbestandteil ausgeschieden wird und der Grundstückgewinnsteuer unterliegt. Wird demgegenüber ein Baurecht an einem unüberbauten Grundstück eingeräumt, wird keine Handänderung angenommen und der Baurechtszins resp. eine geleistete Kapitalleistung unterliegt der ordentlichen Einkommens- oder Gewinnsteuer (vgl. LANGENEGGER, N 11 zu Art. 129 StG BE).
[65] RICHNER/FREI/KAUFMANN, § 216 Rz 132 ff.
[66] LANGENEGGER, N 11 zu Art. 129 StG BE.

### bb. Rechte auf Ausbeutung

116  Die Rechte auf Ausbeutung von Kies, Sand, Torf, Steinsalz, Kohle und anderen Stoffen sind von besonderer wirtschaftlicher Bedeutung, weshalb die steuerlichen Implikationen dieser Rechte kurz dargelegt werden sollen. Die erwähnten Ausbeutungsrechte werden in der Regel als Grunddienstbarkeiten von Grundeigentümern eingeräumt oder unterliegen von vornherein dem Hoheitsrecht der Kantone (Bergregal), wie z.B. Steinsalz- und Kohlevorkommen, deren Ausbeutung eine Konzession erfordert. Obwohl hier ein nicht zu übersehender Substanzverzehr am belasteten Grundstück erfolgt und damit an sich die Voraussetzungen für eine Teilveräusserung vorliegen, wird nach den Steuerordnungen der Kantone in der Regel keine grundstückgewinnsteuerpflichtige Handänderung angenommen[67]. Vielmehr erfolgt die Besteuerung für die Einräumung der Ausbeutung regelmässig durch die ordentliche Einkommens- oder Gewinnsteuer. Dies erscheint auch sachgerecht, da oftmals als Entschädigung Kubikmeterpreise bestimmt werden und damit ein über mehrere Jahre verteiltes periodisches Entgelt fliesst. Würde demgegenüber ein derartiges Entgelt mit der Grundstückgewinnsteuer erfasst, ergäben sich Schwierigkeiten bei der Erlösbestimmung, indem ein Barwert der künftigen Entgelte aufgrund eines unter Umständen nicht näher erfassbaren Materialvorkommens zu ermitteln wäre.

### c. Belastung mit öffentlich-rechtlichen Eigentumsbeschränkungen

117  Neben der Belastung einer Liegenschaft mit einer privatrechtlichen Dienstbarkeit kann auch die Belastung eines Grundstücks mit einer öffentlich-rechtlichen Eigentumsbeschränkung eine Grundstückgewinnsteuerpflicht auslösen. Im ZGB finden sich keine öffentlich-rechtlichen Eigentumsbeschränkungen, die für das Grundstückgewinnsteuerrecht von Bedeutung wären[68]. Vielmehr verweist Art. 702 ZGB auf das öffentliche Recht des Bundes, der Kantone und der Gemeinden.

*Eigentumsbeschränkungen*
*Restrictions à la propriété*

---

[67] Vgl. insbesondere die gesetzliche Regelung im Kanton Bern, wonach Abgeltungen für Rechte auf Ausbeutung der Einkommens- oder Gewinnsteuer unterworfen sind (Art. 129 StG BE).

[68] Vgl. z.B. die Möglichkeit der Privatexpropriation gemäss Art. 711 und 712 ZGB oder die Zwangsgemeinschaft gemäss Art. 703 ZGB.

Als öffentlich-rechtliche Eigentumsbeschränkungen gestützt auf die kantonalen Rechtsordnungen können etwa folgende Beispiele genannt werden:

- Festlegung von Gewässerschutzzonen,
- öffentlich-rechtliche Bauverbote,
- Schutzmassnahmen im Bereich des Natur- und Heimatschutzes.

Ebenso wie bei den privatrechtlichen Dienstbarkeiten müssen entgeltlich eingeräumte öffentlich-rechtliche Eigentumsbeschränkungen eine gewisse Intensität und Dauerhaftigkeit aufweisen, damit überhaupt eine steuerlich relevante Handänderung vorliegt.

Massgebender Realisationszeitpunkt ist in der Regel die rechtskräftige Festlegung der Entschädigung für den Eingriff in das private Eigentum.

## 4. Übertragung von Beteiligungsrechten an Immobiliengesellschaften

Das StHG räumt den Kantonen die Kompetenz ein, selbst beliebige Übertragungen von Beteiligungsrechten an Immobiliengesellschaften mit der Grundstückgewinnsteuer zu erfassen (Art. 12 Abs. 2 Bst. d StHG). Die Regelung in Art. 12 Abs. 2 Bst. d StHG darf jedoch nicht mit der wirtschaftlichen Handänderung verwechselt werden, welche bereits in Art. 12 Abs. 2 Bst. a StHG geregelt ist, wonach die Kantone die Übertragung einer Mehrheitsbeteiligung an einer Immobiliengesellschaft der Grundstückgewinnsteuer unterwerfen dürfen. Mit Art. 12 Abs. 2 Bst. d StHG wurde die Grundlage geschaffen, dass die Kantone eine spezielle Kapitalgewinnsteuer einführen können, bei der nicht die Verfügungsmacht entscheidend ist, sondern allein schon jede Quotenverschiebung mittels Verkauf von Beteiligungspapieren zur steuerlichen Abrechnung führen kann[69]. Allerdings ist bis heute kein Kanton bekannt, der diese ungewöhnliche Besteuerungskompetenz im kantonalen Steuerrecht umgesetzt hätte.

---

[69] ZWAHLEN, in: ZWEIFEL/ATHANAS, N 31 zu Art. 12 StHG.

## 5. Ohne Veräusserung erzielte Planungsmehrwerte

**122**
Kantonales Recht
Droit cantonal

Die Regelung von Art. 12 Abs. 2 Bst. e StHG räumt den Kantonen die Möglichkeit ein, Planungsmehrwerte mit der Grundstückgewinnsteuer abzuschöpfen. Derartige Planungsmehrwerte dürfen somit abgeschöpft werden, ohne dass eine Veräusserung resp. Handänderung vorliegt.

**123**
Grundsätzlich keine Besteuerung
Pas d'imposition en principe

Aufgrund der Tatsache, dass gestützt auf das Bundesgesetz vom 22. Juni 1979 über die Raumplanung (Raumplanungsgesetz, RPG, SR 700) nebst der Mehrwertabschöpfung auch ein Minderwertausgleich vorgesehen ist, hat die Mehrzahl der Kantone darauf verzichtet, eine derartige Mehrwertabschöpfung im Recht der Grundstückgewinnsteuer zu verankern[70].

# V. Steueraufschubstatbestände

## A. Allgemeines

**124**
Kein Verzicht auf die Besteuerung
Pas de renonciation

Das StHG regelt die Steueraufschubstatbestände abschliessend in Art. 12 Abs. 3 und Abs. 4 Bst. a. Der Steueraufschub als solcher bedeutet keinen endgültigen Verzicht des Fiskus auf eine Besteuerung, vielmehr wird ein allfälliger Gewinn bloss in einem späteren Zeitpunkt besteuert.

**125**
Die gesetzlichen Fälle
Les cas légaux

Das StHG sieht bei Vorliegen der entsprechenden Voraussetzungen in folgenden Fällen einen Steueraufschub vor:
– bei unentgeltlichen Handänderungen (Art. 12 Abs. 3 Bst. a);
– bei Eigentumswechseln unter Ehegatten (Art. 12 Abs. 3 Bst. b);

---

[70] ZWAHLEN, in: ZWEIFEL/ATHANAS, N 42 zu Art. 12 StHG; eine Ausnahme bildet der Kanton Bern, wo in Art. 142 des Baugesetzes BE vom 9. Juni 1985 (Bernische Systematische Gesetzessammlung, 721.0) die Abschöpfung von Planungsmehrwerten der Steuergesetzgebung zugewiesen wird. Planungsmehrwerte werden in der Praxis durch die bernischen Gemeinden oft in der Form von sog. Infrastrukturverträgen abgeschöpft. Sie werden als Vorabschöpfung der Grundstückgewinnsteuer betrachtet und bei der späteren Grundstückgewinnbesteuerung vom Steueranteil des vorabschöpfenden Gemeinwesens in Abzug gebracht (Art.148 StG BE).

- bei Landumlegungen (Art. 12 Abs. 3 Bst. c);
- bei Ersatzbeschaffung von land- und forstwirtschaftlichen Grundstücken (Art. 12 Abs. 3 Bst. d);
- bei Ersatzbeschaffung von dauernd selbst bewohntem Wohneigentum (Art. 12 Abs. 3 Bst. e);
- bei Ersatzbeschaffungen von Betriebsgrundstücken und Umstrukturierungen (ausschliesslich in Kantonen mit monistischem System; Art. 12 Abs. 4 Bst. a).

## B. Unentgeltliche Handänderungen

### 1. Rechtliche Grundlage im StHG

Das StHG sieht gemäss Art. 12 Abs. 3 Bst. a einen Steueraufschub vor bei Eigentumswechsel durch Schenkung, Erbgang (Erbfolge, Erbteilung, Vermächtnis) oder Erbvorbezug.

### 2. Erbgang

Beim Erbgang wie auch beim Vermächtnis stellen sich in der Praxis kaum Probleme hinsichtlich der Gewährung des Steueraufschubs. Die Handänderung infolge Erbgangs erfolgt durch Universalsukzession auf die Erben, welche in die Rechtsstellung der verstorbenen Person eintreten. Hingegen erfolgt die Handänderung beim Vermächtnis aufgrund eines obligatorischen Anspruchs gegen die Erben durch Singularsukzession. Da aber der Gesetzgeber ausdrücklich auch das Vermächtnis in Art. 12 Abs. 3 Bst. a StHG erwähnt, sind Grundstücksübertragungen durch Vermächtnis ebenfalls steuerlich privilegiert.

### 3. Erbteilung

Obwohl die Erbteilung rechtlich ein völlig eigenständiger Vorgang ist, wird sie vom Gesetzgeber in Art. 12 Abs. 3 Bst. a StHG praktisch in einem Atemzug mit dem Erbgang erwähnt. Die Erbteilung kann als Liquidation der vorangehenden Erbengemeinschaft (Liquidationsgemeinschaft) charakterisiert werden. Dabei verliert auch eine sog. fortgesetzte Erbengemeinschaft, welche aus einer partiellen Erbteilung hervorgeht, das Privileg des Steueraufschubs nicht[71].

## 4. Erbvorbezug

129
Begriff
Notion

Ein Erbvorbezug oder mit anderen Worten eine Abtretung auf Rechnung zukünftiger Erbschaft liegt vor, wenn die veräussernde Person einem eingesetzten oder gesetzlichen Erben einen Vermögenswert unentgeltlich oder nur gegen geringes Entgelt überträgt. Damit trägt der Erbvorbezug grundsätzlich die Wesensmerkmale einer Schenkung und unterliegt bei teilweise entgeltlicher Ausgestaltung hinsichtlich des unentgeltlichen Teils in der Regel der Schenkungssteuer.

130
Gemischte
Rechtsgeschäfte
Affaires mixtes

Die kantonalen Ausprägungen des Steueraufschubs bei gemischten Rechtsgeschäften sind je nach Sachverhalt unterschiedlich.

– So wird gemäss Praxis der Steuerbehörden des Kantons St. Gallen bei gemischten Rechtsgeschäften, sofern der Veräusserungserlös zwar die Anlagekosten übersteigt, aber immer noch unter dem Verkehrswert liegt, auf dem «unentgeltlichen» Teil, d.h. in der Differenz zwischen Verkehrswert und Veräusserungserlös, ein teilweiser Steueraufschub gewährt. Der entgeltliche Teil wird sodann im Umfang des um die Anlagekosten verminderten Veräusserungserlöses unmittelbar durch die Grundstückgewinnsteuer abgeschöpft[72].

– Anders als der Kanton St. Gallen kennt der Kanton Bern keinen anteilsmässigen Steueraufschub bei teilweise entgeltlichem Erbvorbezug. Unter bestimmten Voraussetzungen werden jedoch teilweise entgeltliche Rechtsgeschäfte steuerlich als «unentgeltlich» beurteilt[73].

---

[71] Anders wird die Frage ausnahmsweise dann beurteilt, wenn durch die Veräusserung eines bedeutenden Teils der Nachlassliegenschaften und bei gleichzeitiger Überbauung der verbleibenden Nachlassgrundstücke nicht mehr von einer fortgesetzten Erbengemeinschaft auszugehen ist, sondern sich diese in eine einfache Gesellschaft gewandelt hat (StE 1998, B 42.31). Die Auflösung einer derartigen einfachen Gesellschaft kann nicht mehr im Sinne einer Erbteilung steuerlich privilegiert werden.

[72] WEIDMANN/GROSSMANN/ZIGERLIG, 228 f.

[73] Diese Voraussetzungen sind in Art. 131 Abs. 3 StG BE explizit aufgeführt. Demzufolge gilt der Erbvorbezug (und gemäss Praxis grundsätzlich auch die Schenkung an Präsumtiverben) dann noch als unentgeltlich, wenn die Leistung der übernehmenden Person mit einer Stellung als gesetzlicher oder eingesetzter Erbe ausschliesslich be-

– Auch im Kanton Zürich wird bei teilweise unentgeltlichem Erbvorbezug ein vollständiger Steueraufschub gewährt, sofern ein in die Augen springendes Missverhältnis zwischen Verkehrswert und Gegenleistung im Umfang von mindestens 25% des Verkehrswerts besteht. Allerdings kann bei der späteren Weiterveräusserung die entrichtete Gegenleistung nicht als Anlagekostenbestandteil bei der Grundstückgewinnsteuer in Abzug gebracht werden[74].

## 5. Schenkung

Unter einer Schenkung ist unter steuerlichen Gesichtspunkten jede freiwillige und unentgeltliche Zuwendung von Geld, Sachen oder Rechten von einer schenkenden Person an eine beschenkte Person zu verstehen. In der Regel erfordert sowohl der zivilrechtliche wie auch der steuerrechtliche Begriff der Schenkung bei der schenkenden Person einen «animus donandi», d.h. einen Schenkungswillen, damit steuerlich eine Schenkung vorliegt.

131
Begriff und Regelung
Notion et régime

Ein Steueraufschub oder sogar eine «Steuerbefreiung» ist bei der reinen Schenkung, wo jegliche auch noch so geringe Gegenleistung fehlt, wohl in allen Kantonen die Regel[75].

132

Demgegenüber bestehen bei gemischten Schenkungen, die mit dem gemischten Erbvorbezug vergleichbar sind, je nach Kanton unterschiedliche Regelungen. Je nach vertraglicher Ausgestaltung des Schenkungsvertrags wird in den einzelnen Kantonen bei gemischten Schenkungen ein vollständiger oder auch bloss ein teilweiser Steueraufschub gewährt, sofern überhaupt ein Steueraufschubstatbestand vorliegt.

133
Gemischte Schenkungen
Donations mixtes

---

steht in der Übernahme von aufhaftenden Grundpfandforderungen zugunsten Dritter (wobei unbelehnte Schuldbriefe unbelastet auf den Namen der übernehmenden Person zu übertragen sind), in der Vereinbarung einer Verpfründung zugunsten der abtretenden Person, in der Verpflichtung zu Ausgleichsleistungen an Miterbinnen und Miterben oder gemäss Praxis im Vorbehalt einer Nutzniessung oder eines Wohnrechts zugunsten der abtretenden Person oder der Ehepartnerin oder des Ehepartners der abtretenden Person.

74 RICHNER/FREI/KAUFMANN, § 216 Rz 162.
75 RICHNER/FREI/KAUFMANN, § 216 Rz 169, mit Hinweis auf die zürcherische Praxis, wonach bei reinen Schenkungen überhaupt keine Handänderung vorliegt und damit ein Steueraufschub obsolet ist.

## 6. Latente Steuerlast

134 Aus steuerplanerischer Optik ist zu beachten, dass bei unentgeltlichen oder bei teilweise unentgeltlichen Handänderungen eine latente Steuerlast auf die erwerbende Person übergehen könnte. Immerhin wird bei den steuerlich als unentgeltlich qualifizierten Handänderungen die Besitzesdauer nicht unterbrochen, womit der erwerbenden Person zumindest dieser Vorteil verbleibt. Letztlich ist es Sache der Vertragsparteien, in welchem Ausmass sie einer allfälligen latenten Steuerlast bei der Ausgestaltung eines Erbvorbezugs, einer Erbteilung oder einer gemischten Schenkung Rechnung tragen wollen[76].

135 Deshalb sind die Vertragsparteien gut beraten, den latenten Steuern im Zeitpunkt der Erbteilung oder des Erbvorbezugs bei der Festlegung von Teilungs- oder Anrechnungswerten angemessen Rechnung zu tragen.

# C. Eigentumswechsel unter Ehegatten

## 1. Rechtliche Grundlage im StHG

136 In Art. 12 Abs. 3 Bst. b StHG hat der Gesetzgeber einen weiteren Steueraufschubstatbestand vorgesehen, der dann gewährt wird, wenn ein Grundstück unter Ehegatten übertragen wird und dies zur Abgeltung von güter- oder scheidungsrechtlichen Ansprüchen oder zur Ausgleichung von geleisteten ausserordentlichen Beiträgen eines Ehegatten an den Unterhalt der Familie (Art. 165 ZGB) geschieht.

---

[76] Aufgrund der gesetzlichen Regelung resultiert im Kanton Bern insbesondere dann eine nicht zu unterschätzende latente Steuerlast, wenn im Rahmen einer Erbteilung oder eines Erbvorbezugs der vereinbarte Teilungs- oder Anrechnungswert unter den Miterben den amtlichen Wert (Steuerwert) des Grundstücks übersteigt. Bei einer späteren Weiterveräusserung gelten weder ein vereinbarter Teilungs- oder Anrechnungswert, noch allenfalls geleistete Ausgleichszahlungen der übernehmenden Person an die Miterben als Anlagekosten. Ebenso wenig können allfällige Ausgleichszahlungen vom Erlös in Abzug gebracht werden.

## 2. Allgemeine Voraussetzungen

Ein Eigentumswechsel muss unter Ehegatten stattfinden. Die Parteien gelten als Ehegatten, solange sie verheiratet sind. Auch faktisch oder gerichtlich getrennte Partner sind Ehegatten. Selbst wenn eine Handänderung im Rahmen eines Scheidungs-, Trennungs- oder Eheungültigkeitsurteils vollzogen wird, können sich die Ehegatten auf den Steueraufschubstatbestand berufen.

137
Unter Ehegatten
Entre époux

Eine weitere Voraussetzung zur Gewährung des Steueraufschubs ist das Einverständnis beider Ehegatten zum Steueraufschub. Das Einverständnis ist deshalb erforderlich, weil der übernehmende Ehegatte oftmals mit dem Steueraufschub eine latente Steuerlast mit übernimmt. Unter Umständen kann es für den übernehmenden Ehegatten somit sinnvoller sein, wenn er die Zustimmungserklärung zum Steueraufschub nicht erteilt und somit über die Handänderung grundstückgewinnsteuerlich beim veräussernden Ehegatten abgerechnet wird. Die Steuerbehörden verlangen in der Regel aus Beweisgründen eine schriftliche Zustimmungserklärung, welche von beiden Ehegatten zu unterzeichnen ist[77].

138
Einverständnis zum Aufschub
Accord sur le report

Nebst diesen allgemeinen Voraussetzungen muss zumindest einer der drei nachfolgenden Tatbestände, d.h. die Abgeltung von güter- oder scheidungsrechtlichen Ansprüchen oder die Ausgleichung von geleisteten ausserordentlichen Beiträgen eines Ehegatten an den Unterhalt der Familie erfüllt sein, damit der veräussernde Ehegatte in den Genuss eines Steueraufschubs gelangt.

139

## 3. Besondere Voraussetzungen

### a. Güterrechtliche Ansprüche

Güterrechtliche Ansprüche können insbesondere bei Durchführung einer güterrechtlichen Auseinandersetzung unter Ehegatten entstehen. In der Regel sind güterrechtliche Auseinandersetzungen dann erfor-

140

---

[77] Gemäss Praxis des Kantons Bern ist selbst die Entrichtung von Differenzzahlungen unter den Ehegatten kein Hindernis für die Gewährung eines Steueraufschubs, sofern die übrigen Voraussetzungen für eine Privilegierung erfüllt sind. Allerdings werden derartige Differenzzahlungen gemäss bernischer Praxis bei der späteren Weiterveräusserung nicht als Anlagekosten berücksichtigt.

derlich, wenn ein Güterstand zufolge Tod, Scheidung, Trennung, Ungültigerklärung der Ehe, Vereinbarung eines anderen Güterstands oder durch richterliche Anordnung der Gütertrennung aufgelöst wird. Ebenfalls unter den Begriff der «güterrechtlichen Ansprüche» ist der Anspruch auf Abgeltung von Mehrwertanteilen (Art. 206 ZGB) zu subsumieren, und dies selbst dann, wenn der Anspruch während der Ehe und ohne Änderung des Güterstands fällig wird.

### b. Scheidungsrechtliche Ansprüche

141 Wird eine Ehe geschieden, entstehen oft scheidungsrechtliche Ansprüche, die mangels vorhandener anderweitiger Aktiva durch Übertragung einer Liegenschaft unter den Ehegatten abgegolten werden müssen. Als scheidungsrechtliche Ansprüche gelten insbesondere Zahlungen für nachehelichen Unterhalt oder entgangene Vorsorgeansprüche.

### c. Ausserordentliche Beiträge im Sinne von Art. 165 ZGB

142 Hat ein Ehegatte im Beruf oder Gewerbe des andern erheblich mehr mitgearbeitet, als sein Beitrag an den Unterhalt der Familie verlangt, so hat er dafür Anspruch auf angemessene Entschädigung (Art. 165 Abs. 1 ZGB). Ausserordentliche Beiträge eines Ehegatten im Sinne von Art. 165 Abs. 2 ZGB liegen vor, wenn ein Ehegatte aus seinem Einkommen oder Vermögen an den Unterhalt der Familie bedeutend mehr beigetragen hat, als er verpflichtet war. Kein Anspruch auf eine Entschädigung im Sinne von Art. 165 Abs. 1 und Abs. 2 ZGB besteht, wenn ein Ehegatte seinen ausserordentlichen Beitrag ausschliesslich aufgrund eines Arbeits-, Darlehens- oder Gesellschaftsvertrags oder eines anderen Rechtsverhältnisses geleistet hat (Art. 165 Abs. 3 ZGB).

## D. Landumlegung

### 1. Rechtliche Grundlage im StHG

143 Gemäss Art. 12 Abs. 3 Bst. c StHG wird die Besteuerung aufgeschoTatbestände ben bei Landumlegungen zwecks Güterzusammenlegung, QuartierplaEtats de fait nung, Grenzbereinigung, Arrondierung landwirtschaftlicher Heimwe-

sen sowie bei Landumlegungen im Enteignungsverfahren oder bei drohender Enteignung. Sämtliche erwähnten Tatbestände stellen im Grunde genommen Tauschgeschäfte dar[78]. Da Tauschgeschäfte grundsätzlich als Veräusserungstatbestände gelten[79], sind die genannten Voraussetzung für die Gewährung eines Steueraufschubs jeweils sorgfältig zu prüfen.

Regelmässig stehen einer steuerlichen Privilegierung durch Steueraufschub etwa folgende Sachverhalte entgegen:

144
Kein Steueraufschub
Pas d'imposition différée

– das Tauschgeschäft bezweckt bloss die Schaffung neuer Baulandreserven;
– der Tausch erfolgt nicht hinsichtlich funktionell gleichartiger und gleichwertiger Grundstücke, wobei die Differenz durch ein Aufgeld ausgeglichen wird, was zur Besteuerung des Aufgeldes führt[80].

Die meisten der genannten Spielarten von Landumlegungen unterliegen in der Regel einer gewissen behördlichen Aufsicht oder Genehmigungspflicht, womit in der Regel rein privatrechtliche Tauschgeschäfte vom Steuerprivileg ausgeschlossen sind.

145

---

[78] ZWAHLEN, in: ZWEIFEL/ATHANAS, N 66 zu Art. 12 StHG.
[79] Vgl. dazu Rz 43 ff.
[80] Die Praxis kennt darüber hinaus zahlreiche kantonale Sonderregelungen: Gemäss Praxis des Kantons Bern sind die Voraussetzungen für den Steueraufschub insbesondere dann nicht erfüllt, wenn die steuerpflichtige Person ein Grundstück einer Drittperson veräussert, welche das Grundstück ihrerseits in eine Landumlegung einbringt, oder der steuerpflichtigen Person im Rahmen der Landumlegung anstelle der Zuteilung eines Ersatzgrundstücks (Realersatz) eine Entschädigung bezahlt wird (vgl. auch Art. 132 Abs. 1 Bst. b StG BE). Wird der steuerpflichtigen Person für das in die Landumlegung eingebrachte Grundstück zusätzlich zum Realersatz eine Entschädigung (Aufgeld) ausgerichtet, unterliegt das Aufgeld der sofortigen Grundstückgewinnbesteuerung, sofern nicht ein anderer Steueraufschubstatbestand (z.B. eine Ersatzbeschaffung) vorliegt. Demgegenüber werden nach Zürcher Praxis geringfügige Ausgleichszahlungen nicht besteuert. Als nicht mehr geringfügig wird im Kanton Zürich eine Zahlung dann beurteilt, wenn sie wertmässig mehr als 20% des neu zugeteilten Landes ausmacht, oder 10 bis 20% des neu zugeteilten Landes ausmacht und CHF 10'000 übersteigt, oder unter 10% des neu zugeteilten Landes liegt, jedoch CHF 20'000 übersteigt. Bei einer späteren Weiterveräusserung können derartige Ausgleichszahlungen – anders als bei den übrigen Veräusserungsfällen – im Kanton Zürich als Anlagekosten geltend gemacht werden (vgl. RICHNER/FREI/KAUFMANN, § 216 Rz 190 f.).

## 2. Landumlegung zwecks Güterzusammenlegung

146 Von einer Landumlegung zwecks Güterzusammenlegung ist dann die Rede, wenn eine Veräusserung zum Zwecke einer Boden- oder Waldverbesserung (Melioration) vorliegt und die steuerpflichtige Person selber das Grundstück in das «Güterzusammenlegungsunternehmen» einbringt. Derartige Unternehmen unterliegen wohl praktisch in sämtlichen Kantonen einer behördlichen Aufsicht oder Genehmigung, ohne deren Nachweis ein Steueraufschub in der Regel ausgeschlossen ist. Das eingeworfene Grundstück muss sich ferner im Beizugsgebiet der Güterzusammenlegung befinden. Ausserdem muss der steuerpflichtigen Person ein Ersatzgrundstück, d.h. Realersatz, zugeteilt werden. Andernfalls ist ein Steueraufschub ausgeschlossen.

## 3. Landumlegung zwecks Arrondierung landwirtschaftlicher Heimwesen

147 Eine Arrondierung landwirtschaftlicher Heimwesen liegt dann vor, wenn mit der «Abrundung» des Heimwesens die rationellere Bewirtschaftung des landwirtschaftlichen Betriebs ermöglicht werden soll. Hierbei handelt es sich in der Regel um rein privatrechtliche Tauschgeschäfte und die Durchführung ist im Gegensatz zur Güterzusammenlegung nicht einem formellen Verfahren unterworfen. Ein Tausch zur Arrondierung landwirtschaftlicher Heimwesen kann zwischen zwei oder mehreren Grundeigentümerinnen oder Grundeigentümern erfolgen. Vorbehalten bleibt regelmässig die Besteuerung eines geleisteten Aufgelds. Kein Steueraufschub kann hingegen gewährt werden, wenn das Heimwesen in absehbarer Zeit nach dem Tausch der landwirtschaftlichen Nutzung entzogen wird.

## 4. Landumlegung zwecks Quartierplanung

148 Der Begriff der Quartierplanung entstammt in der Regel dem öffentlich-rechtlichen Baurecht der Kantone[81]. Der Quartierplan ermöglicht im erfassten Gebiet eine der planungs- und baurechtlichen Ordnung

---

[81] Vgl. u.a. Art. 58 Abs. 5 Baugesetz BE; Art. 123 ff. Planungs- und Baugesetz ZH.

entsprechende Nutzung und enthält die dafür notwendigen Anordnungen.

Hinsichtlich der Grundstückgewinnsteuer sind sämtliche Tauschgeschäfte privilegiert, welche die kantonalen Bestimmungen im Rahmen der Quartierplanung zulassen wie z.b. die Erschliessung von Land, die Grenzregulierung oder die Regelung von Zufahrten. Die Kantone sehen für die Quartierplanung in der Regel zumindest eine behördliche Mitwirkung oder Genehmigung vor, sofern nicht von vornherein das Verfahren durch eine Behörde durchzuführen ist[82].

149

## 5. Landumlegung zwecks Grenzbereinigung

Im Rahmen einer Grenzbereinigung oder Grenzregulierung wird der Grenzverlauf zwischen Grundstücken im Interesse ihrer Überbaubarkeit neu festgelegt[83]. Eine Grenzbereinigung ist somit ausschliesslich innerhalb einer Bauzone zulässig. Soll eine Bereinigung von landwirtschaftlichem Land erfolgen, kommt allenfalls ein Steueraufschub wegen Arrondierung eines landwirtschaftlichen Heimwesens in Betracht.

150

Zwecks Grenzbereinigung können nur Landumlegungen von Grundstücksteilen steuerlich privilegiert werden, während die Landumlegung ganzer Grundstücke im Rahmen einer Grenzbereinigung von vornherein ausgeschlossen ist.

151

## 6. Landumlegungen im Enteignungsverfahren oder bei drohender Enteignung

Die finanziellen Entschädigungen aus formeller oder aus materieller Enteignung unterliegen der Grundstückgewinnsteuer, weil Enteignungen als Veräusserungstatbestände zu qualifizieren sind[84]. Demgegen-

152

---

[82] Immerhin ist gemäss Praxis des Kantons Zürich ein Steueraufschub z.B. dann ausgeschlossen, wenn ein Tausch von erschlossenen und überbauten Grundstücken im Rahmen eines Quartierplanverfahrens erfolgt oder wenn ein Tauschgeschäft die Neugliederung und Aufteilung von Grundeigentum unter Miteigentümern bloss die bessere Überbauung des Grundstücks oder die Anlegung von Quartierstrassen bezweckt (vgl. RICHNER/FREI/KAUFMANN, § 216 Rz 207).
[83] Vgl. u.a. Art. 125 Baugesetz BE; Art. 178 ff. Planungs- und Baugesetz ZH.
[84] Vgl. dazu Rz 67 ff.

über bedeutet eine Landumlegung im Enteignungsverfahren oder bei drohender Enteignung, dass der betroffenen Person nicht ein Entgelt, sondern Realersatz geleistet wird. Wird anstelle einer finanziellen Abgeltung Realersatz geleistet, kommt die veräussernde Person in den Genuss eines Steueraufschubs.

153 Im Falle einer Landumlegung bei drohender Enteignung müssten in der Regel zumindest objektiv nachweisbare Anzeichen für eine bevorstehende Enteignung vorliegen, andernfalls dürfte bloss ein steuerpflichtiges Tauschgeschäft vorliegen.

## E. Ersatzbeschaffungen

### 1. Rechtliche Grundlage im StHG

154 Bei Ersatzbeschaffungen von land- und forstwirtschaftlichen Grundstücken sowie von selbstgenutzten Eigenheimen sieht Art. 12 Abs. 3 Bst. d und e StHG einen Steueraufschub vor. Darüber hinaus sind die Kantone mit monistischem System gemäss Art. 12 Abs. 4 Bst. a StHG verpflichtet, auch bei der Ersatzbeschaffung von Liegenschaften des betriebsnotwendigen Anlagevermögens einen Steueraufschub zu gewähren[85].

155
Subjektidentität
Identité des personnes

Gemäss Praxis der Mehrzahl der Kantone wird für die Gewährung einer steuerlich privilegierten Ersatzbeschaffung Subjektidentität verlangt zwischen der veräussernden Person und derjenigen, welche die Ersatzbeschaffung geltend macht.

156
Angemessene Frist
Délai raisonnable

Sämtlichen Ersatzbeschaffungstatbeständen ist sodann gemeinsam, dass die Ersatzbeschaffung innert angemessener Frist vor oder nach der Veräusserung der bisherigen Liegenschaft zu erfolgen hat. Je nach Kanton gelten aber in der Praxis unterschiedliche Fristen[86].

---

[85] Vgl. dazu Rz 184 ff.
[86] In den Kantonen Zürich und Bern gilt z.B. eine Frist von zwei Jahren als angemessen, während diese im Kanton St. Gallen drei Jahre beträgt. Allerdings werden diese Fristen in der Regel erstreckt, sofern die steuerpflichtige Person besondere Umstände darlegen kann, die ein Abweichen von den festgelegten Fristen rechtfertigen (z.B. Verzögerungen im Baubewilligungsverfahren).

Für sämtliche Ersatzbeschaffungen gilt aufgrund des StHG bei Grundstücksveräusserungen nach dem 1. Januar 2001 eine Ausdehnung des Steueraufschubstatbestandes auf die gesamte Schweiz.

157

## 2. Ersatzbeschaffung von land- und forstwirtschaftlichen Grundstücken

Das StHG weist Gewinne aus der Veräusserung von land- und forstwirtschaftlichen Grundstücken, soweit der Veräusserungserlös die Anlagekosten übersteigt, zwingend dem Privatvermögen zu, womit diese der Grundstückgewinnsteuer unterworfen werden (Art. 8 Abs. 1 StHG). Da das StHG vom dualistischen System ausgeht, musste für die Privilegierung derartiger Grundstücksveräusserungen ausdrücklich ein Steueraufschubstatbestand ins Gesetz aufgenommen werden (Art. 12 Abs. 3 Bst d StHG).

158
Im Allgemeinen
En général

Für einen Steueraufschub bei vollständiger oder teilweiser Veräusserung von land- oder forstwirtschaftlich bewirtschafteten Grundstücken müssen mindestens die folgenden Voraussetzungen kumulativ erfüllt sein:

159
Rechtliche Voraussetzungen
Conditions légales

– die Eigentümerin oder der Eigentümer muss sowohl bei der Veräusserung sowie bei der Ersatzbeschaffung identisch sein (sog. Subjektidentität);
– das veräusserte Grundstück muss land- oder forstwirtschaftlich genutzt worden sein;
– für das Ersatzgrundstück ist Selbstbewirtschaftung durch die steuerpflichtige Person im Rahmen ihres land- oder forstwirtschaftlichen Betriebs erforderlich;
– der Erlös ist für das Ersatzgrundstück (Reinvestition) zu verwenden;
– die Ersatzbeschaffung hat innert angemessener Frist sowie innerhalb der Schweiz zu erfolgen.

Beim Veräusserungsobjekt ist die Selbstbewirtschaftung durch die steuerpflichtige Person nach Art. 12 Abs. 3 Bst d StHG nicht erforderlich. Es reicht aus, wenn das Veräusserungsobjekt land- oder forstwirtschaftlich bewirtschaftet worden ist. Hervorzuheben ist, dass nicht nur die Veräusserung einzelner Grundstücke privilegiert wird, sondern auch die Veräusserung eines ganzen landwirtschaftlichen Heimwesens.

160
Selbstbewirtschaftung
Exploitation à titre personnel

161 Demgegenüber muss das Ersatzgrundstück (Reinvestition) durch die steuerpflichtige Person im Rahmen ihres land- oder forstwirtschaftlichen Betriebs selbst bewirtschaftet werden[87]. Dies ist z.B. dann nicht der Fall, wenn das Ersatzgrundstück bloss durch Familienangehörige der steuerpflichtigen Person bewirtschaftet wird. Sodann wird auch bei einer Reinvestition in wertvermehrende Aufwendungen an einem eigenen Grundstück die Selbstbewirtschaftung vorausgesetzt.

162 Der Steueraufschub setzt einen direkten zeitlichen Zusammenhang zwischen getätigter Ersatzbeschaffung und ihrer Finanzierung aus dem Erlös der Grundstücksveräusserung voraus. Erforderlich ist dabei, dass die Ersatzbeschaffung innert angemessener Frist vor oder nach der Veräusserung des bisherigen Grundstücks innerhalb der Schweiz erfolgt.

*Angemessene Frist*
*Délai raisonnable*

## 3. Ersatzbeschaffung von selbstbewohntem Grundeigentum

163 Bei Veräusserung einer dauernd und ausschliesslich selbst genutzten Liegenschaft (Einfamilienhaus oder Eigentumswohnung) des Privatvermögens ist gemäss Art. 12 Abs. 3 Bst. e StHG ein Steueraufschub vorgesehen, sofern folgende Voraussetzungen kumulativ erfüllt sind:

*Rechtliche Voraussetzungen*
*Conditions légales*

– die Eigentümerschaft muss sowohl hinsichtlich des Veräusserungsobjekts wie auch bezüglich des Ersatzobjekts identisch sein (sog. Subjektidentität);

– erforderlich ist eine dauernde und ausschliessliche Selbstnutzung (Selbstbewohnen) des Veräusserungsobjekts wie auch des Ersatzobjekts durch die steuerpflichtige Person;

– der Erlös hat in das Ersatzobjekt (Reinvestition) zu fliessen;

– die Ersatzbeschaffung hat innert angemessener Frist zu erfolgen und ist ausschliesslich innerhalb der Schweiz zulässig.

---

[87] Die Praxis des Kantons Zürich lässt offenbar bei Veräusserung eines nicht überbauten landwirtschaftlichen Grundstücks nur eine Ersatzbeschaffung in ein ebenfalls nicht überbautes Grundstück zu, womit die Verwendung des Erlöses z.B. für die Erstellung einer Neubaute ausgeschlossen ist. Dagegen ist ein Steueraufschub möglich, wenn nach Veräusserung eines überbauten Grundstücks der Erlös für einen Neubau auf eigenem Land verwendet wird (vgl. RICHNER/FREI/KAUFMANN, § 216 Rz 256).

## D. Grundzüge des harmonisierten Grundstückgewinnsteuerrechts

Das Kriterium der Subjektidentität wird nicht von sämtlichen Kantonen in gleicher Weise ausgelegt. Es gibt Kantone, die bei der Subjektidentität von der üblichen sachenrechtlichen Betrachtungsweise abweichen und auch wirtschaftliche Gesichtspunkte berücksichtigen.

164
Subjektidentität
Identité des personnes

- Gemäss Praxis des Kantons Zürich ist ein vollständiger Steueraufschub selbst dann möglich, wenn die veräussernde Person Alleineigentümerin war, das Ersatzobjekt jedoch von ihr und ihrem Ehegatten je zu hälftigem Miteigentum erworben wird, sofern der Erwerbspreis aus dem Erlös des Veräusserungsobjekts stammt[88]. Damit verlässt die zürcherische Praxis eine streng sachenrechtliche Optik und weicht vom Grundsatz der Subjektidentität bei Ehegatten wohl aus Billigkeitsüberlegungen ab.
- Im Gegensatz zur zürcherischen Praxis wird im Kanton Bern dieselbe Fallkonstellation anders beurteilt. Wenn ein veräussernder Ehegatte Alleineigentümer war und das Ersatzobjekt von ihm und seinem Ehepartner je zu hälftigem Miteigentum erworben wird, wird die Ersatzbeschaffung als Reinvestition (entsprechend den sachenrechtlichen Eigentumsverhältnissen) nur auf der einen Miteigentumshälfte gewährt. Die bernische Praxis setzt damit voraus, dass einerseits bei der Veräusserung eines Grundstücks und andererseits beim Erwerb des Ersatzobjektes hinsichtlich der sachenrechtlich beteiligten Personen Identität vorliegen muss.

Das Kriterium der dauernden und ausschliesslichen Selbstnutzung erfordert ein Wohnen im zu veräussernden Eigenheim sowie im späteren Ersatzobjekt (Reinvestition), womit zivilrechtlicher oder steuerrechtlicher Wohnsitz vorausgesetzt wird. Hinsichtlich des Veräusserungsobjekts wird in der Regel eine dauernde Selbstnutzung resp. ein Selbstbewohnen durch die Eigentümerin oder den Eigentümer bis zum Veräusserungszeitpunkt verlangt[89]. Fremdnutzung, längeres Leerstehen oder eine Vermietung der Liegenschaft stehen dem Erfordernis der Selbstnutzung grundsätzlich entgegen. Ferner schliesst die gesetzliche Regelung Zweit- und Ferienwohnungen von der Ersatzbeschaffungsmöglichkeit aus.

165
Selbstnutzung
Propre usage

---

[88] RICHNER/FREI/KAUFMANN, § 216 Rz 293.
[89] Die Steuerbehörden des Kantons Bern verlangen eine Selbstnutzung des Ersatzobjekts während mindestens einem Jahr oder bei unter einjähriger Dauer ein Selbstbewohnen während der gesamten Eigentumsdauer.

| | |
|---|---|
| 166 | Wird lediglich ein Teil des Veräusserungsobjekts oder des Ersatzgrundstücks selbstbewohnt, beschränkt sich der Steueraufschub ausschliesslich auf den selbstbewohnten Teil. |
| 167<br>Änderung im Verwendungszweck<br>Changement d'affectation | Wird das Ersatzgrundstück in zeitlicher Nähe zu dessen Erwerb definitiv zweckentfremdet, indem die Selbstnutzung entfällt, ist nach Art. 12 Abs. 3 Bst. e StHG eine Nachbesteuerung des gewährten Steueraufschubs zulässig[90]. |
| 168<br>Reinvestition<br>Réinvestissement | Als Reinvestition unter Steueraufschub wird insbesondere anerkannt, wenn der Erlös<br>– dem Erwerb einer Ersatzliegenschaft sowie deren Aus- und Umbau (wertvermehrende Aufwendungen) dient oder<br>– in den Landerwerb und einer darauf zu erstellenden Neubaute fliesst oder<br>– für eine Neubaute auf bereits früher erworbenem Land verwendet wird. |
| 169<br>Angemessene Frist<br>Délai raisonnable | Der Steueraufschub setzt einen direkten zeitlichen Zusammenhang zwischen getätigter Ersatzbeschaffung und ihrer Finanzierung aus dem Erlös der Grundstücksveräusserung voraus. Erforderlich ist dabei, dass die Ersatzbeschaffung innert angemessener Frist vor oder nach der Veräusserung des bisherigen Eigenheims innerhalb der Schweiz erfolgt. |

---

[90] Der Kanton Zürich wendet insbesondere auch bei innerkantonalen Ersatzbeschaffungen für den Fall der Weiterveräusserung des Ersatzobjekts eine besondere Regel an, indem die «Nachbesteuerung» des aufgeschobenen Gewinns durch die ursprüngliche Gemeinde zeitlich befristet wird. Wird ein innerkantonales Ersatzgrundstück innert fünf Jahren seit der Handänderung am ursprünglichen Grundstück definitiv zweckentfremdet oder veräussert, ohne dass erneut eine Ersatzbeschaffung stattfindet, kommt die Wegzugsgemeinde auf ihren Entscheid über den Steueraufschub zurück und veranlagt die aufgeschobene Grundstückgewinnsteuer im Nachsteuerverfahren, samt Zins ab dem 91. Tag nach der Handänderung am ursprünglichen Grundstück (§ 71 Abs. 1 Satz 2 VO StG ZH). Wird das innerkantonale Ersatzgrundstück nach Ablauf von fünf Jahren seit der Handänderung am ursprünglichen Grundstück veräussert, besteuert die Zuzugsgemeinde den auf beiden Grundstücken aufgelaufenen Gewinn gesamthaft, sofern nicht erneut eine Ersatzbeschaffung vorgenommen wird (vgl. Rundschreiben der Finanzdirektion des Kantons Zürich an die Gemeinden über den Aufschub der Grundstückgewinnsteuer und die Befreiung des Veräusserers von der Handänderungssteuer bei Ersatzbeschaffung einer dauernd und ausschliesslich selbstgenutzten Wohnliegenschaft (§ 216 Abs. 3 lit. i, § 226a und §229 Abs. 2 lit. c StG ZH) vom 19. November 2001, Rz 20 ff.).

Liegen besondere Umstände vor, welche den engen inneren Zusammenhang zwischen Veräusserung und Reinvestition klar belegen (z.B. Verzögerung im Baubewilligungsverfahren), gelten je nach Kanton auch verlängerte Fristen noch als angemessen. Im Einzelfall müssen aber die über den Richtwert hinausgehenden Verzögerungen und besonderen Umstände durch die steuerpflichtige Person nachgewiesen werden.

170
Zulässige Verzögerungen
Retards admissibles

## 4. Ersatzbeschaffung bei nur teilweiser Reinvestition

### a. Allgemeines

Ein vollumfänglicher Steueraufschub wegen Ersatzbeschaffung wird nur dann gewährt, wenn der Veräusserungserlös vollständig in ein Ersatzobjekt reinvestiert wird. Für den Fall einer nur teilweisen Reinvestition des Erlöses bestehen zum Teil in den Kantonen unterschiedliche Konzepte. Gemeinhin gelangen zwei Konzepte zur Anwendung, und zwar einerseits die proportionale Methode[91] und andererseits die absolute Methode.

171
Zwei Methoden
Deux méthodes

In einem neuesten Entscheid hat das Bundesgericht entschieden, dass sich einzig die absolute Methode als steuerharmonisierungskonform erweise[92]. Damit müssten wohl auch diejenigen Kantone, die bislang die proportionale Methode angewendet haben, künftig die absolute Methode anwenden, und zwar nicht nur bei interkantonalen, sondern auch bei rein innerkantonalen Ersatzbeschaffungen.

172
BGer: absolute Methode
TF : méthode absolue

### b. Proportionale Methode

Der Steueraufschub auf einem teilweise reinvestierten Wertzuwachsgewinn bemisst sich gemäss proportionaler Methode nach dem Verhältnis der Reinvestition zum Veräusserungserlös. Das nachfolgende Beispiel illustriert die Funktionsweise der proportionalen Methode.

173

**Beispiel zur proportionalen Methode:**

Eine Liegenschaft wird zum Preis von CHF 1'000'000 veräussert. Bei der Berechnung des Wertzuwachsgewinns ist von folgenden Beträgen auszugehen:

174

---

[91] Z.T. wird die proportionale Methode auch als relative Methode bezeichnet.
[92] BGE 130 II 202.

| | | |
|---|---|---|
| Erlös (Veräusserungsobjekt) | CHF | 1'000'000 |
| Anlagekosten (Veräusserungsobjekt) | ./. CHF | 400'000 |
| Wertzuwachsgewinn | = CHF | 600'000 |
| Reinvestition in Ersatzliegenschaft | CHF | 800'000 |

Der Steueraufschub wird vorliegend auf 80% des Wertzuwachsgewinns gewährt (Reinvestition / Erlös x 100 = 80%).

| | | |
|---|---|---|
| Berechnung des Steueraufschubs auf 80% des Wertzuwachsgewinns (80% des Wertzuwachsgewinns von CHF 600'000): | CHF | 480'000 |
| Steuerbarer Grundstückgewinn (restliche 20% des Wertzuwachsgewinns) | CHF | 120'000 |

**175**
Nachteile
Inconvénients

Die proportionale Methode weist im Vergleich zur absoluten Methode verschiedene Nachteile rechtlicher und praktischer Natur auf. Sie verletzt insbesondere das Realisationsprinzip und kann im Einzelfall entweder zu einer Über- oder zu einer Unterbesteuerung führen. Bei konsequenter Anwendung der proportionalen Methode ergibt sich selbst dann ein Steueraufschub, wenn der Betrag der Reinvestition unter den Anlagekosten des ursprünglichen Veräusserungsobjekts liegt, was nicht sachgerecht ist.

### c. Absolute Methode

**176**
Grundsatz
Principe

Bei Anwendung der absoluten Methode wird der nicht reinvestierte Teil des Wertzuwachsgewinns als Grundstückgewinn besteuert, während der Steueraufschub ausschliesslich auf dem effektiv reinvestierten Anteil des Wertzuwachsgewinns gewährt wird. Ist der reinvestierte Betrag geringer als die Anlagekosten des veräusserten Grundstücks, bleibt kein Raum für einen Steueraufschub.

**177** **Beispiel zur absoluten Methode**:

Eine Liegenschaft wird zum Preis von CHF 1'000'000 veräussert. Bei der Berechnung des Wertzuwachsgewinns ist von folgenden Beträgen auszugehen:

| | | |
|---|---|---|
| Erlös (Veräusserungsobjekt) | CHF | 1'000'000 |
| Anlagekosten (Veräusserungsobjekt) | ./. CHF | 400'000 |
| Wertzuwachsgewinn | = CHF | 600'000 |
| Reinvestition in Ersatzliegenschaft | CHF | 800'000 |
| Steueraufschub des Wertzuwachsgewinns nur in der Differenz der Reinvestition zu den Anlagekosten des Veräusserungsobjekts: | CHF | 400'000 |
| Steuerbarer Grundstückgewinn (Erlös ./. Reinvestition) | CHF | 200'000 |

Die absolute Methode überzeugt durch ihre Einfachheit und Klarheit, womit in Übereinstimmung mit dem Bundesgericht die absolute Methode gegenüber der proportionalen Methode vorzuziehen ist. Darüber hinaus ist die absolute Methode im Vergleich zur proportionalen Methode nicht mit «Systemmängeln» wie z.b. der Verletzung des Realisationsprinzips und dgl. behaftet.

178
Einfachheit und Klarheit
Simplicité et clarté

## 5. Nachbesteuerung von aufgeschobenen Grundstückgewinnen bei interkantonalen Ersatzbeschaffungen

Das StHG lässt die Frage offen, ob die Nachbesteuerung des aufgeschobenen Grundstückgewinns dem «Aufschubskanton» oder dem «Reinvestitionskanton» zusteht. Grundsätzlich stehen sich zwei unterschiedliche Auffassungen gegenüber wie die Frage der Nachbesteuerung zu regeln sei: Entweder bleibt jedem Kanton der auf seinem Gebiet angewachsene Wertzuwachsgewinn zur Nachbesteuerung erhalten, oder das Steuersubstrat wächst dem Reinvestitionskanton an[93]. Dieser Frage hat sich die Schweizerische Steuerkonferenz kürzlich angenommen und im Sinne eines Kompromisses vorgeschlagen, dass der aufgeschobene Grundstückgewinn dem Aufschubskanton zur Besteuerung zustehen soll, wenn das Ersatzgrundstück innert einer Frist von fünf Jahren veräussert oder dauernd einer anderen Nutzung zugeführt wird.

179
Verschiedene Lösungen
Différentes solutions

Nach Ablauf einer fünfjährigen Frist würde damit der aufgeschobene Grundstückgewinn endgültig dem Reinvestitionskanton zustehen und wäre in die Ermittlung des Gewinns aus der Veräusserung des Ersatzgrundstücks mit einzubeziehen.

180
Nach fünf Jahren
Après cinq ans

Neu an diesem Vorschlag ist nebst der zeitlichen Limitierung der Nachbesteuerung durch den Aufschubskanton die Erwähnung des Nutzungswechsels, wonach es dem Aufschubskanton innerhalb der Fünfjahresfrist selbst bei blosser Nutzungsänderung der Liegenschaft durch den Grundeigentümer gestattet ist, eine Nachbesteuerung einzuleiten. Dies ist z.B. dann der Fall, wenn das verlangte Selbstbewohnen des Ersatzobjekts nicht mehr zutrifft, weil die Liegenschaft in der Zwischenzeit vermietet wurde.

181
Neuer Verwendungszweck
Nouvelle affectation

---

[93] LANGENEGGER, N 16 zu Art. 134 StG BE.

| 182 | Derzeit zeichnet sich unter den Kantonen noch keine einheitliche Regelung zur Nachbesteuerung der aufgeschobenen Grundstückgewinne im interkantonalen Verhältnis ab. Es bleibt abzuwarten, ob der Bundesgesetzgeber im Rahmen einer Anpassung von Art. 12 StHG zur Klärung der anstehenden Fragen tätig wird oder ob er es den Kantonen überlässt, sinnvolle unilaterale Lösungen zu treffen.

– Der Kanton Zürich hat z.B. die Nachbesteuerung von aufgeschobenen Grundstückgewinnen bei interkantonalen Ersatzbeschaffungen wie folgt geregelt:
Wird ein ausserkantonales Ersatzgrundstück innert fünf Jahren seit der Handänderung am ursprünglichen Grundstück definitiv zweckentfremdet oder veräussert, ohne dass erneut eine Ersatzbeschaffung stattfindet, kommt die (zürcherische) Wegzugsgemeinde auf ihren Entscheid über den Steueraufschub zurück und veranlagt die aufgeschobene Grundstückgewinnsteuer im Nachsteuerverfahren, samt Zins ab dem 91. Tag nach der Handänderung am ursprünglichen Grundstück (§71 Abs. 1 Satz 2 VO StG ZH). Das Recht, ein Nachsteuerverfahren einzuleiten, erlischt zehn Jahre nach Ablauf des Jahrs, in dem die Handänderung am ursprünglichen Grundstück stattfand (§161 Abs. 1 i.V.m. §215 Abs. 1 Satz 2 StG ZH). Erfolgt eine Veräusserung erst nach Ablauf der Fünfjahresfrist, aber innert 20 Jahren seit der Handänderung am ursprünglichen Grundstück, ohne dass erneut eine Ersatzbeschaffung stattfindet, kommt die (zürcherische) Wegzugsgemeinde auf ihren Entscheid über den Steueraufschub zurück und veranlagt nachträglich die aufgeschobene Grundstückgewinnsteuer im ordentlichen Verfahren (§226a Abs. 2 StG ZH). Das Recht zur Vornahme der Nachveranlagung verjährt fünf Jahre nach Ablauf des Jahrs, in dem das ausserkantonale Ersatzgrundstück veräussert wurde (§226a Abs. 3 StG ZH). Zinsen werden ab dem 91. Tag nach der Handänderung am Ersatzgrundstück erhoben (§71 Abs. 1 Satz 2 VO StG ZH). Die Grundstückgewinnsteuer wird berechnet, wie wenn nie eine Ersatzbeschaffung erfolgt wäre. Ereignisse im Zuzugskanton bleiben bei der Berechnung des Grundstückgewinns unberücksichtigt. Insbesondere können allfällige Verluste auf dem Ersatzgrundstück nicht geltend gemacht werden[94]. |
|---|---|
| Zürich und Bern Zurich et Berne | |

---

[94] Rundschreiben der Finanzdirektion des Kantons Zürich an die Gemeinden über den Aufschub der Grundstückgewinnsteuer und die Befreiung des Veräusserers von der Handänderungssteuer bei Ersatzbeschaffung einer dauernd und ausschliesslich selbst-

– Der Kanton Bern hat sich für die erste Variante entschieden, wonach der auf die ausserkantonale Ersatzliegenschaft übertragene aufgeschobene Grundstückgewinn ohne zeitliche Limitierung nachbesteuert werden soll.

Es liegt auf der Hand, dass nur ein funktionierendes Meldewesen unter den Kantonen die Nachbesteuerung der aufgeschobenen Grundstückgewinne sicherstellen dürfte. Vollzugsprobleme dürften insbesondere beim bernischem Besteuerungsmodell auftreten, wenn ein aufgeschobener Gewinn infolge weiterer Ersatzbeschaffungen von einem Kanton zum anderen übertragen wird und der aufgeschobene Gewinn erst nach einer Serie von Ersatzbeschaffungen zur Besteuerung gelangt. Ob bei mehreren aufeinander folgenden Ersatzbeschaffungen das kantonale Meldewesen noch mithalten kann, dürfte zumindest fraglich sein.

183
Vollzug
Mise en oeuvre

## F. Zusätzliche Aufschubstatbestände in Kantonen mit monistischem System

### 1. Ersatzbeschaffung von Betriebsgrundstücken

#### a. Rechtliche Grundlage im StHG

Im monistischen System gilt der Ersatzbeschaffungstatbestand für betriebsnotwendige Anlageliegenschaften auch für den Bereich der Grundstückgewinnsteuer (Art. 12 Abs. 4 Bst. a i.V.m. Art. 8 Abs. 4 sowie Art. 24 Abs. 4 StHG).

184

Da sich beim vorliegenden Aufschubstatbestand die Liegenschaften im Geschäftsvermögen befinden, ist die Bestimmung von Art. 12 Abs. 4 Bst. a StHG für Kantone mit dualistischem System ohne Bedeutung. Geschäftsliegenschaften sind in «dualistischen» Kantonen generell der Grundstückgewinnbesteuerung entzogen[95].

185

---

bewohnten selbstgenutzten Wohnliegenschaft (§216 Abs. 3 lit. i, § 226a und §229 Abs. 2 lit. c StG ZH) vom 19. November 2001, Rz 25 ff.

[95] Vgl. dazu Rz 3 ff.

### b. Voraussetzungen einer steuerneutralen Ersatzbeschaffung von Betriebsgrundstücken

186  
Kumulative Voraussetzungen  
Conditions cumulatives

Für einen Steueraufschub bei vollständiger oder teilweiser Veräusserung von Grundstücken, die zum betriebsnotwendigen Anlagevermögen gehören, müssen in der Regel die folgenden Voraussetzungen kumulativ erfüllt sein:

– die Eigentümerin oder der Eigentümer muss sowohl bei der Veräusserung als auch bei der Ersatzbeschaffung identisch sein (sog. Subjektidentität);
– das veräusserte Grundstück muss dem betriebsnotwendigen Anlagevermögen der steuerpflichtigen Person zugerechnet werden können;
– der Erlös ist für das Ersatzgrundstück (Reinvestition) zu verwenden;
– das Ersatzgrundstück muss betriebsnotwendiges Anlagevermögen der steuerpflichtigen Person darstellen;
– die Ersatzbeschaffung hat innert angemessener Frist sowie innerhalb der Schweiz zu erfolgen.

187  
Betriebsnotwendigkeit  
Nécessaire à l'exploitation

Die steuerlich privilegierte Ersatzbeschaffung ist regelmässig nur bei betriebsnotwendigem Anlagevermögen zulässig[96]. Als betriebsnotwendig gilt ein Grundstück nur dann, wenn es dem Unternehmen direkt oder unmittelbar für dessen betriebliche Tätigkeit dient.

188  
Oftmals fehlt es am Erfordernis der Betriebsnotwendigkeit oder an der Zuordnung der Liegenschaft zum Anlagevermögen, womit in diesen Fällen ein Steueraufschub ausgeschlossen ist.

– So fehlt es z.B. bei reinen Immobiliengesellschaften am Erfordernis des «Betriebs», womit deren Grundbesitz a priori kein betriebsnotwendiges Anlagevermögen darstellt.
– Ebenso wenig ist die Übertragung von Grundstücken (Handelsobjekte) im Rahmen des gewerbsmässigen Liegenschaftshandels steuerlich privilegiert, da es sich in diesem Fall bei den Liegenschaften

---

[96] Im Sinne einer Sonderregelung wird im Kanton Bern nicht verlangt, dass das Veräusserungsobjekt betriebsnotwendiges Anlagevermögen darstellt. Es genügt nach dieser Regelung, dass bloss das Ersatzobjekt zum betriebsnotwendigen Anlagevermögen gehört (vgl. Art. 133 Abs. 1 Bst. a StG BE).

nicht um Anlagevermögen, sondern bloss um «Handelsware» (Umlaufvermögen) handelt.
- Nicht betriebsnotwendig sind aber auch Grundstücke, die dem Unternehmen nur als Vermögensanlage oder durch ihren Ertrag dienen, namentlich vermietete oder verpachtete Grundstücke.

Ein Steueraufschub wird in der Mehrheit der Kantone auch dann gewährt, wenn der Erlös für die Ausführung wertvermehrender Aufwendungen an eigenen betriebsnotwendigen Grundstücken resp. zu deren «Verbesserung» verwendet wird. Dies bedeutet eine Erweiterung des bisherigen Ersatzbeschaffungsbegriffs, indem nicht mehr nur eine Ersatzbeschaffung bei wirtschaftlich-technisch identischer Funktion des Ersatzobjekts zulässig ist, sondern auch eine Reinvestition in beliebige Verbesserungen des Ersatzobjekts ermöglicht wird. In diesem Bereich wird die Ersatzbeschaffungstheorie weitgehend von der Reinvestitionstheorie abgelöst[97].

189
Reinvestition in den Betrieb
Réinvestissement dans l'entreprise

Gewisse Unterschiede unter den kantonalen Regelungen bestehen hinsichtlich der Frage, was unter dem Aspekt der wirtschaftlich-technischen Funktion des Ersatzobjekts noch als zulässige Reinvestition gelten kann.

190
Verschiedene Beispiele
Différents exemples

- Im Kanton Zürich lässt die Praxis für die Reinvestition nebst wertvermehrenden Aufwendungen auch bloss werterhaltende Aufwendungen (Unterhaltskosten) zu und verleiht damit der Erlösverwendung einen sehr weit gefassten funktionalen Sinn[98].
- Demgegenüber wird im Kanton Bern bloss die Reinvestition in wertvermehrende Aufwendungen zugelassen, während eine Reinvestition in werterhaltende Aufwendungen (Unterhalt) ausgeschlossen wird.

Wird das Ersatzgrundstück durch die steuerpflichtige Person nur teilweise betriebsnotwendig genutzt, beschränkt sich die Reinvestition nur auf dessen betriebsnotwendigen Teil.

191

Auch die Ersatzbeschaffung von Betriebsvermögen setzt einen direkten zeitlichen Zusammenhang zwischen getätigter Ersatzbeschaffung und ihrer Finanzierung aus dem Erlös der Grundstücksveräusserung voraus. Erforderlich ist dabei, dass die Ersatzbeschaffung innert ange-

192
Zeitlicher Zusammenhang
Lien temporel

---

[97] ZWAHLEN, in: ZWEIFEL/ATHANAS, N 70 zu Art. 12 StHG.
[98] RICHNER/FREI/KAUFMANN, § 216 Rz 257.

messener Frist vor oder nach der Veräusserung des bisherigen Objekts innerhalb der Schweiz erfolgt.

## 2. Umstrukturierungen

### a. Zivilrechtliche Grundlagen bei Umstrukturierungen

193
FusG
LFus

Mit dem Bundesgesetz vom 3. Oktober 2003 über Fusion, Spaltung, Umwandlung und Vermögensübertragung (Fusionsgesetz, FusG, in Kraft getreten per 1. Juli 2004) wurden zahlreiche bestehende Rechtsunsicherheiten im Bereich des Privatrechts bei Umstrukturierungen ausgeräumt. Mit dem Fusionsgesetz besteht erstmals eine ausreichende gesetzliche Grundlage für verschiedenste Formen von Umstrukturierungen. Die neuen Vorschriften des Fusionsgesetzes ersetzen die bisherigen lückenhaften Bestimmungen des Obligationenrechts und beinhalten verschiedene Neuerungen. Während das bisherige Recht die Fusion nur für die Aktiengesellschaft, die Kommandit-AG und die Genossenschaft regelte, ist sie im Fusionsgesetz für alle Personenunternehmungen, Kapitalgesellschaften und Genossenschaften sowie auch für Vereine und Stiftungen vorgesehen.

194
Umwandlung der Rechtsform
Changements de forme juridique

Neu ist auch die Umwandlung der Rechtsform generell – und nicht nur wie bisher für die Umwandlung von der AG in eine GmbH – zugelassen, soweit die Strukturen der verschiedenen Rechtsformen vereinbar sind. Das Fusionsgesetz erleichtert sodann die Neustrukturierung von Unternehmen zusätzlich durch die Einführung des Rechtsinstituts der Spaltung, welche eine Neuzuteilung des Vermögens und der Mitgliedschaftsrechte erlaubt.

195
Vermögensübertragung
Transferts de patrimoine

Die Geschäftsübernahme mit Aktiven und Passiven gemäss bisherigem Art. 181 OR wird durch das neue Instrument der Vermögensübertragung abgelöst, womit ein ganzes Unternehmen oder auch nur ein Unternehmensteil auf andere Rechtsträger übertragen werden kann (Art. 69 ff. FusG). Dabei hat der Übertragungsvertrag ein Inventar des zu übertragenden Aktiv- und Passivvermögens zu enthalten, wobei insbesondere Grundstücke, Wertschriften und immaterielle Werte einzeln aufzuführen sind (Art. 71 Abs. 1 Bst. b FusG).

196
Varianten
Variantes

Die neuen Regelungen der Fusion und der Spaltung erfassen sowohl Vorgänge unter Gesellschaften derselben Rechtsform (z.B. die Fusion von zwei Vereinen) wie auch unter Gesellschaften mit unterschiedlichen Rechtsformen (z.B. die Fusion eines Vereins mit einer Genossenschaft). Erfasst werden ebenfalls Fusionen und Umwandlungen, die der Überführung von Instituten des öffentlichen Rechts in Gesellschaften des Privatrechts dienen (z.b. die Umwandlung einer Kantonalbank in eine privatrechtliche Aktiengesellschaft).

Grundsätzlich ist für eine steuerneutrale Umstrukturierung nicht zwingend, dass für die Übertragung von Vermögenswerten die Übertragungsformen des Fusionsgesetzes gewählt werden. Steuerneutrale Übertragungen von Vermögenswerten sind zivilrechtlich auch durch andere Rechtsgeschäfte wie Kauf, Sacheinlage, Kapitaleinlage usw. möglich, sofern dabei die steuerlichen Voraussetzungen einer steuerneutralen Umstrukturierung beachtet werden (hinten Rz 0).

197
Steuerneutralität
Neutralité fiscale

### b. Rechtliche Grundlage im StHG

Damit die zivilrechtlichen Erleichterungen, die das Fusionsgesetz mit sich bringt, nicht durch das Steuerrecht unterlaufen oder gar verunmöglicht werden, wurde mit der Einführung des Fusionsgesetzes indirekt auch eine Teilrevision des Bundesgesetzes vom 14. Dezember 1990 über die direkte Bundessteuer (DBG) sowie des Bundesgesetzes vom 14. Dezember 1990 über die Harmonisierung der direkten Steuern der Kantone und Gemeinden (StHG) vom Gesetzgeber ins Auge gefasst. Darüber hinaus wurden auch zahlreiche weitere Erlasse angepasst (Art. 109 FusG mit Verweis auf den Anhang zum FusG).

198
Neue Vorschriften
De nouvelles dispositions

Überträgt eine Gesellschaft ein Grundstück im Rahmen einer Fusion, einer Spaltung oder einer Umwandlung auf eine andere Gesellschaft, gelangt im Bereich der Grundstückgewinnsteuer in Kantonen mit monistischem System ein Steueraufschubstatbestand zur Anwendung, sofern die gesetzlichen Voraussetzungen erfüllt sind (Art. 12 Abs. 4 Bst. a i.V.m. Art. 8 Abs. 3 sowie Art. 24 Abs. 3 und Abs. 3$^{quater}$ StHG). Dieser Steueraufschubstatbestand stellt sicher, dass auch Grundstücksübertragungen von Personengesellschaften auf juristische Personen und von juristischen Personen auf Personengesellschaften als aufschiebende Veräusserung angesehen werden, und die Umstrukturierung auch mit Bezug auf Grundstücke steuerneutral abgewickelt werden kann. Da es sich hinsichtlich der Grundstückgewinnsteuer bloss um einen Steueraufschubstatbestand und nicht etwa um eine Steuerbefreiung handelt, wird bei der späteren Weiterveräusserung des Grundstücks die Besteuerung des bis zur Umstrukturierung angewachsenen

199
Steueraufschubstatbestand
Cas d'imposition différée

Wertzuwachsgewinns (stille Reserven) über die Erwerbspreisbestimmung mit der Übernahme des unveränderten Buchwerts sichergestellt. Die übernehmende Person tritt dabei in die Rechtsstellung ihrer Rechtsvorgängerin oder ihres Rechtsvorgängers ein.

**200**
*Drei Jahre für eine Anpassung*
*Trois ans pour s'adapter*

Die Teilrevision des StHG sieht vor, dass die Kantone ihre Steuergesetzgebung innert dreier Jahre nach Inkrafttreten des Fusionsgesetzes, d.h. bis spätestens am 30. Juni 2007, den neuen steuerlichen Bestimmungen anzupassen haben (Art. 72e StHG). Unterbleibt die Anpassung durch die Kantone und Gemeinden innert der gesetzten Frist, kommt Artikel 72 Absatz 2 StHG zum Tragen, wonach die Bestimmungen des StHG direkt Anwendung finden.

### c. Voraussetzungen einer steuerneutralen Umstrukturierung

**201**
*Verweis auf die periodischen Steuern*
*Renvoi aux impôts périodiques*

Die Harmonisierungsbestimmungen des StHG verweisen für das Grundstückgewinnsteuerrecht in Art. 12 Abs. 4 Bst. a generell auf die Bestimmungen der periodischen Steuern (Einkommens- und Gewinnsteuern). Damit sind bei der Grundstückgewinnsteuer grundsätzlich dieselben Voraussetzungen für eine steuerneutrale Umstrukturierung zu prüfen, wie sie im Bereich der periodischen Steuern zu erfolgen hat.

**202**
*Zwei allgemeine Voraussetzungen*
*Deux conditions générales*

Werden im Rahmen einer Umstrukturierung Wirtschaftsgüter ausgetauscht, müssen für eine steuerneutrale Abwicklung zumindest die beiden allgemeinen Voraussetzungen erfüllt sein:
– einerseits muss die Steuerpflicht nach der Umstrukturierung in der Schweiz fortbestehen und
– andererseits müssen die bisherigen Einkommens- resp. Gewinnsteuerwerte übernommen werden.

**203**

Nebst diesen beiden allgemeinen Voraussetzungen sind je nach Art der gewählten Umstrukturierung zusätzliche Bedingungen zu erfüllen, damit diese hinsichtlich der direkten Steuern steuerneutral bleibt.

**204**
*Weiterführung des Betriebs*
*Maintien de l'exploitation*

Im Vordergrund steht dabei das Betriebserfordernis, wonach bei Übertragung von Betrieben oder Teilbetrieben die übertragenen Vermögenswerte in ihrer Gesamtheit auch nach der Transaktion einen Betrieb oder Teilbetrieb darstellen müssen. Ein Betrieb oder Teilbetrieb liegt aus steuerrechtlicher Optik dann vor, wenn kumulativ folgende Erfordernisse erfüllt sind:

- die Unternehmung erbringt Leistungen auf dem Markt oder an verbundene Unternehmungen;
- die Unternehmung verfügt über Personal;
- der Personalaufwand steht in einem sachgerechten Verhältnis zum Ertrag[99].

Mit dem Betriebserfordernis soll sichergestellt werden, dass stille Reserven objektiv mit ihrem Betriebsumfeld verknüpft bleiben. Das Betriebserfordernis wird verlangt für die Übertragung von Vermögenswerten von einer Personengesellschaft auf eine juristische Person und umgekehrt von einer juristischen Person auf eine Personengesellschaft ungeachtet der Art der Umstrukturierung. Darüber hinaus ist das Betriebserfordernis auch bei der Auf- oder Abspaltung sowie bei Übertragungen innerhalb eines Konzerns zu erfüllen. Bei Umstrukturierungen zwischen juristischen Personen ist hingegen das Betriebserfordernis entbehrlich. 205

Nebst dem Betriebserfordernis sind unter Umständen Sperrfristen zu beachten, damit die Steuerneutralität erhalten bleibt. Werden die steuerfrei übertragenen Vermögenswerte innerhalb der Sperrfrist über dem Buchwert direkt oder indirekt veräussert, kommt es zu einer entsprechenden Nachbesteuerung der übertragenen stillen Reserven. Eine Sperrfrist von fünf Jahren ist zu beachten bei der Übertragung von einer Personengesellschaft auf eine juristische Person. Bei der Vermögensübertragung innerhalb eines Konzerns beträgt die Sperrfrist ebenfalls fünf Jahre. Im Gegensatz zur Vermögensübertragung ist hingegen bei der Spaltung keine Sperrfrist zu beachten. 206
Sperrfristen
Délais de blocage

Aus Sicht des Grundstückgewinnsteuerrechts werfen schliesslich die geldwerten Leistungen Fragen auf, die im Rahmen einer Umstrukturierung im Privatvermögen natürlicher Personen anfallen. Werden z.B. Ausgleichsleistungen zugunsten von Unternehmensträgern (natürliche Personen) in Form von Grundstücksübertragungen geleistet, unterliegen diese in Kantonen mit monistischem System in aller Regel der Grundstückgewinnsteuer. Ebenso werden im Rahmen einer Umstrukturierung vorgenommene buchmässige Aufwertungen von Grundstücken über die Anlagekosten hinaus grundsätzlich die Grundstückgewinnsteuer auslösen. 207
Ausgleichsleistungen
Prestations compensatoires

---

[99] Kreisschreiben Nr. 5 «Umstrukturierungen» der Eidgenössischen Steuerverwaltung vom 1. Juni 2004, 22 und 61 f.

## d. Einzelne Umstrukturierungstatbestände nach Fusionsgesetz

### *da. Fusion*

208
Begriff
Notion

Von einer Fusion ist zivilrechtlich dann die Rede, wenn Personengesellschaften (Kollektiv- und Kommanditgesellschaften), Kapitalgesellschaften oder Genossenschaften sich untereinander oder rechtsformübergreifend zusammenschliessen. Fusionieren Personengesellschaften mit Kapitalgesellschaften oder Genossenschaften ist allerdings zu beachten, dass erstere bloss die übertragenden nicht aber die übernehmenden Rechtsträger sein können (Art. 4 Abs. 1 Bst. c und Abs. 2 Bst. b FusG).

209
Arten der Fusion
Types de fusion

Solange die Anforderungen des Steuerrechts für eine steuerneutrale Fusion erfüllt sind, spielt die gewählte Art der Fusion keine entscheidende Rolle. Zulässig sind insbesondere:

– die echte Fusion mit Übertragung der Aktiven und Passiven durch Universalsukzession, wobei die übertragende Gesellschaft ohne Liquidation aufgelöst wird;

– die unechte Fusion, wonach eine Gesellschaft die Vermögenswerte einer anderen Gesellschaft durch Singularsukzession oder durch partielle Universalsukzession[100] (Vermögensübertragung im Sinne von Art. 69 – 77 FusG) erwirbt, um alsdann die übertragende Gesellschaft zu liquidieren[101];

– die Quasifusion, wonach eine Gesellschaft sämtliche Beteiligungsrechte oder zumindest eine Stimmrechtsmehrheit einer anderen Gesellschaft erwirbt. Sie bedingt eine Kapitalerhöhung der übernehmenden Gesellschaft unter Ausschluss der Bezugsrechte der bisherigen Gesellschafter und einen Tausch der Beteiligungsrechte der Gesellschafter der übernommenen Gesellschaft. Hinsichtlich der Grundstückgewinnsteuer ist zu beachten, dass die Quasifusion kei-

---

[100] Anstelle des Begriffs der «partiellen Universalsukzession» verwendet KLÄY den Begriff der «Übertragung gemäss Inventar», was der gesetzgeberischen Intention wohl eher entspricht (KLÄY, 235).
[101] Kreisschreiben Nr. 5 «Umstrukturierungen» (zit. in FN 99), 27 ff.

ne zivilrechtlichen Handänderungen der Gesellschaftsliegenschaften zur Folge hat[102].

Hinsichtlich der Grundstückgewinnsteuer wird bei Fusionen ein Steueraufschub dann gewährt, wenn die für die periodischen Steuern (Einkommens- und Gewinnsteuern) erforderlichen Voraussetzungen für eine steuerneutrale Fusion erfüllt sind (Art. 12 Abs. 4 Bst. a i.V.m. Art. 8 Abs. 3 und Abs. 4 sowie Art. 24 Abs. 3 und Abs. $3^{quater}$ StHG).

210
Steueraufschub
Imposition différée

Das StHG verlangt bei den periodischen Steuern für eine steuerneutrale Fusion unter juristischen Personen oder unter Handelsgesellschaften (Kollektiv- oder Kommanditgesellschaften), dass die allgemeinen Voraussetzungen erfüllt sind[103]:

211
Allgemeine Voraussetzungen
Conditions générales

– das Fortbestehen der Steuerpflicht in der Schweiz sowie
– die Übernahme der für die Einkommens- resp. Gewinnsteuer massgebenden Werte.

Die Erfüllung weiterer Bedingungen wird für eine steuerprivilegierte Fusion unter juristischen Personen oder unter Handelsgesellschaften – einmal abgesehen von steuerrechtlichen Sonderfällen – nicht vorausgesetzt.

212

Erfolgt eine Fusion hingegen durch Zusammenschluss zwischen einer Handelsgesellschaft (Kollektiv- oder Kommanditgesellschaft) und einer übernehmenden juristischen Person, sind nebst den beiden allgemeinen Voraussetzungen auch das Betriebserfordernis und die Sperrfrist zu beachten[104].

213
Weitere Voraussetzungen
Autres conditions

### db. *Spaltung*

Mit Inkrafttreten des Fusionsgesetzes wird zivilrechtlich eine Spaltung eines Unternehmens durch direkte Vermögensteilung möglich (Art. 29 FusG). Dabei kann eine Spaltung gestützt auf das Fusionsgesetz wie folgt abgewickelt werden:

214
Arten der Spaltung
Types de scissions

– durch Aufspaltung (Art. 29 Bst. a FusG),
– durch Abspaltung (Art. 29 Bst. b FusG) oder

---

[102] Bei einer Quasifusion mit einer beteiligten Immobiliengesellschaft ist allerdings zu prüfen, ob nicht eine der Grundstückgewinnsteuer unterliegende wirtschaftliche Handänderung vorliegen könnte.
[103] Vgl. dazu Rz 202.
[104] Vgl. dazu Rz 204 ff.

— durch Vermögensübertragung (Art. 69 – 77 FusG) auf eine neu gegründete oder eine bestehende Schwestergesellschaft.

**215**
Steueraufschub
Imposition différée

Ein Steueraufschub bei der Grundstückgewinnsteuer kommt im Rahmen einer Unternehmensspaltung dann in Frage, wenn die für die periodischen Steuern (Einkommens- und Gewinnsteuern) erforderlichen Voraussetzungen für eine steuerneutrale Spaltung erfüllt sind, d.h. wenn insbesondere die übertragenen Grundstücke zusammen mit einem Betrieb oder Teilbetrieb übergehen (Art. 12 Abs. 4 Bst. a i.V.m. Art. 8 Abs. 3 und Abs. 4 sowie Art. 24 Abs. 3 und Abs. 3$^{quater}$ StHG).

**216**
Voraussetzungen
Conditions

Das StHG verlangt bei einer Spaltung von juristischen Personen, dass die allgemeinen Voraussetzungen erfüllt sind, wie das Fortbestehen der Steuerpflicht in der Schweiz sowie die Übernahme der für die Einkommens- resp. Gewinnsteuer massgebenden Werte[105].

**217**

Bei Spaltungen, bei welchen ein oder mehrere Betriebe oder Teilbetriebe übertragen werden, ist zudem erforderlich, dass die nach der durchgeführten Spaltung verbleibenden juristischen Personen einen Betrieb oder Teilbetrieb weiter führen. Ein Betrieb liegt z.B. dann nicht vor, wenn eine einzelne Liegenschaft oder ein nicht besonders umfangreicher Immobilienbestand einer Unternehmung auf einen neuen Rechtsträger übertragen wird.

**218**
Weiterführung des Betriebs
Maintien de l'exploitation

Das Betriebserfordernis verlangt im Vergleich zur früheren Praxis nicht mehr, dass innerhalb der Sperrfrist von fünf Jahren sowohl der durch Spaltung übertragene wie auch der zurückbleibende Geschäftsbetrieb unverändert weitergeführt wird. Auf eine gesetzliche Verankerung einer Veräusserungssperrfrist wurde bei der Spaltung juristischer Personen bewusst verzichtet. Anders wird jedoch die Frage der Sperrfrist beurteilt bei der Auf- oder Abspaltung eines Betriebs oder Teilbetriebs von einer Personengesellschaft auf eine juristische Person. Dort erfolgt eine Nachbesteuerung der übergegangenen stillen Reserven, wenn während der nachfolgenden fünf Jahre Beteiligungs- oder Mitgliedschaftsrechte zu einem Preis veräussert werden, der über dem Wert des übertragenen Eigenkapitals liegt.

---

[105] Vgl. dazu Rz 202.

### dc. Unternehmensumwandlung

Das Fusionsgesetz ermöglicht die direkte Umwandlung einer juristischen Person in eine andere Rechtsform einer juristischen Person unter Beibehaltung ihrer Rechtspersönlichkeit (Art. 53 FusG). Dieser Rechtskleidwechsel ist jedoch nicht für alle Rechtsformen möglich (Art. 54 FusG). So findet bei Umwandlung einer Personengesellschaft in eine Kapitalgesellschaft ein Rechtsübergang auf einen neuen Rechtsträger statt. In diesen Fällen steht zivilrechtlich der Weg über eine Vermögensübertragung (Art. 69 – 77 FusG) oder über eine Liquidation und Sacheinlagegründung offen.

219
Direkte Umwandlungen
Transformations directes

Bei Unternehmensumwandlungen ist hinsichtlich der Grundstückgewinnsteuer ein Steueraufschub regelmässig dann zu gewähren, wenn die für die periodischen Steuern (Einkommens- und Gewinnsteuern) erforderlichen Voraussetzungen für eine steuerneutrale Umwandlung erfüllt sind (Art. 12 Abs. 4 Bst. a i.V.m. Art. 8 Abs. 3 und Abs. 4 sowie Art. 24 Abs. 3 und Abs. 3$^{quater}$ StHG).

220
Steueraufschub
Imposition différée

Das StHG setzt bei einer Umwandlung einer juristischen Person in eine andere juristische Person grundsätzlich nur voraus, dass die allgemeinen Voraussetzungen erfüllt sind, wie das Fortbestehen der Steuerpflicht in der Schweiz sowie die Übernahme der für die Einkommens- resp. Gewinnsteuer massgebenden Werte[106]. Dasselbe gilt grundsätzlich auch für die Umwandlung einer Kapitalgesellschaft oder Genossenschaft in eine Personenunternehmung, wobei dies zivilrechtlich nur durch Errichtung eines neuen Rechtsträgers und durch Liquidation des bisherigen Rechtsträgers möglich ist.

221
Gesetzliche Annahmen
Les hypothèses légales

Die Umwandlung einer Personenunternehmung in eine juristische Person ist im Fusionsgesetz bloss für Handelsgesellschaften (Kollektiv- und Kommanditgesellschaften) vorgesehen (Art. 53 – 68 FusG). Wird dabei ein Betrieb oder Teilbetrieb übertragen, wird für eine steuerneutrale Umwandlung nebst den allgemeinen Voraussetzungen (vorne Rz 0) auch das Betriebserfordernis sowie die Beachtung der Sperrfrist verlangt, wonach die Beteiligungs- und Mitgliedschaftsrechte an der übernehmenden Gesellschaft während fünf Jahren nicht veräussert werden dürfen.

222

---

[106] Vgl. dazu Rz 202.

223  Die Umwandlung einer Einzelunternehmung in eine Kapitalgesellschaft erfolgt zivilrechtlich entweder durch Sacheinlage in eine neu gegründete Kapitalgesellschaft oder durch die im Fusionsgesetz geregelte Vermögensübertragung auf eine bereits bestehende Kapitalgesellschaft (Art. 69 – 77 FusG)[107]. Dabei sind aus steuerrechtlicher Optik dieselben Erfordernisse wie bei den Personenunternehmungen zu erfüllen, damit die Umwandlung steuerneutral erfolgen kann[108].

### *dd. Vermögensübertragung*

224
Begriff und Ziele
Notion et buts

Im Gegensatz zur Fusion, zur Spaltung und zur Umwandlung erfolgt bei der Vermögensübertragung die Verschiebung der Vermögenswerte unter Ausklammerung mitgliedschaftlicher Rechte der Gesellschafter der übertragenden Gesellschaft. Dabei erfolgt der Rechtsübergang der Vermögenswerte nach Massgeblichkeit eines Inventars mit der Eintragung im Handelsregister[109]. Die Vermögensübertragung dient sodann als Instrument der Übertragung von Aktiven und Passiven für verschiedenartige Zwecke[110], wie insbesondere:

– zur Übertragung eines Vermögens oder Vermögensteils mit Aktiven und Passiven (Art. 181 rev. OR);

– als Ersatz für nicht im Fusionsgesetz vorgesehene Fälle der Fusion, der Spaltung oder der Umwandlung;

– zur Übertragung von Aktiven und Passiven im Rahmen einer Sacheinlagegründung einer Gesellschaft;

– zur Übertragung von Aktiven und Passiven im Rahmen einer Gesellschaftsliquidation.

225
Zu erfüllende Voraussetzungen
Conditions à remplir

Aus Sicht der Grundstückgewinnbesteuerung ist selbst bei Übertragung einer einzigen Liegenschaft ein Steueraufschub zu gewähren, sofern dies unter Beachtung der Vorschriften der Vermögensübertragung erfolgt (Art. 69 – 77 FusG) und dabei die jeweils anzuwendenden steuerrechtlichen Voraussetzungen erfüllt sind, wie insbesondere:

– das Fortbestehen der Steuerpflicht in der Schweiz;

– die Übernahme der für die Einkommens- oder Gewinnsteuer massgeblichen Werte;

---

[107] Kreisschreiben Nr. 5 «Umstrukturierungen» (zit. in FN 99), 20.
[108] Vgl. dazu Rz 222.
[109] KLÄY, 221.
[110] KLÄY, 223.

- das Betriebserfordernis, wenn Betriebe oder Teilbetriebe übertragen werden;
- die Einhaltung einer Sperrfrist von fünf Jahren in gewissen Fällen.

Innerhalb eines Konzerns können nebst der Verschiebung von wesentlichen Beteiligungen oder Betrieben und Teilbetrieben auch Gegenstände des betriebsnotwendigen Anlagevermögens (z.B. Liegenschaften) in der Form der Vermögensübertragung nach Art. 69 ff. FusG steuerneutral übertragen werden. Bei derartigen Ausgliederungen ist allerdings eine Sperrfrist von fünf Jahren zu beachten. Ein die Steuerneutralität von Vermögensübertragungen nach Art. 69 ff. FusG rechtfertigendes Konzernverhältnis besteht grundsätzlich erst dann, wenn die beteiligten Schweizer Gesellschaften durch Stimmenmehrheit oder auf andere Weise unter einheitlicher Leitung einer (in- oder ausländischen) Kapitalgesellschaft zusammengefasst sind.

226
Innerhalb eines Konzerns
Au sein d'un groupe

### e. Sonderfälle bei Umstrukturierungen hinsichtlich der Grundstückgewinnsteuer

#### ea. Umstrukturierung von Immobiliengesellschaften

Die Eidgenössische Steuerverwaltung (EStV) hat sich im Zusammenhang mit der steuerlichen Beurteilung von Umstrukturierungen zu einem Teilaspekt der Unterscheidung zwischen Betriebs- und Immobiliengesellschaft geäussert[111]. So gilt nach Auffassung der Eidgenössischen Steuerverwaltung das Halten und Verwalten eigener Immobilien dann als Betrieb, wenn kumulativ folgende Erfordernisse erfüllt sind:

227
Praxis der EStV
Pratique de l'AFC

- es erfolgt ein Marktauftritt oder es werden Betriebsliegenschaften an Konzerngesellschaften vermietet;
- die Unternehmung beschäftigt oder beauftragt mindestens eine Person für die Verwaltung der Immobilien (eine Vollzeitstelle für rein administrative Arbeiten);
- die Mieterträge betragen mindestens das 20–fache des marktüblichen Personalaufwands für die Immobilienverwaltung[112].

---

[111] Zum Begriff der Immobiliengesellschaft vgl. Rz 90.
[112] Kreisschreiben Nr. 5 «Umstrukturierungen» (zit. in FN 99), 22 sowie 62.

| | |
|---|---|
| 228<br>Spaltung<br>einer IG<br>Scission<br>d'une SI | Eine Spaltung einer Immobiliengesellschaft ist nach Auffassung der Eidgenössischen Steuerverwaltung dann steuerneutral möglich, wenn die Grundvoraussetzungen einer steuerneutralen Umstrukturierung erfüllt sind, indem<br><br>– die übertragenen Immobilien einen Betrieb verkörpern<br>– und die nach der Spaltung bestehenden Immobiliengesellschaften einen Betrieb oder einen Teilbetrieb weiter führen[113]. |
| 229 | Die Sperrfrist von fünf Jahren ist somit bei Spaltungen von Immobiliengesellschafen nicht zu beachten. |
| 230<br>Betriebs-<br>erfordernis<br>Nécessité de<br>l'exploitation | Hinsichtlich der Grundstückgewinnsteuer wird die Frage nach der Gewährung eines Steueraufschubs aber oftmals am mangelnden Betriebserfordernis der zu gründenden Immobiliengesellschaft scheitern, wenn eine Abspaltung eines Immobilienportfolios aus einer Betriebsgesellschaft zur Diskussion steht. |
| 231<br>Ausnahme<br>Exception | Kein Betriebserfordernis besteht zwar bei Umstrukturierungen im Rahmen einer Vermögensübertragung (Art. 69 – 77 FusG), aber dafür ist in diesen Fällen eine Sperrfrist von fünf Jahren zu berücksichtigen, damit die stillen Reserven auf dem betrieblichen Anlagevermögen (z.B. Liegenschaften) unter Gewährung eines Steueraufschubs übertragen werden können. |

*eb.  Ersatzbeschaffungen von Beteiligungen an Immobiliengesellschaften*

| | |
|---|---|
| 232 | Das StHG sieht vor, dass stille Reserven im Rahmen einer Ersatzbeschaffung von Beteiligungen juristischer Personen steuerneutral von der veräusserten Beteiligung auf die Ersatzbeteiligung übertragen werden können, sofern die veräusserte Beteiligung mindestens 20 Prozent des Grund- oder Stammkapitals der anderen Gesellschaft ausmacht und als solche während mindestens eines Jahrs im Besitz der Kapitalgesellschaft oder Genossenschaft war (Art. 24 Abs. 4$^{bis}$ StHG). Handelt es sich dabei um die Veräusserung einer Beteiligung an einer Immobiliengesellschaft, müsste zumindest dann hinsichtlich der Grundstückgewinnsteuer ein Steueraufschub gewährt werden, wenn es sich um eine Mehrheitsbeteiligung handelt, da nur in diesem Fall eine die Grundstückgewinnsteuer auslösende wirtschaftliche Handänderung vorliegt. |

---

[113] Kreisschreiben Nr. 5 «Umstrukturierungen» (zit. in FN 99), 22 sowie 62.

*ec.* ***Umstrukturierung von Personalvorsorgestiftungen***

Die im Vernehmlassungsverfahren zum Fusionsgesetz geäusserte Befürchtung, wonach die Befreiung von der Grundstückgewinnsteuer im Falle der Spaltung einer Vorsorgeeinrichtung am Betriebserfordernis scheitern könnte, erweist sich als unbegründet[114]. Bereits das Bundesgesetz über die berufliche Alters-, Hinterlassenen und Invalidenvorsorge untersagt bei Fusionen oder Teilung von Vorsorgeeinrichtungen die Erhebung einer Gewinnbesteuerung (Art. 80 Abs. 4 BVG, SR 831.40). Damit entfällt auch in den Kantonen mit monistischem System eine Besteuerung allfälliger Grundstückgewinne bei Umstrukturierungssachverhalten. Sachgerecht ist allerdings nicht eine Steuerbefreiung, sondern ein blosser Steueraufschub eines allfälligen Grundstückgewinns.

233

# VI. Berechnung des Grundstückgewinns

## A. Grundregeln der Gewinnermittlung

Die Grundstückgewinnsteuer soll die sog. «unverdienten» Wertzuwachsgewinne des Grundeigentümers abschöpfen, d.h. Mehrwerte, die aufgrund äusserer Einflüsse, wie Marktverhältnisse und Massnahmen der Gemeinwesen (Einzonung, Erschliessung usw.) entstanden sind[115].

234
Unverdienter Wertzuwachs
Plus-value non méritée

Der Grundstückgewinn ist gemäss Art. 12 Abs. 1 StHG als Differenz zwischen Erlös und Anlagekosten umschrieben. Zum Teil werden je nach kantonalen Rechtsordnungen auch weitere Kosten oder sogar Verluste bei der Gewinnberechnung berücksichtigt. Steuerbar ist aber immer nur der Gewinn, welcher aus der Grundstücksveräusserung resultiert. Weitere Erlöse aus der Veräusserung nicht liegenschaftlicher Werte wie mitveräussertes Mobiliar und dgl. bleiben ausser Betracht.

235
Legaldefinition
Définition légale

---

[114] Botschaft des Bundesrats zum Bundesgesetz über Fusion, Spaltung, Umwandlung und Vermögensübertragung, BBl 2000 4376.
[115] HÖHN/WALDBURGER, § 22 Rz 38.

## 1. Grundsatz der gesonderten Gewinnermittlung

236 Wenn auf dem Gewinn aus der Veräusserung eines Grundstücks eine als Sondersteuer ausgestaltete Grundstückgewinnsteuer erhoben wird, geschieht dies nach dem Prinzip der gesonderten Gewinnermittlung. Danach wird auf jedem veräusserten Grundstück der Gewinn getrennt ermittelt. Nur Aufwendungen, die dasselbe Grundstück betreffen, sind somit anrechenbar. Ausserdem sind Verluste, die eine steuerpflichtige Person bei der Veräusserung eines andern Grundstücks oder im Rahmen der Führung eines Betriebs erlitten hat, für die Ermittlung des steuerbaren Grundstückgewinns grundsätzlich nicht massgebend. Von diesem Grundsatz gibt es allerdings in den einzelnen Kantonen zahlreiche Abweichungen[116].

## 2. Kongruenzprinzip

### a. Grundsatz

237 Das Kongruenzprinzip besagt, dass der Gewinnberechnung vergleichbare Verhältnisse zugrunde liegen müssen. So müssen sich Anlagekosten und Erlös umfänglich und inhaltlich auf das gleiche Grundstück beziehen. Sofern sich die materielle Substanz oder der rechtliche Inhalt des Grundstücks während der massgeblichen Besitzesdauer verändert haben, sind hinsichtlich des Erwerbs- und Veräusserungszeitpunkts durch Zu- oder Abrechnungen vergleichbare Verhältnisse zu schaffen.

### b. Substanzvermehrung

238 Beruht eine Substanzvermehrung während der Besitzesdauer auf Leistungen der steuerpflichtigen Person, so sind entsprechende tatsächliche oder rechtliche Verbesserungen bei den Anlagekosten anrechenbar[117]. Tatsächliche Verbesserungen eines Grundstücks bestehen in der Regel in der Überbauung eines unüberbauten Grundstücks oder in der Verbesserung der bestehenden Bausubstanz. Demgegenüber kann eine rechtliche Verbesserung in der Einräumung einer Dienstbarkeit zugunsten des Grundstücks der steuerpflichtigen Person bestehen oder

---

[116] Vgl. dazu Rz 292.
[117] Vgl. dazu Rz 274 ff.

umgekehrt in der Ablösung einer das Grundstück belastenden Dienstbarkeit.

### c. Substanzverminderung

Eine Substanzverminderung erfolgt entweder durch teilweise Veräusserung eines Grundstücks oder durch tatsächliche oder rechtliche Verschlechterung desselben ohne Veräusserung.

239

Eine rechtliche Verschlechterung löst nur dann die Grundstückgewinnsteuer im Sinne einer Teilveräusserung aus, wenn ein Grundstück dauerhaft und gegen Entgelt mit einer privatrechtlichen Dienstbarkeit oder mit einer öffentlich-rechtlichen Eigentumsbeschränkung belastet wird[118].

240
Rechtliche Verschlechterung
Altération juridique

Demgegenüber hat in der Regel eine tatsächliche Verschlechterung des Grundstücks keine direkten Grundstückgewinnsteuerfolgen. Die tatsächlichen wie auch die rechtlichen Verschlechterungen, soweit sie nicht als Teilveräusserungen gelten, werden aber immerhin bei Veräusserung des davon betroffenen Grundstücks von einzelnen Kantonen über eine Korrektur des Erwerbspreises berücksichtigt[119].

241
Tatsächliche Verschlechterung
Altération effective

Eine tatsächliche Verschlechterung könnte z.B. durch Zerstörung eines Gebäudes infolge Abbruchs oder Brandfalls erfolgen. Zu beachten ist allerdings, dass die Zerstörung eines Gebäudes durch Brandfall kein Veräusserungstatbestand im Sinne des Grundstückgewinnsteuerrechts darstellt. Damit unterliegt ein Brandentschädigungsgewinn, d.h. die Differenz zwischen Versicherungssumme zu den Anlagekosten des durch Brandfall zerstörten Gebäudes nicht der Grundstückgewinnsteuer. Bei Grundstücken des Privatvermögens ist ein Brandentschädigungsgewinn sowohl auf Ebene der kantonalen Steuergesetze wie auch bei der direkten Bundessteuer als steuerfreier Kapitalgewinn zu qualifizieren. Brandentschädigungsgewinne auf Grundstücken des Geschäftsvermögens unterliegen demgegenüber – als Bestandteil des Vermögensstandsgewinns – der Einkommens- oder Gewinnsteuer, so-

242
Brandfall
Incendie

---

[118] Vgl. dazu Rz 102 ff.
[119] Vgl. dazu Rz 270 ff.; RICHNER/FREI/KAUFMANN, § 219 Rz 15.

fern nicht ein Ersatzbeschaffungstatbestand aufgrund eines Wiederaufbaus vorliegt[120].

243 Wird die Brandstätte selbst veräussert, ist entsprechend dem Kongruenzprinzip bei der Gewinnermittlung der Wert des abgebrannten Gebäudes als Erwerbspreiskorrektur auszuscheiden.

244
Ausbeutung von Bodenschätzen
Extraction de matériaux

Ein weiteres wichtiges Beispiel für eine tatsächliche Verschlechterung eines Grundstücks ist die Ausbeutung von Bodenschätzen (Kies, Mineralsalz usw.). In aller Regel wird in den Kantonen die entgeltliche Kiesausbeutung auf einem fremden Grundstück der Einkommens- oder Gewinnsteuer unterliegen. Denkbar wäre aber auch eine Abschöpfung durch die Grundstückgewinnsteuer[121].

## B. Erlös

### 1. Allgemeines

245
Erlösbestimmung
Fixation du produit

Als Erlös gilt die Summe aller Leistungen der erwerbenden Person, die in kausalem Zusammenhang mit der Grundstücksveräusserung ste-

---

[120] Eine Besonderheit ist bei der direkten Bundessteuer im Bereich landwirtschaftlicher Grundstücke zu beachten, die durch Brandfall zerstört werden. Gewinne aus der Veräusserung von land- und forstwirtschaftlichen Grundstücken werden bei der direkten Bundessteuer dem steuerbaren Einkommen nur bis zur Höhe der Anlagekosten zugerechnet (Art. 18 Abs. 4 DBG). Damit unterliegt ein Brandentschädigungsgewinn nur im Umfange der durch Brandfall realisierten Abschreibungen der Einkommensbesteuerung, sofern nicht ein Steueraufschub infolge Wiederaufbaus vorliegt. Der über die vorgenommenen Abschreibungen des durch Brandfall zerstörten Gebäudes realisierte Brandentschädigungsgewinn unterliegt hingegen als steuerfreier Kapitalgewinn nicht der Einkommenssteuer.

[121] Vgl. dazu Rz 116; Gemäss Praxis des Kantons Zürich wird im Rahmen der Gewinnermittlung eine tatsächliche Verschlechterung berücksichtigt, indem bei der späteren Veräusserung des Grundstücks vom Erwerbspreis ein der tatsächlichen Verschlechterung entsprechender Wert abgerechnet wird. Es ist dabei zu schätzen, welcher Erwerbspreis bezahlt worden wäre, wenn das Grundstück schon im Erwerbszeitpunkt mit der Verschlechterung belastet worden wäre. Sofern vom Verkehrswert vor 20 Jahren auszugehen ist, ist der seinerzeitige Verkehrswert des Grundstücks unter Berücksichtigung der heutigen Verhältnisse zu schätzen. Hat die steuerpflichtige Person z.B. zwischen Erwerb und Veräusserung das Gebäude abgebrochen und veräussert heute nur noch das Land, ist im Sinne des Kongruenzprinzips bei der Gewinnberechnung der Wert des abgebrochenen Gebäudes auszuscheiden (vgl. RICHNER/FREI/KAUFMANN, § 219 Rz 15).

hen[122]. Ausgangspunkt ist in der Regel der öffentlich beurkundete Veräusserungspreis. Fliessen darüber hinaus geldwerte Leistungen im Zusammenhang mit der Veräusserung eines Grundstücks von der erwerbenden zur veräussernden Person, so bilden auch diese Leistungen Erlösbestandteile.

Sollten beim Inkasso des Veräusserungspreises Probleme auftreten, ist dies für die Erlösbestimmung unerheblich. Weder die Disposition über Zahlungsmodalitäten (nach dem Grundbucheintrag) oder über das Stehen lassen eines Betrags als Darlehen noch die Verwendung des Erlöses haben auf die Erlösbestimmung einen Einfluss[123].

246
Zahlungsmodalitäten
Modalités de paiement

## 2. Zusätzliche Erlösbestandteile

Werden geldwerte Leistungen im Zusammenhang mit einer Liegenschaftstransaktion ausgerichtet, die den verurkundeten Veräusserungspreis übersteigen, ist jeweils zu prüfen, ob diese als zusätzliche Erlösbestandteile bei der Grundstückgewinnsteuer zu berücksichtigen sind. Bei folgenden Sachverhalten haben die Steuer- und Steuerjustizbehörden geldwerte Leistungen als zusätzliche Erlösbestandteile qualifiziert:

– Übernahme von Schulden des Veräusserers[124];
– Sonderentschädigungen im Zusammenhang mit der Räumung des veräusserten Grundstücks (Ersatz für Räumungskosten, Umzugskosten, Geschäftsstörungen, Gewinnausfälle, Mietablösungen usw.)[125];
– Schwarzgeldzahlung[126];
– Rückvermietung zu einem Vorzugspreis[127];
– Nachzahlungen, zu denen sich die erwerbende Person nachträglich verpflichtet[128];

247
Verschiedene Beispiele
De multiples exemples

---

122 LANGENEGGER, N 2 zu Art. 138 StG BE.
123 NStP 1986, 166 ff.
124 StE 1996, B 27.2 Nr. 16.
125 RICHNER/FREI/KAUFMANN, § 220 Rz 22 mit weiteren Beispielen in Rz 23 ff.
126 NStP 1955, 32 ff.
127 Entscheid des Verwaltungsgerichtes des Kantons Bern vom 30. August 1996 in Sache G., nicht publiziert.
128 NStP 1964, 120 ff.

- Übernahme der Grundstückgewinnsteuer (nicht aber die Übernahme der Handänderungssteuer) durch die erwerbende Person[129];
- Vorauszahlungen des Grundstückpreises gelten als weitere Leistungen, wenn der veräussernden Person die volle Nutzungsbefugnis am Grundstück vorübergehend verbleibt. Die Verzinsung der Vorauszahlung für die Dauer vom Zeitpunkt der Zahlung bis zum Übergang der Nutzung am Grundstück auf die erwerbende Person wird gemäss Praxis des Kantons Zürich dem nominalen Kaufpreis aufgerechnet. Der anwendbare Zinssatz wird nach der Rechtsprechung des zürcherischen Verwaltungsgerichtes in der Regel auf 4½ % angesetzt[130];
- die Einräumung eines Nutzungsrechts am Grundstück (z.B. Wohnrecht oder Nutzniessung) zugunsten der veräussernden Person wird gemäss Praxis im Kanton Zürich im Umfang des Barwerts des Nutzungsrechts zum Erlös hinzugerechnet[131]; anders hingegen die Praxis im Kanton Bern, wo ein vorbehaltenes Nutzungsrecht zugunsten der veräussernden Person kein Erlösbestandteil darstellt, da die Liegenschaft nutzungsrechtsbelastet auf die erwerbende Person übergeht (ausdrücklich in Art. 137 Abs. 3 StG BE);
- die Bezahlung einer bei der veräussernden Person anfallenden Mehrwertsteuer gehört wohl nach einhelliger Auffassung ebenfalls zum Erlös[132];
- mitveräusserte Bauprojekte gelten grundsätzlich als Erlösbestandteil, allerdings nach Praxis des Kantons Bern nur insoweit, als mit dem Bau bei Veräusserung bereits begonnen wurde[133].

---

[129] Sowohl im Kanton Zürich wie auch im Kanton Bern gilt eine Näherungsmethode: Die Näherungsmethode zeichnet sich dadurch aus, dass die Aufrechnung der übernommenen Grundstückgewinnsteuer in Form einer iterativen Näherungsberechnung innerhalb der Gewinnberechnung erfolgt. Im Kanton Bern erfolgt die Berechnung bloss durch dreimalige vollständige Grundstückgewinnberechnung unter jeweiliger Aufrechnung der ermittelten Grundstückgewinnsteuer, wobei mit jedem Berechnungsschritt die aufzurechnende Grundstückgewinnsteuer exakter wird (vgl. Berechnungsbeispiel bei LANGENEGGER, N 8 zu Art. 138 StG BE). Im Kanton Zürich wird die Näherungsberechnung so oft wiederholt, bis sich keine Abweichungen mehr ergeben (vgl. Berechnungsbeispiel bei RICHNER/FREI/KAUFMANN, § 220 Rz 35).
[130] StE 1987, B 24.1 Nr. 1.
[131] RICHNER/FREI/KAUFMANN, § 220 Rz 36 ff.
[132] RICHNER/FREI/KAUFMANN, § 220 Rz 46 ff.
[133] LANGENEGGER, N 30 zu Art. 142 StG BE.

## 3. Erlösminderungen

Grundsätzlich ist alles, was nicht kausal mit der Grundstückveräusserung in Zusammenhang steht, vom Erlös auszuscheiden. Insbesondere sind mitveräusserte, nicht liegenschaftliche Werte vom Veräusserungserlös auszusondern.

248
Grundsatz
Le principe

Auch bei den Erlösminderungen besteht eine reichhaltige Kasuistik:
- das Hinausschieben der Zahlungspflicht des Veräusserungspreises über den Zeitpunkt der Eigentumsübertragung (Grundbucheintrag) hinaus bewirkt eine Erlösminderung, sofern nicht eine marktkonforme Verzinsung geschuldet ist[134];
- sofern im öffentlich beurkundeten Kaufpreis nicht liegenschaftliche Werte (wie z.B. Mobiliar, Goodwill, Zugehör usw.) inbegriffen sind, wirkt sich dies ebenfalls erlösmindernd aus[135].

249
Beispiele
Exemples

## 4. Erlösbestimmung

### a. Verkehrswert als Ersatzwert

In der Regel gilt als massgebender Erlös der öffentlich beurkundete Veräusserungspreis. Es sei denn, es gäbe Anhaltspunkte dafür, dass dem vereinbarten Veräusserungspreis keine wirkliche rechtsgeschäftliche Bedeutung zukommt oder dass es überhaupt an einer Preisvereinbarung fehlt. In diesen Fällen ist auf den Verkehrswert des Grundstücks als Ersatzwert abzustellen. Ein Anzeichen dafür, dass dem Veräusserungspreis eine wirkliche rechtsgeschäftliche Bedeutung fehlt, ist das offensichtliche Missverhältnis zwischen vereinbarter Leistung und dem Verkehrswert des Grundstücks im Zeitpunkt des Vertragsschlusses[136].

250
Offensichtliches Missverhältnis
Disproportion manifeste

Die Anwendung des Verkehrs- oder Marktwerts als Ersatzwert kommt insbesondere bei Tauschgeschäften, Natural- oder Sachleistungen sowie bei Einbringung von Liegenschaften in eine Personengesellschaft

251
Anwendungsfall
Cas d'application

---

[134] StE 1987, B 24.1 Nr. 1.
[135] RICHNER/FREI/KAUFMANN, § 220 Rz 51 f. mit weiteren Beispielen.
[136] Gemäss Praxis des Kantons Zürich besteht ein offensichtliches Missverhältnis grundsätzlich erst dann, wenn zwischen Verkehrswert und vereinbartem Kaufpreis resp. Anrechnungswert eine Differenz von mindestens 25% vorliegt (vgl. RICHNER/FREI/KAUFMANN, § 220 Rz 51 f.).

oder bei Änderungen im Gesellschafterbestand von Personengesellschaften und dgl. in Betracht.

252  
Tauschpreis  
Prix d'échange  
Praktische Schwierigkeiten können sich für die Steuerbehörden beim Tausch von Liegenschaften ergeben, wenn die Parteien keine oder keine realistischen «Tauschpreise» festlegen. In diesen Fällen sind für beide getauschten Grundstücke Verkehrswertgutachten einzuholen. Der Erlös berechnet sich beim veräusserten Objekt nach der Gegenleistung, d.h. nach dem Verkehrswert des tauschweise erworbenen Grundstücks.

253  
Schätzung  
Estimation  
Was die Ermittlung des Verkehrswerts anbetrifft, so ist dieser nach objektiven Gesichtspunkten, d.h. durch Schätzung, zu ermitteln. Danach entspricht der Verkehrswert eines Vermögenswerts dem Preis, der hierfür im gewöhnlichen Geschäftsverkehr am fraglichen Bewertungsstichtag mutmasslich zu erzielen gewesen wäre[137].

### b. Erlösbestimmung bei wiederkehrenden Leistungen

254 Besteht der Erlös in einer wiederkehrenden Leistung, ist der Barwert dieser Leistungen entsprechend ihrer Dauer durch Kapitalisierung zu ermitteln. Die Berechnung des Barwerts erfolgt in der kantonalen Besteuerungspraxis in der Regel anhand der Barwerttafeln von STAUFFER/SCHAETZLE/SCHAETZLE[138].

### c. Sonderfälle der Erlösbestimmung im monistischen System

#### ca. *Geldwerte Leistung (verdeckte Gewinnausschüttung)*

255 Insbesondere in Kantonen mit monistischem System[139] gelten für Rechtsgeschäfte zwischen einer Kapitalgesellschaft und deren Anteilsinhabern die Bewertungsregeln für Kapitalentnahmen und Kapitaleinlagen analog dem Unternehmenssteuerrecht. Die Anwendung des Verkehrswerts als Ersatzwert fällt insbesondere in Betracht bei geldwerten Leistungen (verdeckte Gewinnausschüttungen), die erst dann anzunehmen sind, wenn

---

[137] RICHNER/FREI/KAUFMANN, § 220 Rz 93.  
[138] STAUFFER/SCHAETZLE/SCHAETZLE, Barwerttafeln (Tables de capitalisation), 5. Aufl., Zürich 2001.  
[139] Vgl. dazu Rz 3 ff.

- eine Gesellschaft einem Anteilsinhaber oder einer diesem nahe stehenden Person eine Leistung ohne entsprechende Gegenleistung zugewendet hat;
- diese Leistung einer Drittperson gegenüber nicht derart vorteilhaft erbracht worden wäre;
- die Bevorteilung den handelnden Organen erkennbar war[140].

Eine bei der Grundstückgewinnsteuer zu berücksichtigende geldwerte Leistung ist in der Differenz zwischen Verkehrswert und vereinbartem Veräusserungspreis zum Erlös hinzuzurechnen.

256

### cb. Unterpreisliche Einbringung (verdeckte Kapitaleinlage)

Analog zur geldwerten Leistung ist auch im umgekehrten Fall, wo eine unterpreisliche Einbringung einer Liegenschaft in eine Unternehmung (verdeckte Kapitaleinlage) erfolgt, die Differenz zwischen dem Veräusserungspreis und dem wirklichen Wert als Erlösbestandteil aufzurechnen. Die erwerbende Unternehmung (juristische Person) ist berechtigt, das unterpreislich erworbene Grundstück mit seinem wirklichen Wert zu aktivieren und die verdeckte Kapitaleinlage den Reserven gutzuschreiben[141].

257

### cc. Immobilien-Finanzierungsleasing

Beim Immobilien-Finanzierungsleasing handelt es sich im Gegensatz zum Operatingleasing um längerfristige Verträge, die in der Regel auf die Nutzungsdauer der geleasten Liegenschaften ausgerichtet sind. Häufig wird in Rahmen des Immobilien-Finanzierungsleasings auf den Zeitpunkt des Ablaufs der Leasingfrist ein Kaufrecht des Leasingnehmers für die geleaste Liegenschaft vereinbart. Wird das Kaufrecht zu einem Preis ausgeübt, der über dem entsprechenden Nutzungswert der Liegenschaft liegt, erscheint es sachgerecht, einen Anteil der vereinbarten Leasingzinsen, d.h. die Amortisationsquote, bei der Grundstückgewinnsteuer als Erlös- oder Erwerbspreiskomponente zu berücksichtigen[142].

258

---

[140] LANGENEGGER, N 12 zu Art. 138 StG BE.
[141] LANGENEGGER, N 11 zu Art. 138 StG BE.
[142] LANGENEGGER, N 16 zu Art. 138 StG BE; RICHNER/FREI/KAUFMANN, § 220 Rz 42 mit Hinweis auf VGr vom 05.02.1996 publiziert in StE 1996, B 44.11 Nr. 8; Praxisfestle-

259 Damit setzt sich der grundstückgewinnsteuerliche Erlös beim Leasinggeber im Zeitpunkt der Ausübung des leasingvertraglichen Kaufsrechts durch den Leasingnehmer aus dem Kaufsrechtspreis sowie der Summe der mit den Leasingraten bezahlten Amortisationsquoten zusammen. In der Regel ergibt sich damit kein steuerbarer Grundstückgewinn, weil die Anlagekosten in etwa dem Erlös entsprechen, was letztlich dem wirtschaftlichen Ergebnis entspricht[143].

## 5. Erlösverwendung

260 Auf welche Art und Weise ein Erlös durch die veräussernde Person verwendet wird, ist grundsätzlich bei der Ermittlung des Grundstückgewinns nicht relevant. Wenn z.B. die veräussernde Person den Gewinn ganz oder teilweise einer Drittperson weiterzuleiten hat (Vertrag zugunsten Dritter, Art. 112 OR), ist dieser Umstand für die Grundstückgewinnsteuer nicht von Bedeutung. Ebenso wenig ist für die Grundstückgewinnsteuer erheblich, ob die veräussernde Person den Veräusserungserlös auch tatsächlich vereinnahmt oder ob sie den Betrag als Darlehen stehen lässt.

---

gung der Steuerverwaltung des Kantons Bern, Steuerliche Behandlung von Leasingverträgen bei geschäftlichen Betrieben, publiziert in NStP 2003, 9 ff.

[143] Im Gegensatz zur Praxis im Kanton Bern berücksichtigt die Praxis im Kanton Zürich offenbar bei den grundstückgewinnsteuerlich aufzurechnenden Amortisationsquoten einen rechnerischen Diskont als weitere Erlöskomponente. Der rechnerische Diskont wird damit begründet, dass die Amortisationsquoten wie periodische Vorauszahlungen an den Kaufpreis betrachtet werden können. Die zürcherische Praxis verkennt dabei, dass in der Regel bei Abschluss des Leasingvertrags nicht nur eine Verzinsung der Entwertungskomponente, sondern auch eine Verzinsung der gesamten Amortisationskomponente bereits in den periodischen Leasingzahlungen berücksichtigt ist. Damit erscheint die Berücksichtigung eines derartigen Diskonts in der Regel als nicht sachgerecht (vgl. dazu die berechtigte Kritik von LANGENEGGER, N 3 und 16 zu Art. 138 StG BE).

## C. Anlagekosten

### 1. Allgemeines

Die massgebenden Anlagekosten bestehen in der Regel aus dem Erwerbspreis und den während der Besitzesdauer aufgelaufenen Aufwendungen. Im Umfang dieser Anlagekosten erzielt die veräussernde Person keinen Gewinn.

### 2. Erwerbspreis

Die Begriffe Erwerbspreis und Erlös werden vorliegend unterschiedlich verwendet. Ersterer umschreibt den Preis für den früheren Erwerb und letzterer den aktuellen Veräusserungspreis. Grundsätzlich aber sind die Begriffe Erwerbspreis und Erlös begrifflich identisch. Die Aussagen über den Erlös gelten somit auch für den Erwerbspreis[144].

#### a. Erwerbspreis bei entgeltlichem Erwerb

Als Erwerbspreis gilt in der Regel der öffentlich beurkundete Erwerbspreis einschliesslich aller weiterer geldwerten Leistungen, zu dem die veräussernde Person das Grundstück erworben hatte.

Bei langjähriger Besitzesdauer sehen die meisten kantonalen Steuergesetze aus Gründen der Praktikabilität Sonderregelungen für die Bestimmung der massgebenden Anlagekosten vor. Zum Teil wird dabei auf Steuerwerte (amtliche Werte resp. Katasterwerte) zurückgegriffen oder es werden schematisch Schätzwerte herangezogen[145].

---

[144] Vgl. dazu Rz 245 ff.
[145] STEUERINFORMATIONEN, 32 f.; liegt z.B. im Kanton Zürich eine massgebliche Handänderung mehr als 20 Jahre zurück, darf die steuerpflichtige Person den Verkehrswert des Grundstücks vor 20 Jahren in Anrechnung bringen (§ 220 Abs. 2 StG ZH). Demgegenüber kennt der Kanton Bern keine schematische Bestimmung des Erwerbspreises bei entgeltlichem Erwerb, selbst wenn der Erwerb Jahrzehnte zurückliegt.

### b. Erwerbspreis bei Weiterveräusserung nach Steueraufschub

**265**
Letzte Handänderung
Dernière aliénation

Grundsätzlich wird für die Erwerbspreisbestimmung immer auf die letzte grundstückgewinnsteuerlich massgebende Handänderung abgestellt. Dabei spielt es keine Rolle, ob diese «letzte» Handänderung entgeltlich, unentgeltlich oder unter Steueraufschub erfolgte.

**266**
Zum Beispiel
Par exemple

Dabei stellen die Kantone Zürich und Bern[146] – wie wohl eine Mehrzahl der anderen Kantone – bei Weiterveräusserungen nach Steueraufschub für die Erwerbspreisbestimmung auf den letzten massgebenden Erwerbspreis vor dem Steueraufschub ab. Dies gilt insbesondere:
- beim Steueraufschub infolge Erbgangs (Erbfolge, Erbteilung, Vermächtnis), Erbvorbezugs oder Schenkung[147];
- beim Steueraufschub infolge Scheidungsurteils oder gerichtlich genehmigter Scheidungskonvention;
- beim Steueraufschub infolge Umstrukturierung.

**267**
Weiterveräusserung
Revente

Erfolgt eine Weiterveräusserung eines Grundstücks, auf dem einer der nachfolgend genannten Steueraufschubstatbestände lastet, gehen die meisten Kantone und insbesondere auch die Kantone Zürich und Bern auf denjenigen Erwerbspreis zurück, welcher für das handändernde Grundstück anlässlich des Steueraufschubs massgebend war[148]. Dies gilt insbesondere bei folgenden Steueraufschubstatbeständen:
- bei Landumlegungen zwecks Güterzusammenlegung, Quartierplanung, Grenzbereinigung, Abrundung landwirtschaftlicher Heimwesen sowie bei Landumlegungen im Enteignungsverfahren oder angesichts drohender Enteignung;
- bei Ersatzbeschaffungen[149].

---

[146] Vgl. für den Kanton Zürich: § 219 Abs. 3 StG ZH; für den Kanton Bern: Art. 140 Bst. a, d und e StG BE.
[147] Eine Sonderregelung besteht im Kanton Bern, wo sich der Erwerbspreis bei unentgeltlich erworbenen Grundstücken nach dem amtlichen Wert (Steuerwert) im Erwerbszeitpunkt oder den höheren Anlagekosten der Rechtsvorgängerin oder des Rechtsvorgängers bestimmt (Art. 140 Bst. a StG BE).
[148] Vgl. für den Kanton Zürich: § 219 Abs. 4 StG ZH; für den Kanton Bern: Art. 140 Bst. b und c StG BE.
[149] Im Kanton Bern gilt bei Ersatzbeschaffungen eine Sonderregelung, indem bei der Weiterveräusserung nach Ersatzbeschaffung die um den aufgeschobenen Rohgewinn (Erlös minus Anlagekosten) gekürzten Anlagekosten des Ersatzgrundstücks als Erwerbspreis gelten (Art. 140 Bst. c StG BE). Durch diese Kürzung wird die Nachbesteuerung des bisher aufgeschobenen Rohgewinns sichergestellt. Wird ein ausserkan-

## c. Erwerbspreisbestimmung bei Teilveräusserung

Die kantonalen Regelungen der Erwerbspreisbestimmung bei Teilveräusserungen sind unterschiedlich. Es sei darauf hingewiesen, dass insbesondere auch gewisse rechtliche Verschlechterungen z.b. durch dauerhafte und wesentliche Dienstbarkeitsbelastungen steuerlich wie Teilveräusserungen beurteilt werden[150].

268
Verschiedene Praktiken
Différentes pratiques

Zur Illustration sei stellvertretend für sämtliche Kantone nachfolgend auf die Regelungen der Kantone Zürich und Bern verwiesen:

269
Zürich und Bern
Zurich et Berne

– Bei der Ermittlung des Anlagewerts ist gemäss Praxis des Kantons Zürich der Gesamterwerbspreis nach objektiven Grundsätzen auf das veräusserte resp. zurückbehaltene Grundstück zu verlegen. Der Verkehrswert des veräusserten und des zurückbehaltenen Grundstücks wird dabei gesondert bewertet und der Erwerbspreis nach dem auf diese Weise ermittelten Verhältnis aufgeteilt. Liegt der Erwerb mehr als 20 Jahre zurück, ist der Verkehrswert des veräusserten Grundstückteils der Gewinnberechnung zugrunde zu legen[151]. Beziehen sich Aufwendungen nur auf einen Teil eines Grundstücks, sind diese aufgrund des Prinzips der gesonderten Gewinnermittlung nur dem betroffenen Teil zuzuordnen. Für Aufwendungen, welche nicht direkt zugeordnet werden können, erfolgt die Aufteilung nach objektiven Kriterien wie z.B. nach Grundstücksflächen oder nach geschätzten Verkehrswerten der Teilflächen.

– Gemäss Praxis des Kantons Bern gelten verschiedene Berechnungsmethoden zur Erwerbspreisbestimmung, die den jeweils besonderen Verhältnissen des Einzelfalls Rechnung tragen. In der Regel erfolgt die Aufteilung des Erwerbspreises bei echten Teilveräusserungen (Abparzellierungen) von unüberbautem Land im Verhältnis der Grundstücksflächen. Bei einer Teilveräusserung (Abparzellierung) von überbauten Grundstücken erfolgt die Aufteilung des Erwerbspreises im Verhältnis der amtlichen Werte (Steuerwerte) der Teilstücke. Die bei der ersten Teilveräusserung gewählte Berechnungsmethode ist bei den darauf folgenden weiteren Teilverkäufen beizubehalten, es sei denn, das Ergebnis widerspreche klar den tat-

---

tonales Ersatzgrundstück, dessen Erwerb zu einem Steueraufschub geführt hat, ohne erneute Ersatzbeschaffung veräussert, beschränkt sich die Besteuerung auf die im Kanton Bern aufgeschobenen Rohgewinne (Art. 136 Abs. 3 StG BE).

150 Vgl. dazu Rz 102 ff.
151 RICHNER/FREI/KAUFMANN, § 224 Rz 5 f.

sächlichen Verhältnissen. Bei Teilveräusserungen bildet der gesamte Erwerbspreis die äusserste Grenze der Erwerbspreisanrechnung[152].

### d. Erwerbspreiskorrektur bei tatsächlichen oder rechtlichen Verschlechterungen

270

Wie eine Teilveräusserung

Comme aliénation partielle

Bei rechtlichen Verschlechterungen, welche als dauerhafte und wesentliche Beeinträchtigungen des Grundstücks gelten und damit als Teilveräusserungen grundstückgewinnsteuerlich abgerechnet wurden, ist die Höhe der Erwerbspreiskorrektur am zu veräussernden Grundstück der Steuerbehörde in der Regel bereits bekannt. Eine eigentliche Erwerbspreiskorrektur ist damit bei Veräusserung des Restgrundstücks nach erfolgten Teilveräusserungen nicht notwendig, da der Erwerbspreis des Restgrundstücks im Rahmen der Besteuerung der Teilveräusserungen bereits reduziert wurde.

271

Erwerbspreiskorrektur

Prix d'acquisition corrigé

Hingegen ist bei rechtlichen Verschlechterungen an einem Grundstück, die nicht einer Teilveräusserung gleichkommen, grundsätzlich eine Erwerbspreiskorrektur vorzunehmen. Allerdings existieren in den Kantonen keine einheitlichen Regelungen wie derartige Erwerbspreiskorrekturen vorzunehmen sind. Zur Illustration seien stellvertretend für sämtliche Kantone die Regelungen der Kantone Zürich und Bern angefügt.

– Im Kanton Zürich gelten gewisse Belastungen eines Grundstücks mit zeitlich begrenzten Dienstbarkeiten, wie z.B. einem Nutzniessungsrecht oder einem Wohnrecht, nicht als Teilveräusserung. Gemäss zürcherischer Praxis wird das Entgelt für die Einräumung eines Nutzniessungsrechts oder eines Wohnrechts in Anlehnung an das Kongruenzprinzip bei der späteren Veräusserung des belasteten Grundstücks als Erwerbspreiskorrektur berücksichtigt[153].

– Demgegenüber wird im Kanton Bern ein Entgelt für eine Dienstbarkeitsbelastung mit einem Nutzniessungsrecht oder einem Wohnrecht, mangels Qualifikation als Teilveräusserung, bei der späteren Veräusserung des damit belasteten Grundstücks weder als Erwerbspreiskorrektur noch als Anlagekostenbestandteil angerechnet (Art. 137 Abs. 3 StG BE). Derartige dingliche Belastungen bleiben

---

[152] Zu den einzelnen Berechnungsmethoden vgl. «Merkblatt F» der Steuerverwaltung des Kantons Bern, publiziert unter http://www.sv.fin.be.ch.
[153] RICHNER/FREI/KAUFMANN, § 219 Rz 14 ff.

## D. Grundzüge des harmonisierten Grundstückgewinnsteuerrechts

bei der bernischen Grundstückgewinnsteuer somit generell unbeachtlich.

Aufgrund des Kongruenzprinzips müsste nicht nur die rechtliche Verschlechterung an einem Grundstück, sondern auch die tatsächliche Verschlechterung eine Erwerbspreiskorrektur zur Folge haben, sofern diese nicht bereits als Teilveräusserungen bei der Grundstückgewinnsteuer abgerechnet wurden.

272
Kongruenzprinzip
Principe de congruence

Auch in dieser Frage können die Regelungen in den Kantonen zum Teil recht unterschiedlich sein.

273
Zürich und Bern
Zurich et Berne

– Im Kanton Zürich ist z.B. zu schätzen, welcher Erwerbspreis bezahlt worden wäre, wenn das Grundstück schon im Erwerbszeitpunkt «verschlechtert» gewesen wäre. Je nachdem wird aber auch ein vereinfachtes Verfahren angewendet, indem die heutige prozentuale Verschlechterung geschätzt wird, um dann im gleichen Verhältnis den Erwerbspreis zu korrigieren. Ist von einem Verkehrswert vor 20 Jahren auszugehen, wird dieser um die nach heutigen Verhältnissen geschätzte prozentuale Verschlechterung vermindert[154].

– Anders wiederum die Praxis im Kanton Bern, wo tatsächliche Verschlechterungen wie z.B. ein Abbruch oder die Verwahrlosung eines Gebäudes oder die Ausbeutung von Kies, Sand und dgl. keine Erwerbspreiskorrektur zur Folge haben. Dies bedeutet letztlich nichts anderes als eine Verletzung des Kongruenzprinzips, was im Ergebnis nicht sachgerecht ist. Zu rechtfertigen ist diese Praxis allenfalls aus Praktikabilitätsüberlegungen. Einerseits können Schätzungen von tatsächlichen Verschlechterungen, die bis weit in die Vergangenheit zurückreichen, in der Praxis Probleme bereiten. Andererseits hat eine steuerpflichtige Person z.B. die Bau- oder Erwerbskosten für ein später abgebrochenes Gebäude auch tatsächlich aufgewendet, selbst wenn anschliessend bloss noch die Landparzelle veräussert wird.

---

[154] RICHNER/FREI/KAUFMANN, § 219 Rz 15.

## 3. Aufwendungen

### a. Wertvermehrende Aufwendungen

274
Dauernde
Verbesserungen
Améliorations
durables

Als wohl wichtigste Kategorie unter den Anlagekosten sind nebst dem Erwerbspreis die wertvermehrenden Aufwendungen zu nennen. Als wertvermehrend gelten jene «Aufwendungen, welche den für den Marktwert des Grundstücks massgebenden tatsächlichen und rechtlichen Zustand desselben über jenen Stand hinaus verbessern, in welchem das Grundstück zur Zeit des letzten steuerlich massgebenden Erwerbs war»[155]. Es geht dabei um Aufwendungen für dauernde Verbesserungen des Grundstücks wie z.B. durch Neu-, Um- und Einbauten, Verbesserungen von Installationen oder Bodenverbesserungen.

275
Reparaturen
und Unterhalt
Réparations et
entretien

Demgegenüber können Unterhalts- und Reparaturkosten wie z.B. Malerarbeiten, Fassadenrenovationen, Auslagen für gleichwertigen Ersatz, wohl praktisch in sämtlichen Kantonen nicht als Anlagekosten berücksichtigt werden. Als Unterhalt gelten Massnahmen, die der Werterhaltung dienen. Werterhaltende Massnahmen sind der Ausgleich einer Abnützung (Reparatur) oder der Ersatz einer Installation. Unterhaltskosten sind gegebenenfalls bei der Einkommenssteuer in der entsprechenden Steuerperiode abziehbar.

276
Zürich und
Bern
Zurich et
Berne

Die kantonalen Regelungen sind hinsichtlich der als Anlagekosten anrechenbaren wertvermehrenden Aufwendungen uneinheitlich. Zur Illustration seien stellvertretend für sämtliche Kantone wiederum bloss die Regelungen der Kantone Zürich und Bern angefügt.

– Die Praxis im Kanton Zürich geht bei der Beurteilung, ob eine Investition in ein Grundstück wertvermehrender oder bloss werterhaltender Natur sei, vom Kriterium der dauernden Wertvermehrung aus. Dies hat in aller Regel nach objektiv-technischen Kriterien zu erfolgen, d.h. die Aufwendung muss am Grundstück zu einer feststellbaren und dauerhaften Wertvermehrung führen, und zwar unabhängig, ob es sich um anschaffungsnahe Aufwendungen handelt oder nicht. Damit steht diese Betrachtungsweise in klarem Gegensatz zur subjektiv-wirtschaftlichen Methode resp. zur Dumont Praxis des Bundesgerichtes.

---

[155] HÖHN/WALDBURGER, § 22 Rz 51.

- Der Kanton Bern bekennt sich demgegenüber dem Grundsatze nach zur subjektiv-wirtschaftlichen Methode (Dumont Praxis), wonach die Aufwendungen für Unterhaltsarbeiten in den ersten fünf Jahren seit dem Eigentumserwerb als anschaffungsnahe Instandstellungsarbeiten gelten und somit nicht als Unterhalt vom Einkommen abziehbar sind. Sie können hingegen im Zeitpunkt der Veräusserung des Grundstücks als Anlagekosten vom Grundstückgewinn in Abzug gebracht werden. Zur zeitlichen Abgrenzung der fünfjährigen Dumontfrist ist einerseits der Erwerbszeitpunkt (Eintrag im Grundbuch) massgebend und andererseits für allfällige Unterhaltsarbeiten das Datum der Rechnung für die Unterhaltsarbeiten.

Die Rechtsprechung des Bundesgerichtes zur Dumont Praxis geht auf das Jahr 1973 zurück und wurde im Jahr 1997 vom Bundesgericht modifiziert[156]. Gemäss modifizierter Dumont Praxis sind Unterhaltskosten in den ersten fünf Jahren seit Erwerb einer Liegenschaft nur noch dann als anschaffungsnahe Instandstellungsarbeiten resp. als Anlagekosten zu betrachten, wenn die Liegenschaft als vom bisherigen Eigentümer im Unterhalt vernachlässigt gilt. Damit wird der bisherige Regelfall, wonach die Dumontfrist ausgelöst wurde, zum Ausnahmetatbestand, indem wohl nur noch selten die Voraussetzungen für die Anwendung der Dumont Praxis vorliegen dürften.

277
Neue Dumont-Praxis
Nouvelle pratique Dumont

Die Regelungen und die Praxis in den einzelnen Kantonen zur Frage der wertvermehrenden Aufwendungen ist ausgesprochen vielfältig. Zur Illustration seien nachfolgend einige Beispiele für anrechenbare wertvermehrende Aufwendungen aufgeführt, welche die Informationsstelle für Steuerfragen zusammengetragen hat[157]:

278
Kantonale Praxis
Pratiques cantonales

- werterhaltende Aufwendungen und Instandstellungskosten, die während der ersten Besitzesjahre anfallen und nicht bereits dem damaligen Einkommen abgezogen werden konnten, werden grundsätzlich den Anlagekosten zugerechnet (analog der Dumont Praxis oder einer ergänzenden gesetzlichen Regelung): SZ, OW, NW, GL, ZG, FR, SO, BS, SH, AI, SG, NE, und JU; im Weiteren ebenfalls BE (bei vernachlässigter Liegenschaft), UR, AR und AG aber nur für gewisse Instandstellungskosten, die nicht schon bei der Einkommenssteuer mindestens teilweise als Unterhaltskosten geltend gemacht werden konnten;

---

[156] BGE 123 II 218 ff. = NStP 1997, 102 ff.
[157] STEUERINFORMATIONEN, 34.

- Aufwendungen für die Behebung der beim Erwerb vorhandenen grossen Verwahrlosung des Grundstücks: ZH, LU und GR;
- Aufwendungen für die bauliche Erschliessung des Grundstücks: ZH (Praxis); BE (Praxis); LU, UR; SZ (Praxis); OW; NW (Praxis); FR, SO, BL, AR, AI, GR, AG, TG, VD; VS (Praxis), NE und JU;
- grundsätzlich die Kosten für Planung, wie Bebauungspläne, Bauermittlungen und Vorprojekte, die einer Behörde zur Vorprüfung oder Bewilligung eingereicht werden: in ZH, LU; UR (Praxis); NW (Praxis); ZG, FR; BS (Praxis); GR und AG; nur bei realisiertem Projekt oder Projekten mit Baubindung: BE (Praxis), SZ (Praxis), OW, SO, BL, AI, TG und VS.

279 Zürich und Bern
Zurich et Berne

Neben den bisher genannten Aufwendungen sind zum Teil in gewissen Kantonen auch wertvermehrende Eigenleistungen an Grundstücken des Privatvermögens als Anlagekosten anrechenbar. Zur Illustration sei an dieser Stelle auf die Regelungen in den Kantonen Zürich und Bern verwiesen.

- Gemäss Praxis des Kantons Zürich ist der Umfang von wertvermehrenden Aufwendungen, welche ein Eigentümer durch eigene Arbeit an seinem Grundstück vorgenommen hat, zu schätzen. Massgebend ist dabei der Marktwert seiner Eigenleistungen. Derartige Eigenleistungen sind zwar bei der Grundstückgewinnsteuer als Anlagekosten abziehbar, dafür sind sie aber im Zeitpunkt der Veräusserung der Liegenschaft als Einkommen zu versteuern[158].
- Seit Inkrafttreten des revidierten Steuergesetzes per 1. Januar 2001 sind im Kanton Bern nur noch gewerbsmässig erbrachte Eigenleistungen zur Verbesserung oder Wertvermehrung als Anlagekosten abziehbar, soweit sie ordnungsgemäss verbucht und als Einkommen resp. Gewinn besteuert worden sind (Art. 142 Abs. 2 Bst. f StG BE). Nach Auffassung des bernischen Gesetzgebers gelten als Aufwendungen ausschliesslich pagatorische Kosten, d.h. Kosten, welche die steuerpflichtige Person unmittelbar belastet haben (wie z.B. Materialkosten). Demgegenüber stellen nicht gewerbsmässig erbrachte Eigenleistungen keine pagatorischen Kosten dar, da diese bloss private Freizeitarbeit oder Liebhaberei (Hobby) darstellen[159]. Freizeitarbeit oder Liebhaberei sind nach herrschender Lehre aber

---

[158] RICHNER/FREI/KAUFMANN, § 221 Rz 52 ff.
[159] LANGENEGGER, N 56 zu Art. 142 StG BE.

einkommenssteuerlich irrelevant[160]. Nach dieser Lesart verstossen Regelungen in kantonalen Steuergesetzen gegen das StHG, wenn sie nach dem 1. Januar 2001 eine Berücksichtigung von wertvermehrenden Eigenleistungen an Grundstücken des Privatvermögens bei der Grundstückgewinnsteuer zum Abzug zulassen.

Neben den Aufwendungen für tatsächliche Wertvermehrungen sind in einzelnen Kantonen auch Aufwendungen für rechtliche Verbesserungen, wie z.B. Prozess- und Anwaltskosten, anrechenbar[161].

280
Rechtliche Verbesserungen
Améliorations juridiques

### b. Maklerprovisionen

Zu den bei den Anlagekosten anrechenbaren Aufwendungen gehören nach den Regelungen der meisten Kantone auch die Maklerprovisionen. Unter Maklerprovisionen sind Auslagen zu verstehen, die eine steuerpflichtige Person einer Drittperson für die Vermittlung oder den Nachweis einer Kaufs- oder Verkaufsgelegenheit geleistet hat.

281
Begriff
Notion

Die Anrechenbarkeit einer Maklerprovision setzt folgende fünf Punkte voraus:

- den Abschluss eines zivilrechtlich gültigen Maklervertrags im Sinne von Art. 412 OR;
- den Abschluss des Vertrags mit einer Drittperson;
- eine in Erfüllung dieses Vertrags zum Grundstückkauf führende Nachweis- oder Vermittlungstätigkeit des Maklers;
- die Zahlung oder Anerkennung des geschuldeten Maklerlohns;
- die Beschränkung der Anrechnung der Maklerprovision auf den üblichen Umfang.

282
Voraussetzungen
Les conditions

---

[160] LOCHER, DBG, Rz 22 ff. zu Art. 18 DBG.
[161] Im Kanton Zürich gelten als anrechenbare rechtliche Verbesserungen z.B. Prozess- und Anwaltskosten im Zusammenhang mit der Erschliessung eines Grundstücks. Hingegen sind Prozess- und Anwaltskosten nicht abzugsfähig, wenn sie bloss der Erhaltung des bisherigen Rechtszustands gedient haben wie z.B. Kosten für eine Baueinsprache gegen ein Projekt auf dem Nachbarsgrundstück oder Anwaltskosten in einem Verfahren wegen geplanter Umzonung des eigenen Grundstücks in die Landwirtschaftszone und dgl. (vgl. RICHNER/FREI/KAUFMANN, § 221 Rz 50 f. mit zahlreichen weiteren Beispielen). Im Kanton Bern sind Prozess- und Anwaltskosten als Anlagekosten anrechenbar, wenn sie im Zusammenhang mit wertvermehrenden Aufwendungen entstanden sind oder mit dem Erwerb oder der Veräusserung des Grundstücks verbunden sind (vgl. LANGENEGGER, N 44 zu Art. 142 StG BE).

283  
Ein Dritter als Makler  
Un tiers comme courtier

Generell sind Maklerprovisionen nur anrechenbar, wenn sie auf einem mit einer Drittperson abgeschlossenen Maklervertrag beruhen. Damit sind sog. Eigenprovisionen, d.h. Entschädigungen für eigene Kaufs- und Verkaufsbemühungen, bei den Anlagekosten nicht anrechenbar. Gemäss Praxis des Bundesgerichtes sind Provisionen nicht anrechenbar, wenn sie aufgrund einer engen wirtschaftlichen Verbundenheit zwischen Auftraggeber und Beauftragtem ausbezahlt worden sind oder wenn sie aufgrund parallel verlaufender Interessen des Auftraggebers mit denjenigen des Beauftragten entrichtet wurden[162].

284  
Bezahlung der Provision  
Paiement de la provision

Ohne die tatsächliche Bezahlung oder Anerkennung des Maklerlohns ist dessen Anrechnung als Anlagekostenkomponente nicht möglich. Die Anrechenbarkeit ist dabei in den Kantonen in der Regel auf ein «übliches» Mass beschränkt[163].

### c. Berücksichtigung der Mehrwertsteuer bei den Anlagekosten

#### ca. *Allgemeines*

285  
Freiwillige Unterwerfung  
Assujettissement volontaire

Grundsätzlich ist der Umsatz aus der Veräusserung von Grundstücken von der Mehrwertsteuer ausgenommen (Art. 18 Ziffer 20 MWSTG). Eine Ausnahme von diesem Grundsatz der Steuerfreiheit gilt für Grundstücksveräusserungen, wenn für die Mehrwertsteuer optiert wird oder wenn ein bisher für steuerbare Zwecke genutztes Grundstück ohne Option für die Veräusserung verkauft wird[164]. Eine natürliche oder juristische Person kann bei der Hauptabteilung Mehrwertsteuer der EStV gestützt auf Art. 26 MWSTG die freiwillige Unterstellung unter die Mehrwertsteuerpflicht auch für den Umsatz auf einer Grundstückveräusserung beantragen.

---

[162] BGE 103 Ia 20 ff.; anders zum Teil die Praxis im Kanton Zürich, wonach eine Aktiengesellschaft auch Makler ihrer im gleichen Konzern verbundenen Schwestergesellschaft sein kann, ohne dass dabei eine unzulässige Eigenprovision vorliegen würde (StE 1987, B 44.13.5 Nr. 3).

[163] Gemäss Praxis des Kantons Zürich gilt eine Maklerprovision von 2% allgemein als üblich, wobei Abweichungen nach unten oder oben unter besonderen Umständen zugelassen werden. Im Kanton Bern muss sich der Provisionsbetrag nach den üblichen Ansätzen richten, d.h. massgebend sind die Honorarrichtlinien des Schweizerischen Verbands der Immobilienwirtschaft (SVIT).

[164] LEBER/SCHUMACHER, 249 ff.; LÜSCHER/BURKHARD JAKOB, 233 ff.

Entrichtete und tatsächlich getragene Mehrwertsteuern müssen m.E. bei der Grundstückgewinnsteuer als Anlagekosten berücksichtigt werden. Dies gilt ungeachtet dessen, ob die Mehrwertsteuern als Umsatzresp. Lieferungssteuern oder als Eigenverbrauchssteuern entrichtet wurden. Die abgeführten Mehrwertsteuern können damit in der Bilanz aktiviert werden. Mithin sind Mehrwertsteuern, die im Zusammenhang mit anrechenbaren Aufwendungen zu entrichten waren, immer grundstückgewinnmindernd zu berücksichtigen, soweit sie nicht von der mehrwertsteuerpflichtigen Person als Vorsteuer oder Einlageentsteuerung zurückgefordert werden konnten.

286
MWST Abzugsfähig?
TVA déductible?

### cb. *Berücksichtigung der MWST als Umsatzsteuer*

Wird ein Grundstück zu einem Kaufpreis unter Hinzurechnung der Mehrwertsteuer veräussert, weil die veräussernde Person für eine Unterstellung des Grundstücks unter die Mehrwertsteuer optiert, gilt die auf dem Kaufpreis abzuführende Mehrwertsteuer nicht als Erlösbestandteil[165].

287

Demgegenüber können früher entrichtete Mehrwertsteuern im Zusammenhang mit wertvermehrenden Aufwendungen bei der Grundstückgewinnsteuer als Anlagekosten berücksichtigt werden, soweit sie nicht als Vorsteuer oder als Einlageentsteuerung rückforderbar waren.

288

### cc. *Berücksichtigung der MWST als Eigenverbrauchssteuer*

Wird ein der Mehrwertsteuer unterstelltes Grundstück in einen nicht mehrwertsteuerpflichtigen Bereich überführt, sei es durch Umnutzung oder durch eine Veräusserung an eine nicht mehrwertsteuerpflichtige Person, ist die Mehrwertsteuer in diesem Zeitpunkt als Eigenverbrauchssteuer zu entrichten. Diese Eigenverbrauchssteuer wird im Falle einer (späteren) Veräusserung bei der Grundstückgewinnsteuer als Anlagekostenkomponente berücksichtigt.

289

---

[165] Würde dagegen der vereinbarte Kaufpreis zuzüglich Mehrwertsteuer als grundstückgewinnsteuerlich massgebender Erlös angerechnet, müsste die anlässlich der Veräusserung abgeführte Mehrwertsteuer im Sinne des grundstückgewinnsteuerlich massgebenden Kongruenzprinzips zusätzlich als Anlagekostenkomponente berücksichtigt werden.

### d. Anrechenbare Anlagekosten beim Immobilien-Finanzierungsleasing

290 Die steuerliche Behandlung beim Leasingnehmer verhält sich spiegelbildlich zu derjenigen des Leasinggebers[166]. Die Amortisationsquoten stellen Anzahlungen im Hinblick auf das dereinst zu erwerbende Grundstück dar und werden im Hinblick auf eine spätere Weiterveräusserung grundstückgewinnsteuerlich als Anlagekosten anerkannt. Die Anlagekosten des Leasingnehmers ergeben sich somit aus dem Wert des Kaufrechts sowie den geleisteten Amortisationszahlungen. Die handelsrechtliche Bilanz zu Beginn des Leasingverhältnisses stimmt jedenfalls dann mit den grundstückgewinnsteuerlichen Anlagekosten überein, wenn das Leasingobjekt zu Beginn der Leasingdauer vollständig aktiviert und die entsprechende Leasingverbindlichkeit passiviert wird, wobei die periodischen Amortisationsquoten von der Leasingverbindlichkeit in Abzug zu bringen sind.

### e. Weitere anrechenbare Aufwendungen

291 Neben den bisher aufgeführten Aufwendungen sind nach den kantonalen Steuerrechtsordnungen regelmässig noch weitere Aufwendungen als Anlagekosten zu berücksichtigen, namentlich:
– die Kosten der Handänderung,
– die Beurkundungskosten,
– die Kosten der Versteigerung,
   die Grundeigentümerbeiträge sowie
– generell Ausgaben, die mit dem Erwerb oder der Veräusserung eines Grundstücks untrennbar verbunden sind.

## D. Verlustanrechnung

292 Einzelne Kantone lassen zum Teil aus Billigkeitsgründen auch Grundstücksverluste, Grundpfandverluste und teilweise sogar Betriebsverlus-

---

[166] Vgl. dazu Rz 258 ff.; Praxisfestlegung der Steuerverwaltung des Kantons Bern, Steuerliche Behandlung von Leasingverträgen bei geschäftlichen Betrieben, publiziert in NStP 2003, 10 ff.

te zum Abzug zu. Stellvertretend für etliche andere Kantone sei an dieser Stelle die gesetzliche Regelung der Kantone Bern und Zürich aufgeführt.

- Im Kanton Bern werden gemäss Art. 143 StG BE sowohl gewisse Grundstücksverluste wie auch Betriebsverluste an den Grundstückgewinn angerechnet[167].
- Die Steuerordnung des Kantons Zürich kennt eine Anrechnung von Grundstücksverlusten bloss bei Teilveräusserungen (§224 Abs. 3 StG ZH)[168]. Eine darüber hinausgehende Anrechnung von Grundstücksverlusten oder sogar eine Betriebsverlustanrechnung an Grundstückgewinne ist gemäss zürcherischem Steuerrecht nicht vorgesehen.

---

[167] Grundstücksverluste: Vom steuerbaren Grundstückgewinn werden die Verluste abgezogen, welche die steuerpflichtige Person im gleichen, im vorangegangenen oder im nachfolgenden Kalenderjahr bei der Veräusserung von Grundstücken oder Wasserkräften und aus der Einräumung von Rechten an solchen erleidet oder erlitten hat, sofern für die betreffenden Geschäfte die subjektive Steuerpflicht im Kanton Bern gegeben war. Verluste unter CHF 5000 werden nicht angerechnet. Betriebsverluste: Schliesst das Geschäftsjahr einer buchführenden, steuerpflichtigen Person in der Bemessungsperiode, in der ein Grundstückgewinn auf einem zum Geschäftsvermögen gehörenden Grundstück erzielt wurde, mit einem Verlust ab, so kann dieser vom betreffenden steuerbaren Grundstückgewinn abgezogen werden. Hatte die steuerpflichtige Person auf dem veräusserten Objekt Abschreibungen vorgenommen, so ist eine Anrechnung des Verlusts auf Gewinne nur soweit möglich, als er den Gesamtbetrag der steuerrechtlich berücksichtigten Abschreibungen übersteigt. Der Kanton Bern kennt für die nachträgliche Berücksichtigung von derartigen Verlusten einen besonderen Rechtsbehelf, die sog. Ergänzung der Veranlagung (Art. 178 Abs. 3 StG BE).

[168] Wird ein Grundstück oder ein einheitliches Wirtschaftsgut, d.h. ein ganzer Grundstückskomplex, parzellenweise veräussert, sind die Grundstücksverluste aus den Teilveräusserungen nach vollständiger Veräusserung des Grundstücks bei den Anlagekosten der mit Gewinn veräusserten Grundstücken anteilsmässig zu berücksichtigen. Verluste aus Teilveräusserungen können allerdings erst nach vollständiger Veräusserung des Grundstücks verrechnet werden. Gemäss Praxis sind sodann die Teilverluste auf alle Teilgewinne anteilsmässig (entsprechend der Höhe des Gewinns) zu verteilen. Im Kanton Zürich muss sich die steuerpflichtige Person mit dem ausserordentlichen Rechtsmittel der Revision behelfen, wobei die in § 224 Abs. 3 StG ZH vorgesehene Verlustanrechnung einen über § 155 hinausgehenden Revisionsgrund darstellt (vgl. RICHNER/FREI/KAUFMANN, § 224 Rz 10 ff.).

## E. Besitzesdauerabzug im Rahmen der Gewinnberechnung

293 In den meisten Kantonen wird der Besitzesdauerabzug erst im Rahmen der Steuerberechnung berücksichtigt[169]. Allerdings existiert zum Teil auch die Regelung, dass der Besitzesdauerabzug bereits bei der Ermittlung des Grundstückgewinns, d.h. auf Stufe des Rohgewinns, berücksichtigt wird[170].

## F. Zusammenrechnung von Gewinnen

294
Im Allgemeinen
En général

Ohne vom Grundsatz der gesonderten Gewinnermittlung abzuweichen, sehen einige kantonale Steuerordnungen eine Zusammenrechnung von Gewinnen vor. Allerdings beschränken sich derartige Zusammenrechnungen oftmals auf zeitlich eng umschriebene Zeiträume oder auf besondere Sachverhalte. Die Zusammenrechnung von Gewinnen ist bei der Grundstückgewinnsteuer mit ihrer Ausgestaltung als Objektsteuer keineswegs zwingend[171]. Sie ist hingegen ein Pendant zur Verlustanrechnung, welche in manchen Kantonen zugelassen wird.

295
Bern und Zürich
Berne et Zurich

Zur Illustration sei wiederum auf die Regelungen in den Kantonen Zürich und Bern verwiesen.

– Für die Besteuerung werden im Kanton Bern alle während eines Kalenderjahrs erzielten Grundstückgewinne von mindestens 5'000 Franken zusammengerechnet (Art. 145 Abs. 2 StG BE). Dies geschieht im Kanton Bern in der Regel von Amtes wegen oder auf Gesuch der steuerpflichtigen Person hin im Rahmen einer sog. Ergänzungsveranlagung (Art. 178 Abs. 3 StG BE).

– Der Kanton Zürich kennt ebenfalls eine – wenn auch sehr eingeschränkte – Zusammenrechnung von Grundstückgewinnen. Eine Zusammenrechnung tritt dann ein, wenn verschiedene Grundstücke als Einheit in einem einzigen Veräusserungsgeschäft übertragen werden (sog. Gesamtveräusserung). Dabei werden zwar die Gewin-

---

[169] Vgl. dazu Rz 298 f. mit weitergehenden Ausführungen zum Besitzesdauerabzug.
[170] Vgl. z.B. die Regelung in Art. 144 Abs. 1 StG BE des Kantons Bern.
[171] LANGENEGGER, N 2 zu Art. 145 StG BE.

ne je gesondert ermittelt, aber der Grundtarif bemisst sich nach dem gesamten Gewinn (§223 i.V.m. §225 Abs. 1 StG ZH). Bei einer Gesamtveräusserung von Grundstücken in mehreren zürcherischen Gemeinden hat jede Gemeinde zuerst den gesamthaft erzielten Gewinn und die daraus resultierende Steuer (Gesamtprogression) zu ermitteln. In einem zweiten Schritt haben die Gemeinden, den sie betreffenden Teilgewinn zum ermittelten Gesamtprogressionssatz zu besteuern[172].

# VII. Steuerberechnung bei der Grundstückgewinnsteuer

## A. Allgemeines

Die Berechnung der auf den realisierten Grundstückgewinnen erhobenen Grundstückgewinnsteuern ist in den Kantonen unterschiedlich ausgestaltet. Der Steuertarif hängt indessen nach den Steuerordnungen der meisten Kantone sowohl von der Höhe des Gewinns als auch von der Besitzesdauer ab und ist darüber hinaus regelmässig progressiv ausgestaltet.

296
Verschiedene Tarife
Différents tarifs

In manchen Kantonen ergibt sich die Grundstückgewinnsteuer direkt aus dem gesetzlich festgelegten Tarif. In anderen Kantonen ergibt sich aus dem für die Grundstückgewinnsteuer festgelegten Tarif allerdings nur die einfache Steuer, womit erst eine Multiplikation der einfachen Steuer mit der massgebenden Steueranlage (Steuerfaktor) den geschuldeten Steuerbetrag ergibt.

297
Steueranlage
Quotité d'impôt

---

[172] RICHNER/FREI/KAUFMANN, § 223 Rz 9.

## B. Besitzesdauerabzug im Rahmen der Steuerberechnung

298

Auf dem Steuerbetrag

Sur le montant d'impôt

Ein Grossteil der Kantone gewährt den Besitzesdauerabzug nicht auf dem Grundstückgewinn[173], sondern auf der errechneten Grundstückgewinnsteuer[174]. Für die Berechnung der Besitzesdauer ist in der Regel der Eintrag des Erwerbs- und des Veräusserungsgeschäfts im Grundbuch massgebend.

299

Besitzesdauer (Berechung)

Durée de possession (calcul)

Probleme bei der Berechnung der Besitzesdauer ergeben sich meist dann, wenn mehrere Grundstücke als Gesamtheit an denselben Erwerber veräussert werden. Der Gesamterlös ist für diese Berechnung in der Regel nach objektiven Grundsätzen aufzuteilen. Die Steuer berechnet sich dabei nach dem Gesamtgewinn und entsprechend dem Verhältnis der Gewinnanteile zueinander wird die Gesamtsteuer auf die verschiedenen Grundstücke verlegt. Je nach Besitzesdauer ist auf diesen Steueranteilen der Besitzesdauerabzug separat zu gewähren.

## C. Zuschlag bei kurzer Besitzesdauer

300 Gemäss Art. 12 Abs. 5 StHG haben die Kantone kurzfristig realisierte Grundstückgewinne stärker zu belasten. Die Kantone erheben bei kurzer Besitzesdauer einen Zuschlag (sog. Spekulationszuschlag). Dieser Zuschlag wird durchwegs auf der Steuer erhoben. Der Spekulationszuschlag wird bei den meisten Kantonen degressiv auf zwei bis fünf Jahre abgestuft erhoben und variiert im Extremfall zwischen 1% im Kanton St. Gallen bei vierjähriger Besitzesdauer und 70% im Kanton Bern bei unter einjähriger Besitzesdauer.

---

[173] Vgl. dazu Rz 293.
[174] STEUERINFORMATIONEN, 42 ff.

## D. Geldentwertung

Die Frage, ob und auf welche Weise der Geldentwertung Rechnung zu tragen sei, wird bis heute in der Lehre kontrovers diskutiert[175]. Grundsätzlich ist die Berücksichtigung der Geldentwertung weder bei der Erwerbspreisbestimmung noch bei den Anlagekosten aus verfassungsrechtlichen Gesichtspunkten erforderlich. Die Nichtberücksichtigung der Geldentwertung verstösst laut bundesgerichtlicher Rechtsprechung weder gegen Art. 9 BV (Willkürverbot), noch gegen Art. 26 BV (Eigentumsgarantie) und letztlich liegt bei der als Objektsteuer ausgestalteten Grundstückgewinnsteuer auch keine Verletzung von Art. 127 Abs. 2 BV (Grundsatz der Besteuerung nach der wirtschaftlichen Leistungsfähigkeit) vor[176].

301
Kontroversen
Controverses

Nach den meisten kantonalen Steuerordnungen entfällt eine direkte Berücksichtigung der Geldentwertung bei der Gewinnermittlung[177]. Letztlich erfolgt mit der Grundstückgewinnsteuer eine Abschöpfung von Wertzuwachsgewinnen, die auf planerische Massnahmen des Gemeinwesens oder auf die konjunkturelle Entwicklung zurückzuführen sind, womit sich eine Berücksichtigung der Inflation bei der Grundstückgewinnberechnung nicht aufdrängt.

302
Indirekte Berücksichtigung
Prise en compte indirecte

In den meisten kantonalen Steuergesetzen ist zwar keine direkte Berücksichtigung der Geldentwertung für die Grundstückgewinnsteuer vorgesehen, aber immerhin erfolgt eine indirekte Berücksichtigung über den Besitzesdauerabzug.

303

---

[175] RICHNER, in: ZStP 1994, 261 f.
[176] Vgl. noch zur alten Bundesverfassung: NStP 1995, 147 ff.; ASA 1973/74, 361 ff.
[177] Immerhin kennen die Kantone BL, GR und JU eine Indexierung der Anlagekosten, vgl. STEUERINFORMATIONEN, 34.

## VIII. Ausnahmen von der Steuerpflicht bei der Grundstückgewinnsteuer

### A. Subjektive Ausnahmen

#### 1. Befreiung kraft Bundesrecht: Garantiegesetz

304
Art. 23 StHG
Art. 23 LHID

Mit Einführung des StHG hat der Bundesgesetzgeber für die Kantone eine einheitliche Regelung hinsichtlich der subjektiven Steuerbefreiungstatbestände geschaffen (Art. 23 StHG). Dabei wurde die bisherige Steuerbefreiungsnorm von Art. 10 Abs. 1 des Garantiegesetzes (GarG)[178] durch Art. 23 StHG nicht ausser Kraft gesetzt, womit Art. 10 GarG nach wie vor anwendbar bleibt.

305
Art. 10 GarG
Art. 10 LGar

Art. 10 GarG besagt, dass die Eidgenossenschaft sowie ihre Anstalten, Betriebe und unselbständigen Stiftungen von jeder Besteuerung durch die Kantone und Gemeinden befreit sind, mit Ausnahme der Liegenschaften, die nicht unmittelbar öffentlichen Zwecken dienen.

306
Öffentlichen Zwecken dienend
A des fins d'utilité publique

Aus dieser Formulierung könnte letztlich geschlossen werden, dass nur Liegenschaften, welche unmittelbar öffentlichen Zwecken dienen, von der Grundstückgewinnsteuer ausgenommen wären. Das Bundesgericht hat allerdings in der Vergangenheit mehrfach entschieden, dass es keine Rolle spiele, ob Liegenschaften der Anstalten des Bundes öffentlichen Zwecken dienten oder nicht. Die Liegenschaften der Anstalten des Bundes seien entgegen dem Wortlaut von Art. 10 Abs. 1 GarG nicht der kantonalen Grundstückgewinnsteuer unterworfen, da es nicht Sinn und Zweck der direkten Steuern sei, Steuergelder von der Bundeskasse in die kantonalen Staatskassen umzuschichten[179]. Diese restriktive Rechtsprechung ist seit Inkrafttreten des StHG in der Lehre allerdings umstritten[180].

---

[178] Bundesgesetz über die politischen und polizeilichen Garantien zugunsten der Eidgenossenschaft (Garantiegesetz; GarG) vom 26. März 1934 (SR 170.21).
[179] Vgl. u.a. BGE 111 Ib 6 ff.
[180] GRETER, in: ZWEIFEL/ATHANAS, N 5 zu Art. 23 StHG; a.M. zum Teil LOCHER, GarG, 559 ff.

Oftmals sind nebst Art. 23 StHG und Art. 10 GarG weitere spezialgesetzliche Grundlagen zu berücksichtigen, wenn öffentlich-rechtliche Institutionen und Unternehmungen Grundstücke veräussern, wie z.B. die Nationalbank, die Schweizerischen Bundesbahnen AG, die Schweizerische Post[181].

307
Öffentlich-rechtliche Institutionen
Institutions de droit public

## 2. Befreiung nach kantonalem Recht

Grundsätzlich sehen die kantonalen Steuergesetze nebst den gestützt auf Art. 10 GarG oder anderen bundesrechtlich vorgesehenen Befreiungstatbeständen regelmässig zahlreiche weitere Tatbestände vor, namentlich:

308

- den Kanton selbst, die Gemeinden des betreffenden Kantons sowie zum Teil auch öffentlich-rechtliche Körperschaften und Anstalten des kantonalen und kommunalen Rechts;
- die Landeskirchen und zum Teil auch gemeinnützige oder öffentliche Zwecke verfolgende juristische Personen;
- ausländische Staaten, soweit diese Liegenschaften für diplomatische oder konsularische Zwecke benötigen, unter Vorbehalt des Gegenrechts[182].

## B. Objektive Ausnahmen

Die Mehrheit der Kantone kennt eine objektive Steuerbefreiung von der Steuerpflicht, wenn es sich um Bagatellgewinne handelt. So werden z.B. in den Kantonen Zürich und Bern Gewinne unter CHF 5'000 nicht besteuert[183].

309

---

[181] Vgl. insbesondere die Beispiele bei LANGENEGGER, N 1 ff.. zu Art. 127 StG BE.
[182] STEUERINFORMATIONEN, 17.
[183] Vgl. § 225 Abs. 4 StG ZH sowie Art. 128 Abs. 2 StG BE.

## IX. Sicherung der Grundstückgewinnsteuer

310
Gesetzliches Grundpfandrecht
Hypothèque légale

Die meisten Kantone kennen ein gesetzliches Grundpfandrecht, welches ohne Eintragung im Grundbuch im Zeitpunkt der Veranlagung des Grundstückgewinns entsteht. Das Grundstück haftet dem zuständigen Gemeinwesen als Sicherheit für die Grundstückgewinnsteuer der veräussernden Person. Die erwerbende Person trägt damit das Risiko für das Steuerinkasso bei der veräussernden Person mit.

311
Höhe
Montant

Die Höhe des Grundstückgewinns und der betragsmässige Umfang des Grundpfandrechts (Steuerforderung) ergeben sich grundsätzlich aus der Veranlagung, wobei das Pfandrecht regelmässig nur dann entsteht, wenn mit der Veräusserung des Grundstücks eine Grundstückgewinnsteuerforderung fällig wird.

312
Zürich und Bern
Zurich et Berne

Die kantonalen Unterschiede hinsichtlich der gesetzlichen Grundpfandrechte zwecks Sicherung der Grundstückgewinnsteuer sind mannigfaltig. Zur Illustration seien stellvertretend für sämtliche Kantone die Regelungen der Kantone Zürich und Bern angefügt.

– Im Kanton Zürich steht den Gemeinden gestützt auf §208 StG ZH für die «Grundsteuern» an den entsprechenden Grundstücken ein gesetzliches Pfandrecht zu. Dieses gesetzliche Pfandrecht entsteht gemäss §§195 und 196 des zürcherischen Einführungsgesetzes zum ZGB (EG ZGB ZH) in Verbindung mit §§208 und 284 StG ZH ohne Eintragung im Grundbuch mit der Entstehung des Steueranspruchs[184]. Nach §195 EG ZGB ZH erlischt dieses allerdings, wenn es nicht innerhalb von drei Jahren nach der Handänderung im Grundbuch eingetragen wird. Bei Handänderungen, die nicht im Grundbuch eingetragen werden (z.B. bei wirtschaftlichen Handänderungen), wird die Frist mit der Wahrnehmung durch die Behörde ausgelöst.

– Mit dem gesetzlichen Grundpfand wird im Kanton Bern der gesamte sich aus der Veräusserung eines Grundstücks ergebende Steuerbetrag (inkl. Zuschläge, Verzugszinsen und allfälliger Nachsteuern) für Kanton, Gemeinde und Kirchgemeinde sichergestellt. Zur Erhaltung des Grundpfandrechts muss innert sechs Monaten seit der Rechtskraft der Veranlagung ein Eintrag im Grundbuch erfolgen, andernfalls erlischt das Grundpfandrecht. Bei der Einräu-

---

[184] RICHNER/FREI/KAUFMANN, § 208 Rz 13.

mung von Zahlungserleichterungen verschiebt sich die Frist zur Eintragung um deren Dauer. Die erwerbende Person ist gestützt auf Art. 241 Abs. 1 Bst. b StG BE berechtigt, von der veräussernden Person für den mutmasslichen Betrag der Grundstückgewinnsteuer Sicherstellung zu verlangen, weshalb die bernischen Urkundspersonen regelmässig im Rahmen der Verurkundung in der Höhe der mutmasslichen Grundstückgewinnsteuer ein Sperrkonto bei einer Bank einrichten.

Wenn das Gemeinwesen das gesetzliche Pfandrecht beanspruchen will, hat es in der Regel ein sog. Pfandrechtsverfahren einzuleiten. In diesem Pfandrechtsverfahren werden Bestand und Umfang des Grundpfandrechts festgestellt. Die zuständige Behörde teilt der pfandbelasteten Person mit, dass das gesetzliche Grundpfand geltend gemacht wird und fordert sie zur Bezahlung des Steuerausstands auf. Die pfandbelastete Person kann in der Regel ein Rechtsmittel gegen die Pfandrechtsverfügung einlegen, womit sie gleichzeitig die ursprüngliche Veranlagung sowie die Steuerforderung der steuerpflichtigen Person (veräussernde Person) überprüfen lassen kann. — 313 Das Verfahren / La procédure

## X. Übergangsrecht

Intertemporale Bestimmungen der kantonalen Steuergesetze sind insbesondere in denjenigen Kantonen von Bedeutung, wo der Gesetzgeber auf Sachverhalte Rücksicht nimmt, welche sich noch unter vorrevidiertem Recht realisiert haben. — 314

Im Rahmen der Grundstückgewinnsteuer kommen dabei im Wesentlichen Sachverhalte in Betracht, die unter vorrevidiertem Recht noch als Veräusserungstatbestände beurteilt wurden und unter geltendem Recht oftmals privilegiert werden (z.B. Steueraufschubstatbestände). Ferner existieren auch immer wieder intertemporale Regelungen zur Berücksichtigung von Anlagekosten (Erwerbspreis oder Aufwendungen), die noch unter vorrevidiertem Recht aufgewendet wurden. Auch hinsichtlich des intertemporalen Rechts gilt die generell gültige Aussage, dass für eine zuverlässige Beurteilung steuerlicher Implikationen einer Handänderung die Lektüre der massgebenden (kantonalen) Steuererlasse unabdingbar ist. — 315

# Anhänge (SVIT)

*Annexes (SVIT)*

# Inhaltsverzeichnis  Seite

## Standesregeln  376

### Präambel  376

**I. Allgemeine Bestimmungen**  377
- Art. 1  Grundsätze der Berufsausübung  377
- Art. 2  Sorgfalt und Verantwortung  378
- Art. 3  Dienstleistungsqualität  378
- Art. 4  Unabhängigkeit  378
- Art. 5  Berufsgeheimnis  379
- Art. 6  Rechenschaftspflicht  379
- Art. 7  Kundengelder  380
- Art. 8  Vermeidung von Interessenkonflikten  380
- Art. 9  Pflichten des Finanzintermediärs  381
- Art. 10  Berücksichtigung von Spezialgesetzen  382
- Art. 11  Informationspflichten gegenüber dem SVIT Schweiz  382

**II. Grundsätze der Geschäftstätigkeit**  383
- Art. 12  Honorar  383
- Art. 13  SVIT-Logo  383
- Art. 14  Werbung  384

**III. Verhalten gegenüber Mitgliedern**  384
- Art. 15  Fairness und Kollegialität  384
- Art. 16  Sanktionen  384
- Art. 17  Verfahren  385
- Art. 18  Schlussbestimmungen  385

## Maklervertrag/Vollmacht  386

Anhänge (SVIT) / Annexes (SVIT)

Schweizerischer Verband der Immobilienwirtschaft SVIT («SVIT Schweiz»)

Association Suisse de l'économie immobilière SVIT («SVIT Suisse»)

Associazione Svizzera dell' economia immobiliare SVIT («SVIT Svizzera»)

Swiss Real Estate Association SVIT («SVIT Switzerland»)

# Standesregeln

**Unter Berücksichtigung der Statuten des Schweizerischen Verbandes der Immobilienwirtschaft (SVIT Schweiz) vom 24. Oktober 2003 sowie in Anlehnung an die Grundsätze der Fédération internationale des professions immobilières (FIABCI) wie auch an die jeweils gültigen Standesregeln des European Real Estate Council (CEPI) sowie der Royal Institution of Charted Surveyors (RICS)**

**In Kraft seit 17. März 2004**

# Präambel

Der Schweizerische Verband der Immobilienwirtschaft SVIT – nachstehend SVIT Schweiz genannt – setzt sich gegenüber der Öffentlichkeit, den gesetzgebenden Organen, den Behörden sowie den nationalen und internationalen Organisationen für ein hohes berufliches Ansehen ein. Der SVIT Schweiz verfolgt die internationalen standesrechtlichen Entwicklungen und setzt diese, sofern diese auf die schweizerische Immobilienmarktordnung angepasst werden können, für die Immobiliendienstleister der Schweizer Immobilienwirtschaft verpflichtend um. Er erlässt verpflichtende Grundsätze der Berufsethik in der Immobilienwirtschaft. Im Bewusstsein, dass die Mitglieder[1] des SVIT Schweiz für die Wirtschaft zentrale Dienstleistungsaufgaben erfüllen und im Bestreben, das Ansehen des Berufsstandes weiterzuentwickeln und zu wahren, unlautere Berufspraktiken zu bekämpfen und eine einwandfreie Kundenbetreuung sicherzustellen, verpflichten sich die Mitglieder des SVIT Schweiz zur Einhaltung dieser Standesregeln. Die Mitgliederorganisationen des SVIT Schweiz verpflichten sich, diese Standesregeln bei den Mitgliedern des SVIT Schweiz zu überprüfen bzw. stellen deren Einhaltung durch entsprechende Massnahmen sicher. Durch strenge und messbare Richtlinien und berufsethische Standards soll sichergestellt werden, dass in der Schweizer Immobilienwirtschaft ein qualitativ hoher Konsumentenschutz gewährleistet ist.

# I. Allgemeine Bestimmungen

## Art. 1 Grundsätze der Berufsausübung

[1] Die Mitglieder des SVIT Schweiz üben ihren Beruf im Einklang mit der Rechtsordnung sorgfältig und gewissenhaft aus.

[2] Sie üben ihre Berufstätigkeit insbesondere so aus, dass das in sie gesetzte Vertrauen gerechtfertigt ist.

[3] Sie unterlassen alles, was ihre Vertrauenswürdigkeit in Frage stellt und das Ansehen des SVIT Schweiz beeinträchtigen könnte.

---

[1] Unter dem nachfolgend verwendeten Begriff «Mitglieder» werden die angeschlossenen Mitglieder des SVIT Schweiz (d.h. die Einzel- und Firmenmitglieder der Mitglieder- und allenfalls der Partnerorganisationen) bezeichnet. Sofern es sich um Verbände des SVIT Schweiz handelt, wird der Begriff Mitgliederorganisation verwendet.

## Art. 2 Sorgfalt und Verantwortung

¹ Die Mitglieder des SVIT Schweiz beachten bei der Ausübung ihrer Tätigkeit die geltenden Rechtsvorschriften sowie die anerkannten fachlichen Regeln und Empfehlungen des SVIT Schweiz auf den entsprechenden Tätigkeitsgebieten. Sie halten ihre beruflichen Kenntnisse stets auf dem neusten Stand. Sie fördern die gezielte Aus- und Weiterbildung ihrer Mitarbeiter.

² Vor der Annahme eines Auftrages prüfen die Mitglieder des SVIT Schweiz sorgfältig und gewissenhaft, ob sie in der Lage sind, den Auftrag pflichtgemäss und sachverständig durchzuführen; ist dies nicht der Fall, so lehnen sie den Auftrag ab.

³ Mitglieder des SVIT Schweiz nehmen Abstand von unlauteren und sittenwidrigen Verhaltensweisen, die dem Ansehen des Berufstandes schaden könnten. 4Sie schaffen gegenüber ihren Kunden insbesondere hinsichtlich des verlangten Leistungsumfangs, sämtlicher Entschädigungen sowie eventueller Abhängigkeitsverhältnisse klare Verhältnisse.

## Art. 3 Dienstleistungsqualität

Die Mitglieder des SVIT Schweiz verpflichten sich, gegenüber ihren Kunden qualitativ hochstehende berufliche und ethische Dienstleistungsstandards zu wahren. Insbesondere verpflichten sie sich, Anliegen der Kunden zeitgerecht und verzugslos zu behandeln.

## Art. 4 Unabhängigkeit

Die Mitglieder des SVIT Schweiz vermeiden bei der Ausübung ihrer Tätigkeit jede Bindung und Handlung, die ihre berufliche und fachliche Entscheidungsfreiheit sowie ihre Unbefangenheit gefährdet oder gefährden könnte.

## Art. 5   Berufsgeheimnis

¹ Die Mitglieder des SVIT Schweiz unterstehen dem Berufsgeheimnis. Sie verpflichten sich, die während ihrer Berufsausübung gemachten Feststellungen sowie die ihnen anvertrauten Geheimnisse Dritten (einschliesslich Medienvertreter) nicht weiterzureichen.

² Die Verpflichtung zur Wahrung des Berufsgeheimnisses beginnt in dem Augenblick, in dem das Mitglied oder sein Personal die ersten Informationen für die Ausübung eines Mandates erhalten hat. Diese Verpflichtung wird durch den Abschluss des Mandates nicht aufgehoben.

³ Die Verpflichtung zur Wahrung des Berufsgeheimnisses erlischt aber:

a) im Falle der ausdrücklichen Zustimmung des Auftraggebers oder, falls mehrere betroffen sind, im Falle der Entbindung durch alle Betroffenen;

b) falls dies durch gesetzliche Bestimmungen verlangt wird;

c) im Augenblick, da die geheimhaltungsfähigen Verpflichtungen allgemein bekannt werden;

d) für den Fall der Wahrung der eigenen Interessen oder zur eigenen Verteidigung, dies unter Vorbehalt gegenläufiger gesetzlicher Bestimmungen.


## Art. 6   Rechenschaftspflicht

¹ Auf Begehren des Mandanten erstattet das Mitglied Rechenschaft über die Behandlung der Geschäfte, mit denen es beauftragt wurde. Wenn Art und Inhalt des erteilten Auftrages dies erfordern, so hat die Orientierung unaufgefordert zu erfolgen. Sofern dies vertraglich vereinbart wurde, dürfen die besonderen Informationsansprüche des Auftraggebers entgeltlich erbracht werden.

² Auf jeden Fall informiert das Mitglied ohne Verzug seinen Auftraggeber über ausserordentliche Vorkommnisse.

³ Nach Abschluss des Auftrages oder auf Begehren des Auftraggebers leitet das Mitglied alle Dokumente an den Berechtigten weiter.

## Art. 7 Kundengelder

¹ Um die einkassierten und anvertrauten Vermögenswerte ihrer Kunden zu sichern, verpflichten sich die Mitglieder des SVIT Schweiz, diese getrennt vom eigenen Vermögen und auf getrennten Bank- und Postkonten, lautend auf den Namen des Kunden, aufzubewahren.

² Die Mitglieder des SVIT Schweiz führen über die Kundengelder vollständig und genau Buch.

³ Die getrennt aufbewahrten Kundengelder der Mitglieder des SVIT Schweiz müssen so angelegt sein, dass sie von den Kunden jederzeit zurückgefordert werden können. Wird vom Kunden eine spezifische Laufzeit für die Anlage dieser Gelder gewünscht, so ist diese schriftlich zu vereinbaren.

## Art. 8 Vermeidung von Interessenkonflikten

¹ Die Mitglieder des SVIT Schweiz vermeiden jeden Konflikt zwischen den Interessen ihrer Mandanten, den eigenen und den Interessen von anderen Personen, mit denen sie geschäftlich oder privat in Beziehung stehen.

² Interessenkonflikte können bei besonderen Sachkonstellationen entstehen, bei denen einzelne Mitglieder des SVIT Schweiz in eine Pflichtenkollision kommen. Interessenkonflikte bestehen zum Beispiel, wenn:

- ein Immobiliendienstleister für den Verkäufer und den Käufer tätig ist, ohne dies den beteiligten Personen offenzulegen;
- ein Berater mehrere Parteien im Rahmen eines Bieterverfahrens unterstützt;

- eine erneute Schätzung eines Objektes durchgeführt wird, die bereits in einem früheren Zeitpunkt erbracht wurde, ohne dies dem Kunden offenzulegen;
- der Angefragte Gutachteraufträge annimmt, wenn aufgrund seines privaten oder beruflichen Umfeldes finanzielle oder persönliche Interessen bestehen;
- Mitglieder des SVIT Schweiz von ihrer Pflichterfüllung als Verwaltungsräte, als Mitglieder einer Geschäftsleitung oder als Revisionsstelle auf der einen Seite einer Immobilientransaktion stehen und auf der anderen Seite von ihnen bzw. von einer Organisationen, welcher sie angehören, Schätzungsarbeiten verrichtet werden.

3 Identifiziert ein Mitglied des SVIT Schweiz einen bestehenden oder potenziellen Interessenkonflikt, so hat es entsprechende Massnahmen zu treffen. In der Regel kann durch Offenlegung der Interessen eine erste Verbesserung erzielt werden. Dies kann jedoch im Einzelfall dazu führen, dass das betroffene Mitglied des SVIT Schweiz bei seinem Auftraggeber beantragen muss, dass er es von seinem Berufsgeheimnis befreit. Weiter kann ein Interessenkonflikt dadurch gelöst werden, dass das betroffene Mitglied des SVIT Schweiz z.B. in seiner Funktion als Verwaltungsrat in den Ausstand tritt oder es sein Mandat als Immobiliendienstleister niederlegen muss.

4 Interessenkonflikte im Rahmen von grösseren Unternehmensgruppen der Immobilienwirtschaft können auch durch entsprechende Compliance-Massnahmen verhindert werden. Mögliche Vorkehrungen bei grösseren Unternehmenseinheiten sind die Informationssperren («Chinese Walls») zwischen den Abteilungen in den unterschiedlichen Geschäftsfeldern.

## Art. 9  Pflichten des Finanzintermediärs

1 Im Rahmen der Aus- und Weiterbildung der Mitglieder des SVIT Schweiz sind diese über die Strafbestimmungen des Strafgesetzbuches (StGB) sowie über das Geldwäschereigesetz (GwG) zu orientieren. Immobilienmakler werden verpflichtet, im Rahmen ihrer Vermittlungstätigkeiten keine Kundengelder in einem Betrag über CHF

50'000.— entgegenzunehmen. Ansonsten sind diese Marktteilnehmer als Finanzintermediäre im Sinne des GwG zu qualifizieren und die gesetzlich vorgesehenen Vorkehrungen zu treffen.

² Das Mitglied, welches eine Tätigkeit als Finanzintermediär im Sinne des Geldwäschereigesetzes (GwG) ausübt, muss sich einer Selbstregulierungsorganisation (SRO) oder direkt der eidgenössischen Kontrollstelle anschliessen. Es muss die Sorgfaltspflichten, die Meldepflicht und die Vermögenssperre im Sinne von Art. 3 – 10 GwG sowie die entsprechenden Reglemente der zuständigen SRO beachten.

³ Zusätzlich zu den Sanktionen der Selbstregulierungsordnung kann das Mitglied mit Sanktionen gemäss diesen Standesregeln belegt werden.

## Art. 10 Berücksichtigung von Spezialgesetzen

Mitglieder des SVIT Schweiz, die sich mit indirekten Immobilienanlagen – insbesondere mit kotierten Immobilienanlagegesellschaften beschäftigen – sind zusätzlich gehalten, das Zusatzreglement für die Kotierung von Immobiliengesellschaften des SWX, das Kotierungsreglement und insbesondere das Schema für D Immobilienanlagegesellschaften sowie sämtliche börsenrechtlichen Tatbestände einschliesslich der Insider-Straftatbestände (Art. 161 StGB) zu berücksichtigen.

## Art. 11 Informationspflichten gegenüber dem SVIT Schweiz

¹ Um sicherzustellen, dass die Mitglieder des SVIT Schweiz ihre standesrechtlichen Pflichten einhalten und die berufsethischen Grundsätze berücksichtigen, haben die Organe des SVIT Schweiz bzw. der Mitgliederorganisationen gegenüber ihren Mitgliedern einen unmittelbaren Informationsanspruch.

² Auf ein Informationsbegehren des SVIT Schweiz bzw. einer Mitgliederorganisation hin hat das angesprochene Mitglied spätestens in-

nert 20 Tagen zu antworten bzw. für eine Anhörung der zuständigen Organe des SVIT Schweiz zur Verfügung zu stehen.

[3] Besteht ein begründeter Verdacht, dass ein Mitglied des SVIT Schweiz schwerwiegende standesrechtliche Verletzungen zu verantworten hat, so sind die zuständigen Organe des SVIT Schweiz bzw. der Mitgliederorganisationen berechtigt, Untersuchungsmassnahmen zu veranlassen, um den standesrechtlich relevanten Sachverhalt abzuklären.

## II. Grundsätze der Geschäftstätigkeit

## Art. 12 Honorar

[1] Das Honorar beurteilt sich nach den konkreten Umständen, der Schwierigkeit und der Bedeutung der Angelegenheit, den Interessen des Auftraggebers, den fachlichen Anforderungen sowie der geltenden Verkehrssitte.

[2] Die Mitglieder klären ihre Mandanten bei der Übernahme eines Auftrages über die Grundsätze der Honorierung (einschliesslich eventueller Rückvergütungen) auf und legen diese schriftlich fest.

[3] Das Mitglied legt seine Honoraransätze persönlich fest. Es kann dabei auf die Honorarempfehlungen des SVIT Schweiz zurückgreifen, wobei die Verwendung dieser Honorarvorschläge nicht zwingend ist.

## Art. 13 SVIT-Logo

[1] Das Mitglied des SVIT Schweiz gibt gegenüber seinen Kunden, den Behörden sowie dem Verkehr mit Dritten seine Verbandszugehörigkeit zu erkennen.

² Es ist gehalten, die Marke SVIT sowie das entsprechende Logo zu verwenden und kann zusätzlich die Bezeichnung «Mitglied des SVIT» gebrauchen.

³ Das Mitglied hat darauf zu achten, dass es bei der Verwendung des SVIT-Logos die entsprechenden Richtlinien des SVIT Schweiz berücksichtigt.

## Art. 14 Werbung

Bei der Werbung befolgt das Mitglied den Grundsatz der Wahrheit. Alle missverständlichen oder gar irreführenden Angaben sind zu unterlassen.

## III. Verhalten gegenüber Mitgliedern

## Art. 15 Fairness und Kollegialität

¹ Die Mitglieder des SVIT Schweiz greifen Kolleginnen und Kollegen bei ihrer Berufsausübung nicht persönlich an.

² Vermittlungen dürfen nur angestrebt werden, wenn das Mitglied des SVIT Schweiz, welches die Dienstleistung anbietet, einen schriftlichen Auftrag nachweisen kann.

³ Verstösse gegen diese Standesregeln können bei der Geschäftsstelle des SVIT Schweiz oder beim Standesgericht gemeldet werden.

## Art. 16 Sanktionen

¹ Ein fehlbares Verhalten seitens des Mitgliedes wird durch das Standesgericht wie folgt geahndet:

a) Verwarnung

b) Busse

c) Antrag auf Ausschluss des entsprechenden Mitgliedes des SVIT Schweiz ausm der Mitgliederorganisation, der es angehört.

² Busse und Ausschluss aus der Mitgliederorganisation können miteinander verbunden werden.

## Art. 17 Verfahren

¹ Das Verfahren vor dem Standesgericht wird durch ein eigenes Reglement geregelt.

² Falls das Standesgericht feststellt, dass das zuständige Organ der Mitgliederorganisation oder eine staatliche Behörde bereits Massnahmen gegen das fehlbare Mitglied getroffen haben, so kann es auf eine Sanktion verzichten.

## Art. 18 Schlussbestimmungen

Diese Bestimmungen sind durch Beschluss des Exekutivrates des SVIT Schweiz vom 17. März 2004 genehmigt worden und treten sofort in Kraft.

Schweizerischer Verband der Immobilienwirtschaft SVIT
(«SVIT Schweiz»)

# Maklervertrag/Vollmacht

1. Die Unterzeichnete                                als Auftraggeberin
   beauftragt hiermit die                            als Beauftragte,

   Mitglied der Sektion [...] des Schweizerischen Verbandes der Immobilienwirtschaft, mit dem Verkauf folgender Liegenschaften:

   Gebäude

   GB-Blatt Nrn.   Objekte   Gemeinde   Adresse   Richtpreise

   Die Beauftragte hat im Sinne von Art. 412 ff. OR Gelegenheit, den Abschluss eines Verkaufs-, Kauf- oder Tauschvertrages nachzuweisen oder den Abschluss eines solchen Vertrages zu vermitteln.

2. Die Auftrag- und Vollmachtgeberin erklärt hiermit, verfügungsberechtigte Eigentümerin bzw. Bevollmächtigte der Eigentümerin der unter Ziff. 1 hievor genannten Sachen, welche sie zu veräussern bzw. zu tauschen beabsichtigt, zu sein.

3. Die Beauftragte wird bevollmächtigt, alle für das Zustandekommen des Geschäftes erforderlichen Arbeiten, wie Besichtigungen, Ausschreibungen der Liegenschaften, Beschaffung von Liegenschaftsbeschreibungen und Grundbuchauszügen, Verhandlungen mit Interessenten, Behörden und Banken, Korrespondenzen und dergleichen auszuführen.

4. Die Auftraggeberin hat der Beauftragten eine Provision von ... % + 7.6 % MWSt. zu bezahlen, wenn der Vertrag infolge des Nachweises oder infolge der Vermittlung der Beauftragten zustande gekommen ist. Die Entschädigung ist zahlbar am Tage der notariellen Beurkundung des Kauf- oder Tauschvertrages oder eines dahinzielenden Vorvertrages, eines Vorkaufs- oder Kaufsrechtsvertrages.

5. Für die Aufbereitung der Verkaufsunterlagen schuldet die Auftraggeberin der Beauftragten eine Pauschale von CHF ... Dieser Betrag wird im Erfolgsfall mit der geschuldeten Provision verrechnet.

   Für die zusätzlichen Verkaufsmassnahmen schuldet die Auftraggeberin der Beauftragten eine Pauschale von CHF ... Diese ist in jedem Fall geschuldet.

Der Stundenaufwand für Besichtigungen etc. wird **nicht in Rechnung** gestellt.

6. Kommt ein Kauf bzw. Verkauf oder Tausch der in Ziff. 1 hievor genannten Sachen während der Dauer des gegenwärtigen Vertrages zustande, so hat die Beauftragte Anspruch auf die in Ziff. 4 hievor festgesetzte Provision. Werden die Liegenschaften, ohne Mitwirkung der Beauftragten, durch die Auftraggeberin oder durch eine Drittperson verkauft, so hat die Beauftragte gegenüber der Auftraggeberin Anspruch auf die Hälfte der in Ziff. 4 hievor vereinbarten Vermittlungsprovision.

7. Kommt das in Ziff. 1 hievor genannte Geschäft nach Beendigung des gegenwärtigen Vertrages zustande, so hat die Beauftragte dann gleichwohl Anspruch auf die volle Provision gemäss Ziff. 4, wenn zwischen ihren Bemühungen während der Auftragszeit und der Entschliessung einer Drittperson zum Geschäftsabschluss der sachliche oder psychologische Zusammenhang gegeben ist.

8. Die Auftraggeberin bezahlt die Insertionskosten. Das Budget beträgt in einer ersten Tranche CHF ...

9. Die Parteien vereinbaren hiermit, dass sämtliche sich aus oder in Zusammenhang mit diesem Vertrag ergebenden Auseinandersetzungen, einschliesslich Streitigkeiten über die Gültigkeit, Rechtswirksamkeit, Abänderung oder Auflösung dieses Vertrags oder sich aus diesem Vertrag direkt oder indirekt ergebenden Rechtsverhältnisse oder Rechtswirkungen durch das Schiedsgericht der Schweizer Immobilienwirtschaft entschieden werden.

   Unter Ausschluss der ordentlichen Gerichte wendet das Schiedsgericht zur Beurteilung der Auseinandersetzung die Schiedsgerichtsordnung der Schweizer Immobilienwirtschaft (SVIT-Schiedsgericht) an.

   Vorbehaltlich einer anderen Parteivereinbarung ist bis zu einem Streitwert von CHF 100'000 ein Einerschiedsgericht, bei einem höheren Streitwert ein Dreierschiedsgericht zuständig. Das Schiedsgericht entscheidet endgültig.

10. Dieser Auftrag hat Gültigkeit für die Dauer von 6 Monaten. Er gilt als stillschweigend jeweils für eine gleiche Zeitdauer erneuert, wenn nicht 1 Monat vor Ablauf der Frist eine Kündigung durch eingeschriebenen Brief erfolgt.

11. Die Auftraggeberin bestätigt, die SVIT-Honorarempfehlungen zu kennen.
12. Sollten aus diesem Vertrag weitere Dienstleistungen der Beauftragten in Anspruch genommen werden, so vergütet die Auftraggeberin diese gemäss den SVIT-Honorarempfehlungen (z.B. Vermietungen, Verwaltungen, usw.).
13. Die Auftraggeberin bestätigt, dass kein weiterer Maklervertrag für die in Ziff. 1 genannten Liegenschaften besteht und verpflichtet sich, für die in Ziff. 1 hievor genannten Objekte keine weiteren Maklerverträge abzuschliessen sowie keine unentgeltlichen Vermittlerdienste von dritter Seite anzunehmen (Exklusivmaklervertrag). Bei Verletzung dieser Pflicht durch die Auftraggeberin bleiben die Ansprüche der Beauftragten ungeschmälert bestehen.
14. Besondere Vereinbarung:

Die Kosten von total CHF ... werden der Auftraggeberin durch die Beauftragte nach Unterzeichnung des Maklervertrages/Vollmacht in Rechnung gestellt. Die Rechnung ist innert 30 Tagen zahlbar.

[Ort],

Die Auftraggeberin:          Die Beauftragte:

_____          _____

# Sachregister / Index

Nach den Begriffen werden jeweils der dem Kapitel entsprechende Grossbuchstabe gefolgt vom Artikel, beziehungsweise Paragraphen und den Randziffern angegeben (Beispiel: C § 5 1 ff.).

Pour chaque entrée, la lettre majuscule indique la partie de l'ouvrage concernée; elle est suivie de l'article respectivement du paragraphe et du numéro marginal pertinent (exemple : C § 5 1 ss).

## A

**Abbruch der Geschäftsbeziehung** *interruption de la relation d'affaire* C § 3 26
**Absolute Methode** *méthode absolue* D 176 ff.
**Abstand** *désistement* s. schiedsgerichtliches Verfahren
**Acquisition-Broker** *courtier d'acquisition* A § 1 43
**Anerkennung ausländischer Urteile** *reconnaissance des jugements étrangers* C § 6 50 ff
**Anlagekosten** *coûts d'acquisition* s. Berechnung der Grundstückgewinnsteuer
**Anlageobjekte** *objets d'investissement* A § 1
**Arbeitsvermittlung** *placement en personnel* B Art. 418 3 ff.
**Architektenklausel** *clause d'architecte* C § 8 14
**Aufbewahrung** *conservation des fonds confiés* C § 3 31
**Aufenthalt** *séjour* C § 5 3, 18, 28; C § 6 18 ff.
**Aufsicht** *surveillance* C § 2 2
**Aufwendungen** *frais*
– Ersatz für *indemnisation des frais encourus* B Art. 413 3, 53 ff.
– Grundstückgewinnsteuer *impôt sur les gains immobiliers* s. Berechnung des Grundstückgewinns
**Ausbildung** *formation* C § 3 36

**Auslagenersatz** *remboursement des frais* B Art. 412 60 f.
**Ausschliesslichkeitsklauseln** *clauses d'exclusivité* s. Maklerlohn

## B

**Banken** *banques* A § 1 25; C § 1 7
**Baumangel** *défaut de construction* C § 2 15
**Baurecht** *droit de superficie* C § 8 11
**Bearbeitungsgebühren** *frais liés au traitement du dossier* A § 1 57
**Begriff und Form des Maklervertrags (Art. 412 OR)** *notion et forme du courtage (art. 412 CO)*
– Abgrenzungen *délimitations* B Art. 412 69 ff.
– Anwendungsbereich *champ d'application* B Art. 412 3 ff.
– Aufbau *structure législative* B Art. 412 1 f.
– Beendigung des Maklervertrags *fin du courtage* B Art. 412 33 ff.
– Begriffsmerkmale *éléments de la notion* B Art. 412 11 ff.
– Beizug von Untermaklern *assistance de sous-courtiers* B Art. 412 48 ff.
– Entgeltlichkeit der Maklertätigkeit *caractère onéreux de l'activité du courtier* B Art. 412 18 ff.
– Entstehung des Maklervertrags *naissance du courtage* B Art. 412 26 ff.

389

- **Erfolgsbedingtheit des Maklerlohnanspruchs** *droit à la rémunération conditionné par le résultat* B Art. 412 22 f.
- **Fehlen einer Abschlussverpflichtung des Auftraggebers** *absence d'obligation de contracter de la part du mandant* B Art. 412 44 ff.
- **Fehlen einer Handlungspflicht des Maklers** *absence de devoir d'agir de la part du courtier* B Art. 412 40 ff.
- **Grundstruktur des Maklervertrags** *structure de base du courtage* B Art. 412 40 ff.
- **Maklerlohn und Auslagenersatz** *salaire du courtier et remboursement des frais* B Art. 412 60 f.
- **Personenmehrheit auf Auftraggeberseite** *pluralité de mandants* B Art. 412 64 ff.
- **Personenmehrheit auf Maklerseite** *pluralité de courtiers* B Art. 412 67 f.
- **Pflichten der Parteien** *devoirs des parties* B Art. 412 40 ff.
- **Pflichten des Auftraggebers** *devoirs du mandant* B Art. 412 56 ff.
- **Pflichten des Maklers** *devoirs du courtier* B Art. 412 44 ff.
- **Rechtsvergleichung** *droit comparé* B Art. 412 72 f.
- **Sorgfalts- und Treuepflichten des Auftraggebers** *devoirs de diligence et de fidélité du mandant* B Art. 412 62 f.
- **Sorgfalts- und Treuepflichten des Maklers** *devoirs de diligence et de fidélité du courtier* B Art. 412 48 ff.
- **Subsidiäre Anwendbarkeit des allgemeinen Auftragsrechts** *application subsidiaire des règles générales relatives au mandat* B Art. 412 24 f.
- **Tätigkeit im Hinblick auf den Abschluss des Hauptvertrags** *activité déployée en vue de la conclusion du contrat principal* B Art. 412 11 ff.
- **Terminologie und Aufbau** *terminologie et organisation* B Art. 412 1 f.

**Beizug von Untermaklern** *assistance de sous-courtiers* B Art. 412 48 ff.
**Berater** *conseiller* A § 1 5; C § 8 25
**Beratungs- und Informationstätigkeit** *activité de conseil et d'information* C § 2 23
**Berechnung der Grundstückgewinnsteuer** *calcul de l'impôt sur les gains immobiliers*
- **im Allgemeinen** *en général* D 296 ff.
- **Besitzesdauerabzug** *abattement en fonction de la durée de possession* D 298 f.
- **Geldentwertung** *dévaluation monétaire* D 301 ff.
- **Zuschlag bei kurzer Besitzesdauer** *majoration en cas de courte durée de possession* D 300

**Berechnung des Grundstückgewinns** *calcul du gain immobilier*
- **im Allgemeinen** *en général* D 234 ff.
- **Anlagekosten** *coûts d'acquisition* D 261 ff.
- **Aufwendungen** *frais* D 274 ff.
- **Besitzesdauerabzug** *abattement en fonction de la durée de possession* D 293
- **Erlös** *produit* D 245 ff.
- **Erlösbestimmung** *détermination du produit* D 250 ff.
- **Erlösminderung** *réduction du produit* D 248 f.
- **Erlösverwendung** *affectation du produit* D 260
- **Erwerbspreis** *prix d'acquisition* D 262 ff.
- **Finanzierungsleasing** *leasing financier* D 290
- **Gewinnzusammenrechnung** *addition des gains* D 294 f.
- **Grundsatz** *principe* D 236 ff.
- **Kongruenzprinzip** *principe de la congruence* D 237 ff.
- **Maklerprovisionen** *provisions du courtier* D 281 ff.
- **Mehrwertsteuer** *taxe sur la valeur ajoutée* D 285 ff.

Sachregister / Index

- **Substanzvermehrung** *accroissement de la substance* D 238
- **Substanzverminderung** *réduction de la substance* D 239 ff.
- **Verlustanrechnung** *déduction des pertes* D 292

**Berufsdiplom** *diplôme professionnel* C § 1 7

**Berufsethik** *éthique professionnelle* C § 1 1 ff.

**Berufsgeheimnis** *secret professionnel* C § 1 2

**Berufsgruppen** *groupements professionnels* C § 3 3

**Berufung** *appel* C § 2 36

**Beschaffungswesen** *marchés publics* s. Vergaberecht

**Beschwerde** *recours* s. schiedsgerichtliches Verfahren

**Besitz** *possession* s. Grundstück

**Besitzesdauer** *durée de possession* D 293, 298 f., 300

**Betrug** *escroquerie*
- im Allgemeinen *en général* C § 4 12 ff.
- **arglistige Täuschung** *tromperie astucieuse* C § 4 13
- **denkbare Konstellationen** *astuces imaginables* C § 4 15
- **Versicherungsvertrag** *contrat d'assurance* C § 4 16

**Beweisproblem** *problème de la preuve* C § 2 32

**Bewilligungspflicht** *assujettissement à autorisation* C § 2 2; C § 3 9

**Bilaterales Abkommen** *accord bilatéral* C § 8 3

**Binnenmarkt** *marché intérieur* C § 8 3

**Binnenschiedsgerichtsbarkeit** *arbitrage interne* s. Schiedsgerichtsbarkeit

**Börsenmakler** *courtier en bourse* B Art. 418 1 f.; C § 3 9

## C

**Culpa in contrahendo** C § 2 16

## D

**Deliktische Haftung (Art. 41 OR)** *responsabilité délictuelle (art. 41 CO)* C § 2 9 ff.

**Dienstbarkeiten** *servitudes* s. auch Grundstückgewinnsteuer
- **Baurecht** *droit de superficie* D 111 ff.
- **Rechte auf Ausbeutung** *droit d'extraire des matériaux* D 116

**Dienstleistungen eines Maklers** *services rendus par le courtier*
- im Allgemeinen *en général* A § 1 7
- **Anschlussdienstleistungen** *services annexes* A § 1 28 ff., 41
- **Erfüllungsort** *lieu d'exécution* C § 6 26
- **Immobilien** *relatifs aux immeubles* C § 8 15 f.
- **Kauf** *achat* s. dort
- **Qualität** *qualité* C § 1 2
- **Schätzungsmethoden** *méthodes d'estimation* A § 1 14
- **Verkauf** *vente* s. dort
- **Vermietung** *location* s. dort
- **Wahl der Vermittlungstätigkeit** *choix de l'activité à déployer par le courtier* A § 1 15

**Doppelmaklerei** *double courtage* C § 1 21 f.; B Art. 415 9 ff.

**Doppelvertretung** *double représentation* C § 2 22

**Due Diligence** A § 1 54

## E

**Ehepartner** *conjoint* C § 2 15

**Eigentumsbeschränkungen** *restrictions au droit de propriété* s. Grundstückgewinnsteuer

**Einlassung** *acceptation tacite* s. Gerichtsstand

**Enteignung** *expropriation* D 67 ff.

**Entgangener Gewinn** *gain manqué* C § 2 33

**Erfolgshonorar** *honoraire lié au résultat* A § 1 44; C § 1 28

**Erfüllungsort** *lieu d'exécution*

391

- im Allgemeinen *en général* C § 6 22 ff.
- **Dienstleistung des Maklers** *service du courtier* C § 6 26
- **lex causae** C § 6 27
- **Nebenpflichten** *obligations accessoires* C § 6 25
- **Sekundärpflichten** *obligations secondaires* C § 6 25

**Ersatzbeschaffungen** *acquisitions de remplacement*
- im Allgemeinen *en général* D 154 ff.
- **bei nur teilweiser Reinvestition** *lors d'un réinvestissement seulement partiel* D 171 ff.
- **Nachbesteuerung** *imposition ultérieure* D 179 ff.
- **rechtliche Grundlagen im StHG** *base légale dans la LHID* D 154 ff.
- **von Beteiligungen an Immobiliengesellschaften** *de participations dans des sociétés immobilières* D 232
- **von Betriebsgrundstücken** *d'immeubles au service d'une exploitation* D 184 ff.
- **von land- und forstwirtschaftlichen Grundstücken** *d'immeubles agricoles ou sylvicoles* D 158 ff.
- **von selbstbewohntem Grundeigentum** *d'une habitation servant au propre usage* D 163 ff.

**Erwerbspreis** *prix d'acquisition* s. Berechnung der Grundstückgewinnsteuer

**Exklusivklausel** *clause d'exclusivité* A § 1 17; C § 8 23

## F

**Fachkompetenz** *compétence professionnelle* C § 1 6 f.
**Facility Management** C § 2 4; C § 8 18
**Finanzierungsleasing** *leasing financier* s. Berechnung der Grundstückgewinnsteuer
**Finanzintermediär** *intermédiaire financier* C § 1 23; C § 3 2, 5, 10
**Finanzinvestitionen** *investissements financiers* C § 2 25

**Finanzsektor** *secteur financier* C § 3 2
**Formular** *formulaire* C § 3 22
**Forum-Shopping** *choix (arbitraire) du for* C § 6 12
**Fristgerechte Antwort** *réponse dans un délai acceptable* C § 3 35
**Fusion** s. Umstrukturierungen

## G

**GATT/WTO-Übereinkommen** *accords GATT/OMC* C § 8 2
**Geldwäschereigesetz** *loi sur le blanchiment d'argent* s. GwG
**Gemeinschaftsgeschäfte unter Mitbewerbern** *affaires menées conjointement avec des concurrents* C § 1 11
**Gemischte Rechtsgeschäfte** *affaires mixtes* D 47 ff.
**Gerichtsstand** *for* s. auch Art. 22 GestG
- im Allgemeinen *en général* C § 5 1 ff.
- **alternative** *alternatifs* C § 6 17
- **besondere** *spéciaux* C § 5 5 ff.; C § 6 16 ff.
- **Bestimmbarkeit** *déterminabilité* C § 5 22
- **dispositiver** *dispositifs* C § 5 17
- **Einlassung** *acceptation tacite* C § 5 25 f.; C § 6 9 ff.
- **Grundstücksmaklerei** *courtage immobilier* C § 6 42
- **im internationalen Privatrecht** *en droit international privé* C § 6 6 ff.
- **konkludentes Handeln** *actes concluants* C § 5 25
- **Konsumentenvertrag** *contrat conclu avec un consommateur* C § 5 5 ff.
- **ordentlicher** *ordinaire* C § 5 3, 17 ff.; C § 6 7 ff.
- **Vereinbarung** *élection de for* C § 5 19 ff.; C § 6 9 ff.
- **Zweigniederlassung** *succursale* C § 5 18
- **zwingende** *impératifs* C § 6 17

**Gesetz über das öffentliche Beschaffungswesen (BoeB)** *loi sur les marchés publics (LMP)* C § 8 2

**Grundbuchamtliche Informationen** *informations issues du registre foncier* A § 1 12
**Grundstück** *immeuble* s. auch Objektarten
- **Begriff** *notion* D 10 ff.
- **Besitz** *possession* 298 f., 300
- **Überführung von Grundstücken vom Privat- ins Geschäftsvermögen** *transfert d'immeubles de la fortune privée dans la fortune commerciale* D 100 f

**Grundstückgewinnsteuer** *impôt sur les gains immobiliers*
- **im Allgemeinen** *en général* D 1 ff.
- **Ausnahmen von der Steuerpflicht** *exceptions à l'imposition* D 304 ff.
- **Berechnung des Grundstückgewinns** *calcul du gain immobilier* s. dort
- **Berechnung der Grundstückgewinnsteuer** *calcul de l'impôt sur les gains immobiliers* s. dort
- **der Veräusserung gleichgestellte Tatbestände** *états de fait assimilés à une aliénation* D 73 ff.
- **Dienstbarkeiten** *servitudes* D 102 ff., 106 ff.
- **dualistisches System** *système dualiste* D 3 ff., 23 f.
- **Eigentumsbeschränkungen** *restrictions à la propriété* D 117 ff.
- **Enteignung/Zwangsvollstreckung** *expropriation/réalisation forcée* D 67 ff.
- **entgeltliche Veräusserungen** *aliénation à titre onéreux* D 43 ff.
- **latente Steuerlast** *charge d'impôt latente* D 134 f.
- **monistisches System** *système moniste* D 3 ff., 25 ff.
- **Personengesellschaften** *sociétés de personnes* D 50 f.
- **Planungsmehrwerte** *plus-value liée à la planification* D 122 f.
- **Realisationszeitpunkt** *instant de la réalisation* D 31
- **Realteilung** *partage en nature* D 52 ff.
- **Rechtsnatur** *nature juridique* D 1 f.

- **Sacheinlage, -übernahme, -entnahme** *apports en nature, reprises de biens et prélèvements* D 55 ff.; s. auch dort
- **Sicherung** *sûretés* D 310 ff.
- **Steueraufschubstatbestände** *états de fait donnant lieu à une imposition différée* s. dort
- **Steuerhoheit** *souveraineté fiscale* D 32
- **Steuerobjekt** *objet de l'impôt* D 37 ff.
- **Steuersubjekt** *sujet de l'impôt* D 33 ff.
- **Überführung von Grundstücken vom Privat- ins Geschäftsvermögen** *transfert d'immeubles de la fortune privée dans la fortune commerciale* D 100 f.
- **Übergangsrecht** *droit transitoire* D 314 f.
- **Übertragung von Beteiligungsrechten an Immobiliengesellschaften** *transfert de participations dans des sociétés immobilières* D 121
- **Unterscheidung Privat-/Geschäftsvermögen** *distinction entre la fortune privée et la fortune commerciale* D 16 f.

**Grundstücksmaklerei** *courtage immobilier* C § 6 42; s. auch Liegenschaftshandel

**Günstigstes Angebot** *offre la plus avantageuse* C § 8 7

**Gutachten** *expertise* C § 2 8

**GwG** *LBA*
- **im Allgemeinen** *en général* C § 3 1 ff.
- **berufsmässige Tätigkeit** *activité à titre professionnel* C § 3 5
- **Geltungsbereich** *champ d'application* C § 3 1 ff.
- **organisatorische Massnahmen: Art. 8 GwG** *mesures organisationnelles: art. 8 LBA* C § 3 36 f.
- **Pflicht zur besonderen Abklärung** *obligation d'investigations particulières* C § 3 27 ff.
- **Pflicht zur Dokumentation** *devoirs relatifs à la documentation* C § 3 31 ff.
- **Pflicht zur Feststellung der wirtschaftlich berechtigten Person** *devoir*

*de constater l'ayant droit économique* C § 3 20 ff., 24 ff.
- **Pflicht zur Identifizierung** *devoir d'identification* C § 3 16 ff., 24 ff.
- **Sorgfaltspflichten im Allgemeinen** *devoirs de diligence en général* C § 3 12 ff.
- **spezifische Maklertätigkeiten** *activités spécifiques du courtier* C § 3 9 ff.
- **Unterstellung des Maklers** *assujettissement du courtier* C § 3 6 ff.
- **Verfügung über fremde Vermögenswerte** *disposition sur des avoirs confiés par des tiers* C § 3 11
- **Weisungen** *instructions* C § 3 37
- **Wiederholung der Kontrollen** *répétition des contrôles* C § 3 24

# H

**Haftung des Immobilienmaklers** *responsabilité du courtier immobilier*
- **im Allgemeinen** *en général* C § 2 1 ff.
- **Abgrenzungen und Unterscheidungen** *délimitations et distinctions* C § 2 1 ff.
- **die verschiedenen Punkte der Maklerhaftung** *les différents points de la responsabilité du courtier* C § 2 5 ff.
- **Ehepartner** *conjoint* C § 2 15
- **für schlechte Schätzung einer Immobilie** *pour la mauvaise estimation d'un immeuble* C § 2 33 ff.
- **für schlechte Vertragsverhandlung** *pour la mauvaise négociation du contrat* C § 2 30 ff.
- **für unerlaubte Handlung des Maklers** *pour une activité illicite du courtier* C § 2 9 ff.
- **für Verletzung der Verpflichtung der sachgemässen Beratung und Information** *pour violation du devoir de bien conseiller et d'informer* C § 2 24 ff.
- **Vertragshaftung dem Klienten gegenüber: herkömmliche Leistungen und Nebenleistungen** *responsabilité contractuelle à l'égard du client: les prestations principales et accessoires* C § 2 5 ff.

- **Vertrauenshaftung** *responsabilité fondée sur la confiance* C § 2 13 ff.

**Haftungskonkurrenz** *concours de responsabilités* C § 2 10

**Handänderung** *changement de mains (de propriétaire)* D 39 ff., 47 ff., 50 f., 53, 56, 62, 103, 113 f., 116, 119, 121 f., 125, 126 ff., 137 f., 182, 209, 232, 265, 291, 312; s. auch Wirtschaftliche Handänderung

**Handelskammer** *tribunal de commerce* C § 7 44

**Hauptvertrag** *contrat principal* s. Zustandekommen des Hauptvertrags

# I

**Immobilien** *immeubles* s. auch öffentliche Immobilien
- **Dienstleistungen** *services* C § 8 15 f.
- **Kauf durch den Staat** *achat par l'Etat* C § 8 13 f.
- **Verkauf durch den Staat** *vente par l'Etat* C § 8 12

**Immobilienhandel** *commerce d'immeubles* s. Liegenschaftshandel

**Immobilienmakler** *courtier immobilier*
- **im Allgemeinen** *en général* A § 1 1 ff.
- **Abgrenzungen** *délimitations* A § 1 5; C § 1 21 f.
- **Berufsethik** *éthique professionnelle* C § 1 1 ff.
- **Dienstleistungen** *services* s. dort; Verkauf; Vermietung; Kauf
- **Entgegennahme von Kundengeldern** *acceptation de fonds remis par les clients* C § 1 23 ff.
- **Fachkompetenz** *compétence professionnelle* C § 1 6 f.
- **Zusammenarbeit** *collaboration* C § 1 8 ff., 17 ff.
- **Zusammenschluss mit Maklernetzwerken** *adhésion à un réseau de courtiers* C § 1 12 ff.

**Immobilienmarketing** *marketing immobilier* C § 1 7

**Informationspflichten** *obligations d'informer* C § 1 2; C § 2 8, 19, 29
**Informationsnebenpflicht** *devoir accessoire d'informer* C § 2 24
**Inkassogeschäft** *tâches d'encaissement* C § 3 11
**Interessenkonflikt** *conflit d'intérêts* A § 1 49; C § 1 2; C § 2 41
**Internationale Schiedsgerichtsbarkeit** *arbitrage international* s. Schiedsgerichtsbarkeit
**Internationales Privatrecht** *droit international privé* s. auch IPRG, LugÜ
- im Allgemeinen *en général* C § 6 1 ff.
- **Anerkennung ausländischer Urteile** *reconnaissance des jugements étrangers* C § 6 50 ff.
- **anwendbares Recht** *droit applicable* C § 6 43 ff.
- **Fehlen einer Rechtswahl** *absence d'élection de droit* C § 6 45 ff.
- **Grundlagen** *fondements* C § 6 1 ff.
- **Ordre public** s. dort
- **Rechtswahl** *élection de droit* C § 6 44
- **Zuständigkeit** *compétence* C § 5 27 f.; C § 6 6 ff.
**Internetauftritt** *entrée sur internet* A § 1 19
**Intervention** C § 2 37
**IPRG** *LDIP* C § 5 28; C § 6 30 ff., 51 f.

# K

**Kantonalbanken** *banques cantonales* C § 8 4
**Kauf** *achat*
- im Allgemeinen *en général* A § 1 42 ff.
- **Aquisitionsmandate** *mandats d'acquisition* A § 1 46 ff., 50 ff.
- **Grundstückgewinnsteuer** *impôt sur les gains immobiliers* D 43 ff.
- **Leistungsentschädigung** *indemnité compensant une prestation* A § 1 57
- **Suchmandate** *mandats de recherche* A § 1 46 ff., 50 ff.
- **Voraussetzungen** *conditions* A § 1 49
**Kaufpreis** *prix d'achat* C § 2 31

**Kausalzusammenhang** *lien de causalité* B Art. 413 26 ff.
**Klageanerkennung** *admission de l'action* C § 7 32
**Klagen** *actions* C § 5 5 ff.; C § 6 6 ff.
**Klagerückzug** *retrait d'action* C § 7 32
**Kollegialität** *collégialité* C § 1 4
**Kongruenzprinzip** *principe de la congruence* s. Berechnung der Grundstückgewinnsteuer
**Konkludenter Vertrag** *contrat conclu par actes concluants* C § 2 9
**Konsument** *consommateur* C § 5 5, 7, 10
**Konsumentenvertrag** *contrat de consommation*
- im Allgemeinen *en général* C § 5 2, 5 ff.
- **Angebot** *offre* C § 6 37
- **Anwendungsbereich** *champ d'application* C § 5 5 ff.
- **autonome Parteivereinbarung** *accord autonome entre les parties* C § 5 12
- **berufliche oder gewerbliche Tätigkeit** *activité à titre professionnel ou commercial* C § 5 10
- **besonderes Treueverhältnis** *relation particulière de confiance* C § 5 10
- **Consentment-Erklärung** *déclaration de consentement* C § 5 14
- **Gerichtsstandsvereinbarung** *élection de for* C § 5 13
- **Geschäftsbedingungen** *conditions commerciales* C § 5 13
- **im Internationalen Privatrecht** *en droit international privé* C § 6 29 ff., 48 ff.
- **persönliche oder familiäre Bedürfnisse des Konsumenten** *besoins personnels ou familiaux des consommateurs* C § 5 10
- **Rechtsfolgen** *conséquences juridiques* C § 5 11 ff.
- **Schlichtungsverfahren** *procédure de conciliation* C § 5 15
- **Streitwert** *valeur litigieuse* C § 5 15
- **Tatbestandselemente** *élements de l'état de fait* C § 5 10

395

- **teilzwingender Gerichtsstand** *for partiellement impératif* C § 5 12
- **Üblichkeit** *usuel (qualité)* C § 6 38
- **Verbraucher** *consommateur* C § 6 39
- **Werbung** *publicité* C § 6 37
- **Zusammenfassung** *résumé* C § 5 16

**Kontrollstelle für die Bekämpfung der Geldwäscherei** *organe de contrôle pour la lutte contre le blanchiment d'argent* C § 3 8

**Kundengelder** *argent confié par le client* C § 1 2, 24

# L

**Landumlegung** *remaniement parcellaire*
- im Allgemeinen *en général* D 144 ff.
- im Enteignungsverfahren/bei drohender Enteignung *en procédure d'expropriation ou sous la menace d'une expropriation* D 152 f.
- rechtliche Grundlagen im StHG *bases légales dans la LHID* D 144 f.
- zwecks Arrondierung landwirtschaftlicher Heimwesen *dans le but d'arrondir une aire agricole* D 147
- zwecks Grenzbereinigung *dans le but de rectifier une limite* D 150 f.
- zwecks Güterzusammenlegung *dans le but d'un remaniement parcellaire* D 146
- zwecks Quartierplanung *dans le but d'établir un plan de quartier* D 148 f.

**Lex rei sitae** C § 6 46

**Liegenschaft** *parcelle* s. Grundstück; Objektarten

**Liegenschaftshandel (gewerbsmässiger)** *commerce d'immeubles (professionnel)* s. auch Grundstückmaklerei
- **Bundesrecht** *droit fédéral* D 18 ff.
- **interkantonal** *intercantonal* D 28 ff.
- **kantonales Recht** *droit cantonal* D 23 ff.
- **Vergaberecht** *droit des marchés publics* C § 8 8 ff.

**Listing-Broker** A § 1 43

**Lohnanspruch** *droit au salaire* s. Maklerlohnanspruch

**LugÜ** *CLug* C § 5 27; C § 6 3, 35 ff., 53 ff.

# M

**Makler** *courtier* s. auch Börsenmakler, Immobilienmakler, Nachweismakler, Vermittlungsmakler
- **Fachkompetenz** *compétence professionnelle* C § 1 6 f.
- **Leistungen** *prestations* C § 8 17 ff.

**Maklerlohn** *réumunération du courtier* s. auch Mäklerlohn –Begründung, Mäklerlohn-Festsetzung, Mäklerlohn-Herabsetzung, Mäklerlohn-Verwirkung, Maklerlohnanspruch
- im Allgemeinen *en général* B Art. 412 60 f.; B Art. 413 3 ff.; C § 2 5; D 281 ff.
- **Antrag des Schuldners um Herabsetzung** *requête du débiteur tendant à la réduction* B Art. 417 8 ff.
- **Art. 416 OR (aufgehoben)** *art. 416 CO (abrogé)* B Art. 416 1
- **Ausschliesslichkeitsklauseln** *clauses d'exclusivité* B Art. 413 46 ff.
- **Begriff** *notion* B Art. 413 3 ff.
- **Art und Mass** *type et importance* B Art. 413 4 ff.
- **Provisionsgarantien** *garanties de la provision* B Art. 413 42 ff.
- **Selbsteintritt** *contrat avec soi-même* B Art. 413 52
- **Sicherung** *sûretés* B Art. 413 41 ff.
- **richterliches Ermessen betreffend Maklerlohnhöhe** *pouvoir d'appréciation du juge concernant l'importance de la rémunération du courtier* B Art. 414 8
- **Tarif** B Art. 414 5
- **Übung** *usage* B Art. 414 6 f.
- **Unverhältnismässigkeit** *disproportion* B Art. 417 11 ff., 18 f.
- **vertragliche Vereinbarung der Höhe** *accord contractuel concernant le montant* B Art. 414 3 f.

**Mäklerlohn-Begründung (Art. 413 OR)** *rémunération du courtier-motivation (art. 413 CO)*

- **Aufwendungsersatz** *remboursement des frais* B Art. 413 3, 53 ff.
- **Belohnung** *salaire* B Art. 413 3
- **Begriff des Maklerlohns** *notion de la rémunération du courtier* B Art. 413 3 ff.
- **doppelte Erfolgsbedingtheit des Maklerlohnanspruchs** *droit au salaire doublement conditionné par un résultat* B Art. 413 9 ff.
- **Kausalzusammenhang** *lien de causalité* B Art. 413 26 ff.
- **Maklerlohnanspruch** *droit du courtier à son salaire* s. dort
- **Maklertätigkeit** *activité du courtier* B Art. 413 13 f.
- **Sicherung des Maklerlohns** *sûretés concernant le salaire du courtier* B Art. 413 41 ff.
- **Terminologie** B Art. 413 1 f.
- **Voraussetzungen des Maklerlohnanspruchs** *conditions du droit à la provision* B Art. 413 7 f., 13 ff.
- **Zustandekommen des Hauptvertrags** *venue à chef du contrat principal* B Art. 413 15 ff.

**Mäklerlohn-Festsetzung (Art. 414 OR)** *rémunération du courtier – fixation (art. 414 CO)*
- **Systematik** *systématique* B Art. 414 1 f.
- **richterliches Ermessen betreffend Maklerlohnhöhe** *pouvoir d'appréciation du juge concernant l'importance de la rémunération du courtier* B Art. 414 8
- **Tarif** B Art. 414 5
- **Übung** *usage* B Art. 414 6 f.
- **vertragliche Vereinbarung der Maklerlohnhöhe** *accord contractuel concernant le montant de la rémunération du courtier* B Art. 414 3 f.

**Mäklerlohn-Herabsetzung (Art. 417 OR)** *rémunération du courtier-réduction (art. 417 CO)*
- **Antrag des Schuldners um Herabsetzung** *requête du débiteur tendant à la réduction* B Art. 417 8 ff.

- **Anwendungsbereich** *champ d'application* B Art. 417 1 ff.
- **Kriterien zur Beurteilung der Unverhältnismässigkeit des Maklerlohns** *critères pour évaluer le caractère disproportionné de la rémunération* B Art. 417 11 ff.
- **Rechtsfolgen** *conséquences juridiques* B Art. 417 18 f.

**Mäklerlohn-Verwirkung (Art. 415 OR)** *rémunération du courtier-péremption (art. 415 CO)*
- **Selbsteintritt** *contrat avec soi-même* B Art. 415 14 ff.
- **Systematik** *systématique* B Art. 415 1 f.
- **Umfang der Treuepflicht** *étendue du devoir de fidélité* B Art. 415 5 ff.
- **Doppeltätigkeit** *double activité* B Art. 415 9 ff.
- **Rechtsfolgen der Verletzung der Treuepflicht** *conséquences juridiques de la violation du devoir de fidélité* B Art. 415 19 f.
- **Verletzung der Treuepflicht** *violation du devoir de fidélité* B Art. 415 5 ff.
- **vertragswidriges Tätigwerden für die Gegenpartei** *activité contraire au contrat déployée pour le compte de l'autre partie* B Art. 415 1 f.

**Maklerlohnanspruch** *droit du courtier à sa rémunération* s. auch Maklerlohn
- **Auslagenersatz** *remboursement des frais encourus* B Art. 412 60 f.
- **Erfolgsbedingtheit** *conditionné par un résultat* B Art. 412 22 f.; B Art. 413 9 ff.
- **mehrere Makler** *pluralité de courtiers* B Art. 413 40
- **suspensiv bedingter Hauptvertrag** *contrat principal soumis à une condition suspensive* B Art. 413 36 ff.
- **Voraussetzungen** *conditions* B Art. 413 7 f., 13 ff.
- **Widerruf des Maklervertrags** *révocation du contrat de courtage* B Art. 413 39

**Maklerqualitäten** *qualités du courtier* C § 1 7

**Maklertätigkeit** *activité du courtier*
- als **Voraussetzung des Lohnanspruchs** *comme condition de son droit à une rémunération* B Art. 413 13 f.
- **auftragsbezogene** *liée à l'accomplissement du mandat* C § 2 40
- **Doppelmaklerei** *double courtage* s. dort
- **Entgeltlichkeit** *à titre onéreux* B Art. 412 18 ff.
- **Fehlen einer Rechtswahl** *absence d'une élection de droit* C § 6 45
- **GwG** *LBA* C § 3 9 ff.
- **strafrechtliche Relevanz** *relevant du droit pénal* s. Strafrecht
- **Wahl der Vermittlungtätigkeit** *choix dans l'activité du courtier* s. Dienstleistungen eines Maklers

**Maklervertrag** *contrat de courtage*
- **Abgrenzungen** *délimitations* B Art. 412 69 ff.
- **Beendigung** *fin du contrat* B Art. 412 33 ff.
- **Entstehung** *naissance du contrat* B Art. 412 26 ff.
- **Grundstruktur** *structure de base du contrat* B Art. 412 40 ff.
- **Klagen** *actions* C § 5 5 ff.; C § 6 6 ff.
- **Pflichten der Parteien** *devoir des parties* B Art. 412 40 ff.
- **Rechtsvergleichung** *droit comparé* B Art. 412 72 f.
- **Widerruf** *révocation* B Art. 413 39

**Marketinginstrumente** *instruments de promotion* A § 1 18

**Marktanalyse** *analyse du marché* A § 1 21

**Mehrwertsteuer** *taxe sur la valeur ajoutée* s. Berechnung der Grundstückgewinnsteuer

**Mietpreise** *prix du loyer* A § 1 32

**Musterreglement** *règlement type* C § 3 15

# N

**Nachforschungspflicht** *devoir d'investigation* C § 2 24

**Nachprüfungspflicht** *devoir de vérification* C § 2 28

**Nachweismakler** *courtier d'indication* B Art. 412 12 ff., 49; B Art. 415 10; B Art. 417 16; C § 8 17 ff.

**Niederlassung** *établissement* C § 6 21

**Notar** *notaire* A § 1 27; C § 1 7; C § 2 27, 36; C § 4 26; C § 8 16

**Nutzungsmix** *configuration des affectations* A § 1 21, 36

**NYÜ** *convention de New York* C § 7 7

# O

**Objektarten** *types d'objets* A § 1 6, 31

**Öffentliche Immobilien** *immeubles publics*
- **Bau** *construction* C § 8 8 ff.
- **Unterhalt** *entretien* C § 8 8 ff.

**Öffentliche Ordnung** *ordre public* s. ordre public

**Öffentliches Beschaffungswesen** *marchés publics* s. Vergaberecht

**Offerte** *offres* A § 1 12

**Ordre public** C § 6 51, 62; C § 7 37

# P

**Personalvorsorgestiftungen** *fondations de prévoyance du personnel* s. Umstrukturierungen

**Personenmehrheit** *pluralité de contractants*
- **auf Auftraggeberseite** *du côté des mandants* B Art. 412 64 ff.
- **auf Maklerseite** *du côté des courtiers* B Art. 412 67 f.

**Preisreduktion** *réduction des prix* A § 1 26

**Professionalität** *professionnalisme* C § 1 10

**Proportionale Methode** *méthode proportionnelle* D 173 ff.

**Provision** s. Maklerlohn, Maklerlohnanspruch

# R

**Realteilung** *partage en nature* s. Grundstückgewinnsteuer

**Rechenschaftspflicht** *devoir de rendre compte* C § 1 2
**Rechtliche Abklärungen** *clarification de la situation juridique* A § 1 12
**Rechtsanwalt** *avocat* A § 1 27; C § 1 7
**Rechtsberatungspflicht** *obligation de conseiller juridiquement* C § 2 FN 38
**Rechtsmittel gegen den Schiedsspruch** *moyen de droit contre la sentence arbitrale* s. schiedsgerichtliches Verfahren
**Rechtsöffnung** *mainlevée* C § 7 41
**Rechtswahl** *élection de droit* C § 6 44 ff.
**Rekurs** *recours* C § 7 33 ff., C § 8 27
**Renditeobjekte** *immeubles de rendement* s. Anlageobjekte
**Reservationsverträge** *contrats de réservation* C § 1 25
**Reservationszahlungen** *paiements à titre de réservation* C § 1 25
**Revision** *révision* s. schiedsgerichtliches Verfahren
**Revisor** *réviseur* C § 3 29
**Risiko** *risque* C § 2 39
**Rückgriffsklage** *action récursoire* C § 2 37

# S

**Sacheinlage, -übernahme, -entnahme** *apports en nature, reprises de biens et prélèvements*
– **juristische Personen** *personnes morales* D 55 ff.
– **Personengesellschaften** *sociétés de personnes* 59 ff.
**Sanktionen** *sanctions* C § 1 4
**Schätzung** *estimation*
– **im Allgemeinen** *en général* C § 8 25
– **einer Immobilie** *d'un objet immobilier* A § 1 14; C § 2 33 ff.
**Schätzungsexperte** *experts en estimation* C § 2 4
**Schiedsabrede** *compromis arbitraux*
– **im Allgemeinen** *en général* C § 7 10, 13 ff.
– **Schiedsklausel** *clause arbitrale* C § 7 13
– **Schriftform** *forme écrite* C § 7 14

– **Treu und Glauben** *bonne foi* C § 7 15
– **Verbandsstatuten** *statuts d'association* C § 7 13
**Schiedsfähigkeit** *capacité à faire l'objet d'un arbitrage*
– **im Allgemeinen** *en général* C § 7 16 ff.
– **kantonale Vorschriften** *prescriptions cantonales* C § 7 20
– **objektive** *objective* C § 7 16
– **subjektive** *subjective* C § 7 16
**Schiedsgericht** *tribunal arbitral*
– **im Allgemeinen** *en général* C § 7 8
– **Bildung** *formation* C § 7 21
**Schiedsgerichtliches Verfahren** *procédure arbitrale*
– **Ablauf** *déroulement* C § 7 21 ff.
– **Abstand** *désistement* C § 7 32 ff.
– **Beschwerde** *recours* C § 7 34 ff.
– **Beweiserhebung** *récolte des preuves* C § 7 24
– **Billigkeit** *coût modéré* C § 7 25
– **Einleitung** *introduction* C § 7 21 ff.
– **Endgültigkeit des Schiedsspruchs** *caractère définitif de la sentence arbitrale* C § 7 33
– **Klageanerkennung** *reconnaissance de la demande* C § 7 32
– **Klagerückzug** *retrait de la demande* C § 7 32
– **Rechtsmittel gegen den Schiedsspruch** *moyen de droit contre la sentence arbitrale* C § 7 33 ff.
– **Revision** *révision* C § 7 39 ff.
– **Schiedsspruch** *sentence arbitrale* s. dort
– **Schiedsvergleich** *accord entre les parties* s. dort
– **Streiterledigung ohne Urteil** *règlement du litige sans jugement* C § 7 27 ff.
– **Vollstreckbarkeitsbescheinigung** *déclaration de force exécutoire* C § 7 40
– **Vollstreckung** *exécution* C § 7 40 f.
– **vorsorgliche Massnahmen** *mesures provisoires* C § 7 23
**Schiedsgerichtsbarkeit** *arbitrage*
– **im Allgemeinen** *en général* C § 7 1 ff.
– **Abgrenzungen** *délimitations* C § 7 3 f.

399

## Sachregister / Index

- **Begriff und Rechtsnatur** *notion et nature juridique* C § 7 2 ff.
- **Binnenschiedsgerichtsbarkeit** *arbitrage interne* C § 7 8
- **Einleitung** *introduction* C § 7 1
- **gesetzliche Grundlagen** *fondements légaux* C § 7 6 f.
- **inner-schweizerische** *interne à la Suisse* C § 7 6
- **internationale Schiedsgerichtsbarkeit** *arbitrage international* C § 7 6, 9 ff.
- **Konkordat** *concordat* C § 7 6
- **NYÜ** *convention de New York* s. dort
- **rechtliche Grundlagen** *bases légales* C § 7 5 ff.
- **Schiedsabrede** *compromis arbitral* s. dort
- **Schiedsfähigkeit** *capacité à faire l'objet d'un arbitrage* s. dort
- **Verbandsschiedsgerichtsbarkeit** *arbitrage associatif* s. dort
- **Verfahren** *procédure* s. schiedsgerichtliches Verfahren
- **Wesen** *essence* C § 7 2
- **Zulässigkeit** *admissibilité* C § 7 5

**Schiedsklausel** *clause arbitrale* C § 2 13, 38

**Schiedsspruch** *sentence arbitrale*
- **im Allgemeinen** *en général* C § 7 27 ff., 33 ff.
- **Binnenschiedsspruch** *sentence arbitrale interne* C § 7 41
- **internationaler** *internationale* C § 7 41
- **Nichtigkeitsbeschwerde** *recours en nullité* C § 7 30

**Schiedsvergleich** *compromis arbitral*
- **im Allgemeinen** *en général* C § 7 31
- **Vollstreckungstitel** *titre exécutoire* C § 7 31

**Schweizerisches Bundesgericht** *Tribunal fédéral* C § 7 35

**Schwellenwert** *seuils* C § 8 5, 24

**Selbsteintritt** *contrat avec soi-même* B Art. 413 52; B Art. 415 14 ff.

**Selbstregulierungsorganisation** *organismes d'auto-régulation* C § 3 8

**Sitzgesellschaft** *société de domicile* C § 3 20

**Sockelbeiträge** *indemnités forfaitaires* A § 1 57

**Sorgfaltspflichten** *devoirs de diligence*
- **im Allgemeinen** *en général* C § 1 2
- **des Auftraggebers** *du mandant* B Art. 412 62 f.
- **des Maklers** *du courtier* B Art. 412 48 ff., C § 3 7, 12 ff.
- **unter dem GwG** *au sens de la LBA* s. GwG

**Spaltung** *scission* s. Umstrukturierungen

**Staatshaftung** *responsabilité de l'Etat* C § 2 2

**Standesregeln** *code de conduite*
- **Beachtung durch den Makler** *respect par le courtier* C § 1 1 ff.
- **Entgegennahme von Kundengeldern** *acceptation de fonds confiés par les clients* C § 1 23 ff.

**Steueraufschubstatbestände** *états de fait donnant lieu à une imposition différée*
- **im Allgemeinen** *en général* D 124 ff.
- **Eigentumswechsel unter Ehegatten** *transfert de propriété entre époux* D 136 ff.
- **Erbgang** *dévolution* D 127
- **Erbteilung** *partage successoral* D 128
- **Erbvorbezug** *avancement d'hoirie* D 129 f.
- **Ersatzbeschaffungen** *acquisition à titre de remplacement* s. dort
- **Landumlegung** *remaniement parcellaire* s. dort
- **latente Steuerlast** *réserve d'impôts latente* D 134 f.
- **Schenkung** *donation* D 131 ff.
- **Umstrukturierungen** *restructurations* s. dort
- **unentgeltliche Handänderungen** *changement de propriétaire à titre gratuit* D 126 ff.

**Steuerdeklaration** *déclaration fiscale* A § 1 29

**Steuerfragen** *questions fiscales* s. Grundstückgewinnsteuer

**Steuern** *impôts* C § 2 26
**Strafrecht** *droit pénal*
- **im Allgemeinen** *en général* C § 2 12; C § 4 1 ff.
- **Betrug** *escroquerie* s. dort
- **Erschleichen einer Falschbeurkundung** *obtention frauduleuse d'une constatation fausse* C § 4 24 ff.
- **GwG** *LBA* s. dort
- **subsidiäre Natur** *nature subsidiaire* C § 4 2
- **Ungetreue Geschäftsbesorgung** *gestion déloyale* s. dort
- **Veruntreuung von Vermögenswerten** *abus de confiance* s. dort

**Straf- und Haftungsausschluss** *exonération d'une infraction pénale et de responsabilité* C § 3 14
**Streiterledigung ohne Urteil** *fin du litige sans jugement* s. schiedsgerichtliches Verfahren
**Streitigkeiten und Berufsverband** *litiges et association professionnelle* s. Verbandsschiedsgerichtsbarkeit
**Streitverkündung** *dénonciation d'instance* C § 2 37
**Substitut** C § 2 5
**SVIT**
- **als Gütesiegel** *en tant que label* C § 1 30 f.
- **Standesregeln** *code de conduite* s. dort

## T

**Tarif** s. Maklerlohn
**Tausch** *échange* D 43 ff.
**Treuepflichten** *devoir de fidélité*
- **des Auftraggebers** *du mandant* B Art. 412 62 f.
- **des Maklers** *du courtier* B Art. 412 48 ff., B Art. 415 5 ff.
- **Rechtsfolgen ihrer Verletzung** *conséquences juridiques de leur violation* B Art. 415 19 f.

**Treu und Glaube** *bonne foi* C § 2 15

## U

**Umstrukturierungen** *restructurations*
- **im Allgemeinen** *en général* D 193 ff.
- **Fusion** D 208 ff.
- **rechtliche Grundlage im StHG** *base légale dans la LHID* D 198 ff.
- **Spaltung** *scission* D 214 ff.
- **Unternehmensumwandlung** *transformation d'entreprise* D 219 ff.
- **Vermögensübertragung** *transfert de patrimoine* D 224 ff.
- **von Immobiliengesellschaften** *de sociétés immobilières* D 227 ff.
- **von Personalvorsorgestiftungen** *de fondations de prévoyance du personnel* D 233
- **Voraussetzungen** *conditions* D 201 ff.
- **zivilrechtliche Grundlagen** *fondements de droit civil* D 193 ff.

**Unabhängigkeit** *indépendance* C § 1 2; C § 2 41
**Ungetreue Geschäftsbesorgung** *gestion déloyale*
- **im Allgemeinen** *en général* C § 4 17 ff.
- **Doppeltätigkeit** *double activité* C § 4 23
- **Geschäftsführer** *gérant d'affaire* C § 4 18, 21
- **Treuepflicht** *devoir de fidélité* C § 4 19

**Ungewöhnliche Transaktion** *transaction inhabituelle* C § 3 28
**Unterhaltsarbeiten** *travaux d'entretien* C § 8 11
**Unternehmensumwandlung** *transformation d'entreprise* s. Umstrukturierungen
**Unternehmerklausel** *clause d'entrepreneur* C § 8 14
**Unverhältnismässigkeit des Maklerlohns** *disproportion dans la rémunération du courtier* B Art. 417 11 ff.

## V

**Verbandsschiedsgerichtsbarkeit** *arbitrage associatif*

401

- **Handelskammer** *tribunal du commerce* C § 7 44
- **richterliche Unabhängigkeit** *indépendance des juges* C § 7 42, 44
- **Streitigkeiten zwischen Berufsverband und Mitglied** *litige entre l'association professionnelle et le membre* C § 7 43 ff.
- **Streitigkeiten zwischen Nichtmitgliedern** *litiges entre les non membres de l'association* C § 7 46 ff.
- **Streitigkeiten zwischen Verbandsmitgliedern** *litiges entre les membres de l'association* C § 7 45 ff.
- **Streitigkeiten zwischen Verbandsmitglied und Nichtmitglied** *litiges entre le membre de l'association et le non membre* C § 7 44 ff.
- **Unabhängigkeit der Verbandsschiedsgerichte** *indépendance des tribunaux arbitraux associatifs* C § 7 43 ff.

**Verbraucher** *consommateur* s. Konsument, Konsumentenvertrag

**Vereinbarung über die Standesregeln zur Sorgfalt bei der Entgegennahme von Vermögenswerten (VSB)** *convention relative aux obligations de diligence à respecter lors de l'acceptation de valeurs patrimoniales (CDB)* C § 3 21

**Vergaberecht** *droit des marchés publics*
- **im Allgemeinen** *en général* C § 8 1 ff.
- **Begriff** *notion* C § 8 1
- **Immobilienhandel** *commerce d'immeubles* C § 8 8 ff.
- **Inhalt der Gesetzgebung** *contenu de la législation* C § 8 4 ff.
- **Leistungen des Maklers** *prestations du courtier* C § 8 17 ff.
- **Rechtsquellen** *sources juridiques* C § 8 2 f.
- **Schlussfolgerungen** *conclusions finales* C § 8 24 ff.
- **zentrale Gütersystematik** *classification centrale des produits* C § 8 8

**Verkauf** *vente*
- **im Allgemeinen** *en général* A § 1 8 ff.

- **Abschlussphase** *phase de conclusion* A § 1 27
- **Verkaufsphase** *phase de vente* A § 1 22 ff.
- **Vertragsinhalte** *contenus du contrat* A § 1 16 f.
- **Vorabklärungen** *investigations préliminaires* A § 1 12 ff.
- **Vorbereitungen** *préparatifs* A § 1 18 ff.
- **Vorgehen** *manière de faire* A § 1 11

**Verkaufspreisgarantie** *garantie du prix de vente* C § 2 8

**Verkaufsunterlagen** *documents relatifs à la vente* C § 2 17

**Verletzung der Verpflichtung der sachgemässen Beratung und Information** *violation du devoir de conseil et d'information* C § 2 24 ff.

**Vermietung** *location*
- **Abschlussphase** *phase de conclusion* A § 1 38 ff.
- **durch den Staat** *par l'Etat* C § 8 12
- **Objekte** *objets* A § 1 31
- **Vermietungsphase** *phase de location* A § 1 37
- **Vorabklärungen** *investigations préliminaires* A § 1 32 ff.
- **Vorbereitungen** *préparatifs* A § 1 35 f.

**Vermittlungsmakler** *courtier de négociation* B Art. 412 12 ff., 17, 49; B Art. 413 13 ff., 30, 40; B Art. 415 10, 12, 16; C § 8 20 ff.

**Vermögensübertragung** *transfert de patrimoine* s. Umstrukturierungen

**Verrechnung** *compensation* C § 2 38, FN 7

**Verschulden** *faute* C § 2 12

**Versicherungsfragen** *questions liées aux assurances* A § 1 2

**Vertragsabwicklung** *déroulement du contrat* C § 3 10

**Vertragshaftung (Art. 97 OR)** *responsabilité contractuelle (art. 97 CO)* C § 2 5 ff.

**Vertragsverhandlung** *négociation contractuelle* s. Haftung des Immobilienmaklers

**Vertragswidriges Tätigwerden für die Gegenpartei** *activité contraire au contrat effectuée pour le compte de l'autre partie* B Art. 415 1 f.
**Vertrauensbasis** *base de confiance* A § 1 10
**Vertrauenshaftung** *responsabilité fondée sur la confiance* s. auch Haftung
– **erwecktes Vertrauen dem Auftraggeber gegenüber** *confiance suscitée à l'égard du mandant* C § 2 14 f.
– **erwecktes Vertrauen Dritten und der Öffentlichkeit gegenüber** *confiance suscitée à l'égard des tiers et du public* C § 2 16 f.
**Vertretungsbefugnis** *pouvoirs de représentation* C § 2 19
**Veruntreuung von Vermögenswerten** *abus de confiance sur des valeurs patrimoniales*
– **im Allgemeinen** *en général* C § 4 4 ff.
– **Anlagefonds** *fonds de placement* C § 4 9
– **Bereicherungsabsicht** *intention de s'enrichir* C § 4 7
– **Provision** C § 4 11
– **Vertrag** *contrat* C § 4 6
– **Werterhaltungspflicht** *devoir de conserver la valeur* C § 4 5
– **Zeitdauer** *durée* C § 4 10
**Vollstreckung des Schiedsspruchs** *exécution de la sentence arbitrale* s. schiedsgerichtliches Verfahren
**Vorbehalt kantonalen Rechtes (Art. 418 OR)** *réserve du droit cantonal (art. 418 CO)*
– **Börsenmakler** *courtier en bourse* B Art. 418 1 f.
– **Arbeitsvermittlung** *placement en personnel* B Art. 418 3 ff.
– **weitere Vorbehalte des kantonalen Rechts** *autres réserves du droit cantonal* B Art. 418 6 f.
**Vorvertragliche Beziehung** *relation précontractuelle* C § 2 15

## W

**Werbekonzept** *concept publicitaire* A § 1 19
**Werbung** *publicité* A § 1 24; C § 1 3; C § 2 17
**Widerruf** *révocation* s. Maklervertrag
**Wirtschaftliche Handänderung** *changement de propriétaire économique*
– **Begriff** *notion* D 74 ff.
– **Kettengeschäfte** *opérations en chaîne* D 79 ff.
– **Übertragung von Mehrheitsbeteiligungen an Immobiliengesellschaften** *transfert de participations majoritaires dans des sociétés immobilières* D 90 ff.
**Wohneigentum** *propriété affectée à son propre logement* A § 1 6
**Wohnsitz** *domicile* C § 6 8

## Z

**Zentrale Gütersystematik (CPC)** *classification centrale des produits (CPC)* C § 8 8
**Zivilgerichtsbarkeit** *juridiction civile* C § 2 36
**Zusammenarbeit** *collaboration* s. Immobilienmakler
**Zusammenschluss mit Maklernetzwerken** *adhésion à un réseau de courtiers* s. Immobilienmakler
**Zustandekommen des Hauptvertrags** *venue à chef du contrat principal* B Art. 413 13 f.
**Zuständigkeit** *compétence*
– **im Allgemeinen** *en général* C § 5 17 ff.
– **internationale** *internationale* C § 5 27 f.; C § 6 6 ff.
– **Grundstücksmaklerei** *courtage immobilier* C § 6 42
– **örtliche** *locale* C § 5 14, 26
**Zustandsprotokoll** *procès-verbal de l'état des lieux* A § 1 41
**Zwangsvollstreckung** *exécution forcée* D 67 ff.
**Zweifel** *doute* C § 3 25